"十四五"职业教育国家规划教材

高等职业教育"互联网+"新形态教材·电子商务类专业

新编电子商务概论

（第4版）

孟泽云　陈　静　主　编

王砚侠　齐亚平　副主编

電子工業出版社
Publishing House of Electronics Industry
北京·BEIJING

内 容 简 介

电子商务是通过互联网进行的商务活动。本书以互联网环境下的商务活动过程为主线来组织其内容，共分十个学习情境：走进电子商务、识别电子商务的交易模式、构建电子商务的技术基础、建立电子商务网站和网店、有效开展网络营销、电子支付、电子商务物流、电子商务应用、电子商务安全和电子商务法律法规。

本书结构完整，内容全面，案例丰富，语言通俗，强化应用，利于初学者全面认识电子商务，初步理解、掌握电子商务及其应用。

本书既可作为高等职业教育电子商务类专业的教材，也可作为成人继续教育的培训教材或教学参考书，还可作为广大读者进行电子商务学习和电子商务创业实践的入门参考书。

图书在版编目（CIP）数据

新编电子商务概论 / 孟泽云，陈静主编. —4 版. —北京：电子工业出版社，2022.5
ISBN 978-7-121-43395-5

Ⅰ. ①新…　Ⅱ. ①孟…　②陈…　Ⅲ. ①电子商务—概论　Ⅳ. ①F713.36

中国版本图书馆 CIP 数据核字（2022）第 075069 号

责任编辑：贾瑞敏
印　　刷：三河市鑫金马印装有限公司
装　　订：三河市鑫金马印装有限公司
出版发行：电子工业出版社
　　　　　北京市海淀区万寿路 173 信箱　邮编 100036
开　　本：787×1 092　1/16　印张：16　字数：441 千字
版　　次：2010 年 7 月第 1 版
　　　　　2022 年 5 月第 4 版
印　　次：2024 年 12 月第 5 次印刷
定　　价：52.00 元

凡所购买电子工业出版社图书有缺损问题，请向购买书店调换。若书店售缺，请与本社发行部联系，联系及邮购电话：(010)88254888，88258888。

质量投诉请发邮件至 zlts@phei.com.cn，盗版侵权举报请发邮件至 dbqq@phei.com.cn。

本书咨询联系方式：邮箱 fservice@vip.163.com；QQ 群 427695338；微信 DZFW18310186571。

前言

中国电子商务当前正处于快速发展时期。近几年来随着政府对电子商务的重视程度日益提升，电子商务作为数字经济和实体经济的重要组成部分，已深度融入人们的生产生活各领域，成为催生数字产业化、拉动产业数字化、推进治理数字化的重要引擎，是推动国民经济和社会发展的重要力量。一方面，电子商务应用日益向普及化、纵深化、全球化方向发展；另一方面，“大、云、物、移、智”等新技术给电子商务带来的影响日益加大。为了反映电子商务快速发展的新模式、新趋势、新应用，更加有利于电子商务的教学，加快推进党的二十大精神进教材、进课堂、进头脑，我们对第 3 版教材进行了修订。

本书沿用第 3 版的架构，在保持第 3 版特点的基础上，对书中全部数据和大部分案例进行了更新，删掉了过时的内容，增添了贯彻新内容。具体为：学习情境一融入最新的电子商务发展状况；学习情境二增加了 C2B 电子商务模式；学习情境三增加了大数据、虚拟现实、云计算、物联网等新技术介绍及其在电子商务中的新应用；学习情境四增加了移动网站建设；学习情境五增加了直播营销；学习情境六增加了电子支付、虚拟货币、数字人民币；学习情境七增加了物流联盟模式及应用；学习情境八增加了电子商务在新零售、农业农村、电子政务、教育领域的应用及跨境电商的内容；学习情境九增加了电子商务安全环境、云安全问题、安全管理制度与政策法规；学习情境十将已废止的《中华人民共和国合同法》更新为《中华人民共和国民法典》，并增加了直播电商案例。此外，对一些概念、理论、语言表述做了修改，使之更准确、简练、通俗易懂；对部分内容结构做了调整，使之条理更清晰。修订后的教材主要具有以下四个特点。

1．价值引领。每个学习情境采用一句名人名言作为引言导入新课，借助名人名言启发学生思考，陶冶学生情操，并设置素质目标，实现价值引领。本书选用大量蕴含爱国情怀、创新精神、信息素养、法律意识等思政元素的案例，为实现二十大报告中提出的“育人的根本在于立德。全面贯彻党的教育方针，落实立德树人根本任务，培养德智体美劳全面发展的社会主义建设者和接班人”提供支撑，培根铸魂、启智增慧、适应时代要求，进而帮助学生理解知识背后的意义和价值，提高学生的思辨能力，帮助学生构建正确的思想价值体系。

2．与时俱进。在内容上，本书紧扣时代脉搏，将党的二十大精神融入教学内容，聚焦支撑国家人才战略，着力培养创新素养，把电子商务行业的最新典型案例、最新知识和数据纳入其中，以及时反映电子商务的最新实践进展和研究成果；在形式上，本书将微课资源以二维码的形式嵌入教材，使教材“动起来”，尝试建设“互联网+教育”背景下的电子商务新形态教材，进一步丰富教材形式，充分发挥育人实效。

3．内容丰富。本书是了解、认识、学习电子商务的入门教材，理论以“必需、够用”

为度，案例丰富，共设计了十个学习情境，内容不仅涵盖了电子商务的基础理论、技术知识，还包括了电子商务应用的基本原理和应用实务。

4．适合教学。本书在编写体例上，充分考虑高职学生的认知规律和心理特点，设置了学习目标、情境引例、情境拓展、情境案例与技能训练五大模块，并配套开发了教学课件、试题库、课程标准、微课视频等教学资源，辅助教师教学和学生自学。

本书由天津科技大学孟泽云、天津海运职业学院陈静担任主编，天津滨海职业学院王砚侠、天津轻工职业技术学院齐亚平担任副主编，孟泽云负责总体策划、章节设计，陈静组织修订和统稿。分工为：学习情境一、二、十由孟泽云修订；学习情境三、六、九，学习情境八情境任务一、三由陈静修订；学习情境四、五由王砚侠修订；学习情境七，学习情境八情境任务二由齐亚平修订。

在本书修订的过程中，特别邀请天津市跨境电商协会出口分会会长、津品跨境数字贸易产业园创始人万晓文，天津市服装商会会长杨帅等行业企业专家对教材的形式、教材内容的实用性等方面进行了严格审核与鉴定，根据专家们提出的宝贵意见进行相应的修改并最终定稿，在此向各位专家表达诚挚的感谢。

由于编者水平有限，加之时间仓促，难免有疏漏和不足之处，恳请读者批评指正。

编　者

目　录

学习情境八 电子商务应用 168

学习情境九 电子商务安全 197

学习情境十 电子商务法律法规 226

参考文献 246

学习情境一

走进电子商务

穷则变，变则通，通则久。——《周易·系辞下》

学习目标

知识目标

认识电子商务的一般框架，理解电子商务的含义、特点及功能，了解电子商务的影响、优势及发展。

技能目标

能够熟练地在网上搜索信息和选购商品。

素质目标

感知电子商务背后的互联网精神，培养学生爱国主义情怀，增强民族自信心。

情境任务一　了解电子商务的产生与发展

情境引例

电子商务的先驱——亚马逊

1994年，当时担任华尔街金融分析师的贝索斯敏感地意识到网络将成为一种崭新的商业工具。他开始设想在网上销售产品，列出了20个品种，经研究最后将图书列于榜首。虽然他没有任何图书销售经验，但他认为图书是小额商品，并且邮寄费用比较低，客户不需要亲手翻阅就可能下单，在网上可以列出几百万条书目，而一家零售书店最多可能只有20万册书。1995年，贝索斯用30万美元启动资金在西雅图郊区他租来的房子的车库中，创建了全美第一家网络零售公司AMAZON.COM（亚马逊）。1995年8月，亚马逊卖出了第一本书。三年以后，亚马逊被《福布斯》杂志评为世界上最大的网上书店。四年后，这家公司拥有了1 310万名客户，书目数据库中含有300万种图书，超过世界上任何一家书店。

最早亚马逊只能算是网上书店，但贝索斯看到了网络的发展前景，逐渐将其由小型的网上书店转变为有相当规模的新型网络购物场所——网上商店。到2000年年底，其客户已涵盖160多个国家和地区，亚马逊成了世界上销售量最大的网上商店。

看一下亚马逊前几年的销售额：1996年0.158亿美元，1997年1.478亿美元，1998年6.1亿美元，1999年超过 80亿美元。1999年贝索斯当选美国《时代》周刊年度风云人物，这位年轻的企业家对一家网络大书店的远见，掀起了全球网上购物的浪潮。

亚马逊是企业对消费者（Business to Customer，B2C）电子商务模式的典型代表，已经成为全球用户数量最多的零售网站，大大超过了沃尔玛、苹果、eBay及中国的电子商务巨头阿里巴巴。数据显示，2019年 6 月，全球约有 20%的独立用户使用亚马逊的零售和拍卖网站，其全球独立用户数量达到了 2.822亿，位居全球第一。

就在几乎谁都没有搞清其店面在何处的时候，亚马逊用短短几年时间，一举超过无数百年老店而成为世界上最大的书店，其市值更是远远超过了售书业务本身。通过亚马逊网站，用户在购书时可以享受到很大的便利。例如，要在 100 万种书中查找一本书，用传统的方法可能要跑上几个书店，花费很多时间，但在亚马逊，用户通过检索功能，只要点击几下鼠标，不久就会有人把书送到家里。亚马逊另一个吸引人的地方是提供了很多增值服务，包括提供了众多的图书评论和介绍。而在传统销售方式下，这些增值服务会非常昂贵。在"成功"地将自己发展成超越传统书店的世界最大规模网上书店之后，今天亚马逊的产品种类已经扩大至音像光盘、化妆用品、宠物用品及杂货等，并提供拍卖及问候卡片等服务，正成为全球最大的网上零售商。

依托互联网建立的亚马逊网上书店的成功，让人们认识了一种新的商业模式——电子商务。

引例思考 什么是电子商务？电子商务是在什么背景与条件下产生的？与传统商务相比，其有何特点和优势？

一、电子商务的产生背景

从技术的角度来看，人类利用电子通信的方式进行贸易活动已有几十年的历史了。早在 20 世纪 60 年代，人们就开始使用电报发送商务文件。到 20 世纪 70 年代，人们开始使用传真机来代替电报传递和管理信息。但是由于传真不能将信息直接转入信息系统中，人们开始尝试在贸易伙伴之间的计算机上实现数据自动交换，以避免数据转入的错误并提高工作效率。于是 EDI（电子数据交换）应运而生。EDI 是将商业文件（订单、发票、货运单、报关单和进出口许可证）按一个公认的标准从一台计算机传输到另一台计算机的电子传输方法。由于 EDI 大大减少了纸质票据，因此人们也形象地称之为"无纸贸易"或"无纸交易"。EDI 的出现和进入商业应用就是电子商务的雏形。由于 EDI 不通过互联网，而是通过租用的计算机传输线在专用网络（增值网，Value Added Network，VAN）上实现，因此使用 EDI 的费用很高，只有大型企业才会将其用于发送和接收订单、交货和支付信息等。这也限制了基于 EDI 的电子商务的应用范围。20 世纪 90 年代中期以后，互联网进入商业应用，而基于互联网的电子商务应用开始得到迅速发展。

美国是世界上最早发展电子商务的国家，也是电子商务发展较成熟的国家之一，多年来一直引领全球电子商务的发展。目前，80%的美国制造商拥有自己的网站，60%的小企业、80%的中型企业和 90%的大型企业已经开展电子商务应用。比较大的电子商务网站有亚马逊、eBay、Target 等，沃尔玛、家得宝等线下零售商也推出了自己的电子商务网站。欧盟电子商务起步较美国晚，但发展速度快，成为全球电子商务发展较为领先的地区。

欧美国家电子商务发展迅速的原因：一是欧美国家拥有计算机的家庭、企业众多，网民人数占总人口的三分之二以上，尤其是青少年，几乎都是网民，良好的经济条件和庞大的网民群体为电子商务的发展创造了一个良好的环境；二是欧美国家普遍实行信用卡消费制度，建立了一整套完善的信用保障体系，这为电子商务的网上支付问题提供了解决方法；三是欧美国家的物流配送体系相当完善、正规，当电子商务时代到来后，只要将各个配送点用计算机连接起来，就顺理成章地完成了传统配送向电子商务时代配送的过渡，电子商务活动中最重要、最复杂的环节——物流配送问题就这样轻而易举地解决了。我国电子商务起步相对较晚，但近些年在政府的大力推动下发展势头强劲，连续多年成为全球规模最大的网络零售市场。根据国外媒体综合中国国家统计局及美国数据报道，2020 年中国网上零售额 11.76 万亿元人民币（约合 17 049.53 亿美元），居全球第一，是美国 7 626.75 亿美元网上零售额的两倍多。

二、我国电子商务的发展历程

我国电子商务起源于 20 世纪 90 年代的 EDI 应用，电子商务发展起源于互联网进入商业应用。1993 年，我国成立了国民经济信息化联席会议及其办公室，相继组织了金关（国家外贸处理信息化建设）、金卡（国家金融信息化建设）、金桥“三金工程”，后来又相继实施了金企、金农等系列“金”字工程。这些工程及相继建成的覆盖全国的四大主干网络都为我国发展电子商务打下了基础。1994 年 10 月，亚太地区电子商务研讨会在北京召开，电子商务概念开始在我国传播。

1995 年，中国互联网开始商业化。中国互联网电子商务的发展经历了以下阶段。

（一）中国互联网电子商务的发展历程

1．萌芽期（1997—1999 年）

1998 年 3 月，我国第一笔互联网网上交易成功；1999 年 3 月，8848 网站开通，网上购物进入了实际应用阶段。当时信息化水平较低，大众对电子商务缺乏了解，加上互联网泡沫等因素影响，电子商务网站大多举步维艰。这一时期，中国化工网、8848、易趣、阿里巴巴、当当等知名网站先后涌现。

2．调整期（2000—2002 年）

在互联网泡沫破灭的大背景下，电子商务出现萎缩，电子商务问题暴露，资金撤离，市场重新洗牌，优胜劣汰，超过三分之一的网站销声匿迹。这一时期的标志性事件是慧聪网上线、卓越网成立、中国电子商务协会成立。

3．复苏期（2003—2005 年）

2003 年春季，电子商务因其独有的优势而快速复苏。电子商务网站开始务实经营，大批网民逐步接受网购。这一时期的标志性事件是阿里巴巴成立淘宝、推出支付宝，C2C 性质的易趣上线，腾讯推出拍拍。C2C 三足鼎立格局形成。

4．成长期（2006—2007 年）

这一时期在国家政策的支持下，硬件环境不断成熟，物流、支付诚信瓶颈得到基本解决，推动电子商务进入了高速发展阶段。这一时期的标志性事件是京东商城获投，开启了国内家电 3C 网购新时代。

5．转型期（2008—2009 年）

这一时期初步形成了具有中国特色的网络交易方式，电子商务进入规范化、稳步发展的阶段，电子商务企业竞争日益激烈。这一时期的标志性事件是淘宝屏蔽百度搜索、特卖电子商务网站唯品会上线、当当实现盈利、“双十一”大促开启。

6．发展期（2010—2012 年）

这一时期，大量传统企业和资金流入，网民数量和物流快递行业都在快速增长。这一时期的标志性事件是支付宝获得牌照、唯品会在美国上市、电子商务监管首度立法。

7．崛起期（2013年以后）

这一时期电子商务高速发展。

（二）中国电子商务的发展现状

2021年10月，商务部等部委联合印发了《“十四五”电子商务发展规划》（以下简称《规划》），总结了“十三五”期间我国电子商务取得的显著成就，并指明了“十四五”期间我国电子商务的发展方向和任务。《规划》在推动我国电子商务实现快速健康发展方面发挥了重要作用。《规划》指出，我国电子商务已深度融入生产生活各领域，在经济社会数字化转型方面发挥了举足轻重的作用。“十三五”期间，我国电子商务发展现状如下。

1．规模质量实现双提升

网络基础设施进一步夯实，固定宽带家庭普及率达到96%，网民规模接近10亿人，互联网普及率超过70%。电子商务交易额保持快速增长，2020年达到37.2万亿元，比2015年增长70.8%；网上零售额达到11.76万亿元，年均增速高达21.7%。网络购物成为居民消费的重要渠道，实物商品网上零售额对社会消费品零售总额增长贡献率持续提升，带动相关市场快速发展。快递业务量从2015年的206.7亿件增至2020年的833.6亿件，非银行支付网络支付交易金额从2015年的49.5万亿元增至2020年的294.6万亿元，均稳居全球首位。

2．融合创新态势不断深化

新一代信息技术加速发展，电子商务新业态、新模式不断涌现，社交电商、直播电商、生鲜电商产业链日趋完善，电子商务加速线上线下融合、产业链上下游融合、国内外市场融合发展，使得融合创新态势不断深化。

传统零售企业数字化转型加快，全国连锁百强企业线上销售规模占比达到23.3%；服务业数字化进程加快，在线展会、远程办公、电子签约日益普及，在线餐饮、智慧家居、共享出行便利了居民生活。农村电商畅通了工业品下乡、农产品进城渠道，农业数字化加速推进，2020年全国农村网上零售额达1.79万亿元，是2015年的5.1倍。跨境电商蓬勃发展，2020年跨境电商零售进出口总额达1.69万亿元。

以上事实表明，电子商务以数据为纽带加快与制造业融合创新，推动了智能制造发展。

3．服务民生成效显著

电子商务成为扶贫助农新抓手。电子商务进农村覆盖了832个原国家级贫困县，使得农村电子商务公共服务体系和物流配送体系不断完善。电子商务在线教育、在线医疗、在线缴费等民生服务日益普及，成为便民服务新方式，成为创新创业、灵活就业、普惠就业新渠道，电子商务相关从业人数超过6 000万，比2015年增加2 700余万，年均增长13%。2020年电子商务在防疫保供、复工复产、消费回补等方面发挥了重要作用，显著提升了广大人民群众的获得感和幸福感。

4．国际合作成果丰硕

“丝路电商”加快全球布局，与22个国家建立了双边电子商务合作机制，通过政企对话、联合研究、能力建设等推动多层次合作交流，营造了良好的合作环境。电子商务企业加快出海，带动了物流、移动支付等领域的全球发展。电子商务国际规则构建取得了突破，区域全面经济伙伴关系协定（RCEP）中电子商务章节成为目前覆盖区域最广、内容全面、水平较高的电子商务国际规则。

5．发展环境持续优化

电子商务法律政策体系不断完善，“放管服”改革深入推进，监管服务持续优化，有力地激发了市场活力。电子商务法治建设取得重大进展，《网络安全法》《电子商务法》颁布实施，《反不正当竞争法》《专利法》完成修订，进一步完善了电子商务法律体系。

电子商务标准体系不断健全。国家累计制定发布了 120 余项国家标准、50 余项行业标准及多项团体标准，试点、示范工作不断推动制度创新，跨境电商综合试验区达到 105 家，国家电子商务示范基地达到 127 家，商务部遴选了两批共 393 家电子商务示范企业、108 家数字商务企业，先行先试成效显著，形成了一批成熟经验做法。

社会信用基石不断夯实，电子商务诚信工作不断推进，电子商务公共服务体系基本形成，数据共享、惠民惠企、人才培养等取得积极进展，使得发展环境持续优化。

《规划》还构建了电子商务服务新发展格局的战略框架，从国内和国际两个维度入手，让电子商务服务更有效。在促进形成强大国内市场方面，首次提出培育高品质数字生活的理念，更好地带动产业数字化，进一步强化数字技术创新和数据要素驱动对电子商务高质量发展的重要作用，推动数字化产业发展。在实现更高水平对外开放方面，充分发挥电子商务在数字经济国际合作和数字领域规则构建方面的主力军作用，加强数字产业链全球布局，推进跨境交付、个人隐私保护、跨境数据流动等数字领域国际规则构建，倡导开放共赢的国际合作新局面。

情境拓展

我国网民上网做什么

目前，CNNIC（中国互联网络信息中心）发布了第 49 次《中国互联网络发展状况统计报告》（以下简称《报告》）。《报告》显示，截至 2021 年 12 月，我国网民规模达到 10.32 亿人，手机网民规模达 10.29 亿人，网民中使用手机上网的比例持续提升。我国网民数量庞大，平均每天上网近 4 个小时。那么，我国网民上网都喜欢做些什么呢？

1．手机网民“爱聊天”

与 15 年前计算机必装的 QQ 软件一样，微信等即时通信应用也几乎“入驻”到每个网民的手机中。在众多手机网民中，即时通信用户规模达到 9.83 亿人。即时通信成为移动互联网流量的核心入口，用户渗透率超过九成，明显领先于其他手机应用。据了解，截至 2021 年 12 月，我国网民使用手机上网的比例达 99.7%；使用电视上网的比例为 28.1%；使用台式电脑、笔记本电脑、平板电脑上网的比例分别为 35.0%、33.0%和 27.4%。此外，社交类应用也受到网民的广泛欢迎，微信朋友圈、QQ 空间、微博使用率在社交应用中排名前三。

2．网络新闻受欢迎

《报告》显示，截至 2021 年 12 月，我国网络新闻用户规模达 7.71 亿人，较 2020 年 12 月增长 2 835 万人，占网民整体的 74.7%。

网络新闻是中国互联网发展较早的应用之一。作为信息获取的基础应用，网络新闻服务形式已经从早期的以采编分发为主的自主传播模式转化为以用户资讯需求为主的资讯平台供给模式。目前，新闻资讯领域主要体现出三个特点：资讯聚合平台化趋势促使分工进一步明确；整体资讯内容过剩，跨界竞争日趋激烈；技术成为新闻资讯平台的核心竞争力。而内容和用户的增多也对资讯平台提供的内容质量及传递的精准性提出了挑战。大数据、神经网络、自然语言理解、自动学习等人工智能技术的应用将促使资讯聚合平台在资讯推荐、营销推广乃至更深入的内容制作、互动沟通等方面有进一步发展。

3．过半网民“买买买”

指尖轻点即可下单，输入密码立刻付款，足不出户坐等收货……在互联网高度发达的今天，买东西成为轻而易举的事。《报告》指出，截至2021年12月，我国网上购物用户规模达8.42亿人，较2020年12月增长5 969万人，占网民整体的81.6%。

“买买买”的不仅是穿戴，连温饱也可以在网上解决。截至2021年12月，我国网上外卖用户规模达5.44亿人，较2020年12月增长1.25亿人。在行业发展进一步成熟、盈利水平较低的情况下，外卖平台深耕现有业务和横向拓展成为必然选择；食品安全和送餐交通安全仍是外卖行业面临的两大发展问题。

4．出行住店一键定

20年前，大部分人长途出行的火车票、飞机票还要去售票窗口购买。但现在，只要在相关网站上购买即可，省时省力。截至2021年12月，我国在线旅行预订用户规模达3.97亿人，较2020年12月增长5 466万人，占网民整体的38.5%。

长途出行可以在网上搞定，短距离出行更是不在话下，网约车、共享单车任君选择。截至2021年12月，我国网约车用户规模达4.53亿人，较2020年12月增长8 733万人，占网民整体的43.9%。

5．网络娱乐多元化

网络正在不断丰富着人们的娱乐方式，包括网络视频、网络直播和网络游戏等。

截至2021年12月，我国网络视频（含短视频）用户规模达9.75亿人，占网民整体的94.5%。其中短视频用户规模为9.34亿人，占网民整体的90.5%。2021年上半年，随着长、短视频平台之间的竞争进一步加剧，中视频成为重点发力方向，内容更加专业、多元。同时，长视频平台加快推进影视工业化进程，积极营造健康产业环境。

截至2021年12月，我国网络直播用户规模达7.03亿人，同比增长8 652万人，占网民整体的68.2%。其中，电商直播用户规模为4.64亿人，同比增长7 579万人，占网民整体的44.9%；游戏直播的用户规模为3.02亿人，同比增加6 268万人，占网民整体的29.2%；真人秀直播的用户规模为1.94亿人，同比增加272万人，占网民整体的18.8%；演唱会直播的用户规模为1.42亿人，同比增长476万人，占网民整体的18.8%；体育直播的用户规模为2.84亿人，同比增长9 381万人，占网民整体的27.5%。

截至2021年12月，我国网络游戏用户规模达5.54亿人，较2020年12月增加3 561万人，占网民整体的53.6%。

情境案例

中国电商狂欢节

从2009年至2021年，每年一次的“双十一”成为中国电子商务领域的年度盛事，为淘宝带来了巨大的销售额。

2009年是淘宝首届“双十一”，当时网购还未蔚然成风，但是依然在短短一天内创造了5 000万元的销售额。这是那个时代很少有购物平台能达到的业绩。

2010年，中国网络购物市场与电商行业表现出强劲的发展态势，因此这一年淘宝“双十一”销售额也大幅增长——高达9.36亿元，同比增长177 2%。

2011年，淘宝“双十一”销售额又实现了里程碑式的飞跃，淘宝商城和淘宝网总计的支付宝交易额突破52亿元，同比增长455%。值得注意的是，2011年京东也开始加入“双十一”战局，尽管只有40万单的交易额，但打破了阿里巴巴一家独大的局面。

2012年被业内称为“双十一”的爆发点，这一年淘宝商城正式更名为天猫。2012年“双十一”当日，天猫与淘宝的总销售额达到191亿元。其中，天猫达到132亿元，淘宝也有59亿元，同比增长267%。

2013年，淘宝“双十一”销售额继续攀升，超过2012年的191亿元仅用了13个小时，再次达到新的高峰——350.18亿元。

2014年作为阿里巴巴上市之后的第一个“双十一”，2014年淘宝销售的数据依旧不负众望，也是13个小时就超过了2013年的350亿元。最终“双十一”总销售额达到了571亿元，同比增长63.1%。

2015年淘宝“双十一”当日销售额达到912.17亿元，其中无线端占比68%，同比增长59.7%。

2016年淘宝“双十一”销售额达到1 207亿元，其中无线端占比82%，同比增长32.3%。

2017年天猫“双十一”全球狂欢节总交易额达到1 682亿元，移动端成交占比90%。

2018年天猫“双十一”全球狂欢节总交易额达到2 135亿元。

2019年天猫“双十一”全球狂欢节总交易额达到2 684亿元。

2020年，第12个天猫“双十一”落下帷幕，根据阿里巴巴公布的数据显示，天猫“双十一”成交额达4 982亿元，再次创下新高。

2021年天猫“双十一”全球狂欢节总交易额达到5 403亿元；参加天猫“双十一”的商家数量已增长至29万户，创下历史新高。值得注意的是，其中65%是中小商家、产业带商家和新品牌，有7万个是首次参与的新商家。

情境任务二　认知电子商务的含义和功能

情境引例

戴尔公司的网上商店

戴尔公司是1984年由迈克尔·戴尔创立的计算机公司。戴尔公司在1994年推出了网站并在1996年加入了电子商务功能。戴尔公司的理念非常简单：按照客户要求制造计算机，并向客户直接发货。这使戴尔公司能够最有效和明确地了解客户需求，继而迅速做出回应。这种直接的商业模式消除了中间商，这样就减少了不必要的成本和时间，让戴尔公司更好地理解客户的需要。

戴尔公司通过首创的革命性“直线订购模式”，与大型跨国企业、政府部门、教育机构、中小型企业及个人消费者直接建立联系，从每天与众多客户的直接洽谈中，戴尔公司掌握了针对客户需要的第一手资料。客户登录戴尔公司的网站，除查看不同的计算机型号和配件资料、价格外，还可以网上订货，并即时追踪所订购货物的生产或送货情况。戴尔公司的客户关系管理系统是围绕“以客户为中心”的主导思想建立的，即客户自选计算机配件、付费方式，网上获取产品信息、故障诊断和技术支持客户数据管理。戴尔公司建立了一个全面的知识数据库，库里包含戴尔公司提供的硬件和软件中可能出现的问题及解决方法，同时还有处理回信、交易和备份零件运输等的处理程序与系统。所有这些基础结构——用户数据库、产品信息和帮助知识数据库都在戴尔公司的网站上得到了很好的实现。

30多年以来，戴尔公司革命性地改变了整个行业，使全球的客户，包括商业、组织机构和个人消费者都能接触到计算机产品。戴尔公司致力于倾听客户需求，提供客户所信赖和注重的创新技术与服务。受益于独特的直线订购模式，戴尔公司在全球的产品销量高于任何一家计算机厂商，并因此在财富500强中名列第 25位。戴尔公司之所以能够不断巩固其市场领先地位，是因为其一贯坚持直接销售基于标准的计算机产品和服务，并提供最佳的客户体验。

引例思考 通过戴尔公司的例子，你认为电子商务具有哪些具体的功能？

电子商务在我国快速发展，企业应用电子商务的积极性持续增加，迫切需要了解什么是电子商务，其功能有哪些。

一、电子商务的定义

电子商务虽然正在以令人难以置信的速度渗透到人们的工作和生活中，但是至今也没有一个统一的定义。国内外不同的组织、企业、专家等对于电子商务的定义不尽相同，比较这些定义，可以让我们更全面地理解电子商务的本质。

（一）国际商会的定义

1997 年 11 月 6 日至 7 日，国际商会在法国首都巴黎举行了世界电子商务会议，全世界商业、信息技术、法律等领域的专家和政府部门的代表参加了这次会议。会议有一项重要内容就是共同探讨电子商务的概念问题。大会结束时发布了电子商务的权威性定义：电子商务是指实现整个贸易活动的电子化。从涵盖的范围可以定义为：交易各方以电子交易方式而不是通过当面交换或直接面谈的方式进行的任何形式的商业交易；从技术方面可以定义为：电子商务是一种多技术的集合体，包括交换数据[如 EDI、电子邮件（E-mail）]、获得数据[如共享数据库、电子公告牌（BBS）]及自动捕获数据（如条形码、IC 卡应用）等。

（二）经济合作与发展组织（OECD）的定义

电子商务是发生在开放网络上的包含企业之间（Business to Business，B2B）、企业和消费者之间（Business to Consumer，B2C）的产品或服务的买卖活动。买卖的产品或服务是通过网络安排的，至于支付和产品或服务的最终交付则既可以在线上完成，也可以在线下完成。

（三）世界贸易组织的定义

世界贸易组织（WTO）在其电子商务专题报告中，对电子商务的定义是：电子商务是通过电信网络进行的生产、营销、销售和流通活动，它不仅包括基于互联网的交易活动，而且包括所有利用信息技术（IT）来解决问题、降低成本、增加价值和创造商业与贸易机会的商业活动，如通过网络实现从原材料查询、采购、产品展示、订购，到出品、储运、电子支付等一系列的贸易活动。

（四）国际著名 IT 公司的定义

国际商用机器（IBM）公司一直是电子商务的积极倡导者。它提出了一个电子商务的定义公式，即“电子商务=万维网+信息技术+商业活动”，所强调的是在网络环境下的商业化应用，就是把买方、卖方、厂商及其合作伙伴在互联网、内联网（intranet）和外联网（extranet）下结合起来的应用。

英特尔（Intel）公司对电子商务的定义是：电子商务=电子化的市场+电子化的交易+电子化的服务。

惠普（HP）公司对电子商务的定义是：电子商务是通过电子化的手段来完成商业贸易活动

的一种方式，是商家和客户之间的联系纽带。它包括两种基本形式：商家之间的电子商务及商家和最终消费者之间的电子商务。

二、对电子商务的理解

（一）广义的电子商务和狭义的电子商务

广义的电子商务是指一切利用电子手段进行的商务活动，既包括电话、电报等初级电子工具，也包括互联网这种高级电子工具。按照广义的理解，电话购物、电视购物、POS 联机销售都可以归入电子商务。狭义的电子商务特指通过互联网进行的商品交易及与商品交易相关的商务活动。按照狭义的理解，电话购物、电视购物、POS 联机销售都不能归入电子商务。

（二）从不同角度定义电子商务

从商业的角度上，电子商务是实现整个贸易活动的电子化；从涵盖范围的角度上，电子商务是交易各方以电子交易方式进行的任何形式的商业交易；从技术的角度上，电子商务是一种多技术的集合体，包括交换数据、获得数据及自动捕获数据等。

（三）高层次、低层次的电子商务

电子商务可以在多个环节实现，由此也可以将电子商务分为两个层次：较低层次的电子商务有电子商情、电子广告、电子合同等；最完整，也是最高级的电子商务是指利用互联网进行全部贸易活动，即在网上将信息流、商流、资金流和部分的物流完整地实现。也就是说，可以通过互联网将寻找客户，进行洽谈、订货、在线付（收）款、开具电子发票，以至于电子报关、电子纳税等活动一气呵成。

综上所述，我们认为电子商务是企业利用计算机技术、网络技术和远程通信技术，来实现整个商务（买卖）过程中的电子化、数字化和网络化。人们不是面对面地看着实实在在的货物靠纸介质单据（包括现金）进行交易，而是互不见面，通过网上提供的商品信息、完善的物流配送系统和方便安全的资金结算系统进行交易。电子商务离不开外部环境的支撑，支撑电子商务的外部环境主要包括安全认证、物流配送、信用体系、技术标准、支付体系等。电子商务的整体运行概念图如图 1.1 所示。

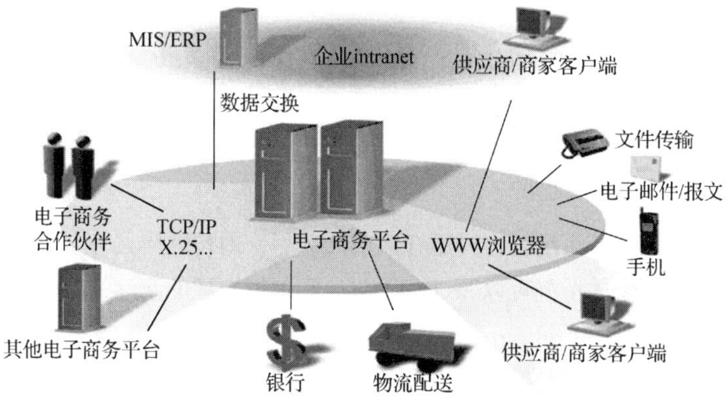

图 1.1　电子商务的整体运行概念图

三、电子商务的功能

电子商务是以互联网作为载体开展商务活动的，主要涉及网上广告、咨询洽谈、在线订货、在线付款、货物递交等售前、售中和售后等活动。电子商务通过互联网可提供网上交易和管理的全过程服务，具有对企业及商品进行广告宣传、咨询洽谈、网上订购、网上支付、电子账户管理、货物传递、意见征询、交易管理等各项功能。

（一）广告宣传

电子商务使企业可以通过自己的 Web 服务器，利用主页（homepage）和电子邮件在全球范围内做广告宣传，即在互联网上宣传企业形象和发布各种信息；客户通过浏览器可以迅速查询所需的信息。与其他各种广告形式相比，网上广告的成本更低，却可带给顾客更丰富的信息。

（二）咨询洽谈

电子商务使企业可借助非实时的电子邮件、新闻组（news group）和实时的讨论组（chat）来了解市场及商品信息，洽谈交易事务。如果有进一步的需求，还可以用网上的白板会议（whiteboard conference）、电子公告板（BBS）、微信、QQ 等来即时交流信息。网上咨询和洽谈能超越人们面对面洽谈的限制。

（三）网上订购

商家通常会在产品介绍页面上提供十分友好的订购提示信息和订购交互区域。当客户填完订购单后，通常系统会回复确认信息单，表示订购信息收悉。订购信息采用加密方式使客户和商家的商业信息不会被泄露。

（四）网上支付

网上支付是电子商务交易过程中的重要环节，客户可采用信用卡、电子钱包、电子支票和电子现金等多种电子支付工具进行网上支付。网上支付可以降低交易费用，其安全问题现在已有相关技术来保证。

（五）电子账户管理

网上支付必须有电子金融的支持，即银行、信用卡公司及保险公司等金融机构要提供电子金融操作服务，而电子账户管理是其基本的组成部分。

（六）货物传递

电子商务通过服务传递系统将客户所订购的商品尽快地传递到已订货并付款的客户手中。对于有形的商品，服务传递系统可以通过网络对在本地或异地的仓库或配送中心的商品进行调配，并通过物流公司完成商品传送；对于无形的信息产品，如软件、电子读物、信息等则可以立即从电子仓库中提取并通过网络直接传递给客户。

（七）意见征询

企业的电子商务系统可以采用网页上的选择、填空等格式文件及时搜集客户对商品和销售服务的反馈意见。这些反馈意见能提高网上、网下交易的服务水平，让企业获得改进产品、发现新市场的商业机会，使企业的市场运作形成良性循环。

（八）交易管理

电子商务的交易管理系统可以借助网络快速、准确地搜集到大量数据信息，并利用计算机系统强大的处理能力针对人、财、物多个方面，以及企业和企业、企业和客户、企业内部等各方面进行协调与管理。

电子商务的上述功能，为网上交易提供了一个良好的环境，使电子商务的交易过程得以顺利和安全完成，并可以使电子商务获得更广泛的应用。

电子商务的含义及功能

情境案例

网上一条信息，给一家乡镇企业带来了意外惊喜

西门子公司 80 周年庆典，需要几百棵圣诞树，于是在网上发布需求信息。我国泉州一家乡镇企业在网上看到这则消息，通过网络联系，仅 6 天就提供了其所需的圣诞树。现在西门子每年的圣诞树都是从泉州这家企业订购的。

情境任务三　认知电子商务的基本框架

一、电子商务的一般框架结构

电子商务的一般框架结构是指实现电子商务从技术到一般服务层所应具备的完整的运作基础，也是指实现电子商务的技术保证和电子商务的应用所涉及的领域。它在一定程度上改变了市场的基本结构，而且它不是一个孤立的系统，需要与外界进行信息交流。

电子商务的一般框架由两大支柱、三个层次构成：两大支柱分别是有关电子商务的国家政策及法律法规、技术标准和安全网络协议；三个层次是网络层、多媒体信息发布层和一般业务层。在两大支柱和三个层次的支持下，电子商务的应用领域涉及方方面面，如网上购物、网上银行、网络广告、网上娱乐、网上视频点播、信息增值服务、供应链管理等。电子商务的一般框架结构如图 1.2 所示。

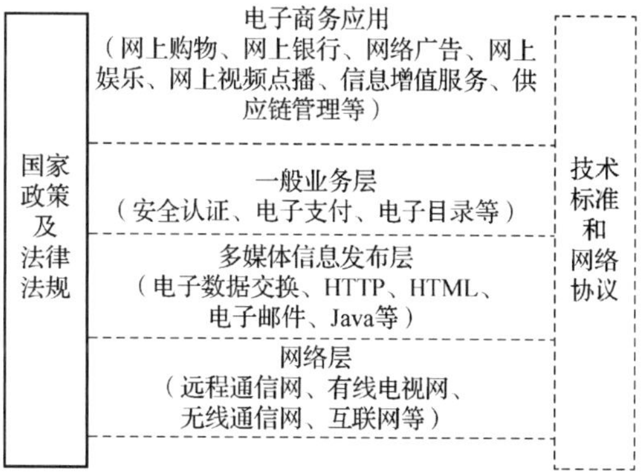

图 1.2　电子商务的一般框架结构

（一）网络层

网络层是电子商务的网络基础设施，是信息传输系统，是实现电子商务底层的硬件基础设施。它主要包括：远程通信（telecom）网、有线电视（cable TV）网、无线（wireless）通信网和互联网。

远程通信网包括公用交换电话网（PSTN）、公用数据网（PDN）、综合业务数据网（ISDN）等；无线通信网包括移动通信系统、微波通信系统和卫星通信系统。这些网络都提供了电子商务信息传输的线路，但是大部分的电子商务应用还是基于互联网。

互联网是当今世界上最大的开放性、国际性计算机数字通信网络，是一个由各种不同类型和规模的独立运行与管理的计算机网络组成的全球性计算机网络。也就是说，它是由一系列更小的网络组合而成的，并非一个单独的网络。组成互联网的计算机网络包括小规模的局域网（Local Area Network，LAN）、城市规模的城域网（Metropolitan Area Network，MAN）和大规模的广域网（Wide Area Network，WAN）等。这些网络通过普通电话线、高速率专用线路、卫星、微波和光缆等线路把不同国家的大学、公司、科研部门和政府部门等组织的网络连接起来，实现网络资源共享。

互联网网络互连采用的协议是 TCP/IP（Transfer Control Protocol/Internet Protocol）。互联网上包括的主要硬件设备有：数字交换机、路由器（route）、集线器（hub）、调制解调器（modem）、IP 电话设备、有线电视机顶盒（Set Top Box）等。经营计算机网络服务的是 ISP（Internet Service Provider，互联网服务提供商）。

（二）多媒体信息发布层

在网络层提供的信息传输线路上，需要根据一系列传输协议来发布信息。

目前，网上最流行的发布信息的方式是以 HTML（超文本链接语言）的形式将信息发布在万维网（WWW）上。网上传播的信息包括文本、图片、声音、图像等。HTML 将这些多媒体信息组织得易于检索和富有表现力，而应用 Java（互联网的环境编程语言）更兼容用于各种网络（有线、无线、光纤、卫星通信）、各种设备（PC、工作站、各种大中型计算机）和各种操作系统（Windows、Mac OS、UNIX）等，方便网上信息传播使用。

互联网上的信息传播交流工具有两种：一种是面向人的非格式化的数据交流，如我们使用电子邮件和 FTP（文件传输协议）来传递消息；另一种是面向机器的格式化的数据交流，如电子数据交换系统就是典型代表，其传递和处理过程是自动化的，无须人为干涉，商务贸易中的订单、发票、装运单等都比较适合采用格式化的数据交流。HTTP（超文本传输协议）是互联网上通用的信息传播方式。它以统一的显示方式，在多种环境下显示非格式化的多媒体信息。目前，大量的互联网使用者在各种终端和操作系统下通过 HTTP 使用统一资源定位器（URL）去查找所需要的信息。

（三）一般业务层

这一层实现的是为了方便交易所提供的通用的业务服务。它是所有企业、个人在网上进行交易时都会用到的服务，主要包括保证安全认证、电子支付和电子目录等。

网上交易时，买方发出一笔电子付款（以电子支票或电子现金形式）信息，并随之通知卖方，卖方通过金融机构进行认证并接收。同时，发出货物，最后当买方收到所购货物时，交易才算完成。对于电子商务来说，最关键的是电子支付的安全性。为了保证网上支付安全，必须保证交易保密、真实、完整和不可抵赖，目前的做法是采用信息加密技术（非对称密钥加密、对称密钥加密等）、安全认证技术（数字签名、数字证书、CA 认证等）和安全交易协议（SET 协议、SSL 协议等）来提供端到端的安全保障。电子目录服务是将信息妥善组织，使之能方便增、删、改，并建立标准的商品目录和价格表。电子目录服务还支持市场调研、咨询服务、商品购买指南等，是电子交易的基础，是客户关系管理（CRM）解决方案的一部分。

（四）国家政策及法律法规

电子商务的产生和发展不仅改变了传统的交易模式，而且也给传统的法律法规带来了新的挑战。电子商务的特点是信息数字化和网络化，如何保证这些信息安全并具有证据效力是必须解决的问题。网络购物的便捷性在给消费者带来便利的同时，也带来如欺诈、仿冒商品、劣质产品、次品等困扰；围绕电子商务的相关税收制度、信息定价、信息访问收费、信息传输成本、隐私保护等一系列问题，需要政府制定政策；知识产权问题在电子商务活动中尤为突出，包括如何保证授权商品的交易顺利进行，如何有效地遏制销售侵权商品或仿冒商品，如何打击侵权行为。这些都是应该考虑的问题，如果处理不好，将严重制约电子商务的发展。

电子商务是建立在跨国界的信息网络之上的贸易方式，相关政策法规必须与此保持一致。但是各国国情不同，电子商务的共同要求和各国具体情况之间往往会发生冲突，需要国际社会协调解决。此外，由于各国的道德规范不同，也必然存在大量需要协调的问题。目前，我国在电子商务应用方面已开始立法，但还不完善，有待健全。

（五）技术标准和网络协议

技术标准定义了用户接口、通信协议、信息发布标准、安全协议等技术细节，是信息发布、传递的基础，是网络信息一致性的保证。它包括公共标准、网络标准、应用平台标准、应用技术标准。

就整个网络环境来说，技术标准对于保证各种硬件设备和应用软件的兼容性与通用性是十分重要的。例如，在交通方面，有的国家是左行制，有的国家是右行制，如果不加以协调，就会给交通运输带来混乱；不同国家 110 V 和 220 V 的电器供电标准也给家电使用带来了麻烦。在电子商务中也会遇到类似问题，而且由于电子商务的全球性，非国际化的技术标准将会带来更为严重的后果。目前，许多企业、厂商和国际组织都意识到技术标准的重要性，正致力于联合开发统一的国际技术标准，如电子数据交换标准、TCP/IP、HTTP、SSL 协议、SET 协议等。

二、电子商务系统的构成

电子商务系统是在互联网信息系统的基础上，由参与到电子交易过程中的供应商或卖方、客户或买方、提供实物配送服务和支付服务的机构，以及提供网上商务服务的电子商务服务商（提供网络接入服务、信息服务及应用服务的 IT 厂商）和提供身份认证的 CA（Certificate Authority，认证中心）组成的，如图 1.3 所示。互联网信息系统是进行交易的平台；供应商、客户是网上市场交易的主体，它们使用电子商务服务商提供的互联网服务来参与交易；电子商务服务商为交易的双方进行交易提供支持；配送中心完成有形产品送货上门，支付中心提供资金支付方面的服务；CA负责发放和管理数字证书，使网上交易的各方能够相互确认身份。

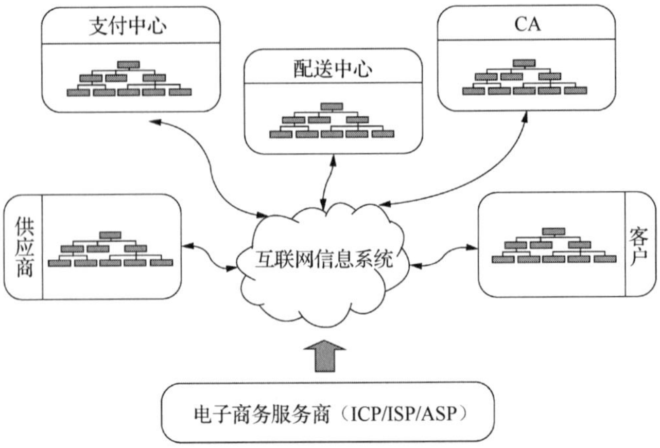

图1.3 电子商务系统的构成

上述六个方面构成了电子虚拟市场交易系统的基础，它们是有机结合在一起的，缺少任何一方面都可能影响网上交易顺利进行。互联网信息系统保证了电子虚拟市场交易系统中信息流的畅通，是电子虚拟市场交易顺利进行的核心基础。供应商与客户是网上市场交易的主体，实现其信息化和上网是网上交易顺利进行的前提，缺乏这些主体，电子商务无法存在。电子商务服务商是网上交易顺利进行的手段，可以推动企业和消费者上网并更加方便地利用互联网进行网上交易；实物配送、网上支付和身份认证是网上交易顺利进行的保障，缺乏完善的实物配送系统及网上支付系统，将阻碍网上交易顺利完成。

情境拓展

电子商务中介机构的类型

① IAP（Internet Access Provider，互联网接入提供商）主要提供互联网通信和线路租借服务，如我国电信企业中国电信、中国联通提供的线路租借服务。

② ISP（Internet Service Provider，互联网服务提供商）主要为企业建立电子商务系统提供全面支持，一般企业、组织和消费者上网时只通过ISP接入互联网，由ISP向IAP租借线路。

③ ICP（Internet Content Provider，互联网内容提供商）主要为企业提供内容服务，如财经信息、搜索引擎。这类服务一般是免费的，ICP主要通过其他方式，如发布网络广告获取收入。

④ ASP（Application Service Provider，应用服务系统提供商）主要为企业建设电子商务系统提供系统解决方案。这些服务一般都由属于信息技术（IT）行业的公司提供。

⑤ CA，是采用PKI（Public Key Infrastructure，公开密钥基础架构）技术，专门提供网络身份认证服务，负责签发和管理数字证书，且具有权威性和公正性的第三方信任机构。其作用就像我们现实生活中颁发证件的机构，如身份证颁发机构、护照办理机构等。目前，CA提供的数字证书业务主要包括：数字证书的申请、签发和发布；证书的查询、作废、更新、存档，有时还提供OCSP（在线证书状态协议）服务；密钥的管理，主要是密钥的产生、存储、更新、备份和恢复。

情境任务四　电子商务的特点和影响

情境引例

72 小时网络生存测试

72小时网络生存测试是1999年9月由10多家媒体、梦想中文网联合主办，8848网赞助的网络生存测试。12名参与者在独立的房间内，通过网络来满足自身的需求。72小时网络生存测试是当时监测电子商务发展的一次重大活动，大大助推了8848电子商务网站的发展。

通过网上报名、网友投票、媒体推选三步产生的北京、上海、广州三地各4人共12名自愿参与测试的人，被异地“发配”到这三个城市12个完全陌生的房间里。

他们的生存空间为酒店标准房，有基本的生活工具，包括起居设备、沐浴设备，但没有生活饮水，没有电话、电视等电器，有一个“没有内存”的冰箱，卫生间只有厕纸，只能通过一台可以上网的电脑与外界沟通。

在这72小时中，测试者不能携带任何物品进入房间，主办方提供1 500元现金及限额1 500元的信用卡，还有上网账号和密码。测试期间测试者不能离开房间，必须通过网络获取食物、水来维持生存。

测试现场装有摄像机，详细记录测试者每天的活动内容及上网记录。主办单位将依测试者的网络购物能力、网络社交能力、网络应用能力及网络学习能力等进行评判，优胜者将获得最高5 000元的奖励。

8848网无疑是72小时生存测试的最大赢家。这里有个插曲，当时活动主办方找到8848网的市场总监毛一丁要求赞助。毛一丁非常痛快，当即拍板赞助了参赛者每人1 500元现金和1 500元电子货币。头脑灵光的毛一丁意识到其中可能会有大动作，并给了当时值守人员足够的暗示。

当时8848网的值守人员得到的暗示是，这两天如果有购物的请求一定要满足，无论多远都要尽快送到。就这样，在其他网站不当回事的时候，8848网抢占了先机。一个测试者要的巧克力在网上超市中没有，毛一丁硬是派人到公司旁边的商场买了送过去。

引例思考　电子商务具有哪些特点？给人们的生活带来哪些影响？

电子商务给企业带来的影响

福特汽车公司内部有完善的内联网，每天有80%的雇员上内联网。内联网为他们提供了能更好工作的工具。每种小轿车和卡车都有自己的内部网址跟踪设计、生产、质量控制和交付程序。但是引起人们兴趣的是福特汽车公司刚刚与微软成立的合资企业CarPoint。福特的总裁杰克·纳赛尔在演讲中开门见山地指出，福特汽车公司要转变成直接面向消费者的公司，公司与微软公司成立的CarPoint，就是为了给消费者创造一个更简单、完善的网上服务方式。消费者可以随时设计、订购自己满意的汽车。这个合资企业是世界上第一个在线凭单生产系统，能够把消费者的设计、订货方案直接同制造商的生产、供货、运输系统联系在一起。消费者得到了想要的产品，而制造商也得到了实时实地的市场信息。福特汽车公司目前是“生产线”和“网上在线”两条腿走路。

互联网是否让福特汽车公司卖出更多的汽车？福特汽车公司总裁说：“我们并不是特别看重互联网能否让我们卖出更多的汽车，而是互联网能让我们对顾客的需求更快地做出反应。”

引例思考　电子商务给企业带来了哪些影响？

一、电子商务的特点

电子商务作为一种新型的交易方式，将生产企业、流通企业及消费者、政府带入了一个网络经济、数字化生存的新天地。电子商务综合运用信息技术，以提高贸易伙伴之间商业运作效率为目标，将一次交易全过程中的数据和资料用电子方式实现，从而在商业的整个运作过程中实现交易无纸化、直接化。电子商务可以使贸易环节中各个商家和厂家更紧密地联系在一起，更快地满足客户需求，在全球范围内选择贸易伙伴，以最小的投入获得最大的利润。

电子商务与传统的商务活动方式相比，具有以下特点。

（一）交易网络化

电子商务所依赖的各项技术中，最重要的是网络技术。电子商务必须通过计算机网络系统来实现信息的交换和传输，因此电子商务的实现和发展与信息技术密切相关。

（二）交易虚拟化

电子商务利用计算机网络技术或其他任何电信手段进行货物贸易、服务贸易、信息服务及电子支付，交易双方无须面对面洽谈，而是通过互联网完成交易，整个交易过程完全虚拟化。

（三）交易成本低

电子商务为商家和消费者提供了信息交换平台，降低了信息传递的成本。电子商务使买卖双方可以通过互联网进行直接交易，节省了中间环节的成本；“无纸贸易”可大量减少文件处理费用；不需要实体店铺，降低了店铺租赁、维护等费用。例如，北美汽车商通过互联网推销汽车，每年可节约 10 亿美元。目前，美国机场售票有三分之一通过互联网，每张票的手续费仅 1 美元。

（四）交易全球化

传统商务有固定地点、固定时段，电子商务能够不受时间和空间的局限，提供无国界、无地域、全天候的服务，真正实现了贸易的全球化，商家能以最少的成本支出，在世界范围内简单而又迅速地寻找到更多的消费者、最好的供货商和最合适的贸易伙伴。

（五）交易透明化

电子商务的买卖双方从交易的洽谈、签约，到货款的支付、交货统计等交易过程都通过网络进行，通畅、快捷的信息传输，可以保障各种信息之间的相互核对，防止伪造信息。

（六）交易平等化

互联网为所有企业提供了一个平等、开放的平台，使得中小企业有可能拥有与大企业一样的信息资源，大、中、小企业都面临机遇与挑战，而带来的机会是均等的。

电子商务在传统商务的基础上，运用信息及信息技术，改变了传统商务的交易方式、沟通方式，拓展了商务活动的边界，改变了人们对商务的认识，形成了新的商务思维方式和新的商业生态文明，也改变了人们对客观世界的认识。

二、电子商务的影响

（一）电子商务对社会经济的影响

1. 电子商务将改变商务活动的方式

电子商务改变了商务活动的方式。传统营销模式下推销员“说破了嘴、跑断了腿”四处推销产品，消费者奔波在各个商场中精疲力竭地搜索自己所需的商品，常常要花费很多时间。如今，只要上网动动手就可以买到自己喜爱的商品，而且还能获得在线服务；不仅能够购买实物产品，如汽车、电视机和录音机，也能购买数字类产品，如信息、电影、音乐、数据库、软件及各类知识产品。此外，还能获得各类服务，如安排旅游行程、网上医疗诊断和远程教育。电子商务不仅为企业节省了营销成本，也方便了消费者，节省了消费者的购买时间和精力。

2. 电子商务改变了人们的消费方式

网上购物的最大特征是消费者的主导性。购物意愿掌握在消费者的手中——消费者不受时间的限制，不受空间的限制，不受传统购物的诸多限制，足不出户，就可货比三家，随时随地地在网上购物，还能够以一种轻松自由的自我服务的方式来完成交易。因此，消费者主导权在网络购物中得到充分体现。

3. 电子商务改变了企业的生产方式

电子商务让消费者的个性化、特殊化需要得以通过网络展现给生产厂家。为了取悦顾客，突出产品的设计风格，制造业中的许多企业纷纷发展和普及电子商务。例如，美国福特汽车公司在 1998 年的 3 月将分布在全球的 12 万个计算机工作站与公司的内联网连接起来，并将全球的 1.5 万个经销商纳入内联网，最终目的是实现能够按照用户的不同要求做到按需供应汽车。

4. 电子商务为传统行业带来了一场革命

电子商务在商务活动的全过程中，通过人与电子通信方式的结合，极大地提高了商务活动的效率，减少了不必要的中间环节，为传统制造业进入小批量、多品种的时代创造了条件，从而使“零库存”成为可能；为传统的零售业和批发业开创了“无店铺”“网上营销”的新模式；各种线上服务为传统服务业提供了全新的服务方式。

5. 电子商务带来了一个全新的金融业

在线支付是电子商务的关键环节，也是电子商务得以顺利发展的基础条件。随着电子商务在电子交易环节上的突破，网上银行、银行卡支付网络、银行电子支付系统及电子支票、电子现金等服务将传统的金融业带入了一个全新的领域。1995 年 10 月，全球第一家网上银行安全第一网络银行（Security First Network Bank）在美国诞生，这家银行没有建筑物、没有地址，营业厅就是首页画面，员工只有 10 人。与总资产超过 2 000 亿美元的美国花旗银行相比，安全第一网络银行简直微不足道。但与花旗银行不同的是，该银行所有交易都通过互联网进行，第一年年存款金额就达到了 1 400 万美元，四年后达到了 4 亿美元。

6. 电子商务将转变政府的行为

政府承担着大量的社会、经济、文化管理和服务功能，尤其作为“看得见的手”，在调节市场经济运行方面有着很大的作用。在电子商务时代，在企业应用电子商务进行生产经营，银行实现金融电子化，以及消费者实现网上消费的同时，也对政府管理行为提出了新的要求。电子政府也称网上政府，将随着电子商务发展而成为一个重要的社会角色。

总而言之，作为一种商务活动过程，电子商务将带来一场史无前例的革命，其对社会经济的影响会远远超过商务本身。除上述影响外，其还将对就业、法律制度及文化教育等带来巨大影响。

（二）电子商务对企业的影响

网络经济有着不同于传统经济的规律与模式，电子商务不是传统商务活动在网络上的翻版。电子商务自身所具有的特点决定了其优于传统商务，具体表现在以下四个方面。

1．增强成本竞争优势

（1）电子商务可以降低采购成本

传统的原材料采购是一个烦琐的过程。通过互联网，企业可以加强与主要供应商之间的协作，将原材料的采购和产品的制造过程有机地结合起来，形成一体化的信息传递和处理系统。目前，许多大公司采用一体化的电子采购系统，从而降低了劳动力、打印和邮寄成本，采购人员也有更多的时间致力于合同条款的谈判，以及与供应商建立稳固的供销关系。

例如，美国通用电气公司的照明设备部，自从将大部分手工采购转向在互联网上进行电子采购后，产生了积极的效应——既改善了服务，又节省了劳动力和原材料成本。

该公司以往的采购程序是：照明设备部为购买一些低值零件，每天向公司的采购资源部发送几百份询价申请单，采购资源部对每份申请都要附设计图纸（设计图纸是从技术资料档案中调出来复印后再装入信封的），上述过程一般要 7 天时间才能完成。由于工作烦琐，采购资源部只能将招标文件邮寄给 3 家供货商。1996 年公司采用了网上采购系统后，采购资源部可以从内联网接受询价申请单，并通过互联网向全球的供货商发出招标文件。该系统能够准确地自动检索出设计图纸，并附在电子询价单上。在 2 小时内，全球的供货商就可以收到询价单，美国通用电气公司在收到报价的当天就能完成评标工作并确定最终中标人。该公司宣称，通过网络采购方式可使人工成本节省 30%，同时 60%的采购人员被重新安排了工作。采购资源部从大量的纸面、复印和邮寄工作中解脱出来，每月至少能腾出 6～8 天的额外时间集中研究采购战略问题。再者，因为新的采购方式使公司能在更广泛的在线供货商中进行选择，所以由此带来的激烈竞争使材料价格降得更低，可比原来节省 20%。

（2）降低库存成本

产品的生产周期越长，企业就需要越多的库存来应对可能出现的交货延迟，面对市场的反应也就越慢。而且，库存增多也会增加成本，降低企业利润。何况，高库存量也不能保证向客户提供最佳服务。因此，适当的库存容量不仅可以让客户得到满意的服务，而且可以尽量为企业减少运营成本。电子商务的应用有利于达到上述目标。例如，IBM 公司从 1996 年开始应用电子商务高级计划系统。通过该系统，零售商和供应商都可以通过电子商务系统将一系列相关产品的最新预测发送出去，连接在互联网上的主机在收到最新预测后，对大家的预测进行对比，并标出最大的差异。该差异将由零售商和供应商的计划人员重新调整。为了避免操作复杂，软件设计公司将该软件设计成针对具体的交易情况可自动处理和调整的方式。这样，生产商就可以准确地依据销售商的需求生产，使库存保持在适当的容量，从而降低库存成本。

（3）电子商务可以降低促销成本

尽管创立和维护企业的网站需要一定的投资，但与其他的销售渠道相比，使用互联网的成本已经大大降低了。依据国际数据公司的调查，利用互联网作为广告媒体进行网上促销活动，结果是使销售额增加 10 倍，同时费用只是传统广告的 1/10。该项研究还表明，一般情况下采用网上促销的成本只相当于直接邮寄广告花费的 1/10。还有一项研究认为，利用互联网发布广告的平均费用仅为传统媒体的 3%。例如，美国宾夕法尼亚州的安普公司（AMP International of Harrisburg）曾经花费 800 万美元印刷产品目录，而现在将其销售的 7 万种产品目录在互联网上展示，不仅成本大大降低，而且销售额大大增加。

（4）电子商务可以降低客户服务成本

随着企业电子商务的开展，网络客户支持系统受到了厂家和客户的欢迎。企业提供有效的网上客户支持活动，可以大大降低电话咨询的次数。例如，美国联邦捷运公司（Federal Express）通过设立网上咨询服务系统，使客户可以随时跟踪快递包裹的动态，客户每次查询只要花费公司 0.1 美元，而用传统的咨询方式却要花费公司 7 美元。可见，网上技术支持服务的费用大大少于电话咨询的费用。

2. 缩短企业生产周期

产品的生产成本都涉及固定成本的支出，固定成本并不随着生产数量的变化而变化，而与产品的生产周期有关。电子商务的应用可以缩短产品的生产周期，从而降低企业的生产成本。

电子商务的应用为产品的开发和设计提供了快捷方式：第一，开发者可以利用网络快速进行市场调研，了解最新市场需求；第二，开发者可以利用网络，快速了解到产品的市场反馈，了解到竞争对手的最新情况，对产品进行再改良，以取得竞争优势。而这个过程，在传统商务中要经过一段漫长的时间，从而使生产周期大大延长，提高了生产成本。

3. 增加交易机会

由于网络的开放性和全球性，使得基于网络的电子商务没有时间和空间的限制，企业必须不断地为世界各地的客户进行技术支持和销售服务。这种 24 小时不间断的服务有利于增加企业与客户的接触机会，也给企业增加了许多商机。

4. 提高客户满意度

（1）满足客户个性化需求

牛仔裤领导厂商 Levis 通过调查发现，许多客户对现有牛仔裤的合身程度并不完全满意。因此，该公司在网站上推出了标准的规格，并提供客户自行量身，再为其修改的服务。又如，一家销售户外活动用品的商家，在网上开展了定制旅行袋的业务，允许客户利用自己的计算机和网络，自行设计或修改旅行袋的式样、颜色、材料、尺寸、装饰品和附件等，还可绣上自己的姓名或其他标志。这些服务由于迎合了客户个性化的需求而大受市场欢迎，商家也因采取预收款或收取较高服务费等方式而获得了更多盈利。

（2）提供更有效的售后服务

企业可以通过互联网提供售后服务。例如，在网上进行产品介绍、技术支持、FAQ（常见问题解答）等。在电子商务时代，售后服务不再是企业的负担，而是企业通过客户关系管理来维持老客户、吸引新客户，从而提高市场占有率的一种有效手段。

情境案例

企业投 1 元回报达 234 元

在 2008 年贸易萎缩、消费收紧的大环境中，电子商务在中国却“逆势扩张”。全球最大的分析公司 IDC 在《电子商务服务业的社会经济影响》报告中指出，以阿里巴巴为代表的第三方电子商务平台有力地带动了中小企业电子商务的发展。有25.04%的中小企业表示，在阿里巴巴这样的电子商务平台上每投入1元钱，可带来平均234元的交易额回报。该报告的作者IDC高级分析师黄涌涛研究发现：“以2008年上半年全国各地区的房屋店面租赁价格和运营费用为基准，网上店铺为卖家节约实体店面成本达人民币4.45亿元/月；网商通过与物流公司合作降低了60%的运输成本和30%的运输时间；基于网络综合营销成本相比传统线下店铺降低了约55%。经过研究发现，与传统线下销售相比较，电子商务可以降低约47%的渠道成本。”

情境任务五　走进移动电子商务

随着智能手机终端的不断普及、平板电脑和大屏手机的渗透、移动网民数量的大增，移动电子商务的发展具有了强大的基础。

一、移动电子商务的含义及特点

（一）移动电子商务的含义

移动电子商务（M-commerce）是指用户利用移动电话、PDA或掌上电脑等移动终端，依托无线互联网而进行的电子商务活动。移动电子商务是电子商务的一种新型模式，使得传统的电子商务变得更加灵活、方便和简单，用户可以随时随地进行在线交易。

（二）移动电子商务的特点

移动电子商务有四个特点。

1．移动性

传统电子商务使人们感受到了网络所带来的便利和快乐，但其局限在于必须有线接入。而移动电子商务则摆脱了传统电子商务对地点的限制，使用者可以随身携带移动设备，只要在无线网络覆盖的地方就可以随时随地结账、订票或购物，从而带给使用者无障碍的新体验。

2．便利性

智能手机等移动终端具有小巧、轻便、易携带等特点。移动电子商务可以让客户不受时间和空间的限制，随时随地获取网络信息，体验娱乐服务，进行即兴购物等。

3．个性化

移动电子商务覆盖面广，可供选择的服务众多，能满足不同消费者的需求。而且其操作界面可以根据个人喜好自行设置不同的模式，还能收藏、保存数据。为了满足人们不同的需求，要求电子商务的发展更加个性化。

4．广泛性

移动网购用户范围更广，涵盖了不会使用计算机的中老年消费者。对于一些中老年消费者，他们可能并不会使用计算机，无法在PC端进行消费，而移动端购物相较于PC端更加简单，移动网购更容易被这些人群所接受。

二、移动电子商务的发展及应用

移动电子商务

（一）移动电子商务的发展

随着移动通信技术和计算机的发展，移动电子商务的发展经历了三代。

① 第一代移动商务系统采用以短信为基础的访问技术。这种技术存在许多严重的缺陷，其中最严重的问题是实时性较差，查询请求不会立即得到回答。由于短信信息长度的限制，也使得一些查询无法得到一个完整的回答。

② 第二代移动商务系统采用了基于 WAP 技术的方式，手机主要通过浏览器来访问 WAP 网页，以实现信息的查询，部分地解决了第一代移动访问技术的问题。第二代的移动访问技术的缺陷主要表现在 WAP 网页访问的交互能力极差，因此极大地限制了移动电子商务系统的灵活性和方便性。

③ 第三代移动商务系统采用了基于 SOA 架构的 Web 服务、智能移动终端和移动 VPN（Virtual Private Network，虚拟专用网络）技术相结合的第三代移动访问与处理技术，同时融合了 4G 移动技术、智能移动终端、VPN 数据库同步、身份认证及 Web 服务等多种移动通信、信息处理和计算机网络的最新前沿技术。它以专网和无线通信技术为依托，使得系统的安全性和交互能力有了极大提高，为用户提供了一种安全、快速的现代化移动商务机制，逐渐成为移动电子商务的主流发展方向。

移动电子商务最初以移动支付应用为主，电信运营商的“手机钱包”和“手机银行”就提供这类业务，消费者可以通过手机购买电影票、进行超市购物、进行公共事业缴费等。随着移动电子商务应用逐渐由社会生活向经济领域延伸，移动电子商务的内涵不断深化，与实体经济、生产性服务结合得更加紧密。

（二）移动电子商务的应用

移动电子商务形式多样，除从传统计算机电子商务中扩展而来的一些服务外，还有许多新的形式逐渐被开发出来。目前，主要的移动电子商务应用可分为下面五种类型。

① 银行业务。移动电子商务使用户能随时随地在网上安全地进行个人财务管理，进一步完善互联网银行体系。用户可以使用其移动终端完成核查账户、支付账户单、转账及接收付款通知等业务。

② 信息服务。在移动电子商务中，虽然主要目的是交易，但是实际在业务进行过程中，信息的获取对于带动交易或间接引起交易是有非常大的作用的。例如，用户可以利用手机，获取股票行情、天气、旅行线路、电影、航班、音乐、游戏等各种信息，而这些信息有助于引导用户进行电子商务的业务交易活动，如订车票、飞机票，更改航班或车次，订电影票、各种门票，订餐，进行股票交易等。

③ 购物。借助移动电子商务，用户能够通过移动通信设备进行网上购物。即兴购物会是一大增长点，如订购鲜花、礼物、食品等。又如，登录手机淘宝、京东移动端购物。

④ 娱乐。移动电子商务将带来一系列娱乐服务。用户不仅可以从他们的移动设备上收听音乐，还可以订购、下载特定的曲目或支付版权费，并且可以在网上与朋友们玩交互式游戏，还

可以进行游戏付费。

⑤ 移动支付。用户使用其移动终端（通常是指手机）对所消费的商品或服务进行账务支付，从而可以随时随地完成必要的电子支付业务。这是移动电子商务的一个重要目标。

技能训练

1．上网搜索 CNNIC 第 49 次《中国互联网络发展状况统计报告》，了解网民对各项网络应用的使用程度。

2．登录苏宁易购，选购一件需要的电器产品，比较网上购物与传统购物的优势和劣势。

3．选择一家熟悉的企业，分析其是否开展了电子商务。如果开展了，还存在哪些问题？

4．下载淘宝手机客户端、京东手机客户端，查询其提供的主要功能。

学习情境二

识别电子商务的交易模式

同是不满于现状，但打破现状的手段却不同：一是革新，一是复古。——鲁迅

学习目标

知识目标

认识一些有代表性的电子商务网站，能够判断其电子商务交易模式，掌握电子商务交易的一般流程。

技能目标

能够分析一个网站的电子商务交易模式、运作模式和盈利模式。

素质目标

培养思辨能力，从社会发展的角度看待不同类型的商业现象。

情境任务一　认识电子商务的交易模式

情境引例

苏宁易购

苏宁易购是建立在苏宁电器集团强大后台基础上的电子商务平台。作为实体零售的辅助机构，苏宁易购利用苏宁电器集团既有优势，通过自主采购、独立运营，将虚拟经济与实体销售模式相结合，旨在配合苏宁电器集团打造虚实结合的新型家电连锁模式。

目前，苏宁易购以通信、计算机、数码、黑电、冰洗、空调、厨卫为主。与此同时，苏宁易购也不拘泥于家电零售，在快速消费品、百货产品、家居产品、娱乐产品等领域全面布局，利用网络平台便捷的优势，实现由家电 3C 零售商向综合产品零售商的转型。在区域覆盖上，苏宁易购将会依托中国香港、日本的平台，利用网购无国界的特点，借助强大的管理后台、技术平台，同步进军国际电子商务市场，并向东南亚地区渗透。

引例思考　苏宁是传统的电器零售商，现又发展网上零售，其网上零售属于哪种交易模式？其电子商务运作流程又是怎样的呢？

一、电子商务交易的主体

电子商务交易的参与者包括交易主体（如政府、企业和消费者）和需要为电子商务交易提供服务的其他相关机构，如银行、配送公司、认证机构等。

（一）政府

政府既是电子商务市场的管理者，又是电子商务活动的参与者。政府作为电子商务市场的管理者，要制定政策法规，建立有利于电子商务健康发展的管理体制，并负有加强网络环境下的市场监管、规范在线交易行为、保障信息安全、维护电子商务正常秩序的责任。作为电子商务活动的参与者，政府直接以电子商务的方式进行网上招标、采购，行使管理职能。

（二）企业

企业是电子商务最主要的推动者和受益者。在 B2C 电子商务中，它们是零售商；在 B2B 电子商务中，它们是制造商或采购商。它们通过电子商务系统完成电子订货、电子采购、电子支付和商品出售。企业利用电子商务系统开展商务活动，可以通过面向全球的广告、便利的电子手段和高效的通信能力，用最直接的流通方式、最少的流通环节、最低的库存、最快的流通速度来降低企业成本，缩短企业生产周期，增加企业盈利，从而使之获得最大的经济效益。

（三）消费者

电子商务中的消费者是指利用 B2C 或 C2C 电子商务交易系统进行消费的个人。在电子商务交易中，消费者的数量反映了电子商务应用和发展的繁荣程度，消费者越多，电子商务就越发达；否则，就越不发达。

2017 年至 2021 年中国网民规模和互联网普及率如图 2.1 所示。

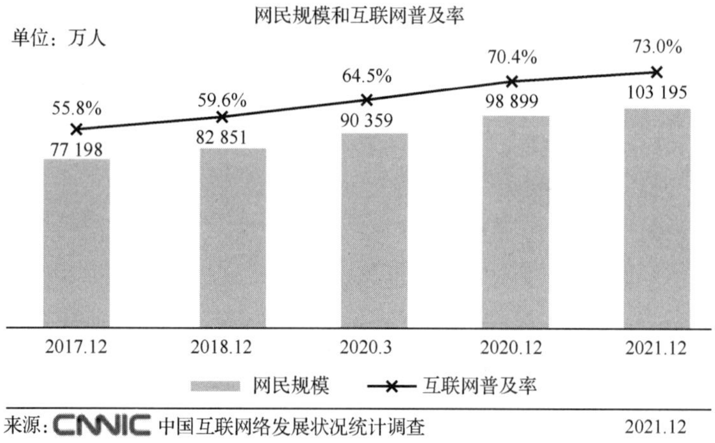

图 2.1　2017 年至 2021 年中国网民规模和互联网普及率

截至 2021 年 12 月，我国网民规模达 10.32 亿人，较 2020 年 12 月增长 4 296 万人；手机网民规模达 10.29 亿人；网络购物用户规模达 8.42 亿人，较 2020 年 12 月增长 5 968 万人。

二、电子商务的交易模式

按照交易主体的不同，电子商务的交易模式可划分为八种。

（一）B2B 电子商务模式

B2B 是英文 Business to Business 的缩写，是指以企业为主体，在企业之间进行的电子商务活动。B2B 电子商务是电子商务的主流，是电子商务应用最多和最受企业重视的模式，交易金额占电子商务市场整体份额的 80%以上。开展电子商务，将使企业拥有一个商机无限的发展空间，也是企业面对激烈的市场竞争，改善竞争条件、建立竞争优势的主要方法。其特点是交易次数少，交易金额大，交易对象广泛，交易操作规范。B2B 使企业之间的交易减少了许多事务性的工作流程和管理费用，降低了企业的经营成本。网络的便利和延伸性使企业扩大了活动范围，企业发展跨地区，甚至跨国界更方便，成本更低廉。

（二）B2C 电子商务模式

B2C 是英文 Business to Consumer 的缩写，是指企业和消费者之间的电子商务交易模式，即企业通过互联网直接向个人消费者销售商品和提供服务。B2C 模式是我国最早产生的电子商务模式，以 8848 网上商城正式运营为标志。B2C 的典型代表有天猫、京东、当当、亚马逊（中国）等。

（三）C2C 电子商务模式

C2C 是英文 Consumer to Consumer 的缩写，是指个人和个人之间的电子商务交易模式，即个人之间通过网络平台进行商品和服务的小额交易。例如，一个消费者有一台旧计算机，通过网络发布信息寻找买方，把它出售给另外一个消费者，这种交易类型就称为 C2C 电子商务。我国的 C2C 电子商务平台主要有淘宝、易趣和拍拍三家。

（四）B2G 电子商务模式

B2G 是英文 Business to Government 的缩写，是指企业和政府之间的电子商务交易模式，涵盖了政府和企业之间的各项事务。比较典型的例子是网上采购，政府作为消费者将采购信息发布在互联网上通过网络公开招标，企业则通过网络进行投标，从而提高政府采购的透明度，减少腐败，同时也提高了采购效率，降低了采购成本。2003 年，全国第一个政府采购网在南宁建成，这个政府采购网最终建成了中国第一个实现 B2G 的全国性政府采购应用功能的电子商务平台。网上招标采购也体现了政府通过示范作用来促进电子商务的发展。政府的主要职能在于经济管理、市场监管、社会管理和公共服务，而电子政务就是要将这四大职能电子化、网络化，电子政务将使政务工作更有效、更精简、更公开、更透明。

（五）G2C 电子商务模式

G2C 是指政府和消费者之间的电子商务模式，包括居民登记、户籍管理、养老金发放、福利发放、社区服务、政策发布、纳税申报等。老百姓足不出户，便可与政府有关职能部门取得联系，获得政府提供的服务并监督政府部门的工作。政府使用网络媒体的情况如图 2.2 所示。

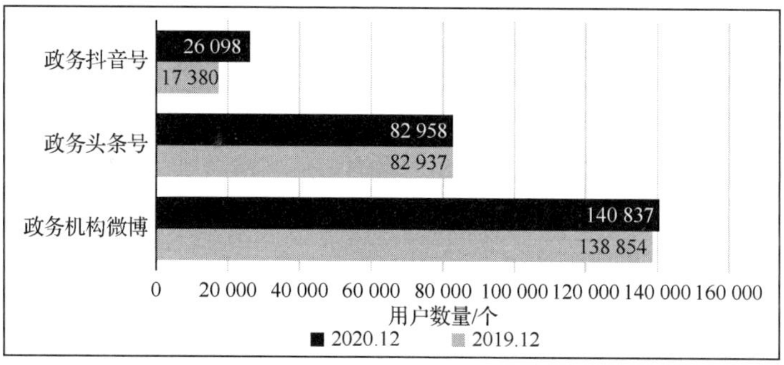

图 2.2　政府使用网络媒体的情况

（六）O2O电子商务模式

O2O即Online to Offline（在线离线或线上到线下），是指将线下的商务机会与互联网结合，把线上的消费者带到现实的商店中，在线支付购买线下的商品和服务，再到线下去享受服务。这个概念最早来源于美国，中国较早转型O2O模式，并成功运营的企业代表为美乐乐，其O2O模式具体表现为线上家具网与线下体验馆的双平台运营。2014年，O2O概念红透半边天，上门按摩、上门送餐、上门化妆、上门洗狗、滴滴打车等各种O2O模式层出不穷。例如，打车的原本场景是在路边招手，现在通过“滴滴打车”在餐厅、办公室、家里等场景随时随地都可以下单，到约定地点上车。又如，到餐厅吃饭，原本是要到餐厅排队支付取餐，现在则可以在电梯或办公室直接下单支付，到餐厅的取餐柜直接取走。O2O模式把互联网与实体店完美对接，让消费者在享受线上优惠价格的同时，又可享受线下贴心的服务。O2O模式将线上订单和线下消费结合，所有的消费行为均可以准确统计，进而吸引了更多的商家进驻，为消费者提供了更多的优质商品和服务。据第三方数据监测与分析机构艾媒咨询发布的《2011—2020年中国O2O市场规模》显示，2020全年中国本地生活服务O2O整体市场规模达到14 399.5亿元，与2019年相比增长了25.1%；2020年的本地生活服务O2O领域形成了“美团”“饿了么”“京东到家”三大平台。

（七）C2B电子商务模式

传统的电子商务B2C模式的交易行为是由卖家发起的，即“货要卖给人”；而创新的电子商务C2B模式的交易行为是由买家发起的，即“人要找货买”。小米手机用互联网思维在这方面做了许多有益的尝试。传统硬件商只在卖出的设备上赚取利润，对他们而言，最重要的是控制成本，以量取胜。小米手机则可以少挣钱，甚至不挣钱，因为它用手机构建了一个体系，把卖出的产品与背后的用户变成社群，然后通过后续的服务和衍生产品赚钱。

小米手机通过MIUI系统，不仅把成千上万的“米粉”联结到一起，还基于MIUI建立自己的商业模式。小米公司除手机这个基础硬件之外，在小米商店里还有很多配套硬件和软件可供出售，这些都成为小米公司新的收入来源。更重要的是，通过系统，小米可以获取“米粉”们的动态数据，围绕他们的需求研发并出售新的产品，这些都是小米潜在的收入来源。

（八）团购电子商务模式

团购（group purchase）就是团体购物，是指认识或不认识的消费者联合起来，加大与商家的谈判能力，以求得最优价格的一种购物方式。根据薄利多销的原理，商家可以给出低于零售价格的团购折扣和单独购买得不到的优质服务。团购作为一种新兴的电子商务模式，通过消费者自行组团、专业团购网站、商家组织团购等形式，提升消费者与商家的议价能力，并让消费者最大限度地获得商品让利，从而引起消费者及业内厂商，甚至资本市场的关注。2010年是我国网络团购发展的重要时间节点，这一年网络团购经历了爆炸式的发展，团购网站和团购服务数量激增。2010年年初，国内只有几家独立运营的团购网站，如美团网、满座网等。随后，由于意识到网络团购的巨大商机，国内各大电子商务巨头、知名社交类网站都纷纷加入网络团购阵营，它们或者推出专门的团购网站，如淘宝聚划算、拉手网、美团网、大众点评网等，或者提供团购服务，如腾讯的QQ团购、新浪的新浪团等。在此后优胜劣汰的竞争中，中小团购网站逐渐消亡，团购网站数量整体减少。2014年产生的社区团购，2020年获得迅猛发展，2020年社区团购规模达到4.7亿人，比2019年增加0.5亿人。

情境案例

电子商务交易模式

阿里巴巴和淘宝

阿里巴巴（Alibaba.com）是全球企业间电子商务发展较好的品牌之一，是目前全球较大的网上交易市场和商务交流社区之一。阿里巴巴成立于1998年年底，总部设在杭州市，并在海外设有美国硅谷、伦敦等分部。良好的定位、稳固的构成、优秀的服务使阿里巴巴成为全球首家拥有百万商人的电子商务网站，成为全球商人网络推广的第一网站，曾被商人们评为“最受欢迎的企业间网站”。

淘宝网是亚洲最大的网络零售商圈，致力于打造全球首选网络零售商圈，由阿里巴巴集团于2003年5月10日投资创办。淘宝网目前的业务横跨个人对个人、商家对个人两大部分。

情境任务二　B2B电子商务模式

一、B2B电子商务概述

B2B是指采购商与供应商在互联网上谈判、订货、签约、接收发票和付款，以及进行索赔处理、商品发送管理和运输跟踪的商务活动。通过增值网络运行的电子数据交换已使此类电子商务得到了很大发展，其本质就是用电子交易完成商务活动，使企业的效益最大化。

B2B电子商务模式是未来电子商务发展的主流，具有巨大的发展潜力。这是因为企业之间的交易规模大，一般是大宗交易，同时企业和企业之间开展电子商务的条件也日益成熟，而且企业也是电子商务最热心的推动者和实践者。

国内知名电商智库网经社电子商务研究中心发布了《2021年度中国电子商务市场数据监测报告》。报告显示，2021年中国B2B电子商务交易额达3.8万亿元，同比增长15.8%；2021年中国B2B电子商务企业营收达到195.5亿元，同比增长3.5%；2021年中国B2B电子商务平台市场份额中，排名前三的分别为阿里巴巴占比63.5%、环球资源占比5.3%、中国制造网占比3.4%，七家核心B2B平台总占比为81.7%。

二、B2B电子商务的基本运作模式

B2B电子商务的基本运作模式根据网站构建主体的不同，可分为基于企业B2B网站的运作模式和基于中介B2B网站的运作模式。基于企业B2B网站的运作模式又分为基于卖方市场的运作模式和基于买方市场的运作模式。

（一）基于企业B2B网站的运作模式

1．基于卖方市场的运作模式

这是一种最普遍的企业电子商务模式，是指一个卖方和多个买方之间的交易模式，如戴尔公司的电子商务销售平台。在这种模式中，提供商品或服务的企业（卖方企业）占主导地位，卖方发布欲销售的产品信息，如产品名称、规格、数量、交货期和参与价格等，吸引买方前来认购，然后等待买方上网洽谈、交易。

目前，许多公司正在使用这个模式，只要卖方拥有良好的市场声誉和大批忠实客户，市场还是很有发展前景的。例如，思科（Cisco）公司是全球最大的互联网连接设备提供商，早在1991年就开始采用Pre-Web系统，借助互联网提供电子支持服务；到1996年7月，经过重新改造、设计的思科公司的网站实现了客户通过网络直接订货的功能。这种B2B网站给思科公司带来了极大利润和竞争力，估计在线销售每年可以节省3.63亿美元，而思科公司的网上销售额每年增长高达60%以上。

基于卖方市场的运作模式可以加快企业产品的销售过程，特别有利于新产品的推广，在降低销售成本的同时拓展卖方渠道。基于卖方市场的运作模式如图2.3所示。

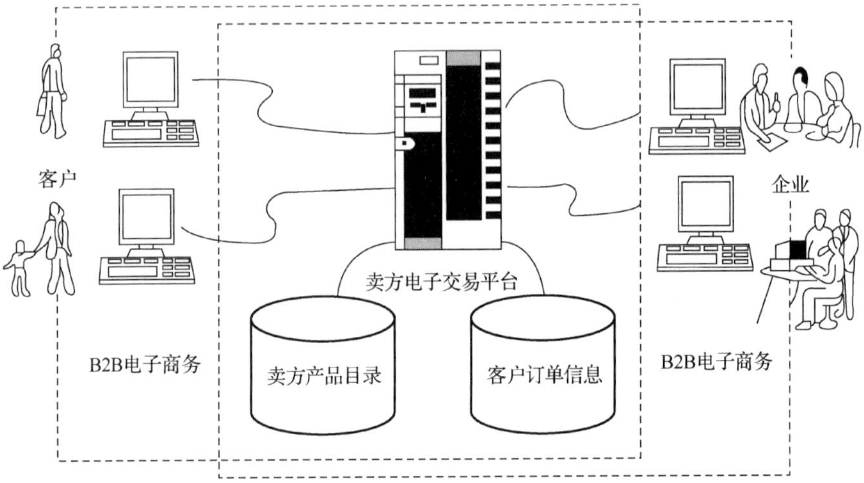

图2.3　基于卖方市场的运作模式

2．基于买方市场的运作模式

基于买方市场的运作模式是指一个买方和多个卖方之间的交易模式。在这种模式中，买方利用互联网发布需求信息，如需要产品的名称、规格、数量和交货期等，卖方利用买方提供的采购平台输入自己产品的供应信息，供买方评估，并通过买方的网站做报价、洽谈等进一步的信息沟通，完成采购业务的全过程。对于有许多供应商且采购量特别大的买方，可以建立自己的网站，如海尔的供应商网站。基于买方市场的运作模式如图2.4所示。

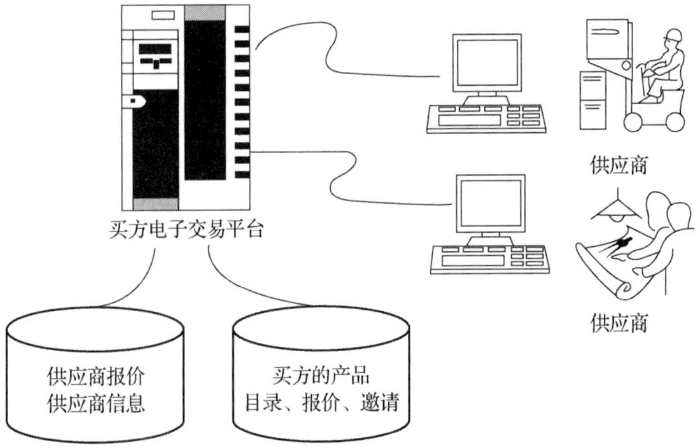

图2.4　基于买方市场的运作模式

在这种模式中，买方承担了建立、维护和更新产品目录的工作。虽然这样花费较多，但买方可以更紧密地控制整个采购流程，可以限定目录中所需产品的种类和规格，可以根据需要设置采购权限和数量，可以方便、快捷地对多家供应商及产品信息、价格进行综合比较。同时，买家绕过了分销商和代理商，从而能缩短采购时间，提高工作效率。

目前，企业的电子采购一般都是基于买方市场的运作模式，特别是在由少数大型买方主导的制造业和零售业中，如汽车、航天、家电等行业居多。

（二）基于中介 B2B 网站的运作模式

这是由买方、卖方之外的第三方平台提供买卖多方参与的竞价撮合模式，第三方平台为买卖双方提供信息发布平台，促成交易机会。例如，美国快速配对（Fast Parts）公司是一个专门交易积压电子元件的网上市场，拥有大量的供应商和购买者的信息，该公司通过网上市场对不愿透露名称的企业的积压电子元件进行拍卖。这种方式使卖方获得了比传统经销商出价更高的销售价，买方则以市场价迅速获得了需要的电子元件。更重要的是，快速配对公司检验了这些产品，并给予这些产品可靠的质量保证；快速配对公司提取 8%的佣金，形成一个三方皆赢的局面。

中介 B2B 网站分为垂直行业型 B2B 网站和水平行业型 B2B 网站。

① 垂直行业型 B2B 网站是定位在某个行业内企业间电子商务的网站，也被称为垂直门户或行业门户网站。其特点是专业性强，并通常拥有该行业资源背景，更容易集中行业资源，吸引行业生态系统内多数成员的参与，同时也容易引起国外采购商和大宗买家的关注。中国化工网、我的钢铁网、中国水泥网、中国服装网、中国食品产业网、全球纺织网就是垂直行业型 B2B 网站。

② 水平行业型 B2B 网站是将各个行业中相近的交易过程集中到一个场所，把企业采购方和供应方汇集在一起，提供一个交易的机会的网站，如阿里巴巴、中国商品交易中心、中国商品交易市场（中国诚商网）、环球资源网等网站。

三、B2B 电子商务的盈利模式

B2B 电子商务平台各有其特点，其盈利模式归纳起来主要有以下六种。

（一）会员费

企业通过第三方电子商务平台参与电子商务交易，必须注册为 B2B 网站的会员，每年交纳一定的会员费，才能享受网站提供的各种服务。目前，会员费已成为我国 B2B 网站最主要的收入来源。例如，阿里巴巴收取中国供应商、诚信通两种会员费。

（二）广告收入

网络广告是门户网站的主要盈利来源，同时也是 B2B 网站的主要收入来源。例如，阿里巴巴的广告根据其在首页位置、广告类型来收费。

（三）竞价排名

企业为了促进产品的销售，都希望在 B2B 网站的信息搜索中使自己的排名靠前，而网站在确保信息准确的基础上，会根据会员交费的不同对排名顺序做相应的调整。例如，阿里巴巴的竞价排名是诚信通会员专享的搜索排名服务，当买家在阿里巴巴搜索供应商信息时，竞价企业的信息将排在搜索结果的前三位，被买家在第一时间找到；中国化工网是全球最大的化工网站专业搜索平台，对全球近20万个化工及化工相关网站进行搜索，搜索的网页总数达5 000万个，同时采用搜索竞价排名方式，确定企业排名顺序。

（四）增值服务

B2B网站通常除为企业提供供求信息以外，还会提供企业认证、独立域名、行业数据分析报告、搜索引擎优化等增值服务。

（五）线下服务

线下服务主要包括展会、期刊、研讨会等。通过展会，供应商和采购商可以面对面地交流，一般中小企业比较青睐这个方式；期刊主要提供行业资讯等信息，里面也可以植入广告。

（六）交易佣金

企业注册为B2B网站的会员不需要交纳会员费，就可以享受网站提供的服务，可以参与电子商务交易，但在买卖双方交易成功后需要交纳佣金。例如，敦煌网采取佣金制，佣金比例为2%～7%。

情境案例

水平行业型B2B网站——阿里巴巴

阿里巴巴成立于1999年3月，是互联网上的一个国际贸易平台。美国权威财经杂志《福布斯》公布的该杂志评选2014年度全球最佳B2B网站名单中，阿里巴巴再次名列第一。它不仅是中国唯一入选网站，而且是全球唯一一家连续5年当选的最佳网站。它是全球著名的B2B网站，管理着全球领先的网上贸易市场和商人社区。阿里巴巴国际站拥有来自200余个国家和地区超过360万的注册用户，阿里巴巴中国站拥有超过2 100万的注册用户。

阿里巴巴是典型的水平行业型B2B网站，实际是主要面向中小企业的电子市场（中介网站）。它是由中介机构，即阿里巴巴建立的，主要为中小企业提供产品的采购、信息和销售等方面的服务；还可以协助企业采购人员与供应商直接见面，并能够跟踪供应商品的种类和价格的变化，从而极大地简化企业间的业务流程。阿里巴巴网站的B2B模式突破了地域限制，拉近了买卖双方的距离，并极大地减少了传统商务模式下产品营销过程中的成本耗费。同时，客户管理成本的降低和采购决策方面的充分参考信息更可以为企业带来长期效益，可以把企业及供应商、制造商和分销商紧密地联系在一起。

情境任务三　B2C电子商务模式

一、B2C电子商务概述

B2C电子商务是以互联网为主要手段，由商家或企业通过网站向消费者提供商品和服务的一种模式，也是目前人们最熟悉的一种电子商务模式。互联网上遍布了各种类型的B2C网站，提供鲜花、图书、计算机、汽车等多种消费品和服务。这种模式基本上等同于电子化的零售，是随着万维网的出现而迅速发展起来的。目前，各类企业纷纷建立网上商店，从事网上零售业务。网上商店所销售的商品种类现在主要集中在计算机软硬件、图书、音像制品、家用电器、通信器材、礼品、服装服饰等方面。

根据易观分析发布的《中国网络零售 B2C 市场季度监测报告 2021 年第二季度》数据显示，2021 年第二季度，中国网络零售 B2C 市场交易规模为 22 742.8 亿元人民币，同比增长 16.3%。市场份额方面，2021 年第二季度，天猫成交总额较去年同期增长 16.0%，占据市场份额的 63.6%，排名第一。京东成交总额较去年同期增长 26.9%，其市场份额为 27.9%，排名第二。唯品会、苏宁易购和小米有品分别以 3.3%、2.9%和 0.5%的市场份额位列第三、第四和第五。

2021 年第二季度国内 B2C 网络零售市场份额占比趋于稳定，变动基本不大，如图 2.5 所示。天猫仍旧处于霸主地位，与京东同为“第一梯队”；唯品会、苏宁易购、小米有品等为 B2C 市场的“第二梯队”，三家平台市场占比稳中有升；而包括当当、亚马逊（中国）、真快乐等的多家平台为“第三梯队”。从整体来看，零售电商行业“马太效应”日渐明显，但在移动社交电商领域，也不乏如拼多多、云集微店、有赞这样的“黑马”产生，正在酝酿新变局。

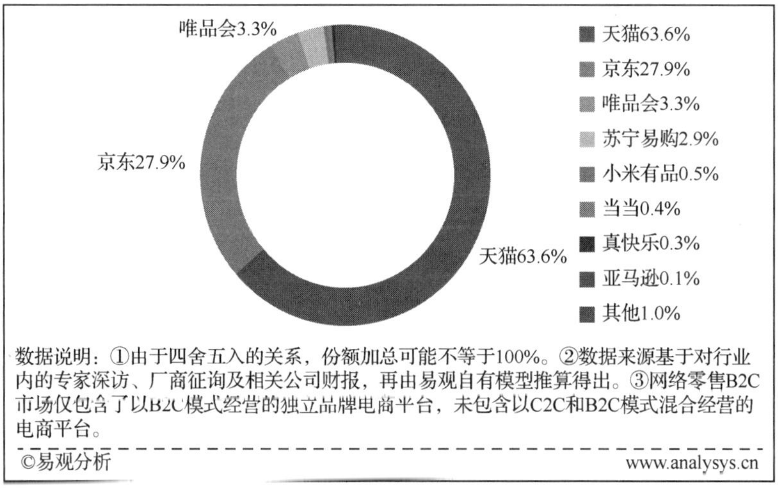

图 2.5　2021 年第二季度国内 B2C 网络零售市场份额占比

二、B2C 电子商务运作模式

（一）无形产品的运作模式

无形产品包括电子信息、计算机软件、数字化视听娱乐产品，一般可以通过网络直接提供给消费者。无形产品的电子商务运作模式主要有网上订阅模式、付费浏览模式、广告支持模式和网上赠予模式四种。

1．网上订阅模式

网上订阅模式是指企业通过网页向消费者提供网上直接订阅，消费者直接浏览信息的电子商务模式。网上订阅模式主要被商业在线机构用来销售报纸杂志、有线电视节目等。

2．付费浏览模式

付费浏览模式是指企业通过网页向消费者提供计次收费性的网上信息浏览和信息下载的电子商务模式。付费浏览模式可以让消费者根据自己的需要，在网上有选择地购买想要的东西。

例如，网上专业数据库（万方数据、中国期刊网等）一直就是付费订阅的。另外，一次性付费参与游戏娱乐是很流行的付费浏览方式之一。

3. 广告支持模式

广告支持模式是指在线服务商免费向消费者或用户提供信息，而企业经营活动全部由广告收入支持的电子商务模式。此模式是目前较成功的电子商务模式之一。

4. 网上赠予模式

网上赠予模式是指企业借助互联网用户遍及全球的优势向互联网用户赠送软件产品，以扩大企业的知名度和市场份额的电子商务模式。它通过让用户使用该产品，使用户下载一个新版本的软件或购买另外一个相关的软件。由于所赠送的是无形的计算机软件产品，而用户是通过互联网自行下载的，因此企业所投入的分拨成本很低。因此，如果软件的确有实用性，则很容易被用户接受。采用网上赠予模式的企业主要有两类：一类是软件公司；另一类是出版商。在这方面做得很成功的是网景公司。网景公司较早地运用了这一电子商务模式，将其 IE 浏览器在网上无偿赠予，以此推动该浏览器新版本的销售。

（二）实体商品的运作模式

实体商品是指传统的有形商品，这种商品的交付不是通过计算机的信息载体，而是通过传统的方式实现。一般在线销售实体商品按企业类型不同分为四种销售模式。

1. 传统零售商建立网站直接销售模式

传统零售商建立网站直接销售模式，即实体商店与网上商店并存，如苏宁易购、国美在线、屈臣氏等。传统零售商转型电子商务初期，缺乏互联网基础，IT 平台功能弱，但发展至今，技术问题已不再是制约传统企业发展电子商务的瓶颈。传统零售商最大的优势是可以线上和线下结合，如苏宁易购利用实体门店自提，突破了物流短板。

2. 电子零售商在网上设立店铺直接销售模式

该模式是电子零售商唯一的销售方式，如京东、当当、1 号店等。它具有自己的采购和物流、仓储系统，使自己直接销售的商品尽量多而全，有足够的能力从上游供应商得到很低的供货价格，甚至可以向上游供应商定制产品。

3. 电子零售商提供交易平台的销售模式

电子零售商提供稳定的交易平台，有完备的支付体系、诚信安全体系，让无数中小企业或个体商户有个方便的“扎堆”上网卖东西的地方。例如，天猫自己是不卖东西的，只是提供完备的销售交易平台。

4. 制造商建立网站的销售模式

例如，宝洁、海尔、戴尔、联想等建立了自己的企业网站，并在网上销售本企业的产品。

（三）综合模式

实际上，多数企业在网上销售并不仅仅采用一种电子商务模式，而是采用综合模式，即将各种模式结合起来实施电子商务。例如，Golf Web 就是一家有 3 500 页有关高尔夫球信息的网站。这家网站采用的就是综合模式。其中，40%的收入来自订阅费和服务费，35%的收入来自广告，还有 25%的收入是该网站专业零售点的销售收入。该网站已经吸引许多大公司在其上做广告，如美洲银行、美国电报电话公司等；专业零售点开始两个月的收入就高达 10 万美元。

三、B2C电子商务的盈利模式

综合来看，B2C 电子商务企业的主要盈利方式有七种。

（一）收取会员费

根据不同的方式和服务的范围收取注册会员的会员费。会员数量在一定程度上决定了企业最终获得的收益。大多数电子商务企业都把收取会员费作为一种主要的盈利模式。

（二）销售本企业产品获得利润

一般商品制造企业主要是通过销售本企业产品获得利润的，如海尔等。

（三）销售衍生产品获得利润

销售与本行业相关的产品获得利润，如中国饭网出售食品相关报告、就餐完全手册等。

（四）提供服务获取利润

企业可以通过销售商品的其他环节实现盈利。例如，提供网上支付功能，收取交易服务费；开展物流服务，收取费用；提供信用评价服务，获得利润，等等。

（五）收取特许加盟费

运用该模式，一方面可以迅速扩大规模，另一方面可以收取一定的加盟费，如当当、亚马逊等。

（六）收取信息发布及咨询服务费

发布供求信息，为业内厂商提供咨询服务，收取服务费，如中国药网、中国服装网、中国玩具网等。

（七）网络广告收益

为企业发布网络广告，通过网络广告获利。网络广告投放效率高，目前几乎是所有电子商务企业的主要盈利来源。这种模式成功与否的关键是其网页能否吸引大量的广告，能否引起广大消费者的注意。

综上所述，B2C 电子商务企业按照不同的类型，其盈利模式各有侧重。例如，网上零售企业的盈利模式是网络广告收益、提供服务获取利润、收取交易服务费和销售产品获得利润；商品制造企业以网上销售产品作为主要盈利模式；内容提供商的主要盈利模式是浏览订阅付费、网络广告收益和收取会员费，如中国知网、优酷网等。

情境案例

京　东

京东是中国的综合网络零售商，是中国电子商务领域较受消费者欢迎和具有较大影响力的电子商务网站之一，在线销售家电、数码通信、计算机、家居百货、服装服饰、母婴、图书、食品、旅游等十二大类数万个品牌百万种优质商品。京东在 2012 年的中国自营 B2C 市场占据 49%的份额，凭借全供应链继续扩大在中国电子商务市场的优势。2013 年 3 月 30 日，京东正式更换了域名，并且更换了 logo（标志）。

2009 年，京东陆续在天津、苏州、杭州、南京、深圳、宁波、无锡、济南等 23 个重点城市建立了城市配送站。此外，京、沪、粤三地仓储中心也已扩容至8万平方米，仓储吞吐量全面提升。2009年3月，京东斥资2 000万元人民币成立了上海圆迈快递公司，使上海及华东地区乃至全国的物流配送速度、服务质量得以全面提升。2010年4月初，京东在北京等城市率先推出“211限时达”配送服务。2010年5月15日，在上海嘉定占地200亩（约13.33万平方米）的京东华东物流仓储中心内，投资上千万元的自动传送带已投入使用，工人们手持PDA，开着小型叉车在数万平方米的仓库内调配商品。这是京东迄今为止最大的仓储中心，承担了其一半销售额的物流配送工作，也是京东将融到的2 100万美元的70%投放到物流建设的结果。在这里，京东每日能正常处理2.5万个订单，日订单处理能力达到5万单。

2021年11月18日，京东集团发布2021财年第三季度业绩报告。该季度净收入为2 187亿元人民币；经营利润为26亿元人民币；京东零售经营利润率为4.0%；净商品销售收入同比增长22.9%，净服务收入同比增长43.3%。

截至2021年9月30日，京东过去12个月的活跃购买用户数较2020年同期的4.416亿人增长25.0%至5.522亿人；京东物流运营约1 300个仓库，包含京东物流管理的云仓面积在内，仓储总面积超过2 300万平方米。

2021年第三季度，京东和达达集团与全球科技巨头华硕正式达成战略合作，宣布超过150家华硕门店已正式入驻达达集团旗下京东到家，并同步上线京东最新的即时零售“小时购”业务。2021年下半年，三方还将进一步加速推动实体门店数字化转型，包括将“小时达”服务逐步扩展至华硕国内所有线下门店，提升消费者的线下电脑数码产品购物体验。

天　猫

天猫（英文tmall，也称淘宝商城、天猫商城）原名淘宝商城，是一个综合性购物网站。2012年1月11日上午，淘宝商城正式宣布更名为“天猫”。

2012年3月29日，天猫发布全新logo形象。2012年11月11日，天猫借“光棍节”大赚一笔，宣称13小时卖出100亿元，创世界纪录。天猫整合了数千家品牌商、生产商，为商家和消费者提供一站式解决方案，并提供100%品质保证的商品、7天无理由退货的售后服务，以及购物积分返现等优质服务。2014年2月19日，阿里巴巴集团宣布天猫国际正式上线，为国内消费者直供海外原装进口商品。

2016年11月11日，天猫“双十一”再次刷新全球最大购物日纪录，单日交易额达1 207亿元。

2021年天猫“双十一”全球狂欢节在开售第一小时，超过2 600个品牌成交额超2020去年首日全天；截至11月11日23时，698个中小品牌的成交额实现从百万级到千万级的跨越；78个2020年“双十一”成交额千万级的品牌，2021年“双十一”成交额突破了1亿元大关。商家增长的背后，正是大众涌动的消费热情。2021年11月12日零点，天猫“双十一”总交易额定格在5 403亿元，相较2020年的4 982亿元成交额，再度刷新纪录，提高了421亿元。2021年天猫“双十一”的继续稳健增长，折射出消费活力和经济韧性。

情境任务四　C2C电子商务模式

一、C2C电子商务概述

C2C电子商务是消费者之间在网上进行的小额交易活动，实际上是由第三方在网上为消费者提供了一个“个人对个人”的交易平台，给买卖双方提供了一个交易场所，使每个人都有参与电子商务的机会。网上的二手住房、二手汽车交易、网上商品求购、网上拍卖竞标都属于C2C电子商务的具体应用。

C2C 电子商务的产生以 1995 年易趣成立为标志，目前采用 C2C 电子商务模式的主要有eBay、易趣、淘宝、拍拍等公司。C2C 电子商务企业采用的运作模式是通过为买卖双方搭建拍卖平台按比例收取交易费用，或者提供平台方便个人在上面开店铺，以会员制的方式收费。零售电子商务的三个基本要素——信息流、物流与资金流，C2C 电子商务已经基本解决，目前真正的难点在于交易信用和风险控制。互联网突破了地域的局限，把全球变成了一个巨大的“地摊”，而其虚拟性决定了 C2C 电子商务的交易风险更加难以控制。这时，交易集市的提供者必须处于主导地位，建立起一套合理的交易机制，一套有利于交易在线达成的机制。

二、网上拍卖

网上拍卖是 C2C 电子商务的一种主要类型，最早采用网上拍卖的企业是 1995 年成立于美国的易趣。国内这种网站的发展也非常迅速，网易拍卖网站是国内首家拍卖网站，之后相继出现了淘宝等。下面主要通过网上拍卖来介绍 C2C 这种电子商务模式。

（一）网上拍卖的定义

网上拍卖也称在线拍卖，是指一方当事人利用互联网技术，借助互联网平台，通过计算机显示屏上不断变换的标价向购买者销售产品的行为。它通过互联网将过去少数人才能参与的贵族式的物品交换形式，变成每位网民都可以加入其中的平民化交易方式。网上拍卖是网络时代消费者定价原则的体现，拍卖网站营造了一个供需有效集结的市场，成为消费者和生产者各取所需的场所，因此是一种典型的中介型电子商务模式。

（二）拍卖的种类

表 2.1 总结了六种主要的拍卖类型及其基本特点。

表 2.1　六种主要的拍卖类型及其基本特点

拍卖类型	基本特点
英式拍卖	从底价开始，出价增加到没有出价人愿意出更高的价格为止
荷兰式拍卖	从高价开始，出价自动降低，直到有出价人接受这个价格为止
密封递价最高价拍卖	密封递价过程，出价最高的人按最高出价付款
密封递价次高价拍卖	密封递价过程，出价最高的人按次高出价付款
开放出价双重拍卖	买家和卖家同时递交价格与数量，拍卖人把卖家的要约（从最低到最高）与买家的要约（从最高到最低）匹配，买家和卖家可以通过从其他出价中获得的消息来修改出价
密封递价双重拍卖	买家和卖家同时递交价格及数量，拍卖人（拍卖专家）把卖家的要约（从最低到最高）与买家的要约（从最高到最低）匹配，买家和卖家不可以修改出价

（三）网上拍卖的优势

网上拍卖是在传统拍卖的基础上发展起来的，并未改变拍卖活动的目的、原则和基本的竞价方式，但它借助现代化的信息沟通方式和互联网技术，为拍卖活动营造了一个更为广泛、更加快捷、更趋准确的拍卖环境。网上拍卖的优势可归结为以下八个方面。

1. 传播性好，保密性强

网上拍卖改变了传统拍卖活动中现场实物展示拍卖标的物的方法，而将拍卖物的图片、价格评估、历史资料等信息放到互联网上，达到广而告之的目的。这种信息传播方式，不仅保证了机密贵重拍卖物的安全，而且方便了竞买者在第一时间了解拍卖实物的资料，做更充分的竞买准备。

2. 使远程交易成为可能

网上拍卖改变了以往所有拍卖人、竞买人围坐在一起举牌竞价、一锤定音的竞价方式和场所，它利用先进的网上身份认证和信息加密传送技术，将竞价环节和场所移植到互联网上。这种虚拟的竞价场所，使得拍卖活动可以不受时间和地域（包括天气、交通、距离等因素）的限制，买卖双方足不出户便可参与整个拍卖过程。

3. 大大降低了拍卖活动的成本

参加传统拍卖活动，对于所有拍卖人和竞买人而言，都是不小的负担，不但交通费、住宿费高，还要承担高额的中介手续费。网上拍卖则不然，拍卖各方只需在计算机上点击鼠标、按下按键，就可进行拍卖活动，而中介费用也更为低廉。

4. 使传统拍卖中委托人的职能弱化

在传统拍卖活动中，委托人不仅承担着中间公证人和担保人的职能，同时承担着拍卖召集人、拍卖物报关人、拍卖活动组织人等职能，而网上的拍卖活动，委托人除保证活动的公正、公平、公开外，其他职能相对弱化。

5. 最大限度地加快了拍卖活动的节奏

网上拍卖的一切信息传递均在网上进行，速度快、传达准确。

6. 扩大了适合拍卖的物品范围

由于传统的拍卖费时费力费钱，低价值的商品往往难登拍卖行的“大雅之堂”，而网上拍卖使拍卖活动更加平民化，各种形式、价钱不等的商品都有了被拍卖和选择的机会。例如，网上跳蚤市场很多是手机、CD、装饰物等小商品。

7. 由网上拍卖衍生出新的拍卖方式

网上拍卖除可以采用传统英式拍卖、荷兰式拍卖等方式外，还有更多简易、方便的竞价方式。例如，在规定时段内，竞买者增价叫价，以结束时最好的竞买价成交等。

8. 网上拍卖为广告主开辟了“新大陆”

由于拍卖网站必须吸引足够的买家和卖家来形成足够物品的拍卖市场，因此成功的拍卖网站往往拥有大量的访问者和点击率，那些对特定物品的交易有兴趣的人就成了广告主愿意支付额外费用去接触的细分市场。

三、C2C电子商务的盈利模式

目前，C2C电子商务主要的盈利模式有五种。

（一）会员费

会员费也就是会员制服务收费，是指C2C电子商务网站为会员提供网上店铺出租、公司认证、产品信息推荐等多种服务组合而收取的费用。由于它提供的是多种服务的有效组合，比较能适应会员的需求，因此这种模式的收费比较稳定。费用第一年交纳，第二年到期时需要会员续费，续费后再进行下一年的服务，不续费的会员将降为免费会员，不再享受多种服务。

（二）交易提成

C2C 电子商务网站是一个交易平台，为交易双方提供机会，相当于现实生活中的交易所、大卖场。从交易中收取提成不论什么时候都是 C2C 电子商务网站的主要利润来源。

（三）广告费

企业将网站上有价值的位置用于放置各种类型的广告，根据网站流量和网站人群精确标定广告位价格，然后通过各种形式向客户出售。如果 C2C 电子商务网站具有充足的访问量和用户黏度，广告业务会非常多。但是 C2C 电子商务网站出于对用户体验的考虑，均没有完全开放此业务，只有个别广告位不定期开放。

（四）搜索排名竞价

C2C 电子商务网站商品的丰富性决定了购买者搜索行为的频繁性，搜索的大量应用决定了商品信息在搜索结果中排名的重要性，由此便引出了根据搜索关键字竞价的业务。用户可以为某关键字提出自己认为合适的价格，最终由出价最高者竞得，在有效时间内该用户的商品可获得竞得的排位。这种业务只有卖家认识到竞价为它们带来的潜在收益，才愿意花钱使用。

（五）支付环节收费

支付问题一向是制约电子商务发展的瓶颈，直到阿里巴巴推出了支付宝才在一定程度上促进了在线支付业务的开展。买家可以先把预付款通过网上银行打到支付公司的个人专用账户，待收到卖家发出的货物后，再通知支付公司把货款打入卖家账户。这样买家就不用担心收不到货还要付款，卖家也不用担心发了货而收不到款，而支付公司也可按成交额的一定比例收取手续费。

情境案例

淘 宝

淘宝是亚太地区较大的网络零售商圈，由阿里巴巴集团于 2003 年 5 月 10 日投资创立，现在的业务横跨 C2C（个人对个人）和 B2C（商家对个人）两大部分。2015 年 4 月 1 日，淘宝正式全面启动淘宝店铺从“实名认证”到“实人认证”的升级，防范网络不诚信行为，打击售假店铺。截至 2018 年，淘宝网的月活跃用户数超过 6 亿人，其中女性用户平均每天打开 10 次，男性用户平均每天打开 7 次；年销售额超过百万元的卖家有 43.7 万名，过亿元的卖家有 2 252 名。

eBay 在中国的败北

成立于 1995 年的 eBay，在两年后便风光上市，随后计划从美国总部打入中国市场。

最具标志性的事件为 2002 年，eBay 收购了当时中国最大的拍卖网站易趣三分之一的股份进入中国；第二年，又以总价 1.8 亿美元收购了易趣全部股份，将其变为自己的全资子公司。在当时中国线上零售市场规模并不算大的时候，eBay 可以说是风光无限。

而就在这前后，马云成立了淘宝，eBay对入驻商家收费，而淘宝则免费，双方开启了拉锯战。eBay认为，不收交易费是不安全的。随后，淘宝和eBay纷纷凭借强大的市场推广能力争取更多的商家。2005年，eBay投入1亿美元在中国市场发动营销攻势，多次宣称要“干掉”淘宝。最终，在当时中国电商市场渗透率不到1%，淘宝占到C2C市场份额的80%，而eBay的市场份额一直下滑。淘宝用免费的“招”战胜了eBay，同时市场份额的急剧下滑也被看作eBay不得不彻底退出中国市场的信号。

在当时的市场环境下，相较于刚刚起步的淘宝，eBay的平台规则和商业模式都已成熟，但它并不像淘宝那样为了适应市场，根据竞争对手的情况随时调整自己的规则，也被看作这场战役失败的原因。

2006年12月，《纽约时报》报道，eBay计划关闭中国拍卖网站，取代它的是一家由TOM在线控股的合资公司。根据协议，eBay将持有新网站49%的股份，而TOM在线持有51%的股份。此举也被视为eBay在中国的彻底失败。

案例分析　同样是C2C模式，淘宝为什么能迅猛发展而eBay却退出了中国市场？

技能训练

1．登录淘宝、易趣，比较其提供的功能和服务。

2．列举采用B2B、B2C电子商务模式的企业，比较其优缺点。

学习情境三

构建电子商务的技术基础

工欲善其事，必先利其器。——孔子《论语·卫灵公》

学习目标

知识目标

了解计算机网络的概念、互联网的产生与发展；认知电子商务新技术及其应用；熟悉 TCP/IP、IP地址、域名等互联网基础技术；掌握互联网接入技术。

技能目标

通过实际操作掌握 IP地址的分配方案；查询网站域名及 IP地址；掌握绘制小型拓扑结构图的技能。

素质目标

及时把握信息技术和信息产业的发展方向，适应社会信息化的要求，培养创新思维。

情境任务一　认知互联网

情境引例

互联网的发展历程

互联网（Internet，因特网）是世界上覆盖面最广、规模最大、信息资源最丰富的计算机信息网络。这样一个庞大的网络，它的由来可以追溯到1962年。当时，美国国防部为了保证美国本土防卫力量和海外防御武装在受到苏联第一次核打击以后仍然具有一定的生存和反击能力，认为有必要设计出一种分散的指挥系统：由一个个分散的指挥点组成，当部分指挥点被摧毁后，其他点仍能正常工作，并且在这些点之间，能够绕过那些已被摧毁的指挥点而继续保持联系。为了对这一构思进行验证，1969 年美国国防部高级研究计划署（ARPA）资助建立了一个名为 ARPANET（阿帕网）的网络。这个网络把位于洛杉矶的加利福尼亚大学，位于圣芭芭拉的加利福尼亚大学、斯坦福大学，以及位于盐湖城的犹他州州立大学的计算机主机连接起来，位于各个节点的大型计算机采用分组交换技术，通过专门的通信交换机（IMP）和专门的通信线路相互连接。这个阿帕网就是互联网的雏形。

20 世纪 70 年代末到 80 年代初，计算机网络蓬勃发展，各种各样的计算机网络应运而生，如 MILNET、USENET、BITNET、CSNET 等，在网络的规模和数量上都得到了很大的发展。一系列网络建设，产生了不同网络之间互连的需求，并最终导致了 TCP/IP 的产生。

20世纪 80年代中期，美国国家科学基金会（NSF）利用阿帕网发展出来的 TCP/IP，建立了名为NSFNET的广域网。从1986年至1991年，NSFNET的子网从100个迅速增加到3 000多个。NSFNET的正式运营及实现与其他已有和新建网络的连接开始真正成为互联网的基础。1989年，MILNET（由阿帕网分离出来）实现与 NSFNET连接后，就开始采用互联网这个名称。自此以后，其他部门的计算机网络相继并入互联网，阿帕网宣告解散。

20世纪90年代初，商业机构开始进入互联网，使互联网开始了商业化的新进程。这也成为互联网大发展的强大推动力。1995年，NSFNET停止运作，互联网彻底完成了商业化。

互联网的迅猛发展始于20世纪90年代。由欧洲原子核研究组织（CERN）开发的万维网被广泛使用在互联网上，特别是 Web浏览器的普遍应用，大大方便了广大非网络专业人员使用网络，成为互联网发展指数级增长的主要驱动力。

在中国，1994年中国科学技术网 CSTNet首次实现与互联网直接连接，同时建立了我国最高域名——CN服务器，标志着我国正式接入互联网。接着，又相继建立了中国教育科研网（CERNET）、计算机互联网（ChinaNet）和中国金桥网（GENET），从此中国用户日益成熟并开始使用互联网。CNNIC发布的《中国互联网络发展状况统计报告》显示，截至2021年12月，我国网民规模达10.32亿，互联网普及率达73%，超过全球平均水平（59.5%）13.5个百分点。我国网民规模继续保持平稳增长，互联网模式不断地创新、线上线下服务融合加速及公共服务线上化步伐加快，成为网民规模增长的推动力。

引例思考　互联网的发展历程及中国的互联网使用现状是怎样的?

一、计算机网络概述

（一）计算机网络的定义

计算机网络是指将分布在不同地理位置、具有独立功能的多台计算机及其外部设备，用通信设备和通信线路连接起来，在网络操作系统和通信协议及网络管理软件的管理协调下，实现资源共享、信息传递的系统。

（二）计算机网络的组成

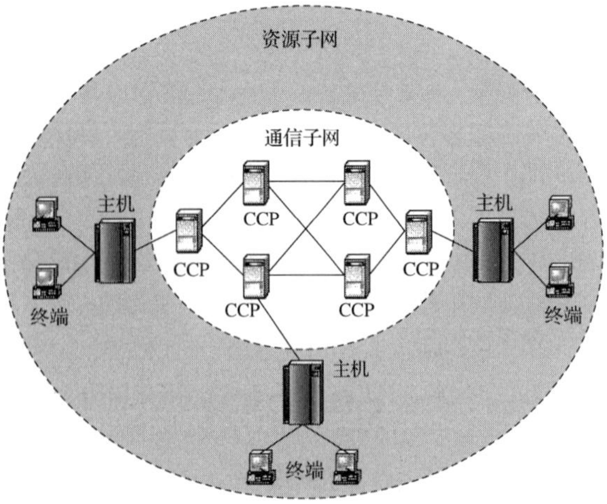

图3.1　计算机网络的组成

如图3.1所示，从逻辑功能上看，计算机网络主要由资源子网和通信子网组成。其中，资源子网负责信息处理，通信子网负责网中的信息传递。

1. 资源子网

资源子网是指计算机网络中实现资源共享功能的设备及软件的集合。资源子网的主体为网络资源设备，包括用户计算机（也称工作站）、网络存储系统、网络打印机、独立运行的网络数据设备、网络终端、服务器，以及网络上运行的各种软件资源和数据资源等。

2. 通信子网

通信子网是指计算机网络中实现网络通信功能的设备及软件的集合。通信设备、网络通信协议、通信控制软件等属于通信子网，是网络的内层，负责信息的传输，主要为用户提供数据的传输、转接、加工、变换等，包括中继器、集线器、网桥、路由器、网关等硬件设备。

（三）计算机网络的分类

计算机网络可按不同的标准进行分类。

1. 按计算机网络覆盖范围划分

由于网络覆盖范围和计算机之间互连距离不同，所采用的网络结构和传输技术也不同，因此形成了不同的计算机网络。根据覆盖范围，计算机网络一般可以分为局域网、城域网和广域网这三类。这三种网络对比如表 3.1 所示。

表 3.1　不同覆盖范围网络对比

网络分类	分布距离	网络中的实际应用	传输速率
局域网	约 10 米	房间	4 Mb/s～10 Gb/s
	约 100 米	建筑物	
	约 1 000 米	校园	
城域网	约 10 000 米	城市	50 kb/s～2 Gb/s
广域网	100～1 000 千米	国家	9.6 kb/s～2 Gb/s

2. 按计算机网络拓扑结构划分

网络拓扑是指网络连接的形状，或者是指网络在物理上的连通性。把网络中的计算机及其他设备隐去其具体的物理特性，抽象成“点”，把通信线路抽象为“线”，由这些点和线组成的几何图形就称为网络的拓扑结构。

一般来说，计算机网络拓扑就是指计算机是怎么连接的，不同的连接方式有不同的优、缺点。计算机网络的拓扑结构常见的主要有六种，如图 3.2 所示。

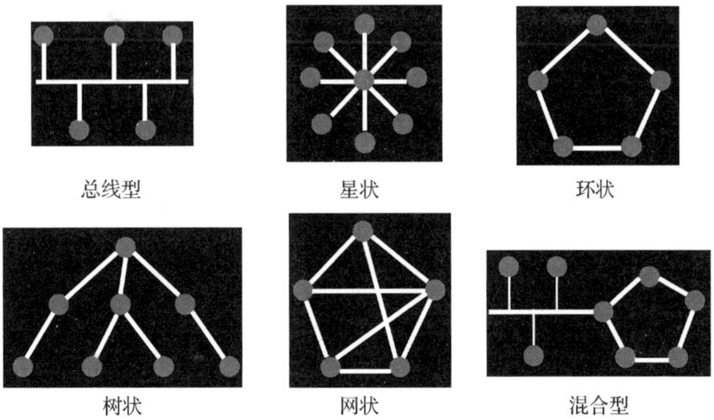

图 3.2　常见的网络拓扑结构

① 总线型拓扑结构。采用单根传输线作为共用的传输介质，将网络中所有的计算机通过相应的硬件接口和电缆直接连接到这根共享的总线上。

② 星状拓扑结构。网络中的各节点设备通过一个网络集中设备（如集线器或交换机）连接在一起，各节点呈星状分布的网络连接方式。

③ 环状拓扑结构。使用公共电缆组成一个封闭的环，各节点直接连到环上，环中数据传动是单向的，即沿一个方向从一个节点传到另一个节点。

④ 树状拓扑结构。树状拓扑结构从总线型拓扑结构演变而来，形状像一棵倒置的树，顶端是树根，树根以下带有分支，每个分支还可再带子分支，树根接收各站点发送的数据，然后广播发送到全网。

⑤ 网状拓扑结构。网状拓扑结构又称无规则结构，节点之间的连接是任意的、没有规律的。

⑥ 混合型拓扑结构。混合型拓扑结构是将两种单一的拓扑结构混合起来，取二者的优点构成的拓扑结构。

各种网络拓扑结构的优、缺点比较如表 3.2 所示。

表 3.2　各种网络拓扑结构的优、缺点比较

网络拓扑结构	优　点	缺　点
总线型	结构简单，易于扩充，需要铺设的线缆最短；有较高的可靠性，网络响应速度快；设备量小，成本低，安装方便；共享资源能力强，非常便于广播式工作，即一个节点发送，所有节点都可接收	传输距离有限，通信范围受到限制；故障诊断和隔离困难；分布式协议不保证信息及时传送，不具实时功能
星状	控制简单；故障诊断和隔离容易；方便服务	中央节点负担较重，形成瓶颈，一旦中心节点有故障会引起整个网络瘫痪
环状	结构简单，便于管理；电缆长度短，建网容易	节点故障会引起全网的故障；故障难检测；当节点过多时，将影响传输效率，不利于扩充
树状	扩充方便灵活，寻找链路路径比较方便；结构比较简单，成本低；网络中任意两个节点之间不产生回路，故障隔离较容易	节点对根依赖性太大，如果根发生故障，那么全网不能正常工作
网状	可靠性高；不受瓶颈问题和失效问题的影响	结构较复杂，网络协议也复杂，建设成本高
混合型	故障诊断和隔离方便；易于扩展；安装方便	需要用带智能的集中器；集中器到各站点的电缆长度会增加

二、互联网提供的服务

电子商务的兴起和发展依赖于计算机技术，尤其是互联网技术的飞速发展，互联网是一个把分布于世界各地的不同结构的计算机网络用各种传输介质互相连接起来的网络。互联网提供的服务主要有万维网、文件传输、电子邮件、远程登录等。

（一）万维网

万维网（World Wide Web，WWW，或称为全球信息网）又简称为 Web，可以说是当前互联网上最流行的工具。它起源于 1989 年 3 月，由欧洲量子物理实验室研制，主要由全球大大小小的网站组成，是一种构建在互联网上的多媒体集成信息系统，采用超文本传输协议来获取信息服务。

万维网主要以“主从式结构”为主，分为“客户端”（Client）与“服务器”（Server）两部分。万维网的工作原理是通过网络客户端的程序去读取指定文件，并将其显示于用户的计算机屏幕上，而这个客户端程序被称为“浏览器”（browser）。在万维网出现以前，使用互联网需要掌握计算机语言和比较复杂的软件，而通过浏览器访问万维网，仅需要少量的计算机知识和使用经验，使得非计算机专业人员也能上网。万维网提供了一种非常易于使用的友好界面，用浏览器软件（如 IE）还可以访问 FTP、News、电子邮件等过去要用不同的客户程序才能访问的信息资源，它统一了整个互联网的应用功能，使之变成一个超媒体的信息资源的集合，从而实现了有效和广泛的信息检索。

（二）搜索引擎

搜索引擎（search engine）是指根据一定的策略，运用特定的计算机程序从互联网上搜集信息，在对信息进行组织和处理后，为用户提供检索服务，将与用户检索的内容相关的信息展示给用户的系统。从用户的角度看，搜索引擎提供一个包含搜索框的页面，在搜索框中输入词语，通过浏览器提交给搜索引擎后，搜索引擎就会返回跟用户输入的内容相关的信息列表。

搜索引擎是网站建设中针对“用户使用网站的便利性”所提供的必要功能，同时也是研究网站用户行为的一个有效工具。高效的站内检索可以让用户快速准确地找到目标信息，从而更有效地促进商品/服务的销售，而且对网站访问者搜索行为的深度分析，对于进一步制定更为有效的网络营销策略具有重要价值。

（三）电子邮件

电子邮件是用户或用户组之间通过计算机网络收发信息的服务。电子邮件系统是一个采用 SMTP 服务器发送邮件，并采用 POP 服务器接收邮件的系统。SMTP 服务器是在发送信件时，电子邮件客户程序所要连接的系统，它的任务是将待发送的邮件转移到一个 POP 服务器上，该服务器将信息存储并转发给接收者。当用户检查所接收到的电子邮件时，用户的电子邮件客户程序登录到 POP 服务器上，并请求查看存放在邮箱中的信件。SMTP 和 POP 服务都简单且可靠。

每一位互联网用户都可以申请一个自己的电子邮件地址和电子信箱，通过电子邮件实现远距离的快速通信和传送信息资料的目的。使用电子邮件通信具有简便、快捷、经济、联络范围广的特点，不仅可以传送文本信息（发送、接收信件），还可以传送图片、声音、视频等各种多媒体文件，通过它，用户能够快速而方便地收发各类信息，如公文文件、私人信函和各种计算机文档等，因此，它从问世至今始终是互联网中较受欢迎的网络应用之一。

（四）即时信息

即时信息（Instant Message，IM）允许用户实时发送消息。电子邮件消息在发送与接收之间存在几秒到几分钟不等的延时，而即时信息几乎能即时显示输入计算机的文本，接收者可以同时以相同的方式回复发送者。相比电子邮件来说，即时信息更像一个面对面会话。在使用即时信息之前，用户需建立通信录，只要好友在线，输入消息后，好友就可以即时收到。文本交流是即时信息最基本的交流机制，随着手机的普及，即时信息系统迎来了发展的第二春，在很多国家派生出提供语音和视频聊天功能的即时通信软件，如美国的 WhatsApp、Facebook Messenger，中国的微信、QQ，日本的 LINE、韩国的 Kakao Talk 等。

（五）在线论坛

在线论坛（online forum）也指留言板、公告栏、讨论区、讨论组，是为互联网用户提供非实时交流的网络应用。论坛为其成员发起并讨论各种话题提供了一个平台，论坛管理员授权其成员发帖并回复其他人的帖子。大多数的论坛软件都可以支持创建多个论坛。论坛的管理者可以编辑、删除、移动或修改论坛中的帖子。不同于自动向订阅者发送信息的电子邮件列表（列表服务），在线论坛需要成员通过访问论坛了解新的公告。有些论坛提供了电子邮件提醒功能，来提醒成员们他们关注的帖子有所更新。

（六）流媒体

流媒体（streaming media）实现了在线 Web 音频、视频和其他大型文件的分段传输，用户可以先接收一部分内容进行播放，同时继续下载文件的后续内容并播放。许多软件可以用来创建流媒体文件，其中最常用的是 Adobe 的 Flash 软件。Flash 播放器的优势是大部分客户机的浏览器都有 Flash 播放器，在播放 Flash 文件时不需要安装插件。

诸如 Netflix、爱奇艺、优酷、YouTube 等全球知名流媒体平台都有大量的用户生成的流视频。Web 广告商越来越多地使用这些视频来吸引观众。在 Web 广告和新闻报道中使用流音频和流视频片段可能是最常用的流媒体服务。随着互联网容量的不断扩大，流媒体将在电子商务中发挥更大的作用。

三、中国互联网发展简史

通过分析梳理中国互联网发展过程中出现的代表性大事件，可以将中国互联网的发展简史大致分为三个阶段。

（一）第一次互联网大浪潮（1994—2000 年）：从四大门户到搜索

1994 年，中国科学技术网（CSTNet）首次实现与互联网的直接连接，同时建立了我国的最高域名——CN 服务器，标志着我国正式接入互联网。

1997 年 6 月，丁磊创立网易公司。

1998 年，张朝阳正式成立搜狐网；邮箱普及和第一单网上支付完成；11 月，马化腾、张志东等 5 位创始人创立腾讯；12 月，王志东创立新浪。

1999 年，聊天软件 OICQ（后改名为腾讯 QQ）出现，风靡全国；9 月 9 日，马云带领下的 18 位创始人在杭州正式成立阿里巴巴集团。

2000 年 1 月 1 日，李彦宏在中关村创立百度公司。

（二）第二次互联网大浪潮（2001—2008 年）：从搜索到社交化网络

2001 年，中国互联网协会成立。

2002 年，博客网成立；个人门户兴起，互联网门户进入 2.0 时代。

2003 年，淘宝上线，后来成为全球最大的 C2C 电商平台；下半年，阿里巴巴推出支付宝。

2004 年，网游市场风起云涌。

2005 年，博客元年。

2006 年，名为“熊猫烧香”的计算机蠕虫病毒感染数百万台计算机，被称为计算机“毒王”。

2007 年，电商服务业被确定为国家重要新兴产业。

2008 年，中国网民人数首次超过美国。

（三）第三次互联网大浪潮（2009 年至今）：PC 互联网到移动互联网

2009 年，SNS 社交网站活跃，以人人网（校内网）、开心网、QQ 等平台为代表。

2010 年，团购网站兴起，数量超过 1 700 家，团购成为城市一族较时髦的消费和生活方式之一。

2011 年 1 月，腾讯公司为智能手机推出即时通信服务的免费应用程序——微信，凭借语音、视频、朋友圈等功能，逐步发展成用户最多的国产即时通信软件；同年，微博迅猛发展，对社会生活的渗透日益深入，政务微博、企业微博等出现井喷式发展。

2012 年，手机网民规模首次超过台式机；3 月，“今日头条”上线；淘宝商城更名为“天猫”，阿里巴巴天猫与淘宝的“双十一”总销售额达 191 亿元，被业内称为“双十一”的爆发点。

2013 年，余额宝上线。

2014 年，阿里巴巴上市之后的第一个“双十一”，创下 571 亿元销售额；同年，“滴滴”“快的”等打车软件发巨资红包抢用户，“互联网+交通”模式出现。

2015 年，“互联网+”的概念被首次提出。

2016 年，自媒体百家争鸣，互联网公司巨头们纷纷砸金押宝自媒体平台，出现了百家号、搜狐号、网易号、大鱼号、京东号、迅雷号等；同年，“魏则西事件”引发网络平台监管责任边界大讨论；“互联网直播”“网红”等热词风靡全国；12 月 3 日，知识付费崛起。“喜马拉雅 FM（中国）”第一个知识内容狂欢节称为“123 知识狂欢节”，消费超过 5 000 万元。

2017 年 1 月 9 日，微信小程序正式上线。11 月 9 日，搜狗在纽交所上市。

2018 年，中国弹幕网站 bilibili（简称“B 站”）正式上市，成为第一家在纳斯达克独立上市的以视频网站为核心的中国公司。爱奇艺、拼多多、趣头条、蘑菇街、腾讯音乐等网络公司纷纷在这一年上市。

2019 年 6 月 6 日，工信部正式向中国电信、中国移动、中国联通、中国广电发放 5G 商用牌照，中国正式进入 5G 商用元年。

2020 年，新冠疫情暴发后，各大互联网公司纷纷捐款出力。阿里巴巴和腾讯响应国家号召，开发并上线了免费的社区疫情防控小程序——健康码。

2020 年，在疫情防控的宅经济“催熟”下，直播带货迅速在各行各业得到应用。被限制在家的人们开始培养出新的消费习惯——社区团购。5 月，“滴滴”成立橙心优选；7 月，美团推出美团优选；8 月，拼多多旗下的多多买菜正式在武汉、南昌试点运营；10 月，阿里的盒马优选正式上线。

2021 年 3 月 10 日，“元宇宙第一股”Roblox 登陆纽交所，正式把“元宇宙”的概念推向了资本市场乃至全世界；2021 年，天猫“双十一”狂欢节成交额已达 5 403 亿元。

历经三次大浪潮，中国互联网的技术和应用获得了迅猛的发展。同时，中国互联网也深刻地影响着我国人民的日常工作和生活。根据 CNNIC 发布的最新《中国互联网络发展状况统计报告》，截至 2021 年 12 月，各项主要数据如下。

① 中国网民规模达 10.32 亿人，互联网普及率达 73%；手机网民规模达 10.29 亿人，占全国网民规模的 99.7%；农村网民规模达 2.84 亿人，占全国网民规模的 27.6%；城镇网民规模达

7.48 亿人，占网民整体的 72.4%。

② 中国网站数量为 418 万个。其中，“.CN”下网站数量为 272 万个。

③ 中国使用网上支付的用户达到 9.04 亿人；网络购物用户规模达到 8.42 亿人；网上外卖用户规模达 5.44 亿人；在线旅行预订用户规模达 3.97 亿人。

④ 中国即时通信用户规模达 10.07 亿人；搜索引擎用户规模达 8.29 亿人；网络新闻用户规模达 7.71 亿人；在线办公用户规模达 4.19 亿人；在线医疗用户规模达 2.98 亿人；网约车用户规模达 4.53 亿人。

⑤ 中国网络视频（含短视频）用户规模达 9.75 亿人；网络直播用户规模达 7.03 亿人，其中，电商直播用户规模为 4.64 亿人；网络游戏用户规模达 5.54 亿人，占网民整体的 53.6%。

情境任务二　互联网技术基础

情境引例

5G 技术助力直播电商

2021 年 9 月 9 日，第二届直播电商节在广州盛大开幕。作为畅通双循环、构建新格局、培育国际消费中心城市、打造直播电商之都的重要举措，此次直播电商节除充分展现广州完备的直播业态、持续促进线上消费提质增效外，技术创新的标签属性也愈发明显。此次直播电商节成为全国首个实现 5G 消息应用场景的大型活动，是广州市政府、广州商务局、广州移动与端信在 5G 消息场景应用落地上的一次创新。

不同于首届直播节仅采取彩信等传统信息推送，第二届广州直播电商节在 5G 消息场景化应用方面做了全新生态布局，为广大市民带来全新体验。市内 5G 手机用户无须下载 App 或登录直播平台，通过一条富媒体短信，就可全面了解本次活动亮点，并可一键直达在线预约、领取权益、打开直播间、购买商品、参与互动等活动板块，实现与本次活动零距离的接触，全面提升交互体验。

作为此次活动的 5G 消息应用场景运营商，广州移动表示，此次活动的 5G 消息覆盖全市 300 万个以上的 5G 手机用户，这批用户有机会率先体验通过一条短信全程参与直播电商节的新模式。未来，基于 5G 消息的场景化内容服务还会在本地服务、政务、公益、医疗、健康、出行、餐饮等方面陆续落地，让用户真正感受 5G 技术为生活带来的便捷。

第二届直播电商节通过一条 5G 消息整合直播电商节内容，无疑迈出了 5G 消息在广州商业化、便民化的第一步。有了广州移动 5G 消息的加持，直播电商节宣传和触达用户层面如虎添翼，真正实现了场景化消息服务；对商家而言，通过 5G 消息，一键式解决了用户召回拉新、用户活跃、用户留存、效果转化全链路营销服务。

引例思考　5G 技术带给电子商务的影响有哪些？

一、TCP/IP

互联网是一个由许多网络相互连接组成的系统，计算机设备除在自身所在的局域网之内进行数据存取外，也常有跨越网络进行数据传送的需求。互联网之所以能保持运行，是因为每一台连向它的计算机或设备都使用相同的 TCP/IP 来控制时间和数据格式。

（一）TCP/IP 的概念

TCP/IP 是互联网最基本的协议。它规范了网络上所有的通信设备，尤其是一个主机和另一个主机之间的数据往来格式与传送方式。TCP/IP 是一个网络协议簇，网络协议是通信计算机双方必须共同遵守的一组约定，如怎样建立连接、怎样互相识别等。只有遵守这些约定，计算机之间才能相互通信交流。这些约定被称为网络协议。其中，TCP（Transmission Control Protocol，传输控制协议）和 IP（Internet Protocol，互连协议）是最核心的两个协议。

TCP 属于程序与程序之间进行数据往来的协议，它主要有三个特性：面向连接、确认与重发、流量控制。当发送方发出数据分组后，接收方接收到数据分组（packet，也称为数据包）时必须发出一个类似“我收到了！”的信息告诉发送方，若发送方过了一段时间仍没有接收到确认信息，则表示数据分组可能遗失，必须重新发出数据分组。也就是说，TCP 的数据传送是以“字节流”来进行的，数据的传送具有“双向性”。在建立网络连接之后，任何一端都可以发送与接收数据，而它也具备流量控制的功能，双方都具有调整流量的机制，可以根据网络的实际情况来适时调整。

IP 也称为网际协议或网际互联协议，它是 TCP/IP 的核心，存在于 DoD 网络模型的“网络层”，也是构成互联网的基础，是一个“非连接式”传输通信协议，主要负责主机之间网络数据分组的寻址与路由，并将数据分组从来源处送到目的地。

互联网的其他网络协议都要用到这两个协议提供的功能，因而整个互联网协议簇被称为 TCP/IP 簇，简称 TCP/IP。

（二）TCP/IP 的特点

TCP/IP 是现在互联网的基础，其主要特点如下。

① 开放的协议标准，所有人都可免费使用，且独立于硬件和操作系统。

② 不区分网络硬件，在局域网、城域网和广域网中都被广泛使用。

③ 使用统一的网络地址分配方案，网络中的每台计算机都具有唯一的 IP 地址。

④ 标准的高层协议，拥有极高的可靠性，可以为用户提供可靠的服务。

（三）常用的 TCP/IP

在 TCP/IP 中，TCP 负责数据的可靠传输，IP 负责分组数据的传输。TCP/IP 应用层中的六个常用协议如下。

① 远程登录协议 Telnet。Telnet 是互联网远程登录的标准协议，为用户提供了在本地计算机上完成远程主机工作的能力。

② 文件传输协议 FTP（File Transfer Protocol）。FTP 是将文件从一台计算机传送到另一台计算机的协议。

③ 简单邮件传输协议 SMTP（Simple Mail Transfer Protocol）。SMTP 是一种提供可靠且有效电子邮件传输的协议。

④ 第三代邮局协议 POP3（Post Office Protocol Version 3）。POP3 是规定个人计算机如何连接到互联网上的邮件服务器进行收发邮件的协议。

⑤ 超文本传输协议 HTTP（Hypertext Transfer Protocol）。HTTP 是用于从 Web 服务器传输超文本到本地浏览器的协议。

⑥ 动态主机配置协议 DHCP（Dynamic Host Configuration Protocol）。DHCP 是用来自动给

客户分配 TCP/IP 信息的网络协议，使每个 DHCP 客户都能连接到中央位置的 DHCP 服务器。该服务器会返回包括 IP 地址、网关和 DNS 服务器信息的客户网络配置。

二、IP地址与域名

（一）IP 地址

在互联网上，为了实现连接到互联网上的节点之间的通信，必须为每个节点（入网的计算机）分配一个地址，并且应当保证这个地址是全网唯一的。这便是 IP 地址（Internet Protocol Address）。

现行的 IP 地址有 IPv4 和 IPv6 两个版本。IPv4 地址由 32 位二进制数字构成。表示主机所在网络的地址（类似部队的编号）及主机在该网络中的标志（如同士兵在该部队中的编号）共同组成一个 IP 地址。为了便于记忆，通常习惯采用 4 个十进制数来表示一个 IP 地址，十进制数之间采用句点“.”予以分隔。这种 IP 地址的表示方法也被称为点分十进制法。例如，159.226.41.98 即表示一个 IP 地址。通过 IP 地址，就可以准确地找到连接在互联网上的某台计算机。

由于许多大型企业和政府部门已经占据数百万的 IP 地址，并且所有新建网络和新上市的互联网设备又需要唯一的 IP 地址才能接入互联网，因此到 2011 年，全球 IPv4 地址只剩下 7 600 万个，并且以每周 100 万个的速度在减少，IPv6 地址的创立就是为了解决这个问题。IPv6 地址由 128 位二进制数字构成，可以提供 2^{128}（3.4×10^{38}）个地址，比 IPv4 地址提供的多很多。

（二）域名

1. 域名的含义和结构

IP 地址是互联网主机作为路由寻址用的数字型标志，人们不容易记忆。为了便于记忆，产生了域名这种字符型标志。域名是由一串用句点分隔的名字组成的互联网上某一台计算机或计算机组的名称，用于在数据传输时标识计算机所在的位置。域名就是 IP 地址的一种易于记忆的助记符表示方法。例如，淘宝的域名是 taobao.com，容易记忆，而其 IP 地址 218.108.233.135 则不方便记忆。

域名和 IP 地址之间的关系就像一个人的姓名和他（她）的身份证号码之间的关系，显然记住人的姓名要比记住身份证号码容易得多。网站的 IP 地址和域名示例如表 3.3 所示。

表 3.3　网站的 IP 地址和域名示例

网　站	IP 地址	域　名
淘宝	218.108.233.135	taobao.com
天猫	111.12.87.106	tmall.com
京东	117.148.129.129	jd.com

从表 3.3 中可以看到，域名由主体和后缀组成，之间用英文句点“.”来分隔。例如，淘宝的域名 taobao.com 中，taobao 是主体，com 是后缀，而对应的 IP 地址是 218.108.233.135。

2. 域名系统

Internet 域名系统是一个树形结构，从根开始，依次为域名、子域名，最后到主机名。例如，www.taobao.com 是淘宝网络有限公司的 Web 服务器地址，taobao.com 就是一个域名，而 www 是主机名，可以将 www.taobao.com 称为这台主机的域名地址。

域名分为国际域名和国内域名：国际域名以.com、.net、.org 等为后缀；国内域名以.cn 为后缀。域名分为三级——顶级域名、二级域名、三级域名，顶级域名又进一步分为国际通用顶级域名和国家/地区顶级域名，举例如表 3.4 所示。其中，后缀.com、.gov、.org 分别代表商业公司、政府、非营利机构；后缀.cn、.jp、.us 分别代表中国、日本、美国。

表 3.4　域名等级及示例

域名等级	域　名	
顶级域名	国际通用顶级域名	.com、.net、.org
	国家/地区顶级域名	.cn、.jp、.us
二级域名	taobao.com、google.cn	
三级域名	icbc.com.cn、sina.com.jp	

3．域名解析

由于网络中的计算机只能识别 IP 地址，因此域名必须转换成 IP 地址后才能识别。IP 地址和域名之间的转换工作被称为域名解析，需要由 DNS（域名解析系统）来完成。

例如，www.taobao.com 是一个域名，与 IP 地址 218.108.233.135 相对应。DNS 就像是一个自动电话号码簿，我们可以直接拨打 taobao 的名字来代替电话号码（IP 地址）。直接调用网站的名字以后，DNS 就会将便于人们使用的名字，如 www.taobao.com 转换成便于机器识别的 IP 地址，如 218.108.233.135。

三、互联网接入服务

互联网接入服务是指利用接入服务器和相应的软硬件资源建立业务节点，并利用公用电信基础设施将业务节点与互联网骨干网相连接，为各类用户提供接入互联网的服务。将上网设备接入互联网的方式有多种。

（一）拨号接入方式

1．普通调制解调器拨号接入

早期接入互联网的方式需要借助公共电话线路，上网时并不是直接拨号到互联网主机，而是先通过传统的 56 kb/s 调制解调器拨通 ISP（Internet Service Provider，互联网服务提供商）指定的电话，再由 ISP 处理这个拨号请求，并发往需要访问的目的地，如图 3.3 所示。这种通过普通调制解调器拨号接入互联网的方式数据传输速率较低，接入稳定性较差，早已被市场淘汰，现在有越来越多的互联网接入方式可供选择。

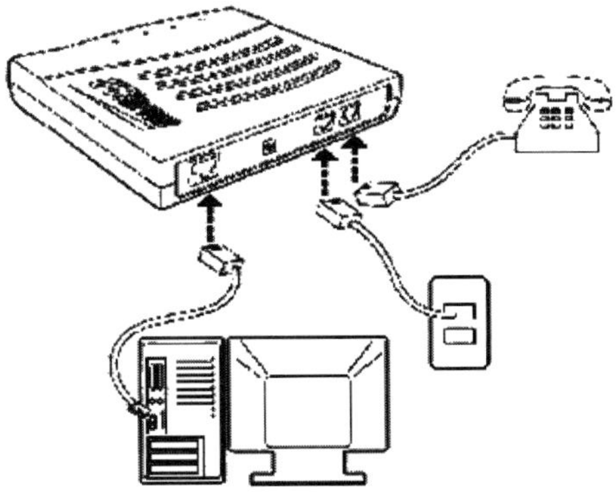

图 3.3　普通调制解调器拨号接入方式

2．ISDN 拨号接入

ISDN（Integrated Services Digital Network，综合业务数字网）是全部数字化的电路，除基本的打电话功能之外，还能提供视频、图像与数据服务。如图 3.4 所示，ISDN 由两种通道组成：两个 B 信道，每个信道传输速率是 64 kb/s，用来传输数据；一个 D 信道，是控制信道，速率是 16 kb/s，用来传输控制信号。ISDN 因为传输的是数据信号，所以不易受干扰。如果只使用一个通道上网时，另一个通道可以同时打电话，而不会对上网有任何影响。

3. ADSL虚拟拨号接入

ADSL（Asymmetric Digital Subscriber Line，非对称数字用户线路）是一种新的数据传输模式，因为提供的上行（如上传动作）和下行（如下载动作）的速率不相同，因此称为非对称数字用户线路。ADSL的原理是利用分离器把电话线中的低频信号和高频信号进行分离。对于原先的电话信号而言，仍使用原先的频带，而基于ADSL的业务，使用的是话音以外的频带，所以原先的电话业务不受任何影响，如图3.5所示。ADSL虚拟拨号接入方式的优点是速度快，不需要交额外的电话费；缺点是如果电话线路质量不好，则易造成ADSL工作不稳定或断线。

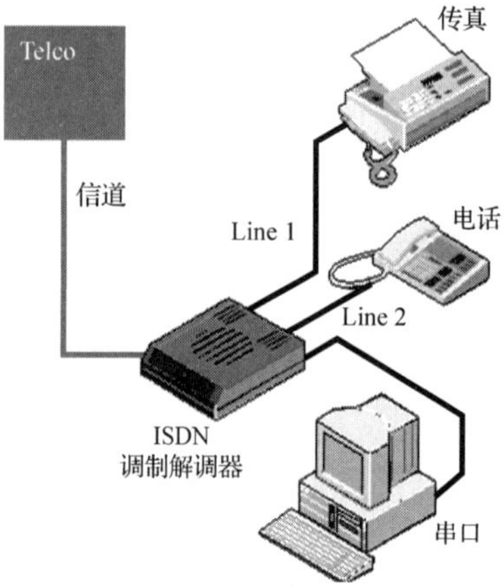

图3.4　ISDN拨号接入方式

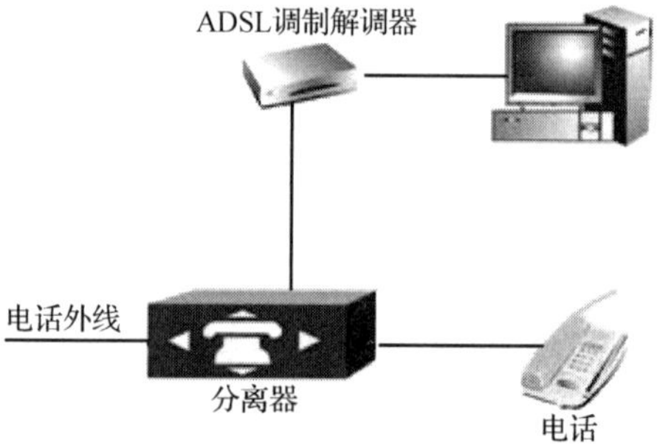

图3.5　ADSL虚拟拨号接入方式

（二）专线接入方式

1. 有线接入方式

有线接入方式是利用现有的有线电视网络，通过有线电视电缆的一个频道进行数据传送的接入方式。有线接入方式的优点是无须拨号，开机便在线；缺点是由于有线电视网络带宽共享，上网人数增加后网络传输速度会下降。

2. 光纤接入方式

光纤接入方式是利用数字宽带技术，将光纤直接接入小区，用户再通过小区内的交换机，采用普通的双绞线实现连接的一种高速接入方式，如图3.6所示。光纤接入方式的优点是上网速度快；缺点是共享带宽，上网人数增加后速度会下降。

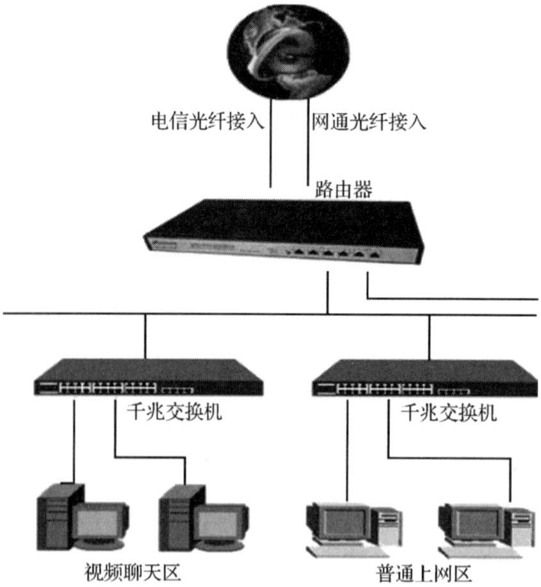

图3.6　光纤接入方式

FTTx（Fiber To The x，光纤到x）是各种光纤网络的总称，其中，x代表光纤线路的目的地，也就是当前光通信时代网络中各种“最后一英里（last mile）”的解决方案。为满足FTTx

网络架设中各种不同接入服务的需求，根据光纤到户延伸的距离不同，分若干种服务模式，常用的有两种。

① FTTO（Fiber To The Office，光纤到办公室）：利用光纤传输媒质连接通信局端和公司或办公室用户的接入方式。引入光纤由单个公司或办公室用户独享，ONU（Optical Network Unit，光网络单元）一般放置在单位的中心机房，以获得最好的保障，同时也方便与用户设备对接。当一个地区的用户增加时，可以通过调整分路比或增加光纤来扩容。

② FTTH（Fiber To The Home，光纤到家）：直接把光纤拉到用户家中的接入方式。范围从区域电信机房的局端设备到用户的终端设备。光纤到户带来的大带宽除可以传输图文、视频、音乐文件外，还可以用于带宽需求大的网络语音通话、网络电视、高清电视点播等。

随着光纤成本日益降低，这种能够提供更高速、稳定的网络连接的专线接入方式已逐渐普及。CNNIC 第 49 次《中国互联网络发展状况统计报告》显示，截至 2021 年 12 月，全国互联网宽带接入端口数量达 10.18 亿个，其中，光纤接入（FTTH/O）端口达到 9.6 亿个，光纤接入（FTTH/O）用户规模达 5.06 亿户。

（三）无线接入方式

无线网络主要包括无线个人网（WPAN）、无线局域网（WLAN）、无线城域网（WMAN）、无线广域网（WWAN）四种。

1．无线个人网

（1）蓝牙接入方式

蓝牙（bluetooth）技术可以使个人电脑、笔记本电脑、平板电脑、移动电话、打印机、智能手表等数码产品之间进行短距离的无线数据传输。蓝牙技术主要支持“点对点”和“点对多点”的连接方式，它使用 2.4 GHz 频带，传输距离大约有 10 米，每秒传输速率约为 1 Mb/s，预估传输速率可达 12 Mb/s。

（2）ZigBee

ZigBee 这个名字来源于蜂群的交流方式：蜜蜂通过 Z 字形飞行来通知伙伴发现食物的位置、距离和方向等信息。ZigBee 联盟便以此作为新一代无线通信技术的名称。ZigBee 是一种低速短距离传输的无线网络协议，主要采用 2.4 GHz 的 ISM 频段，传输速率介于 20 kb/s 和 250 kb/s 之间，每个设备都能同时支持大量网络节点，并且具有低耗电、弹性传输距离、支持多种网络拓扑、安全及成本低等优点，可应用于无线传感网络、工业控制、家电自动化控制、医疗看护等领域。

2．无线局域网

无线局域网是一种在较小地域范围内能够连接各种网络设备的计算机网络，它为学校、企业和商场等区域应用网络技术和共享网络资源提供了良好的服务平台。作为计算机网络与无线通信技术相结合的产物，无线局域网是一种采用无线传输介质连接的局域网，可在距离有限的区域内实现无线通信。无线局域网应用的区域包括难以采用传统方式布线的风景名胜区、古文化建筑群落等人员流动性较大的场所，应用无线网络成本较低的区域，以及需要临时搭建网络的展会现场、体育场馆、救灾现场等区域。

家庭通过无线局域网接入互联网（见图 3.7）时，用户的计算机需要安装无线网卡。无线局域网的优点是组建容易，设置和维护比较简单，使用比较灵活；缺点是稳定性、安全性较差。

图 3.7　通过无线局域网接入互联网

3. 无线城域网

与局域网相比，城域网延展的距离更长，连接的计算机数量更多。在一个现代都市中，一个城域网通常连接多个局域网，以提供面向互联网的高速连接。无线城域网是采用无线传输介质连接、覆盖城市及其郊区在分布节点之间传输信息的本地无线网络，能实现语音、数据、图像、多媒体、IP 等多业务的接入服务。其覆盖范围一般为 3～5 千米，点到点链路的覆盖范围可以达到几十千米。

4. 无线广域网

无线广域网采用无线传输介质连接，它所覆盖的范围比无线城域网更大，可从几百千米到几千千米。移动通信系统属于无线广域网的一种，是移动电话及数据服务所使用的数字移动数据网络，由电信业者经营，其组成包含移动电话、无线电、个人通信服务、移动卫星通信等。我们可以从移动通信技术的演进来看移动通信网络的发展过程。

（1）第一代移动通信技术（1G）

1973 年，第一部移动电话问世，美国于 1982 年推出了 AMPS（高级移动电话系统），拉开了 1G 时代的序幕。当时的移动服务比较单一，手机属于奢侈品，只有少数富人才能拥有，所以客户群体规模较小。当时，通信技术仍然是模拟通信技术，只能提供语音服务。

（2）第二代移动通信技术（2G）

20 世纪 90 年代初，2G 蜂窝系统诞生了，全球移动通信系统（GSM）得到了广泛的应用。这时，模拟通信技术已经不能满足需求，逐渐被数字通信技术取代，因此为用户带来了更好的通信服务体验。除此之外，移动终端设备制造技术发展迅速，手机的价格大幅下降，用户规模快速扩大，服务资费也越来越平民化。除语音服务外，移动运营商还开发出一些增值服务，如短信等，丰富了用户体验。

（3）第三代移动通信技术（3G）

2008 年，电信业重组，中国移动 3G 网络试运行。2009 年 1 月 7 日，中华人民共和国工业和信息化部分别为中国移动、中国联通和中国电信发放了 3G 牌照，标志着我国的移动电子商务开始进入 3G 时代。与以前的移动通信技术相比，3G 大大提高了无线通信网络的数据传输和处理速度，让移动用户享受到了更多、更快捷的互联网服务。

（4）第四代移动通信技术（4G）

4G 是第四代移动通信及其技术的简称，是集 3G 与无线局域网于一体并能够传输高质量视频图像，其质量与高清晰电视不相上下的技术产品。4G 系统能够以 100 Mb/s 的速度下载，比拨号上网快 2 000 倍，上传速度能达到 20 Mb/s，并能够满足大多数用户对无线服务的要求。2013

年 12 月 4 日，中华人民共和国工业和信息化部为中国移动、中国联通和中国电信发放了 4G 牌照。2014 年，我国大力发展 4G 网络，其 4G 基站已大面积覆盖全面。

（5）第五代移动通信技术（5G）

5G 是 4G 的延伸，它集成了多项无线网络技术，几乎包括了以前几代移动通信的所有先进功能，对一般用户而言，最直接的感觉就是 5G 比 4G 更快了，让用户体验似乎有“无限大”的容量与可用性，延迟现象大幅减少，网络带宽也提升了很多，让更多用户可以同时使用移动通信网络。

CNNIC 第 49 次《中国互联网络发展状况统计报告》显示，截至 2021 年 12 月，我国已建成全球规模最大的 5G 独立组网网络，累计开通 5G 基站 142.5 万个，覆盖全国所有地级以上城市，5G 终端连接数达 5.2 亿户，其中 5G 登网用户达到 3.55 亿户。

情境任务三　电子商务新技术与新应用

情境引例

北京地铁“PIS+移动电子商务”的应用

近年来，为了缓解北京地面交通压力，北京市政府正在大力修建地下轨道交通。随着北京地铁各条新线路的开通，北京市民可以很方便地乘坐地铁到各商业区购物。一个周末的下午，居住在北京南城的王先生打算乘坐地铁 4 号线去沿线商业区购买自己所需要的商品，在 4 号线的沿线上分布着宣武门 SOGO、西单商业区、新街口百货、海淀黄庄电子城等多个商业区，在不出站的情况下，他如何能了解地铁某站周边的商业区分布及商业特色呢？于是，王先生拿起了手机，想到可通过北京地铁开通的移动终端新服务来满足需求。

当地铁在行进过程中或到达某一站时，王先生登录了地铁 PIS（Passenger Information System，乘客信息系统）客户端。作为北京地铁运营系统中的一个重要组成部分，该客户端以计算机系统为核心，以无线网络技术为依托，以移动终端和显示终端为媒介，能够向站台站厅、出入口、换乘通道、隧道区间和行驶中列车上的乘客提供实时的站内和站外周边商业、导乘、运营、动态紧急疏导、新闻娱乐、政府公告等综合服务信息，为乘客的出行提供了极大的便利，同时也提高了服务质量。

PIS 主要包含控制中心子系统、车载子系统、网络子系统和传输子系统，PIS 的三层网络架构为列车 100 Mb/s 以太网局域网、隧道 54 Mb/s 无线接入网和隧道 100 Mb/s 以太网光环接入网。当列车通过 54 Mb/s 无线接入隧道接入点时，将利用光缆把每两站间上下行隧道组成一个密闭的光环网，并且隧道接入点将通过 100 Mb/s 以太网光环网接入车站交换机，车站交换机再通过 1 000 Mb/s 以太网接入主干网络，从而实现 PIS 网络子系统的功能。目前，用于地铁 PIS 的无线网络主要有无线局域网和无线网格网络等。

尽管地铁信号系统供应商采用了时间多样性、天线多样性和频率多样性等措施以实现车地通信，但仍存在其他信号对 PIS 通信过程的干扰，如 ATS、内部通信联络、3G、GSM、CDMD 等信号。因此，采用双频支持技术以避免地铁信号与其他无线信号互相干扰，采用异频信道布设以避免产生同频干扰，采用带冲突的载波侦听多址协议以使交叠频道和相同频道的干扰降到最低。

通过 PIS，当王先生了解地铁某站周边的商业区分布及商业特色时，他既可利用移动电子商务所提供的支付服务在线购物，也可利用移动电子商务所提供的预订服务，先在线预订，当货比多家后，再选择从某个地铁站下车，去周边的商业区完成线下购物。

引例思考 通过引例，我们了解了移动互联网技术在电子商务中的一些作用。除此以外，你还了解哪些能够应用于电子商务的新技术？

一、移动互联网与电子商务

（一）移动互联网的概念

移动互联网是指通过手机、平板电脑等便于携带的终端设备，以移动网络或 Wi-Fi 热点方式连入互联网并获取服务的一种方式。从技术层面的定义来说，移动互联网是以宽带 IP 为技术核心，可以同时提供语音、数据、多媒体等业务的开放式基础电信网络。从终端定义来说，移动互联网是指用户使用手机、上网本、笔记本电脑、智能本等移动终端，通过移动网络获取移动通信网络服务和互联网服务的方式。

移动互联网具有以下特点：

① 移动性。智能终端最大的特点是具有移动性，用户可以实现随时随地的网络接入和信息获取。另外，移动终端还具有天然的定位功能，可以精确定位用户的移动性信息。

② 个性化。终端方面，用户将个人与移动终端绑定，个体通常可以选择自己喜好的应用和服务；网络方面，移动网络可以实时跟踪并分析用户需求和行为变化，并以此做出相应改变来为用户提供个性化的服务。

③ 碎片化。一方面，表现为时间上的间断性，即与传统个人电脑不同，移动上网的时间很短，而且很容易打断；另一方面，用户获取信息呈现出间断性的特点，可以利用碎片化的时间来获取信息和学习、娱乐。

（二）移动终端

移动终端是指可以在移动中使用的计算机设备，从广义上来说，它包括手机、笔记本电脑、平板电脑、POS 机、车载电脑等，但是大多数情况下是指手机及平板电脑。随着网络技术越来越宽带化，移动通信产业正逐渐走向真正的移动信息时代。另外，随着集成电路技术的飞速发展，移动终端已经拥有了强大的处理能力，移动终端正在从简单的通话工具变为一个综合信息处理平台。这也给移动终端提供了更加宽广的发展空间。自 2007 年开始，智能化引发了移动终端“基因突变”，从根本上改变了移动终端作为移动网络末梢的传统定位。移动智能终端拥有接入互联网的能力，可以搭载各种操作系统，为用户提供多种服务。

1. 智能手机

智能手机像个人电脑一样，具有独立的操作系统，用户可以自行安装第三方服务商提供的程序，通过此类程序不断对手机的功能进行扩充，并可以通过移动通信网络来实现无线互联网的接入。

2. 平板电脑

平板电脑是一种小型的、便于携带的个人电脑，以触摸屏作为基本的输入设备。它拥有的触摸屏允许用户通过触控笔、数字笔等进行操作，而不局限于传统的键盘或鼠标。

3. 车载智能终端

车载智能终端融合了 GPS 技术、里程定位技术及汽车黑匣技术，能用于运输车辆的现代化管理，包括行车安全监控管理、运营管理、服务质量管理、智能集中调度管理、电子站牌控制管理等。车载智能终端具备GPS定位、车辆导航、采集信息等功能，在新一代汽车行业中得到了广泛应用。

4．可穿戴设备

越来越多的科技公司开始大力开发智能眼镜、智能手表、智能手环、智能戒指等可穿戴设备和产品。移动智能终端开始与时尚"牵手"，人们的需求不再局限于可携带，而是开始追求可穿戴，手表、戒指、眼镜都有可能成为移动智能终端。可穿戴设备不仅是一种硬件设备，它还可以通过软件支持、数据交互、云端交互来实现其强大功能。可穿戴设备给我们的生活带来了很大的改变。可穿戴设备多以具备部分计算功能、可连接到手机的便携式配件形式存在，主流的产品形态包括以手腕为支撑的watch类（包括手表、腕带等）、以脚为支撑的shoes类（包括鞋、袜子等）、以头部为支撑的glass类（包括眼镜、头盔、发带等），如图3.8所示。

图3.8　可穿戴设备

（三）移动互联网技术在电子商务中的应用

1．移动电子商务

移动电子商务就是利用手机、PDA及掌上电脑等移动终端进行的B2B、B2C或C2C电子商务。实际就是将互联网技术、移动通信技术、短距离通信技术及其他信息处理技术完美结合起来，使人们可以在任何时间、任何地点进行各种商贸活动。

2．手机游戏

手机游戏，简称手游，就是以智能手机等移动设备为平台而开发的游戏。智能手机的大屏幕加上触摸屏的特点让手机游戏成为智能手机流行趋势中的重要一环。随着智能手机价格越来越便宜，现在几乎人手一部，世界各地的移动设备上网正在逐渐超越电脑上网，智能手机正在取代相机、GPS、游戏机等设备的部分甚至全部功能。随着智能手机和平板电脑逐渐普及，在后个人电脑时代来临之际，市场正在逐步将计算机产业的应用转移到智能手机上。就目前而言，移动娱乐服务占移动电子商务总服务的比例最高。手机游戏作为移动互联网的"杀手级"盈利模式，无疑将掀起移动互联网商业模式的全新变革。CNNIC第49次《中国互联网络发展状况统计报告》显示，截至2021年12月，移动应用规模居前四位的App占比达61.2%。其中，游戏类App数量继续领先，达70.9万款，占全部App的比重为28.2%。

3．定位服务

移动电子商务的发展给人们的生活带来了便利，除基本的音乐、图片、视频下载和游戏等应用外，感知周边环境的传感系统也被视为移动电子商务潜力无穷的一个领域，即通过移动随身设备的各种传感器得知周围物理环境所发生的变化。LBS（Location Based Service，定位服务）就是移动电子商务中相当成功的基于环境感知的创新应用。LBS能够提供符合个别需求及差异化的服务，给人们的生活带来了更多的便利。从许多手机增值服务的消费行为分析可以发现地图、定位与导航信息是消费者的首选服务。

当消费者到达某个商业区时，可以利用手机等无线上网终端设备快速查询所在位置周边的商店、场所及活动等实时信息。对于商家而言，LBS有着目标客户群体定位精准、营销预算低廉和广告效果实时的显著优点，只要消费者的手机在指定时段内进入该商家所在的区域，就会立即收到相关的营销短信，因而可以为商家创造额外营收的机会。

4. 移动支付

① NFC（Near Field Communication，近场通信）。这是一种短距离非接触式数据交换技术，它在移动支付中扮演着重要的角色。随着越来越多的移动终端配置了 NFC 功能，用 NFC 设备进行消费与支付已经成为全球的发展趋势，只要你的手机具备 NFC 功能，就能向电信服务商申请 NFC 信用卡专属的 SIM 卡，再将 NFC 信用卡下载于手机钱包中，购物时通过手机感应刷卡，结账快速又安全。

② 二维码（QR Code，Quick Response Code，快速响应码）。二维码可以存储文字、图片等相关信息。在二维码被广泛应用的时代，它已经成为商家与消费者互动时首选的移动营销工具。二维码移动支付的优点是消费者不需要换用支持 NFC 功能的新手机，因而突破了移动支付对手机品牌的依赖，并且在使用 Android 和 iOS 操作系统的手机上都适用，各种手机钱包都支持二维码移动支付功能。绝大部分商家都能提供付费的二维码，可以线下或线上支付，消费者用自己的手机直接进行支付和确认，这样的交易方式会让消费者更安心。

除以上应用之外，移动互联网技术的应用还有很多，如共享单车、微信公众号、微博营销等。

二、大数据与电子商务

（一）大数据技术简介

大数据发展的浪头正在席卷全球，数据增长的速度越来越快，种类也越来越多。从 2010 年开始，全球数据量已经进入 ZB（ZettaByte，泽字节）时代，并且每年以 60%～70%的速度递增。面对不断扩张的巨大数据量，数据的存储、管理、处理、搜索、分析等数据处理能力也将面临新的挑战。

世界级领先管理咨询公司麦肯锡给大数据的定义为：大数据是大小超出常规数据库工具获取、存储、管理和分析能力的数据集，即大数据是现有数据库管理工具和传统数据处理手段很难处理的大型、复杂的数据集，涉及采集、存储、搜索、共享、传输和可视化等方面。而大数据的特点可以概括为“5V”，即 Velocity（时效性）、Volume（存储量大）、Variety（多样性）、Value（有价值）和 Veracity（准确性）。以惊人的速度不断被创造出来的大数据为各个产业的运营模式带来了新的契机。

大数据时代的本质在于如何妥善使用数据，从中挖掘出新的商机，如何将流量顺利转化成收益。大数据技术除了用于基因测序、国防军事、地震和海啸预测、地质勘探、国家经济运行、各市场行情走势分析等数据量庞大的分析，还延伸到电子商务、决策系统、广告营销、医疗辅助或金融交易等领域。

（二）大数据技术在电子商务中的应用

电子商务平台，往往都会针对用户提供推荐和导购服务，通过大数据的分析和挖掘能够实现导购服务的个性化。对于一些大型的电子商务平台来讲，产品种类繁多，想提升消费者的消费量、下单率就要通过分析消费者的消费偏好，主动进行商品推送。这种通过大数据进行分析的方式不仅能提升产品的浏览量，还能挖掘更多的潜在消费者，向客户提供个性化的导购服务，进而提升消费者的忠诚度。

为了提供更优质的个性化购物体验，亚马逊公司对消费者在网站上浏览与购物行为的追踪更是不遗余力，利用数十亿用户的大数据尽可能地追踪消费者在网站及 App 上的一切行为，借助大数据分析的结果向消费者推荐他们真正要购买的商品，确保对消费者进行个性化的推荐等，如图 3.9 所示。有过在亚马逊网站购物经验的人可能会注意到，刚登录网站就会看到一些商品推荐，这是因为亚马逊网站会根据客户浏览的商品从已构建的大数据库中整理、分析出曾经浏览该商品的所有人，然后给当前的这位新客户一份建议购买商品清单。根据这份建议清单，新客户可以快速做出购买决定，无形中就让亚马逊公司与客户之间的关系更加紧密。这就是大数据技术为电子商务带来的更多的商机与利润的实例。

新浪新闻通过“大数据+人工智能”手段推动平台效率提升，平台一方面实现了新技术对媒体运营“采编审播”全流程的赋能，另一方面也催生了高效整合热点信息能力的“新浪热榜”产品，如图 3.10 所示。

图 3.9　亚马逊商品推荐页面

图 3.10　大数据支撑下的新浪热榜

三、虚拟现实与电子商务

（一）虚拟现实技术简介

1. 虚拟现实的概念和特征

虚拟现实（Virtual Reality，VR）是 1989 年美国的兰尼尔（J. Lanier）提出的概念。虚拟现实技术是仿真技术与计算机图形学人机接口技术、多媒体技术、传感技术和网络技术等多种技术的集合，是富有挑战性的交叉技术、前沿学科和研究领域。虚拟现实技术主要包括模拟环境、感知、自然技能和传感设备等方面。模拟环境是由计算机生成的、实时动态的三维立体逼真图像。感知是指除计算机图形技术所生成的视觉感知外，还有听觉、触觉、力觉、运动等感知，甚至还包括嗅觉和味觉等，也称为多感知。自然技能是指人的头部转动，眼睛、手势或其他人体行为动作，由计算机来处理与参与者的动作相适应的数据，并对用户的输入做出实时响应，分别反馈到用户的五官。

虚拟现实具有以下特征：

① 多感知性。理想的虚拟现实应该具有一切人所具有的感知功能。

② 存在感。这是指用户感到作为主角存在于模拟环境中的真实程度。理想的模拟环境应该达到使用户难辨真假的程度。

③ 交互性。这是指用户对模拟环境内物体的可操作程度和从环境中得到反馈的自然程度。

④ 自主性。这是指虚拟环境中的物体依据现实世界物理运动定律动作的程度。

2．虚拟现实的分类

虚拟现实系统的分类标准有很多，在实际应用中，比较流行的分类标准是根据虚拟现实技术对“沉浸性”程度的高低和交互程度的不同，划分成四种典型类型：桌面式虚拟现实系统、沉浸式虚拟现实系统、增强式虚拟现实系统、分布式虚拟现实系统。

（1）桌面式虚拟现实系统

桌面式虚拟现实系统也称窗口虚拟现实，是利用初级图形工作站或个人电脑等硬件设备，并以计算机屏幕作为使用者观察虚拟环境的一个窗口，通过鼠标、键盘等输入设备和数据手套等交互设备与虚拟环境进行充分交互。这种系统会受到周围现实环境的干扰，不能完全沉浸于虚拟环境，缺乏真实的现实体验。但因其结构简单，实现成本低，故易于普及与推广。

（2）沉浸式虚拟现实系统

沉浸式虚拟现实系统是一种高级的、较理想的虚拟现实系统，但也是一套比较复杂的系统。它会让使用者有一种置身于真实世界的感觉。该系统通常采用头盔式显示器等硬件设备，把使用者的听觉、视觉等感觉封闭起来，并创造一个全新的虚拟感觉空间，利用三维鼠标、数据手套等输入设备和视听设备，让使用者产生一种身临其境的感觉。该系统虽然可以让使用者完全沉浸到虚拟环境中，但由于其价格昂贵，难以推广。

（3）增强式虚拟现实系统

增强式虚拟现实系统既允许使用者看到真实环境，也允许使用者看到叠加在真实环境上的虚拟环境，它是把真实环境和虚拟环境结合在一起的系统，既可以减少构成复杂真实环境的计算（因为部分环境可以由虚拟环境取代），又可对实际物体进行操作（因为部分物体是真实环境），真正达到了亦真亦幻的境界。

（4）分布式虚拟现实系统

分布式虚拟现实系统是虚拟现实技术和网络技术发展与结合的产物，是一个在网络的虚拟环境中，将不同地理位置的使用者或不同虚拟环境通过网络连接在一起，使每个使用者同时参与到一个虚拟空间，与其他使用者进行同一任务的演练的系统。它将虚拟现实技术的应用提升到了一个更高的境界。

（二）虚拟现实技术在电子商务中的应用

网络商店与实体商店最大的差别就是前者无法提供实体产品及逛街购物的真实体验，虚拟现实技术已经具备了颠覆目前电子商务购物体验的潜力，买家可以在网上立体地了解商品的外观、结构及功能，不仅可以增加消费互动性，更是改变了以往的网络商店 2D 的方式，让消费者有身临其境的感觉，大大提升了网络商店虚拟销售渠道的购物体验。

例如，在传统的买房过程中，客户通过经纪人线下带看房源，往往要看十几套进行对比，才能做出买房决策。由于受天气、距离、客户时间等客观因素的限制，客户的看房周期较长，效率较低。随着贝壳 VR（见图 3.11）的推出，客户可以通过贝壳找房 App，进行线上 VR 看房、

VR 带看，大大提高了看房、找房效率。贝壳 VR 打破了时间与空间的限制，充分利用了客户的碎片化时间，让经纪人过去一周的带看量，在使用贝壳 VR 后一两天就能完成。

贝壳找房早在数年前就开始研发 VR 产品，实现了国内首个在不动产领域三维实景模型重建和虚拟现实技术的大规模应用落地，打造了 VR 看房、VR 讲房、VR 带看等沉浸式看房体验。用户可以在 VR 视野中 720° 自由行走，户型结构、装修、空间尺寸等信息一目了然，并获得图片、文字、直播等无法带来的方位感与空间感。此外，VR 看房所沉淀的大数据，也可帮助经纪人洞悉客户需求，辅助客户选房，让客户以更高的概率买到满意度更高的房子。截至 2020 年，贝壳找房的 VR 房源已覆盖全国 126 个城市，累计扫描重建 VR 房源超过 335 万套，用户使用 VR 看房累计超过 5 亿次。贝壳找房通过虚拟现实技术实现了虚拟场景内的交互应用，为消费者提供了更多的决策信息及沉浸式看房体验，解决了消费者在时间、空间、决策成本等租、购房中的痛点，推动了行业升级。

图 3.11　贝壳 VR

四、其他新技术与电子商务

（一）云计算

云计算的概念是谷歌（Google）公司董事长埃里克·施密特于 2006 年提出的。云计算将虚拟化公用程序演进到提供软件实时服务，也就是利用分布式计算的概念将终端设备的计算分散到互联网上众多的服务器中，使网络变成一个超大型计算机。从形式上来看，“云”以数据中心的形式存在。在“云”中，所有的资源，包括架构、平台和软件，作为服务来提供。由于用户可以租用服务，省下自己购买机器、平台和开发软件的费用，因此，云计算有节省成本、快速服务、提高管理效率等优势。现在有很多大公司，如腾讯、阿里巴巴、华为、谷歌、亚马逊等，都提供云计算平台，小公司尤其是创业公司可以租用云计算平台的服务器资源，而不用自己去购买，从而节省开支。

其实，云计算的模式由来已久。例如，我们每天使用的搜索工具——百度、谷歌等就是云计算的应用；我们使用的电子邮件，采用的也是云计算的模式；我们在网上购书也是在云计算环境的支持下完成的。又如，谷歌在线办公软件 Google Docs 拥有一套功能强大而且免费的在线文字处理程序、电子表格程序和文档演示程序，人们只需进入 Google Docs 页面，新建文档、编辑内容，然后将文档的 URL 地址分享给他人，对方就可以打开浏览器访问该文档，一切都在网络中完成，再也不用担心因计算机硬件损坏而丢失资料。此外，网民们常使用的网络在线相册、在线存储、在线论坛、电子商务等在线服务，都是云计算的应用实例，用户不需要下载安装任何软件，只需要一个用来发布命令的浏览器就足够了。

未来每个人面前的计算机可能都会简化成一台简单的终端，只要具备上网连接功能即可。例如，云计算概念的办公室应用软件可以将编辑好的文件、电子表格或简报等文件直接存储在

图 3.12　云计算示意

网络的硬盘空间中，为用户提供一种网络存储、编辑与共享文档的大环境，如图 3.12 所示。

（二）物联网

物联网（Internet of Things）是一个在互联网与移动通信网络的基础上，针对不同应用领域的需求，利用具有感知、通信与计算能力的智能物体自动获取物理世界的各种信息，并将所有能够独立寻址的物理对象互联起来，以实现全面感知、可靠传输、智能处理，构建人与物、物与物互联的智能信息服务系统。

物联网是一种新的计算模式变革，并将带来巨大的产业发展机遇，引发信息技术的再一次重大变革。物联网将 RFID 标签或无线传感器嵌入电网、建筑物、桥梁、公路、铁路、隧道、汽车、手机、家电及人类生存的环境和周边的各种物体，并将这些物体互联成网，以实现信息世界与物理世界的相互融合，使人类对客观世界具有更透彻的感知能力、更全面的认知能力和更智慧的处理能力，从而在提高人类生产力、生产效率和生产效益的同时，进一步改善人类社会发展与地球生态和谐可持续发展的关系，如图 3.13 所示。

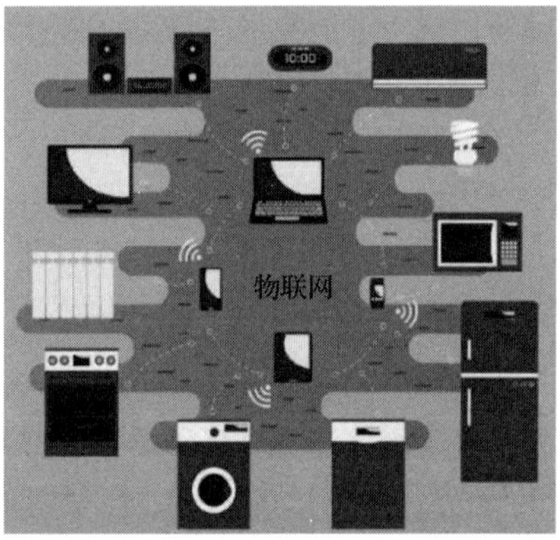

图 3.13　物联网示意

物联网的技术特征有：①各类终端实现“全面感知”；②电信网、互联网等融合实现“可靠传输”；③云计算等技术对海量数据“智慧处理”。

小型的物联网应用系统可以是一个文物或珠宝展览大厅的安保系统，可以是一个智能家居系统，可以是一幢大楼的监控系统，也可以是一个仓库的物流管理系统；中等规模的物联网应用系统可以是一个保税区的物流系统，可以是一个城市智能交通系统，也可以是一个智能医疗保健系统；大规模的物联网应用系统可以是一个国际民用航空运输系统，可以是一个海运物流系统，可以是一个国家级的智能电网，也可以是一个智能环保系统。

电子商务新技术

技能训练

1. 在学校的机房中查询本机的 IP 地址，了解 IP 地址的组成，并掌握其分配规律。

2. 为学校机房中的每台计算机配置合适的 IP 地址参数，并使其能够连接到互联网。

3. 根据网络拓扑结构的知识，分析学校实验楼的网络拓扑结构，绘出实验楼的网络拓扑结构图，并指出其属于哪种网络拓扑结构。

4. 请将你了解的电子商务新技术以思维导图的形式画出来。

学习情境四

建立电子商务网站和网店

故不积跬步，无以至千里；不积小流，无以成江海。——《荀子·劝学》

学习目标

知识目标

了解电子商务网站的类型和功能，熟悉建立电子商务网站的技术和流程；了解各种网上交易平台，掌握在网上交易平台建立网店的方法。

技能目标

通过实际操作学会域名的设计、查询与申请；学会合理选择交易平台并建立网店；能够对网站进行推广和日常维护。

素质目标

培养规则意识、信息素养，正确使用网络工具，进行健康的网络交往，养成网络自律习惯。

情境任务一　建立电子商务网站

情境引例

戴尔公司是世界上较大的计算机制造商之一，由于成功地将其直接面向最终用户的销售策略推向互联网而广为人知。戴尔公司称其网上商店为“戴尔皇冠上点缀的珠宝”。通过戴尔公司的网上商店，客户可以在网上组装、定制并购买计算机。

戴尔公司注册了域名 www.dell.com，在网站设计上采用了分布式方案，将流入的访问需求由许多前端 Power Edge服务器来分别处理，由此在网站上平衡负载。同时，保证客户以最少的等候时间尽快地得到他们正在查找的数据，如价格和样品。

在硬件上，戴尔公司在前端使用它自己的基于 Intel Pentium Pro 处理器的 Power Edge 4100服务器。大部分的前端服务器存放的是 HTML 格式的静态页面，前端服务器将客户的需求导入不同的应用服务器以处理不同的任务，其中包括戴尔公司的 Premier 页面服务。Premier 页面是为客户设计的专用外联网页面，上面包括订购信息、订购历史、已经被客户认可的系统配置，甚至账户信息。

戴尔公司选用 Microsoft Site Server、Commerce Edition 为网站的商业引擎，这是网站的核心。为了处理数据库管理业务，戴尔公司采用 Microsoft SQL Server 6.5 作为数据库引擎。

互联网为戴尔公司的直销提供了重大机遇。戴尔公司的网址每周用户访问次数超过 80 万次，戴尔公司因此每天平均获得超过 400 万美元的收入。

引例思考 戴尔公司通过建立网站来销售产品，那么什么是电子商务网站？电子商务网站具有什么功能？如何建立电子商务网站？

一、电子商务网站的概念

电子商务网站是在软硬件基础设施的支持下，由一系列网页和具有商务功能的软件系统、后台数据库等构成，可以展示产品信息，实现电子交易，开展与商务活动有关的各种服务，实现电子商务功能的网站。网站是发布商务信息、实现商务管理和交易的重要方式，是电子商务系统的“窗口”。互联网技术高度发展的今天，大多数客户都通过网络来了解企业产品、企业形象和企业实力，因此企业网站的形象往往决定了客户对企业产品的信心。

电子商务网站是一个虚拟空间，使得企业不分大小，也不管位于何处，在网上都不过是一个拥有 IP 地址或域名的网站。因此，在互联网上，企业的竞争力不再由规模、人数、业绩、信誉和历史等决定，企业的竞争逐渐建立了一套新的规则。这些新的规则包括网站的规范性、快捷性、方便性、亲切感和美感、个性化选择和交互式使用等，使大批中小企业可与大型企业在同一条起跑线上赛跑。电子商务网站改变了企业的竞争格局，帮助各类企业扩大了竞争领域。

二、电子商务网站的类型

电子商务网站按不同的分类方法可分为不同的类型。

（一）按商务目的和业务功能分类

1．信息服务型电子商务网站

信息服务型电子商务网站定位于利用网站宣传企业形象，发布企业信息，包括公司新闻、产品信息、采购信息、促销信息、招聘信息、联系方式等用户、销售商和供应商所关心的内容，如图 4.1 所示。这类网站多用于产品和品牌推广及与用户之间的沟通。大多数中小企业网站都是信息服务型电子商务网站。这种网站投资少，建设和维护比较简单，采取向网络平台提供商租用空间或虚拟主机的形式来运行。

图 4.1　信息服务型电子商务网站

2. 交易型电子商务网站

交易型电子商务网站不仅提供企业的有关信息，还提供商品展示、支付结算、物流配送等功能，并提供交易安全认证和保证机制。例如，戴尔（中国）就是一个典型的交易型电子商务网站，它除产品介绍、焦点新闻和公司简介等内容之外，还有销售功能。

3. 综合型电子商务网站

综合型电子商务网站是电子商务网站的高级形态，不仅可以发布信息、在线销售产品，还集成了包括供应链管理在内的整个企业业务流程一体化的信息处理系统。在这一方面，亚马逊网站堪称典范。

海尔集团于 2000 年 3 月投资成立了海尔电子商务有限公司，2000 年 4 月海尔电子商务平台（海尔商城）开始试运行。海尔商城全面展示海尔的在销产品，提供灵活多样的查询手段。其方便的支付方式和完善的物流配送，使客户真正体会到了网络消费的便捷和实惠。海尔商城首页如图 4.2 所示。

图 4.2　海尔商城首页

（二）按构建网站的主体分类

1. 行业电子商务网站

行业电子商务网站是以行业为主体构建的电子商务网站。这类网站专业性很强，旨在为行业内的企业和部门进行电子化贸易提供信息发布、商品交易、客户交流等活动平台，如中国服装网。

2. 企业电子商务网站

企业电子商务网站以企业为构建主体，旨在为企业的产品和服务提供商务平台，如联想官方网站。

3．政府电子商务网站

政府电子商务网站是以政府机构为构建主体来组织开展电子商务活动的，为机关、团体、学校、公司等企事业单位和个人等税收及公共服务提供网络化交互平台。政府电子商务网站包含以下功能：政务公开，这部分主要是在网上公布政府部门的各项活动，以及机构组成、责任职能、工作规章、工作流程及相关信息；网上办公，这部分主要是政府部门的内部办公系统与互联网相连，实现网上办公，如网上申报个人所得税、网上采购等。

4．中介电子商务网站

这种网站一般是建立交易平台，让其他企业或个人到网站进行交易，收取中介费或服务器租赁费等，如淘宝网。

（三）按网站开办者分类

1．流通型电子商务网站

流通型电子商务网站由流通企业建立，旨在宣传和推广其产品与服务，使客户更好地了解产品的性能和用途，促使客户在线购买，如苏宁易购。

2．生产型电子商务网站

生产型电子商务网站由生产产品和提供服务的企业来提供，旨在推广、宣传其产品和服务，实现在线产品销售和在线技术支持等商务功能，如海尔商城。

（四）按网站运作广度和深度分类

1．水平型电子商务网站

水平型电子商务网站提供的服务或产品广泛，聚集了各行各业的产品，类似于网上购物中心，旨在为用户提供产品线宽、可比性强的商业服务，如淘宝网。

2．垂直型电子商务网站

垂直型电子商务网站主要针对范围相对狭窄、内容专业的领域，如化妆品、运动鞋或数码产品等专业网站。它提供某一类产品及其相关产品的一系列服务，如销售汽车、汽车零配件、汽车装饰品、汽车保险等产品的网站，如汽车之家。

3．专门型电子商务网站

专门型电子商务网站提供某类产品的最优服务。它类似于专卖店，通常提供品牌知名度高、品质优良、价格合理的产品的销售，如聚美优品网。

4．公司型电子商务网站

公司型电子商务网站是指以本公司产品或服务为主的网站，相当于公司的网上店面，以销售本公司产品或服务为主，如小米网。

三、电子商务网站的一般功能

由于在网上开展的电子商务业务不尽相同，因此每个电子商务网站在具体实施功能上也不相同。一般来说，电子商务网站主要有以下八种功能。

（一）信息发布

在电子商务中，商业信息发布的实时性和方便性是传统媒体无法比拟的。信息查询技术的发展，以及多媒体的广泛使用都使得这些信息比过去更加精彩，更加吸引人。企业在网上发布的信息包括企业新闻、促销信息、招标信息及人员招聘信息等。

（二）形象宣传

对一个企业来说，电子商务网站就是“工厂”“公司”或“经销商”；对一个商家来说，电子商务网站就是“商店”“商场”或“门市部”，是企业和合作伙伴、企业和客户进行交流互动的界面，是企业在网上的对外窗口。网站的形象代表企业的形象，一个企业如果没有一个专业的网站，不仅影响企业的品牌形象，还会对网站的其他功能产生直接影响。

（三）产品/服务展示

客户访问网站的主要目的之一是深入了解企业的产品和服务，而企业网站不仅提供了一种可以通过文字、图片、动画等方式全面展示其产品和服务的虚拟空间，还能够快捷地更新产品的宣传资料。即使是一个功能简单的网站，也相当于一本方便、省钱、可以随时更新的产品宣传册。

（四）商品和服务订购

网站本身就是一个销售渠道，电子商务网站的核心功能就是网上商品的订购功能。企业把一些产品的相关信息发送到网上，客户浏览相关信息，如果客户需要某种产品，可以根据导航订购此产品。

（五）咨询洽谈

电子商务网站可以为客户提供各种在线服务和帮助信息，如 FAQ、在线填写寻求帮助的表单、通过即时通信工具实时回答客户咨询等。

（六）信息搜索与查询

网站提供信息搜索与查询功能，目的是让客户在电子商务数据库中轻松快捷地找到需要的信息，从而长久地留住客户。这体现了网站信息组织能力和拓展信息交流与传递途径的功能。

（七）客户信息管理

通过网站，企业或商家可以全天候、跨地区地为客户服务，与客户保持售后联系，倾听客户意见，回答客户经常提出的问题。网站还能方便地把来访的客户信息记录下来，实现有效的客户关系管理，以便保持与客户的联系并能更好地为客户服务。

（八）销售业务信息管理

完全的电子商务网站还包括销售业务信息管理功能，从而使企业能够及时地接收、处理、传递与利用相关的数据资料，并使这些信息有序、有效地流动起来，为企业内部的 ERP、DSS 或 MIS 等管理信息系统提供信息支持。

电子商务网站的功能

四、建设电子商务网站的流程

电子商务网站的建设流程是：网站总体规划→网站软硬件环境建设→网站内容建设→网站测试与发布→网站维护与更新→网站推广等，其中，每个流程又包括若干细节。

（一）网站总体规划

网站总体规划是指网站建设之前要进行市场分析，确定网站的功能和定位，根据需要对网站的内容、网站建设中使用的技术和费用，以及网站运营和维护等做出规划，并进行可行性分析。总体规划对网站建设发挥指导作用，具体包括以下七个方面。

1．明确网站建设的目的

市场分析是网站建设的第一阶段，总的目的是根据调查分析，明确建设电子商务网站的目的和内容。市场分析主要包括企业需求分析、目标客户调查与分析、竞争对手调查与分析、市场定位分析等。

2．规划网站内容

（1）理顺构造和层次

明确网站建设目的后，下一步工作是目标细化，构架网站内容框架，其主要包含网站核心内容、主要信息、服务项目等。确定内容框架后要勾画网站的构造图。画出构造图，不仅便于有逻辑地组织站点和链接，还利于网站制作人员分工和协作，及时查漏补缺。

（2）搜集信息

在做网页之前，要尽可能多地搜集与网站相关的素材（文字、图像、多媒体等）。搜集的资料包括企业的标志、文字性说明、新闻报道、发展简介、技术手册、图片、动画等，将信息按类型和功能生成一个目录结构，保持信息结构的灵活性，以便日后更新和维护。

（3）栏目设定

网站栏目是构成网站最重要的部分，可以说是网站的骨架，是承载网站内容的基础。好的栏目设置是将网站内最有价值的内容列在栏目上，尽可能从用户的角度来编排，以方便访问者浏览和查询，延长用户的停留时间，从而增加企业的商业机会。

3．网站技术解决方案

规划网站建设中所使用的技术方案，如建站是使用自建服务器，还是租用虚拟主机；采用系统性的解决方案还是自己开发；网站设计使用哪些相关程序进行开发；网络安全采用哪些技术措施，等等。

4．网站测试规划

对网站测试的环节进行规划，明确网站测试的内容，以保证用户正常浏览和使用。

5．网站的维护和更新规划

明确网站维护和更新的内容，并制定相关网站维护更新的规定，使其制度化、规范化。

6．网站建设进度规划

规划各项任务开始和结束的时间，使网站建设工作能够按部就班地完成。

7．费用明细

在网站建设中所涉及的各项费用规划，包括各种设备的费用、为传输信息所付的通信费、经营者为了购买信息所付的信息费和维护费等。

电子商务网站规划涉及的内容很多，而网站规划的最终结果是形成一份切实可行的、高质量的网站规划书，从而为后续的网站设计和网站建设起到很好的指导作用。

（二）网站软硬件环境建设

1．选择网络服务方式

（1）自建服务器（专线接入）方式

自建服务器（专线接入）方式要求企业自建机房，自购服务器，配备专业人员，购买路由器、交换机、机房的辅助设备、网管软件等；在服务器上安装相应的网络操作系统，开发使用 Web 服务程序，设定各项互联网服务功能，包括设立 DNS 服务器及 Web 服务器、FTP 服务器、电子邮件服务器，建立自己的数据库查询服务系统等；向电信部门申请专线出口。这样便可建立一个完全属于自己的独立管理的电子商务网站。这种方式投入的费用高，而且需要具有硬件设备、网络控制及安全方面的专业技术人才，因此这种方案适合于对信息量和网站功能要求较高的大中型企业。自建服务器方式的拓扑结构如图 4.3 所示。

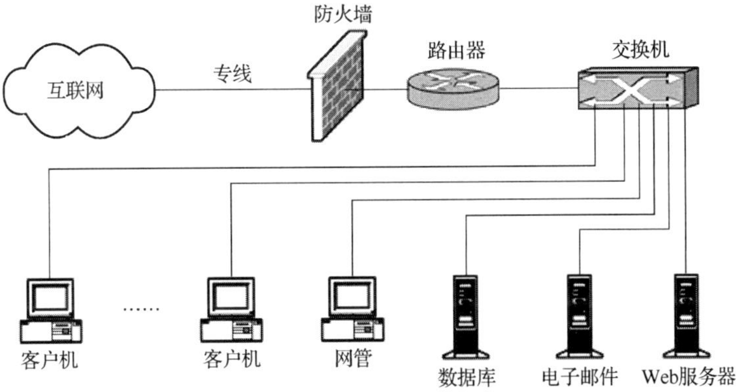

图 4.3　自建服务器方式的拓扑结构

（2）服务器托管方式

服务器托管方式是指企业把属于自己的独立服务器托管在 ISP 的机房，实现其与互联网连接，从而省去了自行申请专线连接到互联网的麻烦。这种方式由 ISP 提供必要的维护工作，由企业自己进行主机内部的系统维护及数据更新。它摆脱了虚拟主机受软硬件资源限制的弊端，能够提供高性能的处理能力，同时有效降低了维护费用和机房设备投入、线路租用等高额费用。服务器托管方式的拓扑结构如图 4.4 所示。

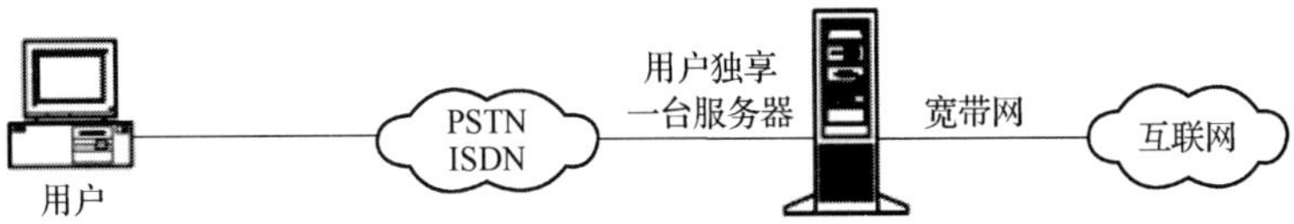

图 4.4　服务器托管方式的拓扑结构

（3）虚拟主机方式

自建服务器需要较大的投资，每年的运营费用较高，这在一定程度上制约了部分中小企业建立网站，因此对信息量和网站功能要求不高的中小企业也可以选择 ISP 提供的一些比较经济的服务器解决方案。

虚拟主机方式是指使用计算机软件技术，把一台运行在互联网上的服务器主机分隔成若干份，每份称为一台虚拟主机，每台虚拟主机都各自具有独立的域名或IP地址，如同独立的主机一样，它们也具备比较完整的互联网服务器功能。虚拟主机方式的拓扑结构如图4.5所示。虚拟主机都具有独立的域名和IP地址，但共享真实主机的CPU、内存、操作系统、应用软件等。

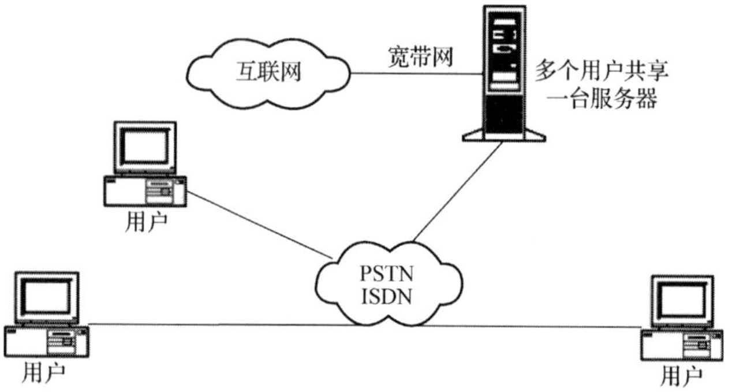

图4.5　虚拟主机方式的拓扑结构

虚拟主机突出的优点是费用低。由于多台虚拟主机共享一台主机的资源，因此分摊到每个用户的硬件费用、网络维护费用、通信线路费用均大幅度降低，而且也不必为使用和维护服务器的技术问题担心，更不必聘用专门的管理人员。刚起步开办电子商务网站的公司很适合租用虚拟主机。

以上三种网络服务方式特点的比较如表4.1所示。

表4.1　三种网络服务方式特点的比较

项　目	自建服务器	服务器托管	虚拟主机
建设成本	最高	最低	中等
带宽速度	最高	最慢	视申请的虚拟主机等级而定
数据管理的方便性	最方便	中等	中等
网站的功能性	最完备	最少	视申请的虚拟主机等级而定
网站空间	无限制	最少	视申请的虚拟主机等级而定
适合客户	大企业	小企业	中型企业
专业人才	需要	不需要	不需要

情境小知识

网站建设如何选择虚拟主机

网站建设选择虚拟主机考虑的因素包括虚拟主机的网络空间大小、操作系统、对一些特殊功能（如数据库等）的支持，以及虚拟主机的稳定性和速度、虚拟主机服务商的专业水平和服务质量等。

① 虚拟主机的网络空间大小、操作系统、对一些特殊功能（如数据库等）的支持。可根据网站程序所占用的空间，以及预计以后运营中所增加的空间来选择虚拟主机的空间大小——应该留有足够的余量，

以免影响网站正常运行。一般来说，虚拟主机空间越大价格也相应越高，因此需要在一定范围内权衡，没有必要租用过大的空间。虚拟主机可能有多种不同的配置，如操作系统和数据库配置等，需要根据自己网站的功能来选择。如果可能，最好在网站开发之前就先了解一下虚拟主机产品的情况，以免在网站开发之后找不到合适的虚拟主机提供商。

② 虚拟主机的稳定性和速度。这些因素都会影响网站的正常运作，需要有一定的了解。如果可能，在正式购买之前，应先了解一下同一台服务器上其他网站的运行情况。

③ 虚拟主机服务商的专业水平和服务质量。这是选择虚拟主机的第一要素。如果选择了质量比较差的虚拟主机服务商，很可能会在网站运营中遇到各种问题，甚至经常出现网站无法正常访问的情况，或者遇到问题时很难及时解决。这些都会严重影响网络营销工作。

④ 虚拟主机的价格。现在虚拟主机服务商很多，其质量和服务千差万别，价格同样也有很大差异。一般来说，著名的大型服务商的虚拟主机产品价格要贵一些，而一些小型公司的虚拟主机产品可能价格比较便宜，因此可根据网站的重要程度来决定选择哪种层次的虚拟主机服务商。

服务器托管和虚拟主机的区别

① 服务器托管是用户独享一台服务器，而虚拟主机是多个用户共享一台服务器。

② 服务器托管用户可以自行选择操作系统，而虚拟主机用户只能选择指定范围内的操作系统。

③ 服务器托管用户可以自己设置硬盘，建立数十TB以上的空间，而虚拟主机空间则相对狭小；服务器托管业务主要是针对ICP和企业用户，它们有能力管理自己的服务器，提供如Web、电子邮件、数据库等服务，但是需要借助IDC提升网络性能，而不必建设自己的高速骨干网。

2. 硬件选择

（1）选择网络设备

网络设备中的关键设备是路由器、交换机和安全设备。网络设备的选择应考虑技术上可行，经济上合理。

（2）选择服务器设备

服务器的选型应充分考虑到站点可能的信息容量、提供的服务种类、每日的点击率及站点发展的需求。

3. 软件选择

（1）选择Web服务器

Web服务器也称为WWW服务器，是驻留于互联网上某计算机内的程序，主要功能是提供网上信息浏览服务。几种常用的大型Web服务器有Microsoft IIS、IBM Web Sphere、BEA Web Logic和Apache。在选择Web服务器时，要考虑以下因素：

① 与操作系统的配合。例如，在UNIX和Linux平台下使用最广泛的是Apache服务器，而Windows Server 2003/2008/2012 R2使用IIS服务器。

② 响应能力。要考虑单位时间内支持的访问量和对用户要求的响应速度。

③ 管理的难易程度。一是管理服务器简单易行；二是利用Web接口进行管理比较方便。

④ 稳定可靠性。Web服务器的性能和运行稳定，不易发生故障。

⑤ 安全性。一是考虑防止机密信息泄露；二是考虑防止黑客攻击。

（2）选择操作系统

操作系统是管理计算机的程序，用来管理计算机系统的全部硬件资源和软件资源及数据资源，控制程序运行，并为其他应用软件提供支持。

当前主流的操作系统主要有 Windows、UNIX 和 Linux 等。Windows 操作系统由微软公司开发，较为稳定，并且软硬件的花费比较低；UNIX 是一个具有不同硬件平台的多用户操作系统，可提供除 Web 服务以外的访问，但费用较高，操作界面不够人性化；Linux 是基于 UNIX 系统开发而来的，源代码的开放使得其稳定性、安全性、兼容性非常高，是目前较流行的微机操作系统之一。

（3）选择网络数据库

一个能实现交互的网站的开发都离不开数据库的支持。简单来说，数据库是一个长期存储在计算机内的有组织、有共享、统一管理的数据集合，是一个按照数据结构来组织、存储和管理数据的仓库。对于开发人员来说，数据库日渐成为 IT 管理人员的得力助手。常用的数据库系统主要有 SQL Server、MySQL、Oracle 和 Access，选择的总原则是从实际需求出发。具体来说，可从表 4.2 所列的几方面考虑。

表 4.2　常用数据库系统特点的比较

数据库	易用性	安全性	开放性	适合用户
SQL Server	一般	一般	最差	中小型网站
MySQL	较好	较好	较好	中型网站
Oracle	最差	最好	最好	大型网站
Access	最好	最差	较差	小型或个人网站

4．网站安全建设

（1）选择空间的安全问题

众所周知，网络攻击是导致网站安全问题的罪魁祸首。黑客最喜欢攻击不稳定的服务器和有漏洞的网站。因此，要保证网站安全，就一定要选择足够安全、稳定的服务器。

（2）服务器软件的安全性

虽然服务器软件本身并不存在多高的风险，但由于其主要功能是提供支持服务和满足他方需求，而软件的复杂程度、功能多寡与安全漏洞的出现概率成正比，因此为了网站安全，一定要避免使用不必要的服务器软件功能。

（3）定期进行数据备份

为保证数据的绝对安全，还应配备数据备份和恢复处理设备，如双硬盘、镜像站点等。

（4）建立安全管理制度

70%～90%的安全问题来自内部管理出现的漏洞，企业在开始建立网站时，就应当高度重视建立安全管理制度。网站安全管理制度应包括网站工作人员管理制度，保密制度，跟踪、审计、稽核制度，网站日常维护制度，用户管理制度，病毒防范制度，应急措施等内容。

（三）网站内容建设

1．设计网站结构，生成目录

设计网站结构时，首先要将所有要应用到网站上的素材资料列举出来，根据内容设计一个结构蓝图。例如，网站的主页是什么，要划分几个板块，网站有哪些栏目，如何设置各栏目或各网页之间的链接。如果内容过多，可以绘制一张导航图。

2．网页设计

（1）网站的总体风格

网页要根据网站制作的目标和内容设计出相应的风格。为了使整个网站看起来很协调，不会让浏览者产生混乱，网站中的各种元素，如网站中的名称、网站标志、有代表性的图形和动画、主色调、字体及导航条的设置要统一风格，贯穿全站。这样用户看起来会觉得舒服、顺畅，会给网站一个“很专业”的评价。另外，在设计网页时不要仅追求外观漂亮，还要注意迎合搜索引擎的喜好，利于企业开展网络营销。

（2）网页布局

网页布局大体可分为头部、体部、尾部三大板块。其中，头部内容包括标题、网站标志、广告条、分类导航（menu）与检索；体部内容包括用户注册与登录、各类栏目、相关站点链接；尾部内容包括版权声明、管理入口、联系方式等。

常见的网页布局结构有“国”字形布局、“匡”字形布局、“三”字形布局、“川”字形布局、封面型布局、Flash 布局、标题文本型布局、框架型布局和变化型布局等。

（3）版面、栏目设计

网页中内容元素合理的排版设计很重要，应该重点突出、层次分明、井井有条，要利用有限的空间，将各种文字和图片有效地组合在一起。版面设计时应注意：页面中的构成要素要有大、中、小的区别；画面中的色彩要有明暗、色相和纯度的变化；层次不要过多，一般都不超过三个层次，或者以形态分，或者以色彩分，或者以疏密结构分。

网站的内容应按一定方法分类作为网站的主栏目，一般网站应包括企业新闻、企业简介、产品展示、在线下单、客户案例、联系方式、会员中心、售后服务等栏目。如果网站栏目层次较多，又没有站内搜索引擎，建议设置一个“本站指南”之类的栏目。另外，还可以设置双向交流类的栏目，如在线咨询、留言板等。

（4）页面内容、色彩

内容是网站的血肉，是网站真正的核心。网页内容一定要充实、原创，并持续更新。这样不但可以吸引更多的用户，而且可以有效地提高网站在搜索引擎中的排名。网站的结构应当层次清晰，减小目录深度，尽可能把重要页面的链接和栏目放到首页，将重要信息放在突出醒目的位置上，并把第二、三层的栏目标题抽取到首页。

网站的色彩能给用户留下第一印象，因此创建网站应确定网站的基本颜色。网站的颜色不宜太多，一般一个网页中的标准色原则上不超过三种。标准色应该用于网站的标志、标题、主菜单和主色块，以给人整体统一的感觉。

（5）静态、动态网页

静态网页显示速度比动态网页要快，更容易被搜索引擎检索，也就更容易获得较高的排名。但静态网页始终给人一种呆板的感觉，为了增添活力，最好在网站上提供一些回答问题的工具及其他具有交互性能的设计，使得用户能从网站上获得交互信息，从而使用户有一种参与网站建设的新鲜感和成就感。

情境拓展

网页设计常用工具

“工欲善其事，必先利其器。”制作网页的头一件事就是要选定网页制作软件。用记事本、Word 虽然也能做出网页，但是做不出许多效果。以下是常用的网页制作工具。

① Flash、Dreamweaver、Fireworks 合在一起被称为网页制作“三剑客”。这三个软件相辅相成，是制作网页的首选工具。其中，Dreamweaver 主要用来制作网页文件，制作出来的网页兼容性好，制作效率也很高；Flash 以制作网上动画见长，做出的动画声音、动画效果是其他软件无法比拟的；Fireworks 以处理网页图片见长，并可以轻松制作 GIF 动画。

② FrontPage 是一款优秀的网页制作与开发工具。它本身也是 Office 中的一个重要组件，采用了与 Office 其他组件一致的界面和操作方式，只要使用过 Office 中的其他组件，就可以轻松掌握 FrontPage 的用法。

③ Photoshop 是 Adobe 公司的王牌产品，无论是在平面广告设计、室内装潢，还是处理个人数码照片方面，Photoshop 都已经成为不可或缺的工具。在网页制作上，用其多姿多彩的滤镜和功能强大的选择工具可以做出各种各样的文字效果。

（四）网站测试与发布

1. 网站测试

网站测试是为了保证客户正常浏览和使用网站而进行的多方面测试，贯穿于各个开发阶段。一个网站基本完成后，先要在本地计算机上对网站的页面和程序进行全面的测试。本地测试无误后，就可以传到 Web 服务器了，上传后还要再次进行链接、下载速度等测试。基于 Web 的系统测试不但需要检查和验证是否按照设计的要求运行，而且需要评价在不同分辨率、不同浏览器及不同操作系统中的页面显示是否无误。更重要的是，还要从最终用户的角度进行安全性和可用性测试。这主要是为了防止因环境不同而可能导致的错误。

2. 网站发布

首先，网站发布需要有域名和空间。然后，通过域名解析在空间绑定域名。最后，利用 FTP 上传网站内容到空间中。

随着网络的发展，企业网站的数量在爆炸性地增长。域名对于一个网站来说正在变得越来越重要，一个容易记忆的域名会使更多的人记住该网站，从而形成重复访问。域名注册的过程并不复杂，一般程序为：选择域名注册服务商→查询自己希望的域名是否已经被注册→注册用户信息→支付域名注册服务费→提交注册表单→域名注册完成。

如图 4.6 至图 4.10 所示是在中域互联申请域名的流程。

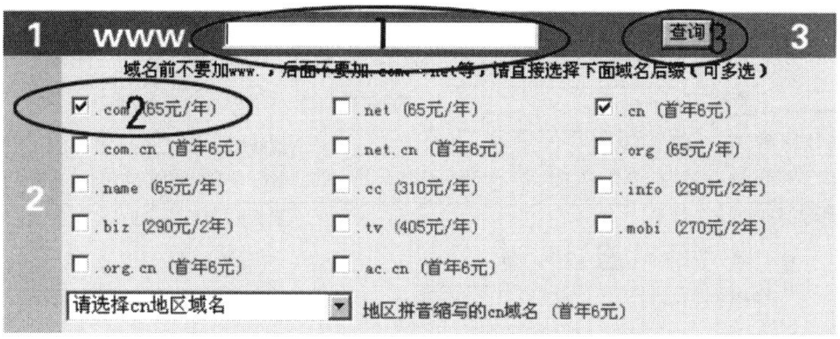

图 4.6　申请域名——填写域名

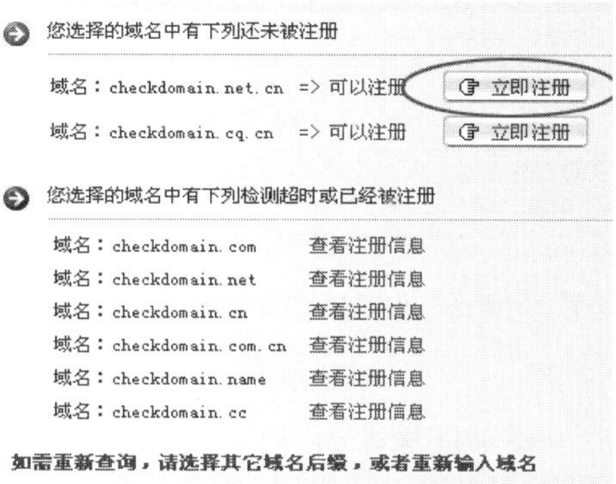

图 4.7　申请域名——注册域名

图 4.8　申请域名——准备填写注册信息

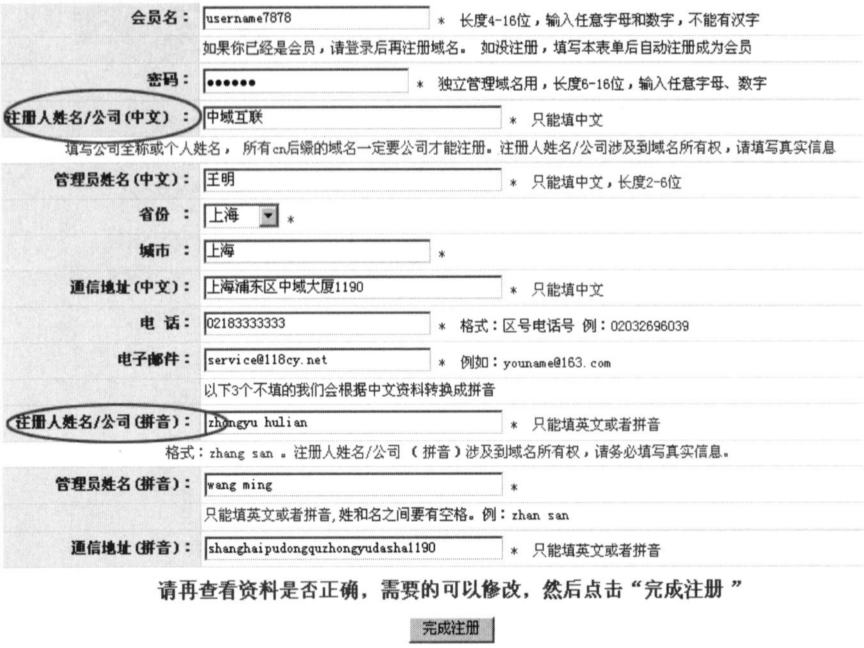

图 4.9　申请域名——填写注册信息

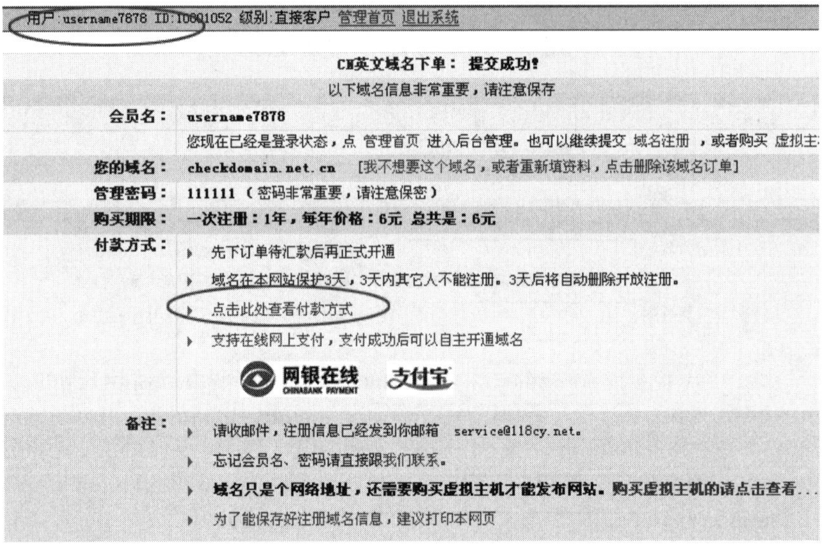

图 4.10　申请域名——支付价款

（五）网站维护与更新

网站维护是指为了保证网站正常运行而进行的监控，目的是及时发现运行中的问题，加以解决，并对网站运行的相关情况进行统计；网站更新是指在不改变网站结构和页面形式的情况下，对网站固定栏目的内容更新和补充。一个好的网站需要定期或不定期地更新内容，才能不断地吸引更多的浏览者，增加访问量，抓住更多的网络商机。企业应该制定相关网站维护和更新的规定，将网站维护制度化、规范化。

网站维护与更新的内容主要包括以下四个方面。

1．网站的日常维护

网站在运营过程中，可能会出现设备故障或程序出错等状况导致网站无法正常访问。因此，需要对网站硬件设备和软件程序进行日常维护与管理，以确保网站 24 小时不间断地正常运行。

2．网站内容的维护和更新

建站容易维护难。对于网站来说，只有不断地更新内容，才能保证网站的生命力，否则网站不仅不能起到应有的作用，反而会对企业自身形象造成不良影响。企业在网站建设初期就要考虑到后续维护问题，如在网站栏目设置上，最好将一些可以定期更新的栏目放在首页，使首页的更新频率更高一些；对网站上的一些图片、广告等应经常进行更新，让浏览者从中得到更多信息，才会吸引浏览者重复访问。

3．定期改版

网站是一个企业形象的全面展示，也是一个企业的网上窗口，定期对网站改版有利于企业提升品牌影响力，更有利于拓展业务。

4．网站安全防护

网站安全防护就是防止网站被非法入侵和破坏。网站的管理人员要对服务器进行安全设置、及时下载和安装软件的补丁程序、设置防火墙、查杀病毒等操作。同时，网站如果受到攻击破坏，要能及时恢复，保证网站正常运行和商务信息不外泄。

（六）网站推广

网站推广的方法有很多，这里介绍七种常见的网站推广方法。

1．搜索引擎推广

把刚建好的网站提交到百度、搜狗、谷歌搜索引擎的提交页面，利用搜索引擎、分类目录等具有在线检索信息功能的网络工具进行网站推广。搜索引擎推广可以分为多种不同的形式，常见的有登录免费分类目录、登录付费分类目录、搜索引擎优化、关键词广告、关键词竞价排名、网页内容定位广告等。

2．网络广告推广

网络广告是常用的网络营销方法之一，在网络品牌、产品促销、网站推广等方面均有明显作用。网络广告的常见形式包括标题（banner）广告、关键词广告、分类广告、赞助式广告、电子邮件广告等。标题广告所依托的媒体是网页，关键词广告属于搜索引擎营销的一种形式，电子邮件广告则是许可电子邮件营销的一种，可见网络广告本身并不能独立存在，需要与各种网络工具相结合才能实现信息传递功能。因此，也可以认为，网络广告存在于各种网络营销工具中，只是具体的表现形式不同。将网络广告用于网站推广，可选择的网络媒体具有范围广、形式多样、适用性强、投放及时等优点，适合于网站发布初期及运营期的任何阶段。

3．资源合作推广

资源合作推广是指通过网站交换链接、交换广告、内容合作、用户资源合作等方式，在具有类似目标的网站之间实现互相推广的目的。其中最常用的资源合作方式为网站链接策略，利用合作伙伴的网站互相推广。

4．信息发布推广

信息发布推广是指将有关的网站推广信息发布在其他潜在用户可能访问的网站上，利用用户在这些网站获取信息的机会实现网站推广的目的。适用于这些信息发布的网站包括在线黄页、分类广告、论坛、博客网站、供求信息平台、行业网站等。

5.“病毒性”营销推广

“病毒性”营销推广并非传播病毒，而是利用用户之间的主动传播，让信息像病毒那样扩散，从而达到推广的目的。这种方法实质上是在为用户提供有价值的免费服务的同时附上一定的推广信息。常用的工具包括免费电子书、免费软件、免费 Flash 作品、免费贺卡、免费邮箱、免费即时聊天工具等可以为用户获取信息、使用网络服务、娱乐等带来方便的工具和内容。如果应用得当，这种“病毒性”营销推广往往可以以极低的代价取得非常显著的效果。

6. 电子邮件推广

电子邮件推广常用的方法包括电子刊物、会员通信、专业服务商的电子邮件广告等。网站可以通过竞赛、评比、优惠、售后服务、促销等方式来有意识地建立自己的网上客户群，不断地用电子邮件来维系与他们的关系。而且可以针对目标用户群发送电子邮件，提供个性化服务，并利用电子邮件进行客户追踪。发送的电子邮件要包含有用的信息，避免发送垃圾邮件。

7. 传统方式推广

通过传统方式推广也是网站推广的手段之一。例如，可以在公司信笺、名片、礼品包装上印上网址名称；通过报纸进行网站宣传；在户外媒体，如户外看板、路牌、海报、公交车上进行网站介绍；在电视上做广告或利用字幕滚动进行宣传，等等。

除前面介绍的常用网站推广方法之外，还有许多专用性、临时性的网站推广方法，如有奖竞猜、在线优惠券、有奖调查等，有些甚至采用建立一个辅助网站的方式进行推广。真正值得提倡的是合理的、文明的网站推广方法，应拒绝和反对带有强制性、破坏性的网站推广手段。

建设一个功能完善的电子商务网站需要投入大量资金，还要涉及网上支付、网络安全、商品配送等一系列复杂问题。这对于许多中小企业来说，不仅进入壁垒很高，而且由于网上销售还没有成为产品销售的主流手段，即使有实力建立一个具备网上交易功能的网站，实际也不一定合算。因此，建立在第三方提供的电子商务平台上的网上商店作为一种网络营销和网上销售方式有其独特的作用。例如，淘宝、易购、拍拍、拼多多等许多大型专业网站都向个人提供网上开店服务，只要支付少量的相关费用，如网店租金、商品登录费、网上广告费、商品交易费等，就可拥有个人网店，进行网上销售。采用这种方式建立网上商店比较简单，适合一些个人在资金、技术等方面不具有优势的情况，而且易于操作。

情境案例

通用（中国）网站首建于 1999 年 8 月，是通用公司在全球的第一个当地语言的门户网站。网站将通用公司能为中国客户提供的各种服务和产品的类别都直接放置在首页上。通用（中国）网站作为展现通用公司形象的一个重要窗口，十分重视其日常的维护工作。通用（中国）有限公司相关人士表示：“通用（中国）网站作为通用公司在中国的门户网站，具有很多功能，而要让所有的功能都得到充分的显现，其日常的维护工作无疑非常重要和繁重。”为了能使这家多元化企业的各业务集团的电子商务服务都能更快、更好地延伸到中国的客户和供应商，通用公司将通用（中国）网站的日常维护工作全权委托给专业的网络应用技术服务商——上海火速网络信息有限公司（以下简称火速公司）来处理。

网站维护工作主要体现在以下四个方面：

首先，通用（中国）网站原有的设计比较粗糙，网站结构布局、色彩搭配都不尽如人意。火速公司为其进行了改版，重新设计了网站风格，以充分体现通用公司的整体形象；重新规划了网站功能，使供应商登录、诚信投诉、新闻查找更加快捷方便。

其次，通用（中国）网站原来构建的平台接入带宽为 10 Mb/s，为保证网站安全、稳定运行，火速公司为通用（中国）网站制订了服务器更换平台计划，实现了零间断的无缝转移，服务器接入带宽由 10 Mb/s 升级到 100 Mb/s，并且将在以前平台下开发的部分程序在 Windows 2000 平台下重新开发了一遍。通用（中国）网站硬件升级之后，网站访问性能显著提高，网站访问更加有效。

再次，做好网站维护更新。火速公司为通用（中国）网站进行维护更新服务，从做好域名管理服务开始，在每个域名到期前的一个月，提醒通用公司对域名续费；从明确通用（中国）网站规范（网站 CSS、目录结构等）开始，到每周把 WWA（网站访问统计）报告发送给通用公司；通用（中国）网站的新闻页面制作同步发布到互联网上；定期发送网站维护工作报告，等等。火速公司为通用（中国）网站提供了周到的服务，确保了网站维护更新的及时性和有效性。

最后，在通用（中国）网站的正常运营中，根据实际工作需要会要求开发一些新的网站栏目或系统功能。像通用（中国）网站中的供应商表单管理、期刊订阅管理等，均是在通用（中国）网站的维护过程中火速公司为网站规划后新增的内容。此外，通用（中国）网站供应商档案系统是火速公司为网站规划开发的新增内容之一，主要作用在于记录供应商在线登记的信息，方便管理人员查找、联系。同时，火速公司在网站维护的工作中，根据实际需要，主动为网站提供了新闻搜索引擎系统。新闻搜索引擎系统对新闻稿、公司动态、媒体素材、公司简要、公司大事记、公司排名、通用字典、演讲稿、访谈录、深度报道等内容提供了关键字搜索功能，用户可按照新闻内容的发生时间、发生地点、内容关键词来查询，极大地方便了用户在网站中进行信息查询。

情境任务二　通过网上交易平台建立商店

情境引例

国内互联网第一股

孙德良，浙江网盛科技股份有限公司董事长，于 1996 年 3 月加盟中国首批互联网公司之一的讯业网络公司（杭州公司），担任系统工程师，成为我国较早从事互联网行业的专业人士之一。1997 年 10 月，孙德良开始创业，并于 1997 年 11 月开通国内第一个垂直专业网站“中国化工网”。

孙德良带领网盛科技经历了“网络泡沫”和“网络寒潮”的双重考验，使其在互联网寒潮时代成为中国第一个获利的互联网公司，被媒体誉为“创造了盈利奇迹”“泡沫时代的亮点”“中国互联网产业的另类标杆”。2001 年 9 月至 12 月，孙德良成功收购了化工权威域名，并胜诉中国入世后“知识产权第一案”，击败澳大利亚最大的化工集团 ORICA 公司，令周转世界六个国家的传奇域名落户杭州，举国瞩目。公司成立之后八年多的时间里，孙德良带领公司团队，在专业网站方面成功开发并运营了中国化工网、全球化工网、中国纺织网、国际纺织网、医药网等在国内乃至全球著名的电子商务网站集群，在地域化网站方面勇于创新、大胆开拓，在从未利用一分钱外援的情况下年年获利，受到国家、省市相关领导的高度重视与各大媒体的广泛关注。

2003年下半年，孙德良提出网盛科技跨入资本市场的发展思路。2006年10月31日，网盛科技IPO获中国证监会发审委审核通过，这意味着“国内互联网第一股”诞生，国内互联网企业至今没有一家实现A股IPO的历史宣告结束。孙德良带领网盛科技创造或演绎了多个“中国第一”：创建了“中国第一个垂直专业网站”，打赢了“中国入世跨国知识产权第一案”，是“中国第一个获利的互联网企业”，缔造了“国内互联网第一股”……这些特殊的印记为我国互联网产业添上了浓墨重彩的一笔，是中国互联网产业蓬勃发展的一个缩影和典型代表。

引例思考 讨论孙德良带领网盛科技运营的中国化工网等网站属于哪种模式的电子商务。我们应该如何正确选择电子商务平台？如何开设网上商店呢？

一、选择合适的网上交易平台

网上交易平台就是一个为企业或个人提供网上交易洽谈的平台，可提供网上交易和管理等全过程服务，是协调、整合信息流、物质流、资金流有序、关联、高效流动的重要场所，具有广告宣传、在线展会、咨询洽谈、网上订购、网上支付、电子账户、服务传递、意见征询、交易管理等各项功能。企业、商家、个人可充分利用网上交易平台提供的网络基础设施、支付平台、安全平台、管理平台等共享资源，有效地、低成本地开展自己的商业活动。下面分别介绍各种不同类型的网上交易平台。

（一）B2B 平台

B2B平台就是企业间进行交易的平台。B2B平台分为综合型B2B平台和专业型B2B平台。其中，综合型B2B平台将多个行业的买方和卖方集中到一个市场上进行信息交流，如阿里巴巴、慧聪网、环球资源网等；专业型B2B平台则专门服务于一个特定的行业或特定的专业领域，如中国化工网、我的钢铁网等。

（二）B2C 平台

B2C平台就是企业和消费者之间进行交易的平台。与C2C平台相比，B2C平台在信誉和质量保障方面更能得到网购用户的信任。例如，天猫、京东、苏宁易购等B2C平台融合了C2C平台的优势，通过大力吸引优质商家入驻，在确保商品质量的同时，也使商品的丰富性得到了极大提升，更好地满足了消费者的需求。

（三）C2C 平台

C2C平台就是消费者和消费者之间进行交易的平台。C2C平台具有用户参与性强、灵活方便、个性化程度高等特点。C2C市场上，淘宝的地位依旧稳固。

（四）O2O 平台

O2O平台就是Online to Offline，即将线下商务与互联网结合在一起，让互联网成为线下交易的前台。这样线下服务就可以用线上来揽客，消费者可以用线上来筛选服务，而且成交可以在线结算。O2O平台主要是团购平台，如拉手网、大众点评网、高朋网、F团等，由于其性价比高，因此受到很多用户的青睐。

（五）银行网上商城

初期许多银行开设网上商城的目的是方便信用卡的用户分期付款。随着电子商务的普及、用户需求的增强、技术手段的提升，银行的网上商城也逐步成熟起来。银行网上商城为用户提供了全方位服务，包括积分换购、分期付款等，也覆盖支付、融资、担保等，并给很多商家提供了展示、销售产品的平台和机会。

二、在网上交易平台开设商店

当今国内网上交易平台中最优秀、功能最完备的就是淘宝，它不仅功能强大而且有着丰富、完备的辅助知识和操作提示。下面介绍在淘宝上开店的过程。

（一）开店前准备

1．准备材料

① 未绑定淘宝账号的手机号码或邮箱。

② 身份证正反面彩色复印件或照片。

③ 本人手持身份证正面照，本人上半身照。

④ 未进行过实名认证的银行卡，并且银行卡的户名与身份证信息为同一个人。

2．寻找网店货源

新手卖家常常不知道去哪里找货源、哪种进货方式好，表 4.3 列出了五个进货途径的优劣比较。

表 4.3　五个进货途径的优劣比较

优缺点	货　源				
	批发市场	品牌代理商	代销式供应商	网店代理货源网站	买入库存积压或清仓商品
优点	更新快，品种多	货源稳定，渠道正规，商品不易断货	简单省事，鼠标一点，连发货都不用管；风险低，资金投入最少	专业，可选择货源较多，各种商品货源一般都有	成本相对较低
缺点	容易断货，品质不易控制	更新慢，价格相对较高	商品不经过自己的手，品质难以控制；由于对商品可能了解不够，与客户沟通较复杂，操作不好会得中差评	通常以代理类型为主，货源多但是无法完全保证商家质量，需要进行甄别	有很多不确定因素，如进货的时间、地点、规格、数量、品质等都不能自己控制

（二）淘宝店铺创建

步骤一　登录淘宝网站，每个淘宝买家用户都可以以卖家的身份免费开店。在淘宝网站上也直接指明了开店选项的位置，如图 4.11 中箭头所示。

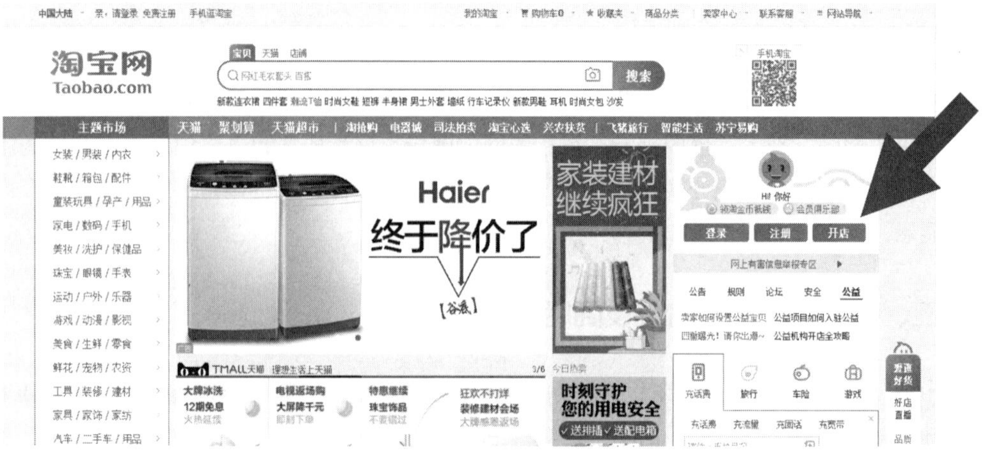

图 4.11　淘宝网站

步骤二　点击箭头所示的“开店”按钮，显示如图 4.12 所示的页面。

图 4.12　免费注册

步骤三　点击箭头所指的“免费注册”链接，首先注册淘宝用户。淘宝用户注册首先要确认同意《淘宝平台服务协议》《法律声明及隐私权政策》《支付宝服务协议》三个协议，如图 4.13 所示。

图 4.13　同意淘宝协议

步骤四　设置用户名，填写账号信息，设置支付方式，如图 4.14 所示，最后完成淘宝用户注册。

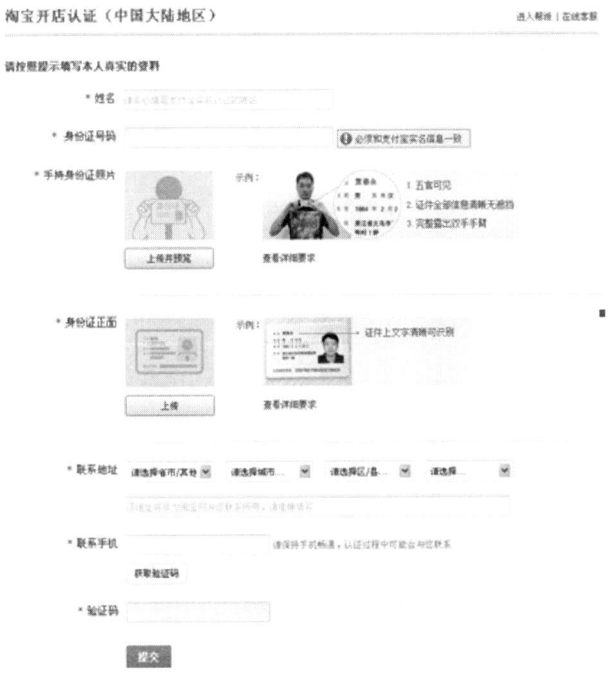

图 4.14　设置用户名

步骤五　注册完淘宝用户后，就可以免费开店了，点击“卖家中心”，再点击“免费开店”，进入如图 4.15 所示的页面进行开店认证。

图 4.15　开店认证

步骤六　支付宝认证后才能进行开店认证。支付宝的应用在我国已经相当普及，在这里就不再赘述认证过程了。开店认证需要上传个人手持身份证照片和上传身份证正反面照片，其清晰度要高到能看清身份证上面的字，如图 4.16 所示。两个工作日后，即可完成开店认证。

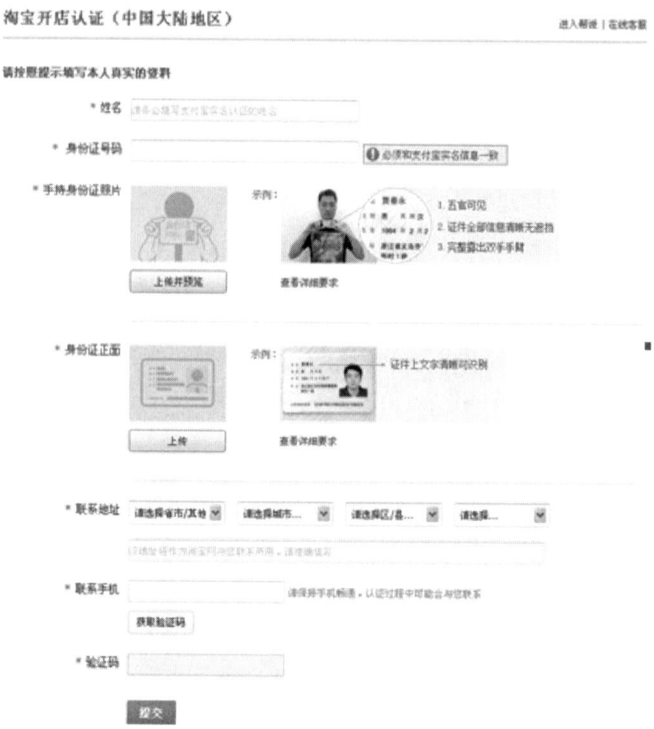

图 4.16　淘宝开店认证

步骤七　阅读开店协议，如图 4.17 所示。

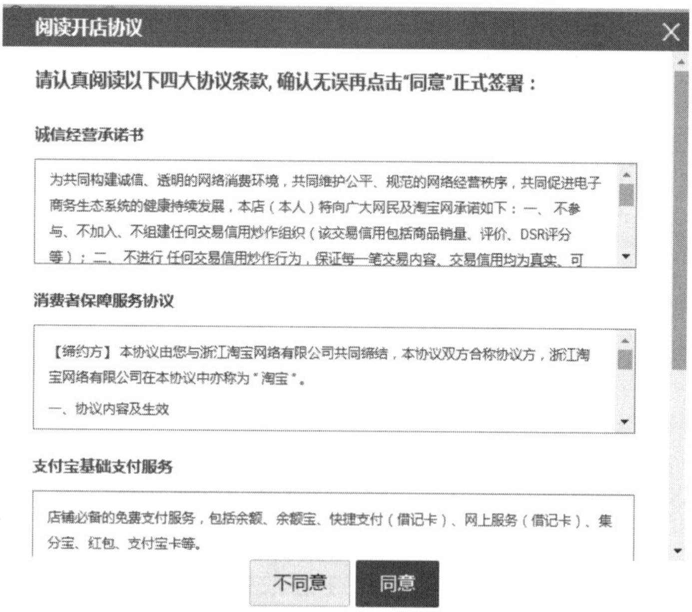

图 4.17　阅读开店协议

步骤八　阅读安全提醒，如图 4.18 所示。

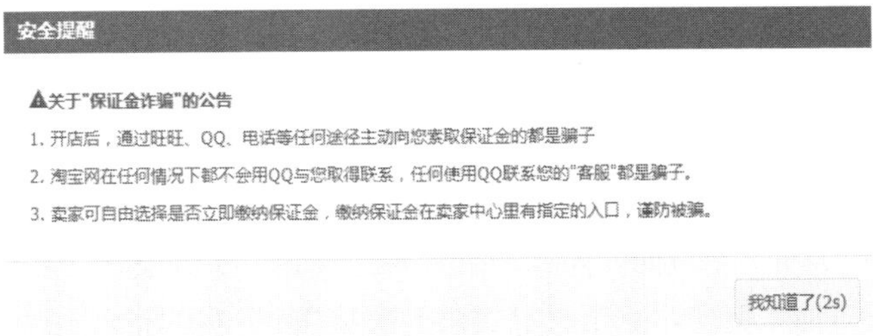

图 4.18　开店前安全提醒

完成以上步骤后，在淘宝网上开店就全部完成了。

（三）店铺运营分析

步骤一　淘宝用户完成开店步骤后，点击箭头指示的"卖家中心"，如图 4.19 所示。

图 4.19　淘宝用户页面

步骤二　点击"卖家中心"后便进入卖家后台，淘宝运营工作主要在这里完成，如图 4.20 所示。

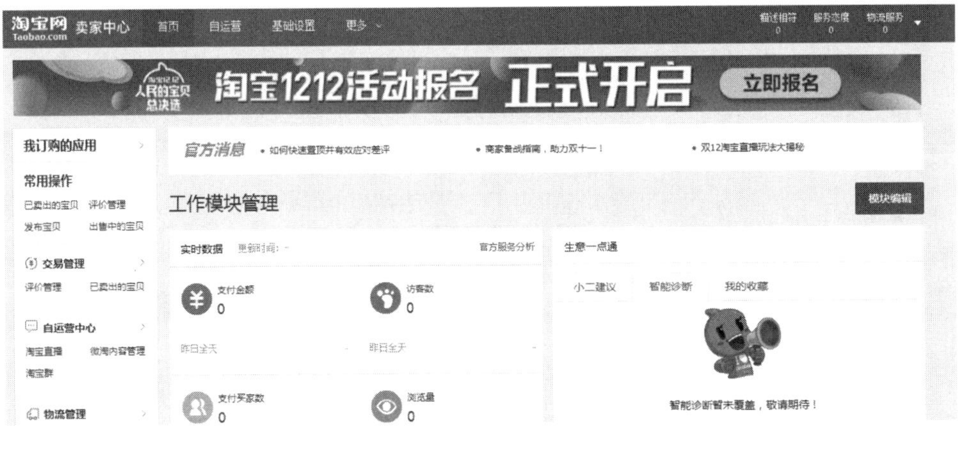

图 4.20　淘宝店铺后台

步骤三　淘宝运营管理。从卖家中心后台看，运营包括了交易管理、自运营中心、物流管理、宝贝管理、店铺管理、营销中心、数据中心、货源中心、软件服务、淘宝服务和客户服务等项目。

① 交易管理。交易管理主要包括掌柜信用、分期管理、采购助手、评价管理和已卖出的宝贝五个方面的内容，如图 4.21 所示。分别点击后，可以查看相关信息。例如，点击“已卖出的宝贝”，便可查出一段时间以来卖出的宝贝订单，也可以把所有订单批量导出，如图 4.22 所示。

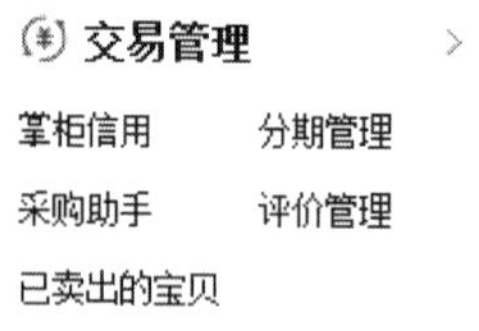

图 4.21　交易管理

图 4.22　已卖出的宝贝

② 物流管理。物理管理包括发货、物流工具、物流服务和我要寄快递四项内容，如图 4.23 所示。点击后依次填写相关信息即可。例如，点击“我要寄快递”，便可打开如图 4.24 所示的页面，按照提示依次填写即可。

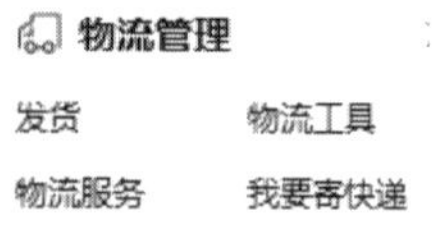

图 4.23　物流管理

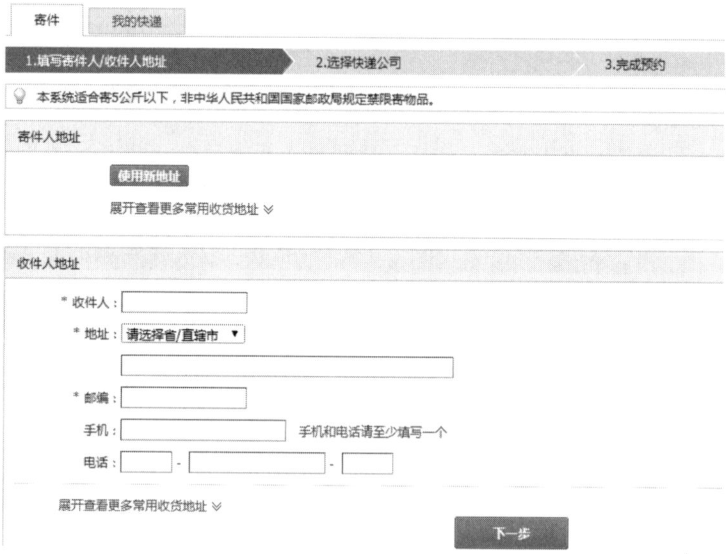

图 4.24　我要寄快递

③ 宝贝管理。这是非常重要的一个管理模块，首先要寻找出售的宝贝。一般会借助生意参谋等相关的数据软件，寻找适合的产品。宝贝管理中的三个选项内容如图 4.25 所示。点击进入

相关页面按要求填写即可。如图 4.26 所示为出售中的宝贝。

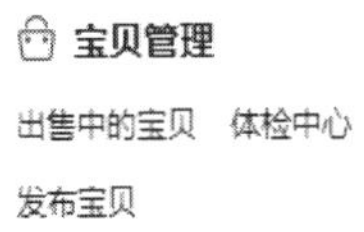

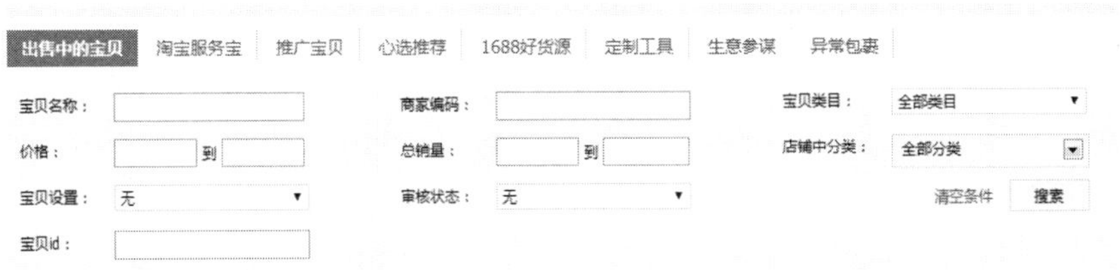

图 4.25　宝贝管理　　　　图 4.26　出售中的宝贝

④ 店铺管理。店铺管理包括手机淘宝店铺、查看淘宝店铺、图片空间和店铺装修四项内容，如图 4.27 所示。这主要是指手机淘宝店铺或 PC 端店铺的装修管理。点击“店铺装修”，进入如图 4.28 所示的页面。淘宝官方提供了相关模板，但也可以自己对店铺进行设计。

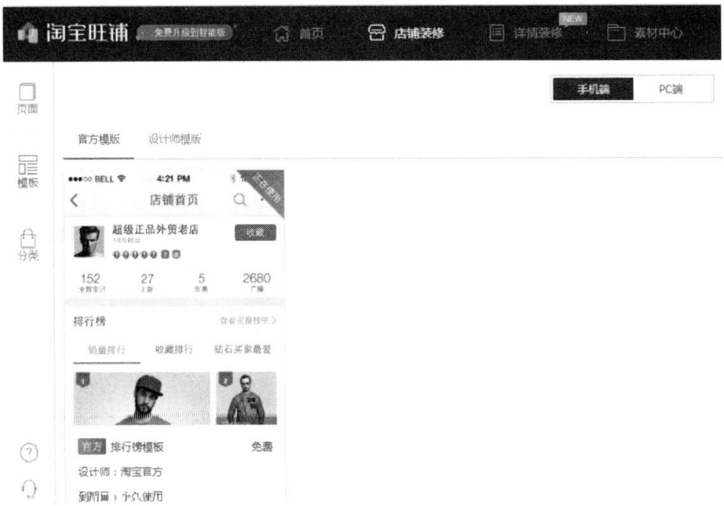

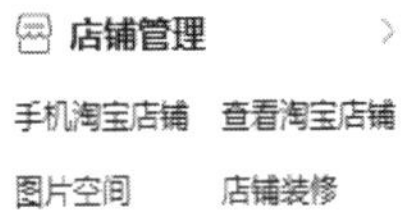

图 4.27　店铺管理　　　　图 4.28　店铺装修

⑤ 营销中心。淘宝店铺要多参加各种淘宝官方的营销活动，才能持续拥有一定的浏览量和销售量，如图 4.29 所示。点击“活动报名”，里面有很多淘宝官方活动。图 4.30 展示了近期营销活动内容。

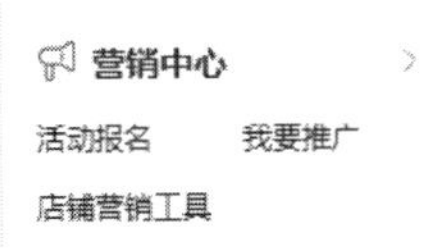

图 4.29　营销中心　　　　图 4.30　活动报名

⑥ 数据中心。淘宝店铺运营离不开大数据分析。数据中心主要借助生意参谋软件进行数据分析，如图 4.31 至图 4.35 所示。

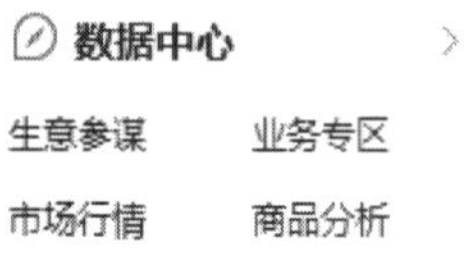

图 4.31　数据中心

图 4.32　生意参谋首页

图 4.33　生意参谋商品分析

图 4.34　生意参谋市场分析

图 4.35　生意参谋业务专区

⑦ 货源中心。这里主要体现了淘宝网店的宝贝来源。进货渠道有多种，如阿里进货管理、品牌货源、批发进货、分销管理，如图 4.36 所示。其中，批发进货即到 1688 网站寻找货源，如图 4.37 所示。

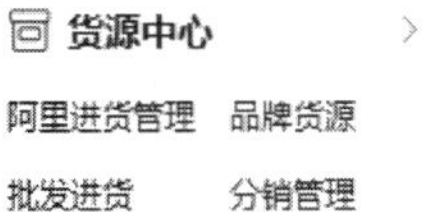

图 4.36　货源中心

图 4.37　批发进货

⑧ 软件服务。淘宝官网为淘宝店铺卖家研发了诸多实用软件，如图 4.38 所示。例如，“我要订购”模块就有装修、营销等功能。如图 4.39 所示，“流量 / 营销推广”模块下展示的是淘

宝官网提供的软件服务。

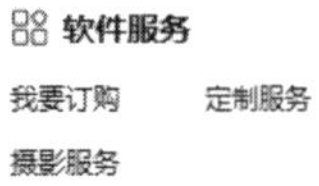

图 4.38　软件服务

图 4.39　“流量 / 营销推广”模块下的软件服务

⑨ 淘宝服务。如图 4.40 所示，“淘宝服务”是淘宝官网为商家提供的诸多服务。例如，点击“加入服务”，会进入如图 4.41 所示的页面。

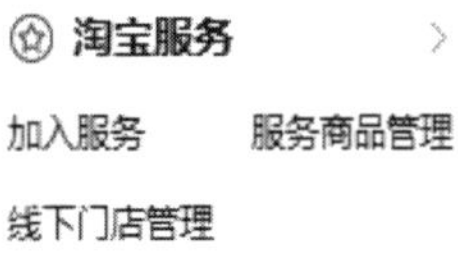

图 4.40　淘宝服务

图 4.41　加入服务

⑩ 客户服务。如图 4.42 所示，“客户服务”主要是进行淘宝客户服务管理。其中，违规记录如图 4.43 所示。

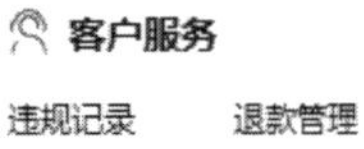

图 4.42　客户服务

图 4.43　淘宝违规记录

淘宝店铺运营管理主要包括上述十项内容。店铺运营是十分复杂且系统性的工作，主要涉及店铺装修、营销推广、数据分析和客户服务四个方面，只有各项工作相互配合才能提高店铺的浏览量，从而最终达成交易。

三、跨境电商入驻敦煌网

根据海关总署数据统计，2021 年中国跨境电商进出口 1.98 万亿元，增长 15%；其中出口 1.44 万亿元，增长 24.5%。据艾媒咨询数据显示，2021 年，中国跨境电商两大平台分别是天猫国际和考拉海淘，市场占比为 26.7%和 22.4%，而京东国际、苏宁国际及唯品国际等市场份额均在 10%以上。除此之外，还有小红书、洋码头、全球速卖通和敦煌网。全球速卖通（AliExpress）是阿里巴巴旗下面向全球市场打造的在线交易平台，被广大卖家称为国际版“淘宝”。敦煌网（DHgate）是全球领先的在线外贸交易平台，是国内首个为中小企业提供 B2B 网上交易的网站。它采取佣金制，免注册费，只在买卖双方交易成功后收取费用。目前，敦煌网已拥有 230 万户以上累计注册供应商，年均在线产品数量超过 2 500 万种，累计注册买家超过 3 640 万户，覆盖全球 223 个国家及地区，拥有 100 多条物流线路、10 多个海外仓和 71 个币种支付能力，是领先的全球中小零售商一站式贸易和服务平台。下面介绍一下敦煌网的商家入驻方法。

（一）店铺注册

步骤一　登录敦煌网卖家首页，点击“免费注册”或“免费开店”，进入注册页面，如图 4.44 所示。

图 4.44　轻松注册

步骤二　填写商户信息。按照页面提示，填写真实的注册信息，如图 4.45 所示。

图 4.45　填写信息

步骤三　手机和邮箱验证。在激活账号时需要手机和邮箱同时验证才可以通过，如图 4.46 所示。

图 4.46　手机、邮箱验证

步骤四　注册成功，如图 4.47 所示。

图 4.47　注册成功

步骤五　身份认证，如图 4.48 所示。

图 4.48　身份认证

步骤六　提交认证资料，如图 4.49 所示。如果选择的用户类型为个人卖家，通过认证后将不可修改。认证时间约为 3 至 5 个工作日。

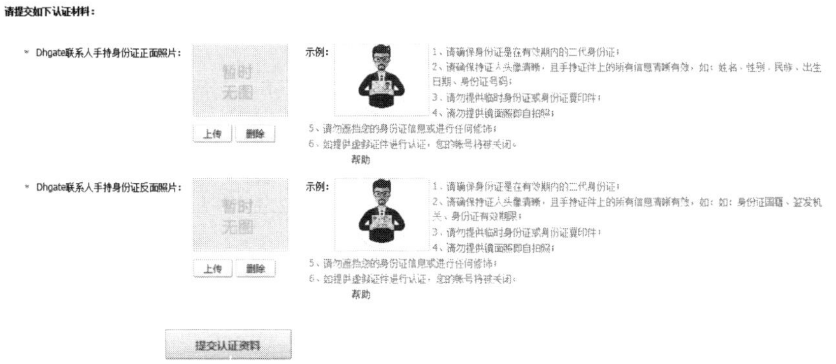

图 4.49　提交认证资料

步骤七　银行验证过程如图4.50和图4.51所示。

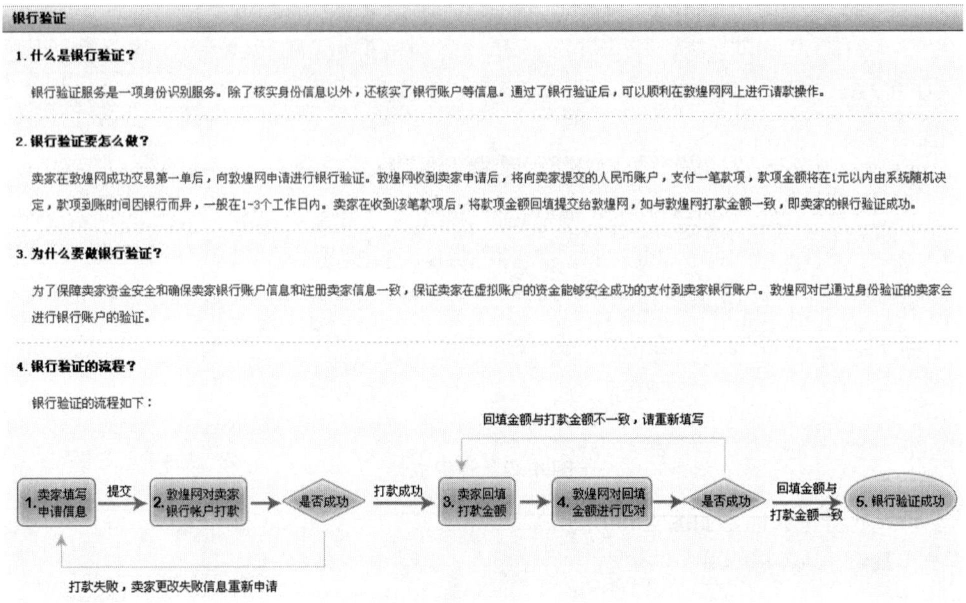

图4.50　银行验证流程示意

图4.51　人民币账户验证

在银行验证过程中，如果填写金额连续三次错误，本次银行认证会失败，并且银行账户会被锁定。在验证完成后，敦煌网卖家店铺就建立了。

（二）敦煌网运营

敦煌网主要是围绕产品、交易、增值服务、推广营销、消息中心、资金账户、数据智囊、商户管理、服务保障专区几个部分展开运营的，如图4.52所示。

图 4.52　敦煌网的卖家后台

1．产品

敦煌网平台把各行业划分为 14 个经营范围，每个经营范围分设不同的经营品类，每个卖家账号只允许选取一个经营范围，并仅限经营绑定品类下的产品。经营范围一经绑定，就不得修改。产品管理模块中包含了产品管理、商铺、模板管理、产品诊断等相关功能，如图 4.53 所示。敦煌网主要是面对国外消费者，所以要了解国外消费者的兴趣爱好和消费习惯。另外，在上传产品后，设定产品标题是匹配关键词搜索，进而影响产品曝光率的关键。产品标题最多可以填写 140 个字符，可以包括产品基本功能、特点和性能。

图 4.53　敦煌网的产品管理

2．交易

交易环节主要包括我的订单、我的买家、交易保障服务、物流运费月结等内容，如图 4.54 所示。在这里可以查询到订单和买家的全部信息。这一环节中最为重要的是物流费用的计算，因为涉及不同的国家和地区、不同的运输方式、不同类型的运输公司等诸多因素，所以在计算物流费用时要考虑周全。

图 4.54　敦煌网的交易管理

3．增值服务

增值服务是敦煌网可以为商家量身定制的独特服务，如图 4.55 所示。例如，敦煌网提供的产品流量快车服务，可以为卖家量身打造强力引流工具，会把产品在产品排序列表页固定位置上高度曝光；橱窗智能控通过卖家设定选品维度，可以智能推荐热销单品，提高店铺经营效率。敦煌网通过提供增值服务，帮助提升卖家的销售量。

图 4.55　敦煌网的增值服务

4．推广营销

敦煌网的推广营销服务也是为了提升卖家的浏览量、点击率和成交率，如图 4.56 所示。为此，敦煌网会在不同时期组织相应的促销活动，鼓励卖家参加。其中的流量快车工具主要是指产品流量快车。产品流量快车简称产品快车，是为敦煌网卖家量身打造的强力引流工具，被选为快车的产品会在高流量搜索列表页中设立专门的位置曝光。卖家级别越高所获得快车使用数量也越多；增值会员可根据会员类型获得不同快车使用数量（总数与卖家级别不叠加）。为保证引流效果，建议卖家根据季节、节假日、行业趋势、产品特色等因素选择快车产品，密切关注快车产品的转化数据，根据实际表现，每一两周调整快车产品。产品快车会出现在产品类目列表页和关键词搜索列表页，卖家可看到快车标志，产品与关键词的相关度和产品质量决定了快车产品的排序。卖家可以根据自己店铺的实际情况，有选择地参与敦煌网提供的推广服务。

图 4.56　敦煌网的推广营销

5. 消息中心

消息中心主要体现买家和卖家的互动，通过系统提示消息，卖家接收和回复买家发起的询盘消息、订单消息及其他类型的消息，如图 4.57 所示。

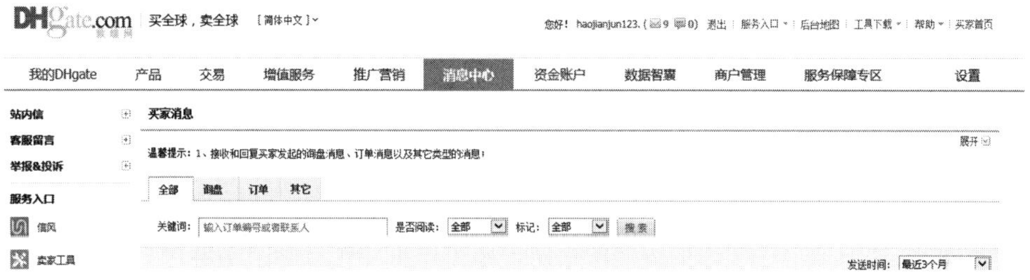

图 4.57　消息中心

6. 资金账户

卖家资金账户是指敦煌网用于记录卖家暂时存储其交易款项的虚拟账户，账户中记载的余额可提款至卖家填写的银行账户中，且每个卖家账户只有一个资金账户，记载了卖家和买家之间所有的交易明细、订单结算、转账、人民币提现、美元提现、冻结解冻、订单退款等所有涉及资金的内容，如图 4.58 所示。

图 4.58　资金账户

敦煌网对于资金账户的管理非常严格，在买卖双方交易结束后才会将款项打到卖家资金账户中；卖家可随时将其资金账户余额提款至卖家所填写的银行账户中，相关银行转账手续费用由卖家自行承担。当卖家的经营行为严重违反平台规则构成处罚条件时，敦煌网将有权暂停其账户提款。在限制提款期间，平台暂停卖家资金账户提款操作，直到问题解决才可提款。在冻结期限内，平台暂停卖家资金账户提款操作，冻结期满后卖家可申请提款。卖家被关闭账户后，可在关闭账户之日起 180 个自然日后申请提款。卖家被终止账户后不得申请提款。

7．数据智囊

敦煌网的数据智囊是敦煌网为卖家量身打造的数据展示和分析工具，可帮助卖家实时监控经营数据，掌控店铺运营情况，提升店铺出单转化率，更精准地获悉行业动态和买家信息，如图 4.59 所示。

图 4.59　数据智囊

数据智囊主要分析三个方面的情况：①店铺运营情况分析。数据智囊可以显示商铺的流量、成交额、产品数量等基础数据，帮助卖家了解日常运营是否合理。②销售产品情况分析。数据智囊既可显示产品被访问、下单的转化率，也可展示每个产品详细的流量和成交金额的相关数据，卖家可以根据相关数据优化产品。③行业动态和买家情况分析。数据智囊显示每个类目的流量、买家、优秀卖家和成交金额等数据，帮助卖家了解行业最新动态和发展趋势，了解不同买家的消费能力和习惯。

8．商户管理

商户管理主要是针对卖家的管理，包括服务能力分级、处罚管理、商户评级、物流服务标准等，如图 4.60 所示。

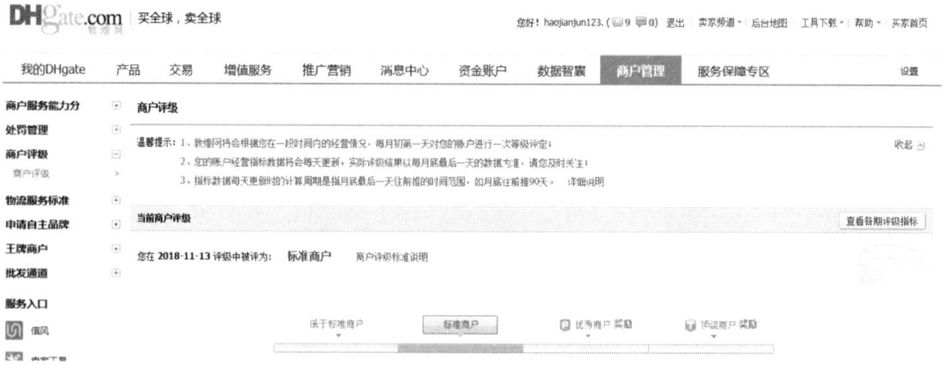

图 4.60　敦煌网的商户管理

为了给平台创造一个健康的环境，鼓励商户诚信经营，敦煌网会根据全平台商户的成长轨迹，通过大量精准的数据分析，对每个商户进行不同维度的综合评估，如表 4.4 所示。

表 4.4　商户评价标准

<table>
<tr><th>顶级商户</th><th>优秀商户</th><th>标准商户</th><th>低于标准商户</th></tr>
<tr><td>满足以下任一指标：
① 90天内订单数≥90笔
② 90天内订单数≥20笔且90天内交易额≥$50 000</td><td>90天内订单数≥20笔</td><td rowspan="5">满足以下所有指标：
① 90天内订单数>0
② 90天内卖家责任纠纷率≤2.5%
③ 买家不良体验订单≤2.0%</td><td rowspan="5">满足以下任一指标：
① 近90天卖家责任纠纷率>2.5%
② 买家不良体验订单率>20%</td></tr>
<tr><td>通过实名认证</td><td>通过实名认证</td></tr>
<tr><td>注册时间≥90天</td><td>注册时间≥90天</td></tr>
<tr><td>近90天卖家责任纠纷率≤1%</td><td>近90天卖家责任纠纷率≤1.6%</td></tr>
<tr><td>买家不良体验订单率≤3%</td><td>买家不良体验订单率≤6%</td></tr>
</table>

9. 服务保障专区

服务保障专区包括诚保专区、物流丢包保障服务和拒付保障服务三项，如图 4.61 所示。其中，诚保专区是敦煌网为保障卖家服务承诺、提升商户的诚信度、增加店铺的交易量而提供的服务。诚保服务包含的服务承诺五项——如实发货、实地认证、品质保证、海外仓、中国品牌，每项服务均可单独申请，除拥有诚信保障服务标志以外，还将拥有单项服务的专属标志。物流丢包保障服务和拒付保障服务都是为了保障卖家权益而设立的。

图 4.61　服务保障专区

敦煌网的运营管理包含了上述九个方面的内容，只有运用娴熟，才能真正在敦煌网上成为一个合格的卖家。

情境拓展

移动网站建设技巧

在移动互联网时代，手机已成为不可替代的网络入口，拥有网络平台的企业或组织机构考虑到移动用户的需要，都很重视开发移动App或移动网站。建设高品质移动网站有哪些技巧呢？

1．重视移动页面设计

如今有些公司不断招贤纳士创建App设计开发小分队，他们认为只要自己的App上线网站站点、手机移动端就大功告成了，其实将移动页面与App进行对比的话，移动页面可能具有更多的优势。

① 开发成本较低。省去了App建设开发成本，直接在移动站点适配即可。

② 调整更新速度更快。移动页面只需输入同类相关代码调整之后即可实现调整更新，时间短，更便捷。而移动App调整修改之后需要重新上传和等待审核，较费时，调整更新慢。

③ 数值数据追踪精确。针对下载来源、渠道数值数据，移动页面能够较为精确、快速地统计。而移动App对同类相关数值数据却没办法做到精确统计。

④ 浏览访问方式便利。拥有移动页面，用户不用下载直接浏览访问即可，而App是一定需要下载的。

2．揣摩用户使用习惯，提升用户体验

手机移动端屏幕十分有限，视野受到很大局限，用户操作和查看浏览的范围相对较窄。针对这个特点，在设计、制作移动网站时，信息内容和服务必须简单明了，方便用户快速发现他们所关注的信息内容，以便提高提升用户体验，进一步提升用户黏性。

3．内容简洁直观，突出重点

每个网站都希望自己重点营销推广的信息内容被用户高度关注，拥有很高的访问、点击率。但移动界面有限，难以详尽呈现所有信息内容。在设计移动网站时要分清主次，对重点营销推广的页面加大设计、规划力度，体现精致、独特之处，否则也许会喧宾夺主。

4．页面响应速度要快

打开页面时间越长，用户访问流量消耗就越多，尤其在长时间打不开页面的时候，用户会变得焦急，甚至失去耐心。因此，在建设移动网站时，应减小页面体积，多以纯文本替代图片、多媒体视频。

5．导航菜单追求简单

众所周知，个人电脑端的网站导航十分具体。一些大型新闻资讯门户网站甚至会细分大频道页、小频道页。移动网站切忌分类繁多，导航一定要简化，最好只放少许关键的信息。

技能训练

1．访问海尔官网和海尔商城，分析各网站的类型，比较各网站的功能。

2．登录中国万网，为自己的个人空间注册一个域名，如 zhangshan.com。查询相关域名是否已被注册。如果已被注册，请查询域名所有者信息、注册时间和到期时间是什么，交易价格是多少。

3．选择自己家乡所在地的两家知名企业，在百度中搜索它们的官方网站，然后点击进入，分析该网站首页中包含了哪些基本元素。

4．对天猫店铺和京东店铺进行比较，说明其使用的数据分析工具的特点。

5．比较敦煌网、速卖通、洋码头等跨境电商网站的异同。

学习情境五

有效开展网络营销

凡事预则立，不预则废。言前定则不跲，事前定则不困，行前定则不疚，道前定则不穷。——孔子《礼记·中庸》

学习目标

知识目标

掌握网络营销的特点和职能，理解网络营销的理论基础，熟悉网络营销常用的方法，并能够策划网络营销。

技能目标

能够进行网络营销策划，撰写网络营销策划方案书；根据实际情况合理运用有效的网络营销方法，制定网络营销策略。

素质目标

培养商业伦理意识、网络伦理意识，树立正确的职业观和职业道德。

情境任务一　探析网络营销的特点及优势

情境引例

2018年停刊的报纸

据解放军报社微信公众号“中国民兵”2017年12月31日的消息，《环球军事》杂志自2018年开始停刊，将转型为新媒体，每周一至周五以公众号的形式推送阅读。《环球军事》自2001年2月创刊，从2001年第1期到2017年第404期，这本军刊走过了十七年历程。

12月30日，隶属于江西宜春报业集团的《赣西晚报》在其最后一期报纸的头版宣布：本报自明日（2017年12月31日）始休刊。《赣西晚报》当天的编辑部文章称：“网络、新媒体无情冲杀，掳走了您关注晚报的时间和精力，晚报也在这滚滚大潮中渐渐趋于无力，动止艰难。晚报休刊，是对您最好的负责，因为您有了新的选择；晚报人与您告别，也是对自己最好的交代，因为大家都要寻找新的方向。”

2017年12月31日，《汕头都市报》在其头版发表《休刊转型致读者》一文：“今天，这份报纸要向您道别了，感谢您十八个春秋的深情陪伴。汕头报业顺应传媒市场深刻变化，推进媒体融合发展，启动供给侧改革，三报合一。从明天起，《汕头都市报》休刊，酝酿新能量，发展新媒体，开发新业态，寻求新机遇。”

天津四家纸媒迎来“告别时刻”。《渤海早报》《假日 100》《采风报》《球迷》四家位于天津的纸媒不约而同地宣告将于2018年1月1日起休刊/停刊。

互联网时代，每到年末就有不少纸媒宣布与大家“告别”。虽然这是适应潮流的趋势，但是纸媒毕竟在多年的发展中承载了大量不同人的不同感受，对记者来说，那里就是自己的青春、梦想；对读者来说，那里就是曾经每天的茶余饭后，是自己了解世界的窗口。但是，在科技不断发展的新时代，纸媒的消逝终究是迟早的事情。

引例思考 杂志和报纸停刊，是网络新媒体对传统媒体的冲击，那么网络营销对传统营销会带来哪些冲击呢？网络营销有哪些优势？

三只松鼠

三只松鼠股份有限公司（以下简称三只松鼠）成立于2012年2月16日，公司总部在安徽芜湖，既是中国第一家定位于纯互联网食品品牌的企业，也是当前中国销售规模较大的食品电商企业。其主营业务覆盖了坚果、肉脯、果干、膨化等全品类休闲零食。2018年5月的第二个“中国品牌日”，《人民日报》评选产生了最受公众欢迎的中国品牌榜，三只松鼠荣登最具潜力榜，被誉为“下一个国货领头羊”。2019年7月12日，三只松鼠在深交所创业板上市，被誉为“国民零食第一股”。同年，三只松鼠全年销售额突破百亿元，成为零食行业首家迈过百亿元门槛的企业。三只松鼠凭借体验营销在短短几年时间成为线上零食知名品牌。

首先，三只松鼠LOGO以三只松鼠扁平化萌版设定为主体，突出企业动漫化。其品牌形象辨识度高，卡通形象独树一帜，符合“80后”“90后”网购主力军的审美标准。

其次，三只松鼠不断致力于产品的创新，强化“造货+造体验”的核心能力，通过“风味”“鲜味”和“趣味”构建起独特的“松鼠味”。三只松鼠在产品研发上持续投入，通过建立南京研创中心与江南大学共建院士工作站等方式，用不断创新的单品和更好的体验，重新定义新零食，让消费者吃得更安全、更健康、更开心。

再次，三只松鼠作为第一家互联网零食公司，以互联网技术为依托，利用B2C平台进行线上销售。凭借这种销售模式，三只松鼠迅速开创了一个快速、新鲜的新型食品零售模式。这种特有的商业模式缩短了商家与客户的距离，让客户能享受到新鲜的食品。经过七年的时间，三只松鼠的销售呈现突飞猛进的发展之势——除了主要通过天猫、京东等第三方平台销售，还不断通过自营App、团购、线下体验店等方式拓展多元化的销售渠道，最终成为电子商务领域具有一定代表性的品牌。同时，三只松鼠坚持线上线下融合发展，建立了线上线下联动的立体销售网络，形成“一主两翼三侧”的立体全渠道覆盖格局，成为新商业模式的典型代表。2016年，三只松鼠在芜湖开设首家线下投食店，至2019年已在全国落地超过70家线下投食店；2018年5月，三只松鼠正式入驻阿里巴巴零售通，以线上赋能线下的新零售模式，将产品铺向线下沿街商铺；2018年9月，三只松鼠推出松鼠联盟小店，通过小店主个人IP与松鼠品牌IP的联盟，打造各具特色的零食便利店。

三只松鼠开创了中国食品利用互联网进行线上销售的先河，也是现代制造业与农业结合的典型代表。

引例思考 网络营销在“三只松鼠”的成功当中功不可没，那么网络营销具有哪些职能呢？

三只松鼠网络营销案例分析

一、网络营销的概念与特点

网络营销是依托网络工具和网上资源完成一系列营销环节以达到营销目标的过程，是将传统的营销原理和互联网相结合的营销方式。网络营销的主要特点表现在以下五个方面。

（一）网络营销不受时空限制

由于互联网可超越时间约束和空间限制进行信息交换，因此使企业和顾客之间脱离时空限制达成交易成为可能，企业可以有更多的时间和更广阔的空间进行营销，可以 24 小时随时随地地提供全球性营销服务。

（二）网络营销具有交互性和纵深性

交互性强是互联网媒体的最大优势。互联网媒体不同于传统媒体的信息单向传播，而是互动传播，通过链接，用户只需简单点击一下鼠标，就可以从企业的站点中获得更多、更详尽的信息。另外，用户可以根据广告内容位置直接填写并提交在线表单信息，厂商可以随时得到宝贵的用户反馈信息，从而进一步缩小用户和企业、品牌之间的距离。同时，网络营销可以进一步提供产品的查询需求——利用邮箱、博客、微博、微信等渠道都可以提升网络营销的交互性和纵深性。

（三）网络营销成本低、速度快、更改灵活

与传统营销相比，网络营销是低成本、高收益的营销模式。因为微博、视频、博客、邮箱、微信等传播工具都是免费使用的，所以具有极其广泛的影响力。例如，因为网络广告制作时间短，所以投放快，也可根据客户需求快速完成制作，而传统广告制作成本高，投放时间固定。另外，在传统媒体上做广告，发布后很难更改，即使可以改动，往往也需要付出很大的经济代价。而在互联网上做广告，能够按照客户所需及时变更，灵活投放。

（四）网络营销是富媒体的综合体现

因为网络整合了传统的报纸、广播、电视等大众传播媒体的各种优势，所以通过网络传播营销可以充分利用文字、图像、动画、音视频等富媒体表现方式，形成多媒体优势，使信息的传播更加灵活、生动。同时，网络营销的信息传递没有容量或时间限制，而且具有及时、快捷、保真性好等特点。因此，企业可以利用网络更为详尽、形象、生动地展示其产品或服务信息，增强网络营销实效。

（五）网络营销效果可用大数据统计

开展网络营销后，网络中的流量统计系统可对网络营销效果进行统计。通常说的网站流量，是指网站的访问量。网站流量统计系统是用来记录并描述访问网站的用户数量及用户所浏览的网页数量等指标的统计系统。常用的统计指标包括网站的独立用户数量、总用户数量（含重复访问者）、网页浏览数量、每个用户的页面浏览数量、用户在网站的平均停留时间等。借助这些指标，可以对网络营销效果做出评价。传统的广告形式只能通过并不精确的收视率、发行量等来统计投放的受众数量。而网络营销的广告主能够通过互联网直接对广告的发布进行在线监控，通过监控其浏览量、点击率等指标，可以即时衡量广告效果。

二、网络营销与传统营销

网络营销与传统营销的最大区别就是营销的渠道不一致：传统营销主要应用传统媒体宣传推广；网络营销主要借助互联网营销推广。网络营销由营销人员利用专业的网络营销工具，采

用有针对性的网络营销方法，针对网民开展网络营销活动。

互联网是全球信息交互的平台，21世纪是信息和网络的世纪，网络消费者呈逐年上升的趋势，消费者的消费行为和消费习惯发生了明显的变化，企业必须以客户为中心，顺应市场，以不变应万变，才能在激烈的市场竞争中占有一席之地。因此，进行网络营销是一个顺应市场需求的必然选择，而网络营销相对于传统营销具有无可比拟的优势。

1. 网络营销在需求信息传递方面的优势

① 成本低。传统的信息传递方式是普通邮件、市场问卷调查等。这些传递方式的成本都较高，而互联网在中国的普及已经使上网费降到很低，发一封电子邮件的成本低到可以忽略不计。网上下单（包含买方对产品各部件的配置等要求）、问卷调查的成本与电子邮件差不多。

② 高速。在互联网中，信息可以光速传播到全球的任一角落。

③ 随时随地。由于网络的全天候和全球性，加上无线互连技术的逐步成熟，所以买方可以随时随地传达自己的需求信息。

④ 更加规范和易于统计。文字信息标准规范，易于识别；信息以数字格式传递，易于归类、统计、存储。这使得市场调研更加快速有效。

⑤ 互动性。通过QQ、微信、网络聊天室、电子公告牌等，买卖双方信息互动，即时交流。

⑥ 海量。买方在网上选购商品，品类齐全，数量海量，比任何一家大商场的产品都多，方便比较择优；卖方在网上搜集买方的需求信息，同样海量。

⑦ 私密性。买家不必直接面对销售人员，使买家在表达需求和下订单时更加大胆开放。这在有些隐私商品的销售上表现得尤其明显。

2. 网络营销在营销传播方面的优势

营销传播是指卖方将商品或服务的信息传递给买方的过程。网络营销传播有以下优势。

① 一对一传播。通过互联网可以使市场细分到一对一的程度，卖方可以针对某一买方发电子邮件，甚至量身定做广告。

② 翔实、生动。通过先进的互联网技术，信息可以以文字、图片、声音、视频等多媒体形式传播，全方位地展示产品的特点，给消费者留下极为深刻的印象。据国外研究，先进的互联网技术可以将大部分商品98%的外观特点和性能指标传递给消费者，让消费者有身临卖场的感觉。

③ 成本低。互联网除在信息传递方面具有低成本的特点之外，其虚拟空间还具有无限扩展的特点，卖方可以借助互联网宣传推广产品或服务，节省大量的广告费用，降低营销成本。

④ 即时性和互动性。现代消费者越来越没有耐心等待，其疑问需要卖方立即回答，否则就离场。互联网的即时性和互动性恰好满足了消费者的这一需求。

3. 网络营销在商品、服务配送方面的优势

卖方依靠商品、服务来满足买方的需求和欲望。网络营销在传递商品、服务方面有以下优势。

① 即时高速。对于电子图书、软件等产品，通过互联网下载可即时由卖方传递到买方；先进的物流使买方从网上购物的速度大大快于传统销售。例如，在网上购买戴尔电脑从订货到收货平均只要一天时间。

② 节省流通成本。网络营销免去了中间商环节，直接由卖方传递给买方，节约了租铺、仓储等费用。

从发展的角度看，网络营销是大势所趋，只有与传统营销紧密结合，扬长避短，才能更好、更快、更有效地满足客户需要。但现实中，企业在网络营销实施时应该根据企业当时的外部环境

和内部情况，比较其投入成本和收益，来决定是否采用、多大程度上采用网络营销，以及如何将网络营销与传统营销结合起来。

三、网络营销的职能

长期从事网络营销实践和系统研究的我国网络营销专家冯英健教授在2002年出版的《网络营销基础与实践》一书中，第一次阐述了网络营销的职能，是对网络营销内容和作用的高度概括，对以实践为导向的网络营销内容体系建设具有重要的指导意义。归纳起来，网络营销共有八项基本职能，分别是网络品牌、网站推广、信息发布、销售促进、网上销售、在线客户服务、客户关系、网上调研。

（一）网络品牌

网络营销的重要任务之一就是在互联网上建立并推广企业品牌，让企业的网下品牌在网上得以延伸和拓展。网络品牌建设是以企业网站建设为基础的，通过一系列的推广措施，达到客户和公众对企业的认知与认可。网络品牌价值是网络营销效果的表现形式之一，通过网络品牌的价值转化可实现持久的客户关系，获得更多的直接收益。

（二）网站推广

网站所有职能的发挥都要以一定的访问量为基础，所以网站推广是网络营销的核心工作。尤其对中小企业而言，由于经营资源的限制，发布新闻、投放广告、开展大规模促销活动等机会比较少，因此利用互联网进行网站推广就显得更为迫切和重要。这也是中小企业对网络营销更为热衷的主要原因。即使对大型企业，网站推广也是非常必要的。事实上，许多大型企业虽然有较高的知名度，但网站访问量并不高。

（三）信息发布

无论采用哪种网络营销方式，结果都是将一定的信息传递给目标人群，包括客户和潜在客户、媒体、合作伙伴、竞争者等。因此，信息发布就成为网络营销的基本职能之一。互联网为企业发布信息创造了优越条件，企业不仅可以将信息发布在自己的网站上，还可以利用各种网络营销工具和网络服务商的信息发布渠道向更广的范围传播信息。

（四）销售促进

市场营销的基本目的是为最终增加销量提供帮助，网络营销也不例外，各种网络营销方法大都与直接或间接促进销售有关。同时，还有许多针对性的网上促销方法并不限于促进网上销售。事实上，网络营销在很多情况下对于促进网下销售同样很有作用。这也就是为什么一些没有开展网上销售业务的企业一样有必要开展网络营销的原因。

（五）网上销售

网上销售是企业销售渠道在网络上的延伸，一个具备网上交易功能的企业网站本身就是一个网上交易场所。网上销售渠道的建设并不限于企业网站本身，还包括建立在综合电子商务和专业电子商务平台上的网上商店，以及与其他电子商务网站不同形式的合作等。因此，网上销售并不仅仅是大型企业才能开展，不同规模的企业都可以拥有适合自己需要的网上销售渠道。

（六）在线客户服务

互联网提供了更加方便的在线客户服务手段——从形式最简单的 FAQ，到电子邮件、邮件列表，以及在线论坛和各种即时信息服务等。在线客户服务具有成本低、效率高的优点，在提高客户服务水平方面具有重要作用，同时也直接影响网络营销的效果，因此在线客户服务是网络营销的基本组成部分。

（七）客户关系

良好的客户关系是网络营销取得成效的必要条件，对于开发客户的长期价值具有至关重要的作用，因而以客户关系为核心的营销方式成为企业创造价值和保持竞争优势的重要策略。网络营销为建立客户关系、提高客户满意度和忠诚度提供了更为有效的手段。

（八）网上调研

网上调研具有调查周期短、成本低、效率高的特点，不仅为制定网络营销策略提供了支持，也是整个市场研究活动的辅助手段之一。合理利用网上调研手段对于制定市场营销策略具有重要价值。网上调研与网络营销的其他职能具有同等地位，既可以依靠其他职能而开展，也可以相对独立进行，网上调研的结果反过来又可以为其他职能更好地发挥提供支持。

网络营销的各个职能之间并非是相互独立的，而是相互联系、相互促进的，网络营销的最终效果是各项职能共同作用的结果。网络营销的职能是通过各种网络营销方法来实现的，同一个职能的实现可能需要运用多种网络营销方法，而同一种网络营销方法也可能适用于多个网络营销职能。网络营销的八项职能也说明，开展网络营销需要用全面的观点，充分协调和发挥各种职能的作用，让网络营销的整体效益最大化。

情境任务二　有效开展网络营销

情境引例

酒仙网推出“酒类行业小米模式”

酒仙网是以品牌运营为核心的酒类全渠道、全品类零售及服务商。依托酒仙网线上自有平台及“酒仙网国际名酒城”“酒快到”线下品牌连锁等渠道，公司与国内外知名酒企在酒水采销、产品开发、品牌合作与推广等方面深度合作，推动“保真、快到”的渠道品牌与“高性价比”的酒类专销产品及品牌的双品牌驱动战略。公司自 2009 年起打造了酒仙网官网，酒仙网移动终端 App，与天猫、京东等第三方电子商务平台合作的酒水零售店铺等多个互联网零售渠道。从营销、供应链两个方面对酒类零售进行信息化管理改革，曾三年亏损超过 9 亿元的酒仙网终于在 2017 年实现净利润 2 200 万元、2018 年实现净利润 8 000 万元。

酒仙网于 2014 年推出我国首款互联网思维白酒产品——泸州老窖“三人炫”。它是在颠覆传统行业的互联网思维指导下，在“誓做中国白酒行业的小米”定位中诞生的。“三人炫”由酿酒大咖张良亲手酿造、销售大咖郝鸿峰定价推荐、设计大咖许燎源设计酒器，三人亲自为其代言。其卖点有“三炫”。“一炫”品质，“三人炫”由有着“四百年老客飘香，九十载金牌不倒”美誉的泸州老窖为其背书（品质担保）——泸州老窖一贯优质的品质给消费者以信心。“二炫”平台，“三人炫”在中国知名的酒类电子商务综合服务平台“酒仙网”独家预售，酒仙网一直遵循“质真价优、快速便捷”的经营理念，为消费者提供真品保证、性价比高、配送快捷等精准服务，可以充分满足消费者的个性化需求。“三炫”艺术，这款酒在造型上采用简洁大气的直筒瓶身，给人以品质感；玻璃喷绘仿陶瓷的工艺运用，给人以历史感；黑色亚光肌理的处理，触感新颖的同时，给人以价值感；配合残片文字的意向表达，给人以片段感。

2014年8月26日，“三人炫”新品首发的前48小时就创造了狂卖40吨的销售业绩。“三人炫”销售量突破100万瓶，销售额突破7 000万元，只用了84天时间，创造了白酒行业的“销售奇迹”。2015年，这款互联网思维的白酒销量一路飙升，一年卖出300万瓶，销售额超过2亿元，好评率高达99%，一个月内重复购买率高达98%。2017年，“三人炫”上市三周年之际，其累计销量已经超过1 000万瓶。郝鸿峰将其成功经验总结为“三好”：品质好、推广好、渠道好。

引例思考　“三人炫”是酒仙网通过网络营销成功策划的一款产品，那么如何进行网络营销策划？网络营销的方法都有哪些呢？

一、网络营销策划

（一）网络营销策划的含义

网络营销是在有效进行客户调查的基础上借助互联网平台，借助多媒体技术进行的网络宣传推广活动。它不是简单地在网上做广告，而是一项系统工程。网络营销工作所带来的效果有多种表现，如网络营销对客户服务的支持、对线下产品销售的促进、对公司品牌拓展的帮助等。网络营销策划就是为了达成特定的网络营销目标而进行的策略思考和方案规划的过程。

（二）网络营销策划的原则

1. 系统性原则

网络营销是以网络为工具的系统性的企业经营活动，是在网络环境下对市场营销的信息流、商流、制造流、物流、资金流和服务流进行管理的活动。因此，网络营销方案的策划是一项复杂的系统工程，策划人员必须以系统论为指导，对企业网络营销活动的各种要素进行整合和优化，使“六流”皆备，相得益彰。

2. 创新性原则

网络为消费者对不同企业的产品和服务所带来的效用与价值进行比较带来了极大的便利。在个性化消费需求日益明显的网络营销环境中，通过创新，创造与客户的个性化需求相适应的产品特色和服务特色是提高效用与价值的关键。创新带来特色，特色不仅意味着与众不同，而且意味着额外的价值。在网络营销方案的策划过程中，必须在深入了解网络营销环境，尤其是客户需求和竞争者动向的基础上，努力创造受客户喜爱的产品特色和服务特色，以增加客户价值与效用。

3. 操作性原则

网络营销策划的第一个结果是形成网络营销方案。网络营销方案必须具有可操作性，否则毫无价值可言。这种可操作性表现为在网络营销方案中，策划者根据企业网络营销的目标和环境条件，就企业在未来的网络营销活动中做什么、何时做、何地做、何人做、如何做的问题进行周密部署、详细阐述和具体安排。也就是说，网络营销方案是一系列具体的、明确的、直接的、相互联系的行动计划的指令，一旦付诸实施，企业的每个部门、每位员工就能明确自己的目标、任务、责任及完成任务的途径和方法，并懂得如何与其他部门或员工相互协作。

4．经济性原则

网络营销策划必须以经济效益为核心。网络营销策划本身会消耗一定的资源，但通过网络营销方案的实施，可改变企业经营资源的配置状态和利用效率。网络营销策划的经济效益是策划所带来的经济收益与策划和方案实施成本之间的比率。成功的网络营销策划应当是在策划和方案实施成本既定的情况下取得最大的经济收益，或者花费最小的策划和方案实施成本取得目标经济收益。

5．协同性原则

网络营销策划应该是各种营销方法的协同应用，而不是对某种营销方法的孤立使用，如论坛、博客、社区、网络媒体等各种营销方法要协同应用才能达到理想的效果。

（三）网络营销策划的程序

网络营销策划是通过制订营销计划进行具体实施，并且在此过程中不断调整方案和改进工作，最后对实施效果进行评价的过程。

1．调研阶段

首先，要了解公司情况，了解产品设计、适用范围、价格定位、目标客户群体，这样才能有针对性地制定和实施营销方案。同时，也要了解竞争对手的情况，能合理地进行产品的SWOT分析。

2．方案设计阶段

这一阶段要针对企业的具体情况设计营销方案。首先要组建合适的设计团队，合理分解设计工作，最终形成整体方案。在设计过程中具有独特的创意尤为关键，方案创意是设计的灵魂。

3．方案实施与效果评价

网络营销方案的实施是一项系统性的工作，需要每位团队成员精诚合作，共同完成策划与实施工作。网络空间无限大，QQ、微信、博客、微博等各种营销方法不是实施一次就能见效的，团队成员要根据点击率、市场反馈情况、网民意见，及时调整实施方案。

（四）网络营销策划书的基本格式

网络营销策划书是企业根据当前实际营销状况和未来发展趋势制订的未来某一时段内企业的网络营销的总体策划方案。网络营销策划是一项计划性较强的活动，完备的网络营销策划书能指导团队，使营销实施工作有序进行。一个完备的网络营销策划书应包含以下四个部分。

1．封面

网络营销策划书的封面主要包含本次策划的名称、策划者姓名、日期等信息。

2．目录

目录部分体现了网络营销策划书的整体结构，通过目录可以知晓整个策划过程。

3. 摘要

摘要就是对整个网络营销策划方案的简单介绍。

4. 正文

正文既是整个网络营销策划书的核心部分，也是内容最为详细和复杂的部分，是对整个网络营销策划方案的书面描述，尤其是在效果评价部分，主要会通过文字、数据、图形、统计表格等方式将策划者的意图表达出来。正文一般包括：在前期分析部分，主要进行企业宏观环境分析、企业营销环境分析、企业目标市场分析、企业定位分析，以及 SWOT 分析法中需要分析的企业的优势与劣势、机会与风险等要素；在实施进程部分，主要是具体运用每种网络营销策划方案；最后是评价网络营销策划方案实施效果。

（五）网络营销策划书样本目录部分

目　录

情境拓展

网络营销和策划经验分享

① 活动和节日营销往往效果奇佳。活动和节日不仅大家都有空，而且乐于接受别人的引导。在活动和节日中，受众对营销活动的排斥感往往大幅度降低，因此聪明的网络营销者不能忽视活动和节日营销。

② 眼球效应，想办法使营销引起受众兴趣。一定要让自己的营销抓住受众的眼球，这样有两大好处：第一有口碑；第二有流量。这一点非常重要，说起来简单，但往往被人忽视。一个聪明的网络营销者往往会花精力去策划、去制造眼球效应。

③ 通过咨询服务营销。例如，可以在百度问答中为提问的人详细解答问题，然后委婉地推荐自己的产品。如果客观公正地去推荐，就会发现最后收到的效果很好，不仅能获得意外的订单，而且还能多一位朋友。

④ 营销策划与网络热点结合。所谓与网络热点结合，就是站在“巨人的肩膀上”的营销策划。网络热点可以迅速让营销具有潮流性，快速引起受众兴趣，并可以为受众所传播和分享。实时地关注网络热点，并把自己的营销融入，效果通常是普通营销方式的几倍。

二、网络消费者行为分析

网络购物与传统购物方式不同，为了能更好地进行网上推广活动，网上消费者的需求特征、购买动机和购买行为都值得深入研究。网络消费者的购买行为主要体现在四点上。第一，消费者不但能接收产品信息，还可以更加主动地参与电商企业的营销全过程，消费者也会主动通过各种可能的渠道获取与商品有关的信息并加以分析和比较。为了规避购买风险，消费者还会主动与厂家、商家沟通互动，直接表达自己的消费需求。第二，消费者追求便捷的消费过程。现代社会人们工作紧张，来自家庭和社会的压力较大，促使很多消费者从线下走到了线上。他们为了尽量节约时间和劳动成本，采取了网上购物这一便捷的购买行为。第三，不可否认，便宜的价格是吸引消费者的重要因素。网上购物之所以具有生命力，发展得如火如荼，其中重要的原因之一就是网上销售的商品价格普遍低廉。第四，网上购物满足了消费者个性化的消费需求。在以工业化和标准化生产方式为主导的现代化进程中，消费者的个性化需求被淹没，而网络购物不仅可以使消费者在全球范围内选择商品，而且可以参与产品的设计，从而满足了消费者的个性化需求。通过消费者行为分析，可以使电商企业了解消费者需求，满足市场供给，增加企业利润。

三、网络营销策略

网络营销策略是企业根据自身在市场中所处地位采取的一些网络营销组合，包括网络品牌策略、产品策略、价格策略、促销策略、渠道策略和客户服务策略。这是以互联网为基础，利用数字化的信息和网络媒体的交互性来辅助营销目标实现的一种新型的市场营销方式。简单地说，网络营销就是以互联网为主要手段为达到一定营销目的而进行的营销活动。网络营销策略主要包含以下内容。

（一）网络品牌策略

网络营销的重要任务之一就是在互联网上建立并推广企业的品牌——知名企业的网下品牌可以在网上得以延伸，一般企业则可以通过互联网快速树立品牌形象，并提升企业整体形象。

网络品牌建设是以企业网站建设为基础，通过一系列的推广措施，使消费者和公众认知与认可企业。从一定程度上说，网络品牌的价值甚至高于通过网络获得的直接收益。中小企业可以选择比较有优势的地址建立自己的网站，建立后应有专人维护，并注意宣传。这样，不但可以节省传统营销的很多广告费，而且可以增加搜索率。

（二）产品策略

中小企业要使用网络营销方法，就必须明确自己的产品或服务项目，明确哪些是网络消费者选择的产品。因为产品网络销售的费用远低于其他销售渠道的销售费用，所以中小企业如果产品选择得当，就可以通过网络营销获得更大的利润。

（三）价格策略

价格策略是较为复杂的问题之一。网络营销价格策略是成本与价格的直接对话，由于信息的开放性，消费者很容易掌握同行业各个竞争者的价格，因此如何引导消费者做出购买决策较为关键。中小企业如果想在价格策略上成功，就应注重强调自己产品的性能价格比，以及与同行业竞争者相比之下自身产品的特点。除此之外，由于竞争者的冲击，因此网络营销的价格策略应该适时调整——中小企业营销的目的不同，可根据时间制定价格。例如，在自身品牌推广阶段可以以低价来吸引消费者，在计算成本的基础上，减少利润而占有市场；在品牌信誉积累到一定程度后，制定自动价格调整系统——降低成本，根据市场供需状况及竞争对手的报价来适时调整。

（四）促销策略

营销的基本目的是增加销售，网络营销也不例外，大部分网络营销方法都与直接或间接促进销售有关。但促进销售并不限于促进网上销售，网络营销在很多情况下也能促进网下销售，这以网络广告为代表。网上促销没有传统营销模式下的人员促销或直接接触式的促销，而是使用大量的网络广告这种软营销模式来达到促销效果。这种做法对于中小企业来说可以节省大量的人力、财力。通过网络广告效应，不仅可以在更多人员无法到达的地方挖掘潜在客户，而且可以通过网络的丰富资源与非竞争对手达成合作联盟，以此拓宽产品的消费层面。网络促销还可以避免促销方式的千篇一律——可以根据本企业的文化，以及与协助宣传的网站的企业文化相结合来达到最佳的促销效果。

（五）渠道策略

网络营销的渠道应该本着让消费者方便的原则设置。为了在网络中吸引消费者关注本企业的产品，可以把其他中小企业的相关产品作为自己的产品外延——相关产品的同时出现会更加吸引消费者；为了促进消费者购买；应该及时在网站发布促销信息、新产品信息、公司动态；为了方便购买，还要提供多种支付模式，让消费者有更多选择；在建设企业网站的时候应该设立网络店铺，增加销售的可能。

（六）客户服务策略

网络营销与传统营销的不同之处还在于它特有的互动方式。传统营销人和人之间的交流十分重要，营销手法比较单一；网络营销则可以根据自身企业产品的特性，根据特定的目标客户群、特有的企业文化来加强与客户的互动，从而更好地为客户服务。

情境案例

创意旅游：一元玩景点

“创意+旅游”能产生怎样的火花？同程旅游曾经借助“一元玩景点”的创意策划火遍大江南北。

同程网络科技股份有限公司（简称同程旅游）是中国领先的休闲旅游在线服务商，由原阿里巴巴376号员工吴志祥2004年创立于苏州，现有员工过万人。同程旅游是国家高新技术企业、商务部首批电子商务示范企业，是中国在线旅游行业三大企业集团之一。

（1）“一元门票”，全网抢购

同程旅游在深耕旅游行业十年之后，于2014年推出“一元门票”，轰动业界。以苏州乐园为例，正常的门票价格在100元以上，而同程旅游在特定日期（非节假日）推出了该景点的“一元门票”，立刻引来了游客抢购。“一元门票”在苏州乐园实施成功之后，同程旅游又将这一模式复制到全国许多景点，同样吸引了大量游客抢购。某景点附近甚至由于游客过多，在门票使用当日造成了高速公路拥堵。之后在此基础上，同程旅游推出“两元门票”产品，因其另外一元捐给公益组织，被网友称为“既有实惠，又有情怀”的产品。

同程旅游官方统计显示：180天时间，“一元门票”活动席卷全国，超过千万用户参加，同程旅游App的排名从第16名跃升到第3名，客户端订单占比从不足5%暴涨到超过70%。

（2）整合资源，多方共赢

以某景点淡季日均售出100张门票、每张门票100元计算，景点的日均门票收入为1万元。同程旅游在淡季某日以1万元的价格对该景点进行包场，以销出1 000张“一元门票”计算，可获得1 000元的收入，尚有9 000元的亏损。同时，同程旅游要求购票游客必须下载同程旅游App，使用某指定银行卡购买或使用微信支付，付款方可享受“一元门票”。通过各方资源的整合，某银行卡新用户大增（开卡平均成本从20元降至10元）、同程旅游App下载量激增（累计下载量超过1亿次）、微信支付用户暴涨（同程旅游已成为微信官方的独家旅游产品提供商）。三方均借此活动获得了大量用户，另外两方为此向同程旅游支付的费用足以覆盖其成本。此外，由于门票价格奇低，导致游客在景点周边的“二次消费”特别大方。景点从游客停车、餐饮等方面获得额外收入，同程旅游则从其他衍生服务（如现场售卖饮料等）中获利。

情境任务三　网络营销方法

网络营销的方法很多，采取什么样的营销方法主要看营销所针对的目标客户群和想达到的营销目标。常见的网络营销方法有搜索引擎营销、电子邮件营销、论坛营销、博客营销、微博营销、QQ营销、网络事件营销、网络视频营销、病毒式营销、微信营销、直播营销等。

一、搜索引擎营销

搜索引擎营销（Search Engine Marketing，SEM）就是根据用户使用搜索引擎的方式，利用用户检索信息的机会尽可能地将营销信息传递给目标客户。搜索引擎营销的基本思想是让用户发现信息，并通过搜索引擎的搜索结果点击进入网站、网页进一步了解所需要的信息。在介绍搜索引擎营销方法时，一般认为搜索引擎营销规划的主要目标有两个层次：被搜索引擎收录；在搜索结果中排名靠前。搜索引擎目前仍然是最主要的网站推广手段，尤其是基于自然搜索结果的搜索引擎推广，到目前为止仍然是免费的，因此受到众多中小企业的重视。搜索引擎营销方法也就成为网络营销方法中的主要组成部分。对于搜索引擎营销的研究，无论是搜索引擎优化还是付费搜索引擎广告，基本都处于操作层面。

CNNIC 发布的第 49 次《中国互联网络发展状况统计报告》显示，截至 2021 年 12 月，我国搜索引擎用户规模达 8.29 亿人，较上年增长 5 908 万人，网民使用率为 80.3%。搜索引擎市场发展稳中有变，互联网搜索环境持续改善，用户活跃水平保持增长，营收规模出现回暖趋势。一是得益于搜索引擎内容建设的深入发展，用户使用日趋活跃。数据显示，2021 年 12 月，百度 App 月活跃用户数达 6.22 亿人，同比增长 14.6%。二是随着经济形势的好转，围绕搜索产生的收入规模出现回暖趋势。2021 年百度网络营销收入 740 亿元，同比增长 12%。此外，头条搜索、微信搜一搜等以持续强化连接能力、完善搜索生态建设为发展重点，为商业化提供增长动力，推动内容、服务、品牌接入微信小程序，助力交易额快速增长。

二、电子邮件营销

电子邮件营销（E-mail Direct Marketing，EDM）是在客户事先许可的前提下，通过电子邮件的方式向客户传递有价值信息的一种网络营销方法。电子邮件营销有三个基本因素：用户许可；电子邮件传递信息；信息对用户有价值。

电子邮件营销是网络营销方法中最古老的一种。相比其他网络营销方法，电子邮件营销十分快速，发送邮件后几小时之内就会看到效果，产生订单。此外，它成本低廉，且不受地域限制。搜索引擎营销需要几个月，甚至几年的努力，才能充分发挥效果；博客营销更是需要时间，以及编写大量文章；社会化网络营销则需要花费时间参与社区活动，建立广泛的关系网。电子邮件营销最大的优势在于：有助于刺激无明确需求的消费，且较搜索引擎和在线广告成本更低，目标更精准。个人电子邮箱庞大的用户数量为电子邮件营销奠定了基础。

数据显示，从全球来看，2020 年全球电子邮件用户规模 40.37 亿人，到 2021 年增 33%，电子邮件用户超过 41 亿人。近几年，全球电子邮件市场收入增长强劲，但增速放缓，2021 年全球电子邮件市场收入规模达 468.14 亿美元，较上年增长 16%。据相关调查显示，2020 年有 39.8% 的受访者认为电子邮件营销对公司成功至关重要，2021 年该比例增长至 41.55%。

三、论坛营销

论坛营销是企业利用论坛这种网络交流平台，通过文字、图片、视频等方式发布企业产品和服务信息，从而让目标客户更加深刻地了解企业的产品和服务，最终达到宣传企业品牌、加深企业市场认知度的目的的网络营销方法。

论坛营销首先要寻找目标市场高度集中的行业论坛，其次要参与论坛，建立权威，积极地在论坛上参与讨论、发表意见和看法。同时，也要时刻留意其他会员的动态情况，当发现其他会员有问题和困难的时候，应主动出击，积极帮助。久而久之，一定会在会员的心目中树立起权威形象，这时推广产品和服务，其可信度一定会大大提高。还要注意，为了避免被会员排斥甚至封号，切勿在论坛上乱发广告。最后，在论坛注册后，要制作一张尺寸大小适中的广告图片作为个人图像，既加大公司的曝光率，也方便看帖的朋友了解你的信息，起到广告宣传的效果。有些论坛的主题会有一个免费的广告位，可以利用这个广告位刊登产品、服务信息，以充分达到营销效果。

论坛营销的最大优点是能够让话题广泛传播。但也需要营销人员的话题及组织能力比较高，能够长期对专业性话题保持高度的热情。不要轻视论坛营销的力量，早期的各种事件营销、病毒营销都来源于论坛，而且有很多专业论坛在其专业领域里发挥着不可替代的作用。

2022 年 1 月 23 日，站长之家网站发布了国内论坛排名，前五位的论坛分别是天涯论坛、天涯社区、东方财富网股吧、虎扑体育论坛、幼儿学习网。它们内容丰富，吸引了广大网民发帖、交流。

四、博客营销

博客营销是通过博客网站或博客论坛接触博客作者和浏览者，利用博客作者个人的知识、兴趣和生活体验等传播商品信息的营销方法。博客这种网络日记的内容通常是公开的，既可以发表自己的网络日记，也可以阅读别人的网络日记，因此博客可以理解为一种个人思想、观点、知识等在互联网上的共享。企业可以利用博客这种网络交互性平台，发布并更新企业、概况及信息，并密切关注且及时回复平台上客户对企业的相关咨询，同时通过较强的博客平台帮助企业零成本获得搜索引擎的较前排位，以达到营销的目的。

站长之家博客网站排名（截至 2022 年 1 月 23 日）如图 5.1 所示。

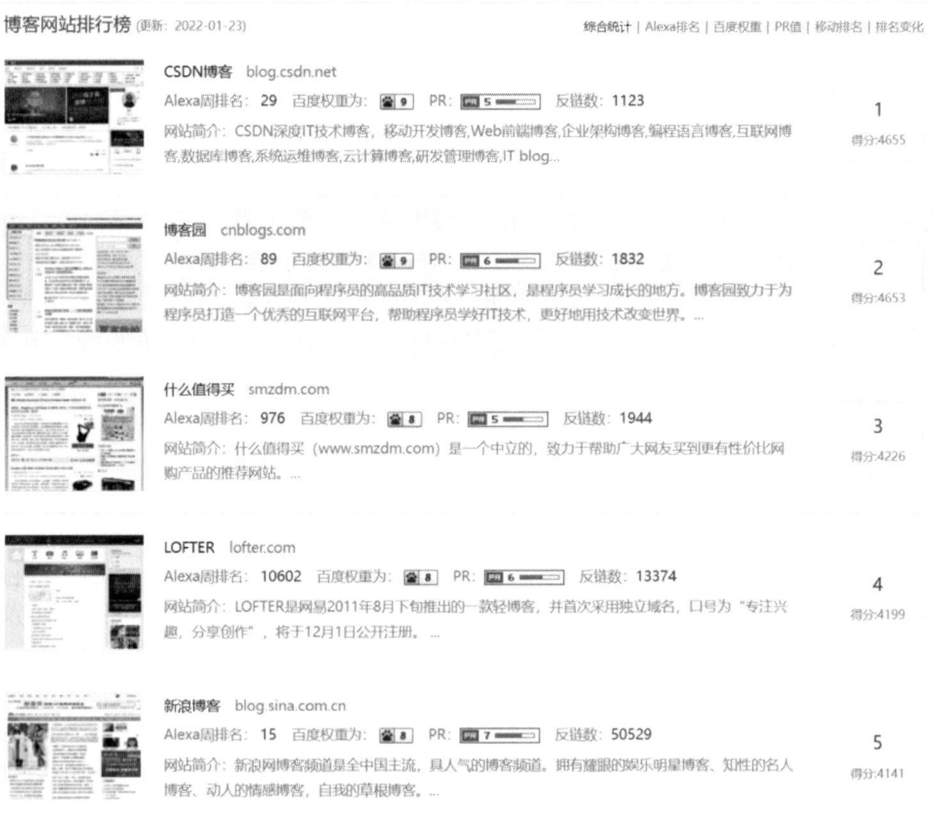

图 5.1　站长之家博客网站排名（截至 2022 年 1 月 23 日）

五、微博营销

微博营销是通过微博平台为商家、个人等创造价值的一种营销方法。该营销方法注重价值传递、内容互动、系统布局、准确定位，微博的火热发展使得其营销效果尤为显著。2010 年，微博元年开启。微博发布的财报显示，截至 2021 年四季度末，微博月活跃用户达到历年来的峰值 5.13 亿人，日活跃用户也达 2.49 亿人。其中，“90 后”“00 后”占比近 80%，用户年轻化趋势明显。微博营销带来的经济价值非常巨大，据说曾经的某微博女王的一条商品宣传性微博价值几十万元。之所以有这么大的商业价值，主要原因是明星的粉丝数量众多。新榜微博排名（截至 2022 年 1 月 24 日）如图 5.2 所示。

图 5.2　新榜微博排名（截至 2022 年 1 月 24 日）

六、QQ营销

QQ 营销是基于 QQ 海量用户平台，致力于搭建客户和企业之间的沟通桥梁，充分满足企业客户服务稳定、安全、快捷的工作需要，为企业实现客户服务和客户关系管理提供解决方案的网络营销工具，是 IM 营销（即时通信营销，是营销工作者运用现有的网络通信工具实现及时的、实时的信息交流和收发，从而产生效益的一种营销方法，包括 QQ 营销、MSN 营销、百度 HI 营销、雅虎通营销等）中的一种，在实际工作中有重要作用。网络营销人员可以通过设置脚本来调用 QQ，实现面对面交流，及时反馈和回答交流者的问题。由于交流增加了买卖双方成功的概率，因此成为现在流行的一种营销手段。QQ 营销形式包括群公告、群相册、群聊天、群名片、群邮件、新人报到、群动态、群社区、群共享、群活动等。QQ 营销主要通过 QQ 和 QQ 群与客户聊天建立信任关系，然后将自己的网站介绍给他们。QQ 营销的好处是有效、简便，聊天就可以，不需要投资；缺点是不能大范围推广，一个人不能同时与很多客户交流，即使是 QQ 群也一样，最多也只有 50 个左右的活跃用户。因此，想用 QQ 营销来实现大规模的推广几乎不可能。

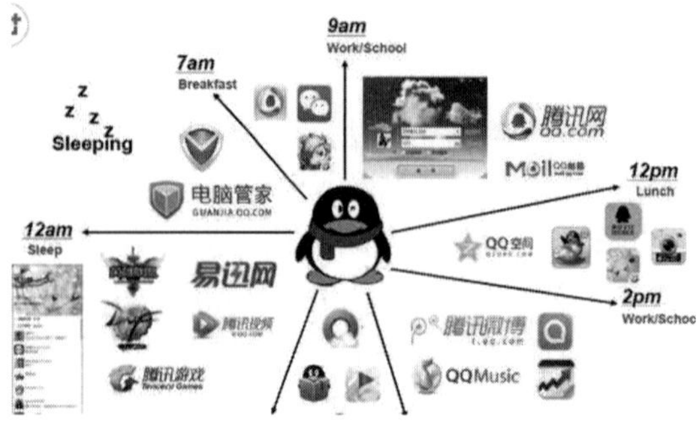

图 5.3　QQ 发展的领域

腾讯发布的 2021 年财报显示，截至 2021 年 12 月 31 日，QQ 移动端月活跃账户数只有 5.52 亿人，同比下滑 7.2%。从 2016 年第三季度开始，QQ 的月活跃账户就开始下降。直到 2021 年第四季度，QQ 数据的下滑趋势已经持续了六年。但时至今日，仍有近 6 亿用户坚守在 QQ 上。虽然 QQ 使用群体总量呈下降趋势，但是不可否认 QQ 用户群基数庞大，对于未来的网络营销还是很重要的。同时，腾讯公司也适时推出了微信平台，以弥补 QQ 的不足。QQ 发展的领域如图 5.3 所示。

七、网络事件营销

网络事件营销是企业、组织主要以网络为传播平台，通过精心策划、实施可以让公众直接参与并享受乐趣的事件，达到吸引或转移公众注意力，改善、增进与公众的关系，塑造企业、组织良好形象，以谋求企业、组织的长久、持续发展的营销方法。网络事件的分类可以归纳为两种类型：自发性和操作性。例如，五粮液集团与北大服饰文化交流协会合作举行了“汉服秀行酒礼”活动就是一次很成功的事件营销案例。事件在博客上首发，并迅速被推到了博客首页及网站首页。之后，由“网络推手”进一步推动，开展正反两方的较量，拉入一些名博参与，迅速扩大了这个话题的影响力。在整个事件的传播中，五粮液品牌不但获得了高曝光度和高关注度，而且获得了“中国白酒文化典范”的口碑。

八、网络视频营销

网络视频营销是通过数码技术将产品营销现场的实时视频图像信号和企业形象视频信号传输至互联网上，达到一定宣传目的的营销方法。网络视频营销是“视频”与“互联网”的结合，具备了两者的优点：不仅具有电视广告的种种特征，如感染力强、形式内容多样等，还具有网络营销的优势，如互动性强、主动传播性强、传播速度快、成本低廉等。可以说，网络视频营销是将电视广告与网络营销两者集于一身的营销方法。比较典型的是百度唐伯虎系列小电影广告，三个短片采用中国武侠电影和周星驰风格的诸多元素构建，诙谐之余极具意趣，是中国首个真正意义上的网络视频营销案例——三个视频短片以 10 万元的拍摄费用，达到了近亿元的传播效果。事实上，相比目前许多品牌动辄聘请知名导演以千万元级的费用拍摄宣传片，百度的三个短片仅仅通过员工给朋友发电子邮件，以及在一些小视频网站挂出下载链接等方式扩散开来，传播就超过 2 000 万人次。

CNNIC 第 49 次《中国互联网络发展状况统计报告》显示，截至 2021 年 12 月，我国网络视频（含短视频）用户规模达 9.75 亿人，较 2020 年 12 月增长 4 794 万人，占网民整体的 94.5%。其中，短视频用户规模达 9.34 亿人，较 2020 年 12 月增长 6 080 万人，占网民整体的 90.5%。

九、病毒式营销

病毒式营销又称病毒性营销，是通过用户的口碑在网上宣传，使信息像病毒一样快速复制传播和扩散给数以千计、数以百万计的受众的营销方法。也就是说，通过提供有价值的产品或服务，“让大家告诉大家”，通过别人的宣传，实现“营销杠杆”的效果。病毒式营销已经成为网络营销最为独特的方法，被越来越多的商家和网站成功使用。病毒式营销利用的是用户口碑传播的原理。在互联网上，这种“口碑传播”更为方便，可以像病毒一样迅速蔓延，因此病毒式营销成了一种高效的信息传播方式。而且，由于这种传播是用户自发进行的，所以几乎不需要费用。与传统营销方法相比，受众自愿接受的特点使得其成本更低，收益更多，优势更加明显。

十、微信营销

微信营销是伴随着微信的火热而兴起的。2011 年 1 月 21 日，腾讯推出即时通信应用——微信，支持发送语音短信、视频、图片和文字，并可以群聊。在腾讯 QQ 邮箱、各种户外广告和旗下产品的不断宣传和推广下，微信的用户规模不断扩大。腾讯 2021 年财报数据显示，腾讯微信及 WeChat 的合并月活跃账户数为 12.68 亿人，与去年同比增长 3.5%。庞大的用户群体是微信营销的基础，是商品成交的入口。微信不存在距离限制，用户注册微信后，可与周围同样注册的“朋友”形成一种联系，订阅自己所需的信息；商家通过提供用户需要的信息，推广自己的产品，从而实现点对点的营销。

微信营销具有以下特点：

① 点对点精准营销。微信拥有庞大的用户群，借助移动终端、天然的社交和位置定位等优势，每个信息都是可以推送的，能够让每个个体都有机会接收到这个信息，继而帮助商家实现点对点的精准营销。

② 形式灵活多样。首先，使用微信中的漂流瓶，用户可以发布语音或文字然后投入大海中，如果有其他用户“捞”到，就可以展开对话；其次，使用位置签名，商家可以利用“用户签名档”这个免费的广告位为自己做宣传，附近的微信用户就能看到商家的信息；再次，使用微信二维码，用户可以通过扫描识别二维码来添加朋友、关注企业账号，企业则可以设定自己品牌的二维码，用折扣和优惠来吸引用户关注，开展 O2O 电子商务。

微信是一个开放平台，通过该平台，应用开发者既可以接入第三方应用，也可以将应用的 logo 放入微信附件栏，使用户可以方便地在会话中调用第三方应用进行内容的选择与分享。此外，微信开发了公众平台，在微信公众平台上，每个人都可以用一个 QQ 号码打造自己的微信公众账号，并在微信平台上实现与特定群体的文字、图片、语音的全方位沟通和互动。

③ 微信带给人们强关系的机遇。微信的点对点产品形态注定了其能够通过互动的形式将普通关系发展成强关系，从而产生更大的价值。可以通过互动的形式与用户建立联系，可以聊天、答疑解惑、讲故事，甚至“卖萌”，用一切形式让企业与消费者形成朋友关系。一般我们不会相信陌生人，但是会相信自己的“朋友”。

微信是现在人们沟通交流最直接的方式，依托微信发展起来的微信公众号也已经进入每个人的生活。微信公众号可以经过后台的用户分组和地域操控，完成精准的语音推送。一般的公众号可以群发文字、图片、语音三类内容；认证的公众号则有更高的权限，不仅能推送单条图文信息，还能推送专题信息。

在“互联网+”时代，微信给无数人的生活带来了变化，一些企业也瞄准时机，利用专业的微信公众号代运营公司为自己运营微信公众号。

十一、直播营销

移动互联网应用的不断普及和网络直播平台的走红，加速催生了在线直播营销。通过直播营销，主播（可以是专业主播，也可以是商家）可以直接面向消费者描述、试用和推荐商品，从而助推消费者成为顾客。直播营销具有及时、直接、真实和互动及不受时间与地点约束等传统营销方法无法替代的特质，越来越受到社会大众的青睐，也不断表现出新型零售营销的优势。我国在线直播行业用户规模近五年来一直保持稳步增长。CNNIC 数据显示，截至 2021 年 12 月，我国网络直播用户规模达 7.03 亿人，占网民总体的 68.2%。其中，电商直播于 2019 年兴起并迅速得到扩张，用户规模为 4.64 亿人，占网民整体的 44.9%。

从电商直播行业目前所呈现出的特点，可以更加准确地了解该行业的发展现状。

1. 电商直播带来爆发式的经济增长

近年来，电商直播带来的经济效益呈现持续增长的态势，逐步刷新人们对电商直播的认知。根据 2019 年的电商直播成交额预计，2022 年直播带货的渗透率将增长到 20.3%。除了平常的直播，每年的“双十一”“6 • 18”等电商活动期间，更是将直播在营销中的作用发挥得淋漓尽致，使得各大商家平台加大力度布局电商直播。在 2020 年的“双十一”活动中，淘宝直播依旧成为主流消费方式，淘宝直播引导的订单成交总额（Gross Merchandise Volume，GMV）同比翻番，商家直播带来的订单成交总额同比增长超过了 500%，直播商家覆盖数增长 220%。淘宝直播带动就业超过 400 万个，“双十一”直播累计时长达 1 660 年，超 30 个淘宝直播间成交额破亿元。这些数据证明，电商直播作为一种发展不久的新模式，其带来的价值巨大，未来潜力不可预估。

2. 电商直播呈现强大的包容性

电商直播作为一个卖货平台，主要展现的是其强大的包容性。其商品种类丰富，无论是日常用品还是家电家具，再到汽车、房屋拍卖的实体商品，还有教育服务、电子书资源，以及各个社交、视频软件的充值卡等虚拟产品，所涉及的商品种类已经扩展到各个领域，基本覆盖了整个行业，呈现多元化、全品化。不仅仅产品种类广泛，对于主播准入同样展现了十分开放与包容的态度。由于直播突破了时空限制，只需要一部手机就可以随时随地直播，因此从专业主播到普通百姓，从带货到分享产品使用体验，从城市到农村，越来越多的人开始加入直播行业，引发全民直播热潮。

3. 直播内容丰富且伴有娱乐性

近年来，随着电商直播的竞争加剧，为了吸引更多的用户，提升用户观看体验，增加用户黏性，直播中的娱乐性内容增加，包括与观众保持火热互动、邀请明星做客直播间、户外直播、粉丝抽奖活动等形式，使观看直播成为一种娱乐方式，增加了直播的趣味性，让用户在娱乐中购物。另外，随着农村淘宝的兴起，观众可以在直播中直接实时观看产品从生产到包装的整个过程，如直播“抓鱼”“蚌产珍珠”等，使得直播既具有一定的趣味性，激发观众的好奇心，又让消费者能够从源头深入了解产品，提升消费者的信任感。

4. 平台乱象频发，监管难度增大

由于直播背后的巨大利益，因此越来越多的商家和主播入驻。虽然在很短的时间里直播行业就已经百花齐放，呈现一片繁荣景象，但是也引发了各种乱象，包括输出低劣恶俗的直播内容、行业内不正当竞争、直播中出现商品质量问题、直播数据造假等。现在的直播观众中，很大一部分为青少年，这无疑不利于培养他们正确的价值观。在这样一个乱象丛生的直播环境中，需要严格的监管体系来规范主播的行为，提升主播的准入门槛，制定健全的网络直播管理机制，抵制恶性竞争。目前，相关部门也已经注意到并开始重视直播行业的监管。2020 年 11 月 13 日，国家互联网信息办公室公布《互联网直播营销信息内容服务管理规定（征求意见稿）》；2020 年 11 月 23 日，国家广播电视总局发布《国家广播电视总局关于加强网络秀场直播和电商直播管理的通知》。可以说，电商直播的规范化正在加速推进。

电商直播作为商品销售的一种新的营销方式，吸引着广大受众，带来的收益有目共睹。未来，电商直播营销将朝着精准化、定制化、个性化、智能化、专业化、规范化的方向发展，辅以虚拟现实、人工智能等高新科技，重点关注三、四线城市下沉市场。以高效的供应链管理为侧重点，以流量为引导、以内容为核心、以销售为最终目的的电商直播，将进一步发挥自己的优势，更好地为电商内容营销服务。

常见网络营销方法解读

情境案例

安琪酵母的论坛营销

安琪酵母股份有限公司（以下简称安琪酵母）是国内最大的酵母生产企业。它首选论坛进行推广，在新浪、搜狐、TOM 等有影响力的社区论坛里制造话题。安琪酵母策划了“一个馒头引发的婆媳大战”事件。事件以第一人称讲述了南方的媳妇和北方的婆婆关于馒头发生争执的故事。帖子贴出来后，引发了不少的讨论，其中就涉及酵母的应用。这时，由专业人士把话题的方向引到酵母的其他功能上，让人们知道了酵母不仅能蒸馒头，还可以直接食用，并有很多保健美容功能。为了让帖子引起更多的关注，安琪酵母选择有权威性的网站，利用它们的公信力把帖子推到好的位置。除了论坛营销，安琪酵母还在新浪、新华网等主要网站发新闻，而这些新闻又被网民转到论坛里作为谈资。这样，产品的可信度就大大提高了。

小红书的内容社区营销

“物以类聚，人以群分”，共同的爱好与兴趣是社交的前提和基础。小红书以内容聚集人群、以社交传播商品，可以称之为内容社区营销。

与其他电子商务平台不同，小红书是一个生活方式分享社区平台，由毛文超和瞿芳创立于 2013年，以“标记我的生活”为口号。一开始，小红书的用户注重于在社区里分享海外购物经验；到后来，小红书上出现了关于美妆、个护、运动、旅游、家居、旅行、酒店、餐馆的信息分享，涉及消费体验和生活方式的方方面面。截至 2018年10月15日，全球超过 1.5亿用户在小红书 App上分享“吃穿玩乐买”的生活方式，其中“90后”是最活跃的用户群体。

社区已经成为小红书的壁垒，也是其他平台无法复制的地方。在小红书社区，用户通过文字、图片、视频笔记的分享，记录了这个时代年轻人的正能量和美好生活点滴。小红书社区每天曝光数十亿次的笔记，内容涵盖时尚、护肤、彩妆、美食、旅行、影视、读书、健身等方面。同时，通过机器学习，小红书对海量信息和人进行了精准、高效的匹配。小红书旗下设有社区电子商务平台——小红书商城。2017 年 12 月 24日，小红书商城被《人民日报》授予代表中国消费科技产业的“中国品牌奖”。

技能训练

1．选择一种商品，对其消费者进行分析。

2．选择一种商品，对其进行网络营销策划，撰写策划书，并应用所学知识对其进行宣传推广。

学习情境六

电子支付

天生我材必有用，千金散尽还复来。——李白

学习目标

知识目标

认知电子支付方式及支付工具的种类，了解电子支付的影响、优势与发展，熟悉网上银行支付、第三方支付及移动支付的特点，并理解三种支付方式各自的支付流程。

技能目标

能够在不同的电子商务模式下选择合适的电子支付工具；能够对比分析网上银行支付、第三方支付及移动支付的优缺点。

素质目标

通过对支付宝等成功案例的学习，坚定中国自信，树立科技报国的远大志向。

情境任务一　认知电子支付

情境引例

数字人民币走进国人生活

自文明诞生以来，人类就一直在探索更高效、便捷的支付手段。而中国的货币创新，一直走在世界前列。无论是最早铸造刀币、布币和今天人们熟悉的环钱，还是世界上最早的纸币——交子，都诞生在中国。随着数字经济的发展，数字人民币正在加速走进中国人的生活。

2014年，央行正式成立法定数字货币研究小组，开始进行初期技术储备和知识积累。2017年1月，央行在深圳正式成立数字货币研究所。2019年年底，数字人民币试点测试相继在深圳、苏州、雄安、成都四地及北京冬奥会场启动。2020年 11月开始，增加了上海、海南、长沙、西安、青岛、大连六个试点测试地区。为了积极推广数字人民币的使用，苏州、深圳、海南、上海等多地采用发放红包模式进行惠民补贴。

截至 2022年 1月初，数字人民币（试点版）App已在子钱包页面上线 49家商户，包括京东、美团、饿了么、天猫超市、哔哩哔哩、百度等互联网商家及顺丰速运、网上国网（用于电费支付）、中石化、中国电信翼付款等生活常用支付场景。与此同时，数字人民币不断丰富应用场景。例如，在雄安新区，已率先实现数字人民币硬件钱包公交出行场景双离线支付功能探索与应用落地。该项目由工商银行等公司负责实施，通过将收款对公硬件钱包内置于公交终端设备，支持乘客在乘车时，持个人硬件钱包在无网条件下仅需“碰一碰”即可完成扣款，提升了客户使用数字人民币硬件钱包进行支付的便捷性与体验；在北京冬奥会组委园区内，立足科技冬奥、智慧冬奥建设，试点部署无人售货车、自助售货机、无人超市等创新应用场景，并推出支付手套、支付徽章、冬奥支付服装等可穿戴设备；北京、上海、深圳等试点地区居民可用数字人民币在网络平台预订电影演出票，同时享受数字人民币观影礼包优惠。

根据中国人民银行发布的数据，截至 2021 年 12 月 31 日，数字人民币试点场景已超过 808.51 万个，累计开立个人钱包 2.61 亿个，交易金额 875.65 亿元。试点有效验证了数字人民币业务技术设计及系统稳定性、产品易用性和场景适用性，增进了社会公众对数字人民币设计理念的理解。

展望后续数字人民币的发展，业内人士表示，数字人民币是加快数字化发展、建设数字中国的助推器——在网络技术和数字经济蓬勃发展的推动下，在线上线下相结合的商业实践中，场景类型将更加丰富，为消费者带来更好的体验。

引例思考　作为电子支付工具的数字人民币，能给我们的生活带来哪些影响？你使用过哪些电子支付工具呢？

一、电子支付概述

1. 电子支付的概念

根据中国人民银行公布的《电子支付指引（第一号）》，电子支付是指单位、个人直接或授权他人通过电子终端发出支付指令，实现货币支付与资金转移的行为。电子支付按照支付方式的不同，分为网上支付、电话支付、移动支付、自动柜员机（ATM）交易、销售终端（POS）交易和其他电子支付六种，如图 6.1 所示。

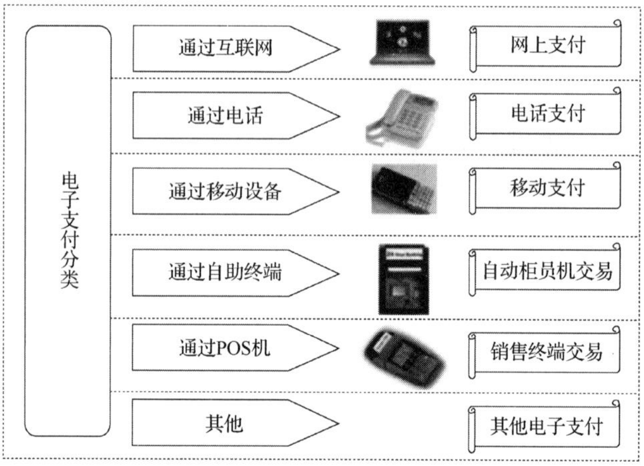

图 6.1　电子支付分类

① 网上支付是电子商务支付最重要的手段。它以互联网为基础，利用电子支付工具在线进行货币支付，完成购买者和销售者之间的现金流转与资金清算。

② 电话支付是电子支付的一种线下实现形式，是消费者使用电话或其他类似电话的终端设备，通过银行系统从银行账户里直接完成付款的方式。

③ 移动支付是使用移动设备通过无线方式完成支付的方式。随着移动通信技术的发展，移动支付必将更广泛地应用于电子支付交易过程。

④ 自动柜员机交易是通过 ATM 完成的电子支付方式。客户可以在机器上插入银行卡自助

地完成提款、存款、转账等银行柜台服务。

⑤ 销售终端交易是通过 POS 机实现电子资金转账的电子支付方式。POS 机是安装在银行卡的特约商户和受理网点中，为持卡人提供授权、消费、结算等服务的专用银行电子支付设备。

2. 电子支付与传统支付的区别

电子支付通过网络以电子数据的形式完成资金支付，而传统支付则是以现金、票据、银行汇兑等物理实体来实现支付的。与传统支付方式相比，电子支付没有时间、空间限制，但需要有软硬件设备支持，且对安全性要求高。

以网上信用卡支付和传统信用卡支付比较为例，两者的区别体现在以下六方面：

① 使用的信息传递通道不同。传统信用卡使用专用网络，因此比较安全；网上信用卡的消费者和商家均使用互联网，而银行使用专用网络，因此必须在互联网和银行的专用网络之间设置支付网关，以保证银行网络及交易的安全。

② 付款地点不同。传统信用卡必须在商场使用 POS 机付款；网上信用卡的消费者可以在家中或办公室使用自己的计算机购物和付款。

③ 身份认证方式不同。传统信用卡在购物现场使用身份证或其他身份证明验证持卡人身份；网上信用卡在计算机网络上使用 CA 中心提供的数字证书验证身份。

④ 付款授权方式不同。传统信用卡在购物现场使用手写签名方式授权商家扣款；网上信用卡使用数字签名进行远程授权。

⑤ 商品和支付信息采集方式不同。传统信用卡使用商家的 POS 机、条形码扫描仪和读卡器设备采集商品与信用卡信息；网上信用卡直接使用自己的计算机，通过鼠标和键盘输入商品与信用卡信息。

⑥ 用户体验不同。网上信用卡能够实现足不出户办理银行业务，省去跑银行、排队等待的时间。此外，网上信用卡能够实现全球、全天候、全年无休的业务办理，并有助于降低交易成本、提高交易效率，相比传统信用卡，用户体验更好。

3. 电子支付的发展

电子支付的发展主要经历了以下五个阶段：

第一阶段是银行利用计算机处理银行之间的汇划结算业务。

第二阶段是银行计算机和其他机构计算机之间的资金的汇划结算，如代发工资、代缴水电费、电话费等。

第三阶段是利用网络终端向用户提供各项银行服务，如用户在 ATM 机上办理存取款业务等。

第四阶段是利用银行销售终端向用户提供自动扣款服务，如 POS 系统。

第五阶段是基于互联网的电子支付。它将第四阶段的电子支付系统与互联网整合，实现了随时随地通过互联网进行直接转账结算，完成网上支付。

中国人民银行发布的 2021 年第四季度支付业务统计数据显示，该季度银行共处理电子支付业务 755.46 亿笔，金额 783.26 万亿元。其中，网上支付业务 277.22 亿笔，金额 608.06 万亿元，同比分别增长 13.77%和 2.35%；移动支付业务 425.23 亿笔，金额 152.91 万亿元，同比分别增长 17.85%和 29.11%；电话支付业务 0.66 亿笔，同比增长 17.49%，金额 2.63 万亿元，同比下降 5.55%。非银行支付机构处理网络支付业务 2 786.81 亿笔，金额 90.96 万亿元，同比分别增长 13.25%和 7.65%。

随着电子商务应用领域的不断扩大，作为电子商务核心组成部分之一的电子支付必须跟上电子商务发展的步伐。目前，政府正在积极推动电子支付管理办法的制定，相关的法律框架正在逐步形成；商业银行都在积极地加快电子支付系统的建设，把更多业务搬到网上。我国电子支付的发展前景广阔。

电子支付的概念

二、电子支付工具

（一）电子货币

电子货币是以数位记账的方式代替使用现金交易的货币。电子货币以金融电子化网络为基础，以商用电子化工具和各类交易卡为媒介，以电子计算机技术和通信技术为手段，以电子数据（二进制数据）形式存储在银行的计算机系统中，并通过计算机网络系统以电子信息传递的形式实现流通和支付功能。电子货币可以分为以下四种类型。

1．银行卡

一般来说，凡是由银行发行的金融交易卡统称为银行卡，是目前使用最普遍的电子支付工具。银行卡中最常见的是信用卡和借记卡，这两种银行卡一般只是证明持卡人的身份，证明此持卡人在发卡行内有存款，或者在金融交易中是可信赖的消费者。持卡人之所以可以持卡消费，是因为银行保证交易成功后，商家可以很快地从银行得到与消费金额等量的现金。银行卡网上支付的具体内容将在情境任务二中详细描述。

2．电子现金

在电子商务活动中很多都是小额支付或匿名支付，这时就不适合使用银行卡支付了。于是，电子现金应运而生。

（1）电子现金的概念

电子现金又称数字现金，英文为 E-cash，是一种表示现金的加密序列数，可以用来表示现实中各种金额的币值。用户在开展电子现金业务的银行开设账户并在账户内存钱后，就可以在接受电子现金的商店购物了。

（2）电子现金的特点

电子现金有以下七个特点：

① 对软件的依赖性。消费者、商家和银行等使用电子现金的各方都必须安装电子现金软件之后方可使用，因此电子现金对软件有很强的依赖性。

② 不可重复使用。不同于实物货币的是，电子现金在使用一次之后就废弃，不能重复使用。废弃的电子现金存放在银行的电子现金库中，通过与电子现金库中的现金进行比对，就可以检验出重复使用的电子现金。

③ 可鉴别性。电子现金是可以鉴别的，因为电子现金上有发行银行的数字签名，可以根据发行银行的数字签名查看电子现金是否合法、有效。

④ 匿名性。电子现金用户的购买行为和电子现金的使用信息相互隔离，从而隐藏了电子现金用户的购买历史。

⑤ 不可伪造性。用户不能造假币，包括两种情况：一是用户不能凭空制造有效的电子现金；二是用户从银行提取 N 个有效的电子现金后，无法根据提取和支付这 N 个电子现金的信息制造出有效的电子现金。

⑥ 可传递性。用户可以将电子现金像普通现金一样在用户之间任意转让，且不会被跟踪。

⑦ 可分性。电子现金不仅能作为整体使用，还能被分为更小的部分多次使用，只要各部分的面额之和与原电子现金面额相等，就可以进行任意金额的支付。

（3）电子现金的应用

目前，各个国家都在致力于电子现金系统的研究，但是电子现金系统的发展一直很缓慢，还没有大范围使用。在我国，金融IC卡成为电子现金的主要载体。金融IC卡又称芯片银行卡。芯片卡容量大，可以存储密钥、数字证书、指纹等信息。其工作原理类似于微型计算机，能够同时处理多项任务，为持卡人提供一卡多用的便利。

从2013年起，金融IC卡开始在全国推广。只要用户手中的IC卡卡面上有QuickPass（闪付）标识，就可以使用电子现金的功能。持卡人在支持银联“闪付”的非接触式支付终端上，轻松一挥便可快速完成支付。一般来说，单笔金额不超过1 000 元，无须输入密码和签名。非接触式“闪付”终端主要覆盖超市、便利店、百货、药房、快餐连锁等零售场所和菜市场、停车场、加油站、旅游景点等公共服务领域。

3. 电子钱包

（1）电子钱包的概念

电子钱包是一个用户用来进行网络安全交易，特别是网络安全支付且存储交易记录的特殊计算机软件或硬件设备——就像生活中随身携带的钱包一样，能够存放用户的电子现金、电子信用卡和个人信息等。

（2）电子钱包的分类

电子钱包分为以下两种形态：

① 实物形态的电子钱包。这种电子钱包主要是以智能卡或磁卡为存储介质的各类储值卡或预付卡，如日常生活中普遍使用的公交卡、电话卡、上网卡、购物卡等。最早的实物电子钱包是英国的西敏寺银行开发的Mondex电子钱包系统。

② 软件形态的虚拟电子钱包。这种电子钱包以软件形态运行，可以在互联网上完成在线支付。这种形态的电子钱包既可以运行在商家或电子钱包软件提供者的服务器上，也可以运行在客户端的服务器上。前者不需要在客户端安装电子钱包软件，而后者需要在客户端安装电子钱包软件——这些软件一般都是免费提供的。这里讲的电子钱包是指需要在客户端安装的软件形态的电子钱包。

目前，世界上有VISA Cash和Mondex两大在线电子钱包服务系统，其他电子钱包服务系统还有HP公司的电子支付应用软件VWALLET、微软公司的电子钱包MS Wallet、IBM公司的Commerce POINT Wallet、MasterCard的Cash、Europay的Clip和比利时的Proton等。

4. 电子支票

传统支付方式中，纸质支票支付是一种非常重要的支付方式。为了不阻碍电子商务的发展，人们积极研究通过各种技术把纸质支票的内容电子化和数字化，从而形成了电子支票。

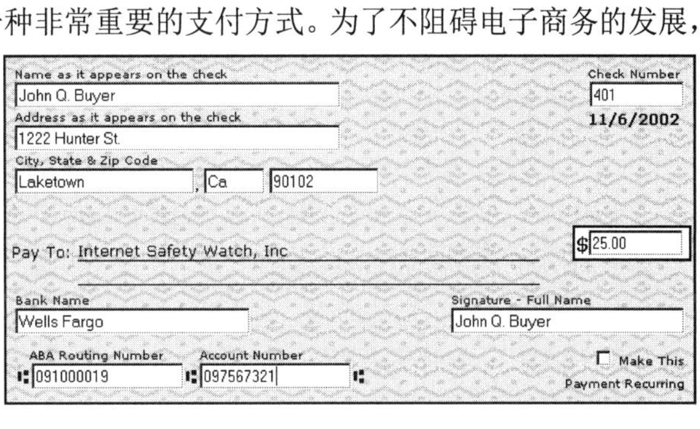

图6.2　电子支票

（1）电子支票的概念

电子支票是一种借鉴纸质支票转移支付的优点，利用数字传递将资金从一个账户转移到另一个账户的电子付款形式，如图6.2所示。电子支票将传统支票转变为带有数字签名的电子报文，或者用其他数字电文代替传统支票的全部信息。这种电子支票的支付是在与商户及银行相连的网络上以密码方式传递的，多数使用公用关键字加密签名或个人身份证号码（PIN）代替手写签名，所以电子支票也具有很高的安全性。

（2）电子支票的特点

电子支票具有以下五个特点：

① 电子支票与传统支票运作方式相同，简化了使用者的学习过程，易于被人们理解和接受。

② 加密的电子支票比基于公共密钥加密的电子现金易于流通，买卖双方的银行只要用公共密钥认证、确认支票即可，数字签名也可以自动认证。这提供了比传统支票更为可靠的安全防欺诈手段。

③ 电子支票适用于 B2B、B2G 的电子商务市场，可以很容易地与电子数据交换应用结合，推动电子数据交换基础上的电子订货和电子支付。

④ 电子支票业务流程的自动化和网络化，可以节省大量人力、物力，降低处理成本。

⑤ 电子支票技术将公共网络连入金融支付和银行清算网络，打破了境域限制，最大限度地提高了支票运转周期，减少了在途资金。

（二）虚拟货币

1. 虚拟货币的概念

虚拟货币是非真实的货币。2012 年，欧洲中央银行（ECB）将虚拟货币定义为“一种不受管制的数字货币，通常由其开发者发行和控制，并在特定虚拟社区的成员中使用和接受”。虚拟货币具有交易媒介和记账单位的货币功能。虚拟货币种类多样，在国外接受度比较高的虚拟货币有 Facebook 的 F 币、网络游戏 Second Life 的林登币等；在国内比较有代表性的虚拟货币有腾讯 Q 币、新浪 U 币、百度币、盛大元宝等。

2. 虚拟货币的类型

市场上的虚拟货币主要有以下三类：

① 由游戏运营商开发，供玩家在网络游戏中作为交易媒介而使用的游戏币。

② 由门户网站或即时通信工具发行，供本运营网络空间内使用的专用虚拟货币。

③ 基于密码学和现代网络 P2P 技术，通过复杂的数学算法产生的特殊的电子化的、数字化的加密货币，如比特币、以太坊、瑞波币等。它主要用于互联网金融投资，也可以作为新式货币直接用于生活中。

3. 虚拟货币的风险与法规

随着虚拟经济的快速发展，虚拟货币开始扮演越来越重要的角色。但在虚拟货币市场日益活跃的时候，也引发一系列的现实风险。

（1）欺诈行为

虚拟货币的私下交易已经在一定程度上实现了虚拟货币和现实货币之间的双向流通。这些交易者的活动表现为低价收购各种虚拟货币、虚拟产品，然后再高价卖出，依靠这种价格差赢取利润。随着这种交易的增多，甚至出现了虚拟造币厂，不仅给虚拟货币本身的价格形成泡沫，对发行公司的正常销售造成困扰，也为各种网络犯罪提供了销赃和洗钱的平台，从而引发其他一些不良行为。

（2）网络安全问题

目前，虚拟货币的购买方式除直接用现金以外，还提供手机短信、网络转账和固定电话充值等多种方式。这些购买方式在为用户提供方便的同时，也有不小风险，如盗用电话充值和未成年人购买等问题。另外，虚拟货币并没有现实货币的防伪技术，电脑黑客可能会利用其安全漏洞制造伪币。

（3）影响实体经济

虚拟货币对现实货币供应的影响取决于两个方面：一是虚拟经济对实体经济的替代效应；二是虚拟货币对现实货币的挤出效应。从现实看，虚拟货币在现阶段并不会对价格稳定带来影响，现实货币流动速度在中短期内也不会受到重大影响。然而，虚拟货币和实体经济间的相互作用值得关注。

为减少虚拟货币带来的现实风险，2009 年 6 月 28 日，文化部、商务部联合下发《关于加强网络游戏虚拟货币管理工作的通知》，明确虚拟货币表现为网络游戏的预付充值卡、预付金额或点数等形式，但不包括游戏活动中获得的游戏道具；虚拟货币不得用以支付、购买实物产品或兑换其他企业的任何产品和服务。2021 年 9 月，中国人民银行等十部门发布《关于进一步防范和处置虚拟货币交易炒作风险的通知》，明确虚拟货币不具有法定货币地位，禁止金融机构开展和参与虚拟货币相关业务，清理取缔境内虚拟货币交易和代币发行融资平台，持续开展风险提示和金融消费者教育，取得积极成效。

（三）央行数字货币

随着网络技术和数字经济的蓬勃发展，社会公众对零售支付便捷性、安全性、普惠性、隐私性等方面的需求日益提高，不少国家和地区的中央银行或货币当局紧密跟踪金融科技发展成果，积极探索法定货币的数字化形态，法定数字货币正从理论走向现实。

中央银行数字货币（Central Bank Digital Currencies，CBDC）是一种新的电子支付工具。英国央行英格兰银行在其关于 CBDC 的研究报告中给出这样的定义：中央银行数字货币是中央银行货币的电子形式，家庭和企业都可以使用它来付款和储值。

CBDC 在中国被描述为“数字人民币”，字母缩写按照国际使用惯例暂定为 e-CNY。它是由中国人民银行发行的数字形式的法定货币，由指定运营机构参与运营，以广义账户体系为基础，支持银行账户松耦合功能，与实物货币等价，并具有价值特征和法偿性。其用法如图 6.3 所示。

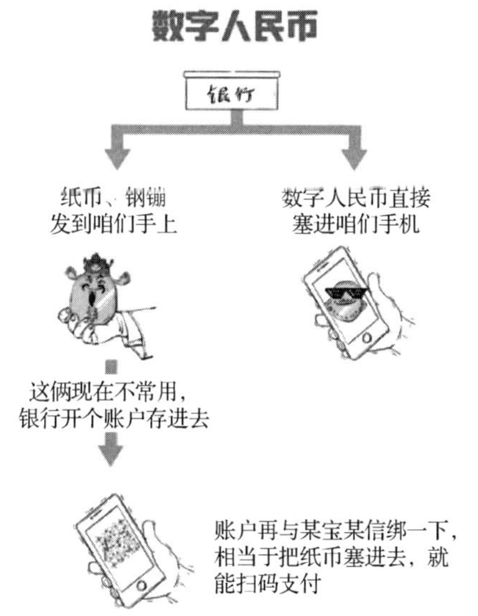

图 6.3　图解数字人民币（来源：混知财经）

数字人民币设计兼顾实物人民币和电子支付工具的优势，既具有实物人民币的支付，即结算、匿名性等特点，又具有电子支付工具成本低、便携性强、效率高、不易伪造等特点。其研发和应用，有利于高效地满足公众在数字经济条件下对法定货币的需求，提高电子支付的便捷性、安全性和防伪水平，助推中国数字经济快速发展。

央行数字货币根据用户和用途不同可分为两类：一种是批发型央行数字货币，主要面向商业银行等机构类主体发行，多用于大额结算；另一种是零售型央行数字货币，面向公众发行并用于日常交易。各主要国家或经济体研发央行数字货币的重点各有不同：有的侧重于批发交易；有的侧重于零售系统效能的提高。数字人民币是一种面向社会公众发行的零售型央行数字货币，其推出将立足国内支付系统的现代化，充分满足公众日常支付的需要，进一步提高零售支付系统效能，降低全社会零售支付成本。

数字人民币体系将进一步降低公众获得金融服务的门槛，保持对广泛群体和各种场景的法定货币供应。没有银行账户的社会公众可通过数字人民币钱包（见图6.4）享受基础金融服务，短期来华的境外居民可在不开立中国内地银行账户的情况下开立数字人民币钱包，以满足在华日常支付需求。

图6.4　数字人民币钱包

情境拓展

比特币

在网络的虚拟世界中，也衍生出了一些特殊的经济模式，近年来全球最热门的网络虚拟货币非比特币莫属了。比特币诞生于2009年，是目前全球市场价值最高的加密货币，由日本籍美国人中本聪发明并正式启用比特币金融系统。比特币通过区块链进行工作，其特色就是全球通用，不经过任何第三方机构管理，任何人都可以参与，通过名为“挖矿”的计算机运算行为获得，而挖矿的人就叫“矿工”。

2010年比特币也就0.3美分/枚。可是到了2021年11月，比特币价格逼近6.9万美元/枚，炒作之风甚嚣尘上，积聚的风险也可想而知。

比特币是一种不依靠特定的货币机构而发行的“加密电子货币”，与网络游戏的虚拟货币相比，比特币可以说是这些虚拟货币的高级版。比特币是通过特定算法经大量计算产生的一种P2P形式的虚拟货币，它不仅是一种资产，还是一种支付方式。任何人都可以下载比特币的钱包软件，交易双方需要类似于电子邮箱的“比特币钱包”和“比特币地址”。这就像是一种虚拟的银行账户，并以数字化方式存储于云端或用户的计算机中。

与传统货币最大的不同是，比特币的执行机制不依赖中央银行、政府、企业的支持或信用担保，而是依赖对等网络中种子文件达成的网络协议，用户可以匿名在这个网络上进行转账和其他交易。对于任何一种货币来说，最重要的功能就是流通与储值。简单来说，越多的消费者愿意接受一种货币，它所具有的价值就越稳定。

随着如Expedia、Overstock、Dish网络公司、戴尔公司、罗德泰勒百货等国际知名企业陆续宣布接受比特币作为支付工具后，比特币吸引了全球不少投资者的疯狂追逐，引发的过度炒作也将这种虚拟货币的投资变成投机，风险也就不断积聚。然而比特币作为比较广泛使用的一种虚拟货币，目前还没有任何国家颁布明确的法律规定。我国禁止在中国境内进行包括比特币在内的一切虚拟货币的交易和发行。

情境任务二　网上银行与网上支付

情境引例

美国安全第一网络银行

1995年10月18日，美国安全第一网络银行（Security First Network Bank，SFNB）正式在互联网上对外营业，成为世界上第一家网上银行。与传统银行的服务方式明显不同，它没有营业大厅，没有营业网点，却可以开展传统银行的所有银行业务，客户只要通过一台与互联网相连的计算机，就可以在任何时间、任何地点办理该银行的所有业务。在短短一年时间内，该银行就吸引了4000多名客户，业务遍及美国50个州，并且以每月650位客户的速度递增，存款达900万美元。该银行业务量巨大并且急剧增长，但其业务人员仅有15人。

美国安全第一网络银行的产生及迅速发展极大地震动了世界金融界，国际上一些知名的大银行都相继建立了网上银行，如花旗、汇丰、德意志、樱花、巴克莱等老牌银行纷纷推出了自己的网上金融服务。

引例思考　什么是网上银行？为什么世界知名的大银行都效仿美国安全第一网络银行纷纷开展网上银行业务？

一、网上银行

（一）网上银行的概念

网上银行其实是在互联网上开通的虚拟银行柜台，能提供除现金业务以外的所有银行服务。它打破了传统银行面对面的柜台业务方式，是一种不谋面的网络服务方式，因此也称为虚拟银行或线上银行。通过互联网，银行可以不设立分支机构就能将银行业务推向全国乃至世界各地，客户只需要通过互联网就可以获得银行提供的查询、对账、行内转账、跨行转账、信贷、网上证券和投资理财等服务。

自1997年中国出现第一家网上银行以来，网上银行支付业务得到了长足的发展。中国人民银行2021年支付业务统计数据显示，中国网上银行交易金额为2353.96万亿元，同比增长21.94%。随着电子银行移动渠道的快速发展，手机银行对个人网银的替代效应加速，企业网银成为网上银行交易规模增长的主要动力。

（二）网上银行的特点

与传统银行和传统电子银行相比，网上银行在运行机制和服务功能方面都具有不同的特点。

① 全球化，无分支机构。网上银行依托互联网平台，而互联网具有全球性的特点，所以依托互联网的网上银行也具有全球性的特点。另外，建立网上银行后，无须在各地区建立实体分支机构，通过互联网就可以完成全球的业务。

② 全面实现无纸化交易。银行以前所使用的单据和票据大部分被各种电子单据代替；人们使用的纸币被各种电子货币代替；银行内部及对外部发布的各种信息都以电子文档的方式发布。

这样银行就全面实现了无纸化交易。

③ 服务便捷、可靠。成为个人网上银行的客户，足不出户就可办理各种银行业务，省去了跑银行、排队等待的时间。网上银行实行全天24小时、一年365天不间断营业，客户可享受7天×24小时全天候个人金融服务，且办理业务的手续费相比柜台可获得不同程度的折扣和优惠。

④ 创新化。网上银行不仅提供了传统银行业务，还根据互联网的特点及网上客户的需求，开设了很多传统银行所没有的业务。

⑤ 运营成本低。在我国办理同样的一笔业务，柜台办理的成本是网上银行办理成本的八九倍。在国外，网上银行的经营成本只相当于经营收入的15%～20%，而传统银行的经营成本是经营收入的60%，网上银行的运营成本远远低于传统银行。

⑥ 亲和性增强。使用网上银行不需要特别的软件，也不需要经过特别培训，只要有一台计算机，能够连入互联网，就可以按照银行页面的提示办理业务，如同在银行柜台办理业务一样，只是办理过程由自己操作而已。

（三）网上银行的分类

1. 按业务模式分

① 虚拟银行。虚拟银行是完全依赖互联网发展起来的全新网上银行。这类银行除后台处理中心外，没有其他任何实体营业机构，所有业务都在互联网上，如美国安全第一网络银行就是这类银行的典型代表。客户要访问这家银行，只需要在浏览器的地址栏中输入安全第一网络银行的网址，进入网站主页，在主页上就可看到银行提供的各种服务，足不出户就可完成各种想办理的银行业务。

② 线上银行。线上银行是在现有的传统银行的基础上，利用互联网扩展原有的银行业务服务。这种模式的银行是把传统银行业务延伸到网上，实体与虚拟结合的银行。几乎所有的商业银行都在互联网上建立了自己的网站，向客户提供各种服务。除已经网络化的存款、汇款、付款等业务外，外币买卖、信用卡业务、企业融资、房屋汽车贷款、购买保险和理财咨询服务也都纳入线上银行的服务范围。现代商业银行已不再单纯地追求增加网点式的外延扩张，而是更重视和依靠现代信息技术及网络环境提供更加便捷、周到的金融服务，提高服务质量和效益。

2. 按服务对象分

① 企业网上银行。企事业单位在经营过程中有很多大额资金往来，这些资金往来需要通过银行才能实现，因此是银行的主要客户。银行为了向企事业单位提供更多更好的服务，建立了企业银行系统。这种银行系统的服务对象主要是企事业单位，一般涉及的金额较大，对安全性的要求很高。

企业网上银行为企事业单位提供账务查询、内部转账、对外支付、代发工资、集团公司资金调拨、客户服务、银行信息通知等金融服务。

② 个人网上银行。个人网上银行是指银行通过互联网为个人客户提供账户查询、转账汇款、投资理财、在线支付等金融服务的网上银行服务渠道。许多商业银行将除现金存取之外的业务转移到网上进行，通过互联网为个人客户提供便捷的金融服务，从而提升客户体验，并降低相关的服务成本。

（四）网上银行支付流程

网上银行支付的典型流程如下：

步骤一　客户连接互联网，检索商品，填写网络订单。

步骤二　客户机对订单加密并提交。

步骤三　商家接收订单，向网上银行发送订单金额。

步骤四　网上银行在验证商家身份后，向客户提供支付界面。

步骤五　客户在核对完网上银行界面的支付信息后，填入自己的支付卡号、密码进行支付。

步骤六　银行通过后台处理系统检验用户的支付卡有效后，把货款从客户账户划转到商家账户，并向商家网站返回支付成功的消息。

步骤七　商家网站向客户发送支付成功的消息。

步骤八　商家为客户发货。

二、网上支付

（一）网上支付的含义

网上支付是指以金融电子化网络为基础，以商用电子化机具和各类交易卡为媒介，以计算机技术和通信技术为手段，将与货币相关的信息以电子数据的形式存储在银行计算机系统中，并通过计算机网络系统以电子信息的形式在线实现货币的支付和流通的支付方式。

（二）网上支付的模式

网上支付可以分为以下四种模式：

① 银行网关模式。电子商务企业跟银行签约，电子商务平台通过支付网关连接到银行网银系统。在这种模式下，买卖双方在进行网上支付时，只涉及电子商务平台和银行，网上支付实际上直接进入银行的网银系统处理完成。

② 第三方支付模式。电子商务平台先连接到第三方支付平台，第三方支付平台再与网银系统连接。

③ 银联模式。采用先进的信息技术与现代公司经营机制，建立和运营全国银行卡跨行信息交换网络，实现银行卡全国范围内的联网通用。

④ 支付平台内部的交易支付模式。这种模式实际上是封闭的，电子商务平台为买卖双方提供了账户服务，通过平台内部的账户就可以完成交易支付。

（三）网上支付系统的构成

网上支付的参与者包括客户、客户开户行、商家、商家开户行、支付网关、银行专用网络、CA（认证中心）。网上支付系统的构成如图 6.5 所示。

支付网关作为银行专用网络和互联网之间的一组服务器，主要作用是完成两者之间的互通，进行数据加密、解密，以保护银行内联网的安全。

银行专用网络是银行系统内部进行通信的专用计算机网络，主要用于银行和银行之间、银行内部各部门之间的信息传递与业务办理，因此其安全性要求远高于互联网。

CA 负责确认支付结算参与者的真实身份及信用关系，向参与方（包括客户、商家与支付网关）发放数字证书，保证网上支付的安全性。

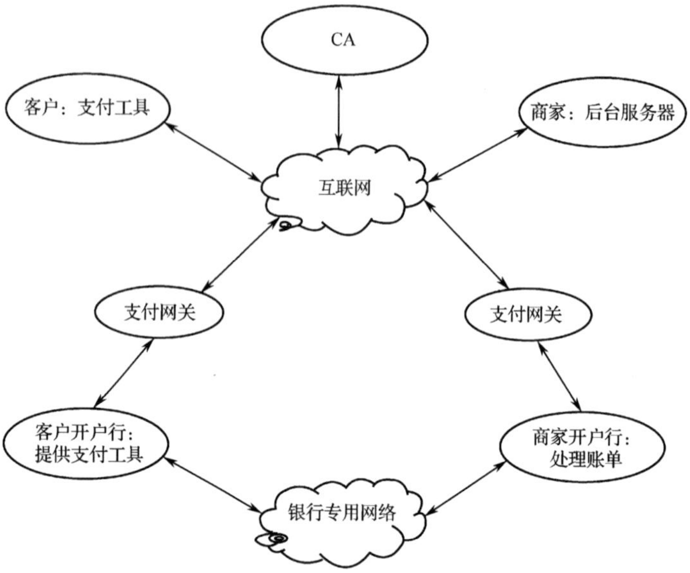

图 6.5　网上支付系统的构成

（四）网上支付的发展现状

根据 CNNIC 第 49 次《中国互联网络发展状况统计报告》的统计结果，截至 2021 年 12 月，我国网上支付用户规模达 9.04 亿人，较 2020 年 12 月增长 6 080 万人，占网民整体的 87.6%。

2021 年上半年，国内居民网络支付消费市场热度持续攀升，劳动节、端午节跨机构网络支付交易金额分别达 5.06 万亿元和 2.96 万亿元。网上支付业务规模持续增长，有效满足了消费者在购物、出游、餐饮等方面的需求，为促消费、扩内需提供了有力保障。

近年来，国家有关部门加大了对网上支付在内的各互联网平台应用的监管工作，旨在进一步保护个人信息安全，防范金融风险，维护社会稳定。在支付监管方面，2021 年 1 月，中国人民银行发布《非银行支付机构条例（征求意见稿）》，将支付监管的部门规章升级为行政法规，对支付领域的市场准入和管理进一步加强。2021 年 3 月，《非银行支付机构客户备付金存管办法》正式施行，规范了客户备付金集中存管业务，进一步明确了监管职责。在个人信息保护方面，国家互联网信息办公室、工业和信息化部等四部门联合发布《常见类型移动互联网应用程序必要个人信息范围规定》，规定了网络支付类应用的基本功能服务和必要的个人信息范围，防范相关应用索取非必要个人信息，以保护个人信息安全。

情境拓展

中国建设银行的安全措施

安全是中国建设银行网上银行应用的关键和核心。为了能让客户安全、放心地使用网上银行，建设银行制定了多重安全策略，以全面保护客户的信息资料和资金安全。

1. 先进的技术保障

网上银行系统采用了严格的安全性设计，通过密码校验、CA 证书、SSL 协议加密和服务器端的反黑客软件等多种方式来保证客户信息的安全。

2. 为客户提供软硬件安全产品，重在保护交易的安全

硬件安全产品包括网银盾、动态口令卡、短信动态口令等，进行密码和安全工具的组合验证；软件安全产品是指客户拥有的软件形式的安全产品，如屏幕软键盘、专用浏览器等，可充分利用客户端设备改善客户端的安全性。

3. 交易限额控制

网上银行系统对各类资金交易均设定了交易限额，以防范大额交易的风险，进一步保证客户账户资金的安全。

网银安全小常识

① 认清网站。例如，访问中国建设银行网站时，认准网址，避免误入假冒网站。

② 妥善保管网银盾。为了更安全地使用网上银行，应妥善保管好网银盾，不要随意交给他人使用。同时，妥善设置网银盾密码，并定期更换。

③ 用毕拔出网银盾。完成网上银行交易后，将网银盾及时从计算机上拔出。

④ 定期杀毒。建议安装杀毒软件和病毒防火墙并及时升级，定期查杀计算机病毒，保障计算机安全。

情境任务三　第三方支付

情境引例

苏宁支付

苏宁支付是南京苏宁易付宝网络科技有限公司向用户提供的第三方支付服务。南京苏宁易付宝网络科技有限公司成立于2011年，于2012年6月取得中国人民银行颁发的第三方支付业务许可证，并于2012年获得中国支付清算协会和中国金融认证中心颁发的“中国电子支付业最具潜力奖”。苏宁易购的注册会员同步拥有易付宝账户，可以在苏宁线上、线下场景中使用苏宁支付。苏宁易付宝账户所记录的资金余额不同于用户本人的银行存款，不受《存款保险条例》保护，其实质是用户委托苏宁易付宝保管，所有权归属于用户，具有预付价值。

苏宁支付以苏宁易购线上智慧零售场景为突破口，与国内多家大型银行合作，联合打造分期平台，推出信用卡至高24期分期免息、叠加满减等优惠活动，实现交易量稳步提升。在业内率先推出“一键付”“一键绑卡”等安全高效的支付产品，提升用户体验。2020年11月11日，苏宁支付交易量45亿元，新增绑卡会员30万人。

线下通过与银联强强联合，苏宁支付主动连接外部零售生态，实现线上线下的无缝对接。苏宁支付连接起了全国超2 700万家银联受理商户，受理范围从苏宁广场、苏宁易购广场、家乐福、苏宁小店、零售云店、红孩子、苏宁影城走向全国。此外，苏宁支付也聚焦于B端市场发展，积极开拓对商家运营的赋能功能，并以支付为切口，为商家提供衍生金融服务。同时，苏宁支付持续扩展智慧出行布局，已经实现对公交、地铁、铁路、高速、出租车、航空等领域应用的全覆盖，版图已覆盖上海、南京、苏州、无锡、常州、扬州、镇江、徐州、泰州、盐城、连云港十一个城市，实现了长三角主要城市公共出行平台的广泛接入。

目前，苏宁支付利用苏宁全场景发展的特点，将支付产品及对应的会员体系应用于各大场景，结合苏

宁发达的零售业务，能够增加使用场景，以提高用户使用频率。此外，苏宁也加强差异化发展，早在2015年便着力布局跨境支付业务，至今苏宁跨境支付业务已拥有成熟丰富的服务经验。针对跨境电商在进出口业务中遭遇的痛点、难点，苏宁跨境支付围绕“收单+跨境+金融”深入做文章，打造三位一体的一站式综合金融解决方案，服务于跨境电商产业链的多重环节。苏宁跨境支付根据B端用户在账户体系搭建、境内收单、国际卡收单、跨境支付、全球分发、供应链融资等方面的需求，打造出了跨境购付汇和收结汇（支持API、企业门户）国际卡收单、本外币收付、微信聚合支付、海关推单等工具，还可提供基础支付支持服务、身份验证服务、“三单合一”的海关推单服务，以及跨境物流、仓储等其他增值服务。

引例思考 什么是第三方支付？它在网络交易中发挥什么作用？

第三方支付作为电子商务中主要的网络交易手段和信用中介，起到了在商家和银行之间建立连接、实现第三方监管和技术保障的作用。

一、第三方支付的概念

所谓第三方支付，就是由与国内及国外各大银行签约，并具备一定实力和信誉保障的非银行的第三方独立机构提供的网上支付方式。在第三方支付方式中，客户和商家都要先在第三方支付平台开立账户。客户选购商品后，使用第三方平台提供的账户支付货款，第三方支付平台通知商家收到货款，商家再发货。客户收到并检验商品后，通知第三方支付平台付款，第三方支付平台再将货款划转到商家账户。在买卖双方不能面对面的电子商务交易中，通过第三方支付平台进行支付，客户的货款不直接给商家，如果客户未收到商品或商品有问题，就可以通知第三方支付平台拒绝划转，及时撤回货款，从而避免损失；对于卖方而言，则避免了发货后收不到钱的风险。第三方支付提供的担保交易解决了互联网中的支付信用瓶颈，为保证交易成功提供了必要的支持，对电子商务的发展具有重大意义。

第三方支付平台主要有两种类型：一类是由电子商务平台建立起来的支付平台，该类型的支付平台最初是为了满足自身实时支付而研发的，逐步扩展到提供专业化的支付产品服务，如支付宝、腾讯金融；另一类是独立的第三方支付平台，如银联电子支付、快钱。

艾瑞咨询最新数据显示，2020年中国第三方互联网支付与第三方移动支付的总规模达到271万亿元，其中62.5%为第三方个人支付、37.5%为第三方企业支付。根据中国顾客推荐度指数（C-NPS）发布的2021年第三方支付平台推荐度排行榜，我国第三方支付平台推荐度前三名分别为支付宝、微信支付、翼支付。这是支付宝连续七年位列该排行榜第一。

二、第三方支付平台的发展

1998年至2005年，首信易、支付宝、连连支付、快钱、财付通等第三方支付机构相继成立，开始为线上化商业活动提供支付渠道。2010年，中国人民银行发布了《非金融机构支付服务管理办法》，并向符合条件的机构颁发支付业务许可证。此举确认了第三方支付业务的合法性地位，通过将第三方支付机构纳入监管，规范了企业经营，保障了行业长期有序发展。自2010年起，在网络购物、社交红包、线下扫码支付等不同时期、不同推动力的作用下，我国第三方支付市场交易规模从2010年的5.1万亿元增长到2020年的271万亿元，第三方支付行业呈现爆发性增长态势。经历了十余年的发展，支付产业链各板块趋于细分和成熟，账户侧支付机构、清算机构、收单侧支付机构及收单外包服务机构各个板块都开始凸显头部规模化效应，同时强有力的竞争者不断涌入。中国第三方支付产业图谱如图 6.6 所示。第三方支付凭借其便捷、高效、安全的支付体验，使得中国的支付市场成为国际领先的支付市场之一。

图 6.6　中国第三方支付产业图谱（来源：艾瑞研究院）

三、第三方支付的特点

第三方支付有以下特点：

① 平台整合性。第三方支付平台提供了一系列应用接口程序，将多种银行卡支付方式整合到一个界面中，负责交易结算时与银行的对接，避免了当前不同银行账户间转账不畅的情况，使网上购物更加快捷、便利。客户和商家不需要在不同的银行开设不同的账户，从而可以帮助客户降低网上购物成本，帮助商家降低运营成本。同时，还可以帮助银行节省网关开发费用，并为银行带来一定的潜在利润。

② 安全独立性。第三方支付平台主要为网上交易提供安全保障，独立监督和约束买卖双方。当客户在网上购物时，钱不是直接打到商家账户上而是先打到第三方支付平台，通过第三方支付平台银行账户，当客户确认收货并且无质量等问题后通知第三方支付平台把钱打入商家账户；当发生交易纠纷时能有效避免商家收到客户订单后不发货或客户收到货后拒绝付款等情况，从而充分保证买卖双方的交易安全。较之 SSL、SET 等协议，利用第三方支付平台进行支付操作更加简单且易于接受。SSL 协议是现在应用比较广泛的安全协议，在 SSL 协议中只需要验证商家的身份；SET 协议是目前基于信用卡支付系统的比较成熟的技术，但在 SET 协议中，各方的身份都需要通过 CA 进行认证，程序复杂、手续繁多、速度慢且实现成本高。有了第三方支付平台，客户和商家之间的资金往来由第三方来完成，使网上交易变得更加简单。

③ 信用中介性。第三方支付平台比传统买卖双方直接交易多了一个中介环节。第三方支付平台本身依附大型的门户网站，且以与其合作的银行的信用作为信用依托，因此第三方支付平台能够较好地解决网上交易中的信用问题，有利于推动电子商务的快速发展。

四、第三方支付的流程

以 B2C 交易为例，通过第三方支付平台（如支付宝）的交易流程如图 6.7 所示。

步骤一　客户登录电子商务网站选购商品，向商家下订单。

步骤二　客户用银行卡将资金转移到第三方支付账户中。

步骤三　客户选择第三方支付平台作为交易中介，将货款划转到第三方支付平台账户。

步骤四　第三方支付平台通知商家客户已经付款，并要求商家在规定时间内发货。

步骤五　商家收到通知后按照订单发货。

步骤六　客户收到货物并验证后通知第三方支付平台。

步骤七　第三方支付平台把货款划入商家账户。

步骤八　银行通知商家货款到账，交易完成。

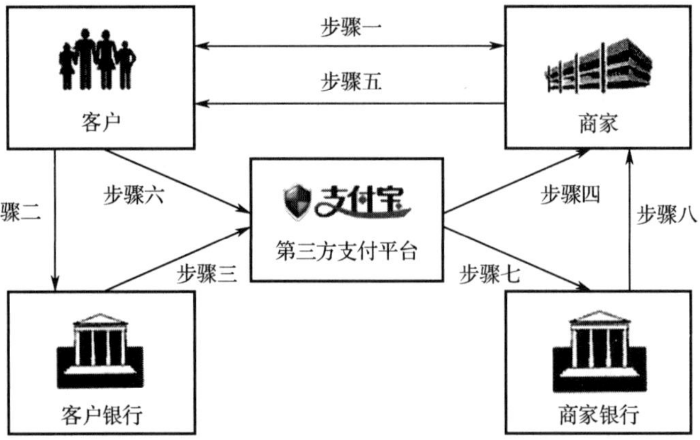

图 6.7　第三方支付的流程

五、第三方支付的问题与管理办法

（一）第三方支付的问题

第三方支付存在的问题：

① 虚实支付问题。第三方支付是一种虚拟支付层的支付模式，需要其他的实际支付方式来完成实际支付层的操作。

② 信息安全问题。付款人的银行卡信息将暴露给第三方支付平台，如果这个第三方支付平台的信用度或保密手段欠佳，就会给付款人带来风险。

③ 法律地位问题。第三方支付的法律地位及权利和义务不明确。

④ 资金风险问题。由于有大量资金寄存在第三方支付平台账户内，而第三方支付平台不是金融机构，所以有资金寄存的风险。

（二）第三方支付管理办法

为加强客户备付金监管，切实保障消费者合法权益，中国人民银行于 2021 年 1 月发布了《非银行支付机构客户备付金存管办法》，自 2021 年 3 月 1 日起正式施行。该办法主要明确了以下五个方面的问题：

① 规定备付金全额集中交存至中国人民银行或符合规定的商业银行。

② 规定客户备付金的划转应当通过符合规定的清算机构办理。

③ 详细规定了备付金出金、入金及自有资金划转的范围和方式，明确了支付机构间开展合规合作产生的备付金划转应当通过符合规定的清算机构办理。

④ 明确了中国人民银行及其分支机构、清算机构、备付金银行各方对客户备付金的监督管理职责。

⑤ 增加了备付金违规行为处罚条款。

情境拓展

支付宝发展历程

浙江支付宝网络技术有限公司是目前我国最大的第三方支付平台，是阿里巴巴集团的关联公司。

2003年10月18日，淘宝网首次推出支付宝服务。此时的支付宝只是淘宝网为解决网络交易安全所设的一个功能平台。它首先使用了“第三方担保交易模式”，即由客户将货款打到支付宝账户，由支付宝向商家通知发货，客户收到商品确认后让支付宝将货款打给商家，至此完成一笔网络交易。

2004年12月，支付宝从淘宝网分拆独立，成立浙江支付宝网络技术有限公司。

2005年2月，支付宝推出“全额赔付”支付，提出“你敢用，我敢赔”承诺。

2008年2月，支付宝发布移动电子商务战略，推出手机支付业务；10月，支付宝公共事业缴费功能正式上线，支持水、电、煤、通信等缴费。支付宝2008年全年交易额超1 300亿元。

2010年10月，支付宝推出国内首个二维码支付技术，帮助商家从线上向线下延伸发展空间。同年，支付宝推出“快捷支付”，用户无须开通网银便可用银行卡进行网上交易支付。

2011年5月，中国人民银行宣布支付宝、财付通、易宝支付等27家公司获得央行颁布的首批第三方支付牌照，意味着第三方支付无序状态的结束；7月，支付宝推出手机支付产品——条码支付，进军线下支付市场，客户和商家之间通过支付宝条码进行交易，无须银行卡，支付宝用远程支付模拟近场支付，推行线下支付网络化；2011年“双十一”当天，淘宝商城支付宝交易额突破33.6亿元，支付宝当天支付成功3 369万笔，刷新世界纪录。其中，无线支付笔数达到171万笔；快捷支付笔数达到1 150万笔。

2013年，支付宝手机支付用户超过1亿人，手机支付超过27.8亿笔，支付金额超过9 000亿元，成为全球最大的移动支付公司。

2016年11月，支付宝入驻苹果应用商店（App Store）。

2017年5月，支付宝宣布推出香港版电子钱包“支付宝HK”，正式为中国香港居民提供无现金服务。港版支付宝上线后，所有香港居民都可以通过绑定香港当地银行信用卡或余额充值使用支付宝，直接用港币付款。

2019年1月，中山大学发布的《移动政务服务报告（2018）——重构与智慧》显示，全国已有442座城市（含县级市和省直辖县）将政务服务搬上了支付宝平台；6月，支付宝及其本地钱包合作伙伴已经服务超过12亿人的全球用户。

2020年3月10日举行的支付宝合作伙伴大会上，支付宝宣布从金融支付平台升级为数字生活开放平台。

2021年5月，数字人民币接入支付宝，支付宝支持数字人民币支付。

情境案例

谨防网络电信诈骗，增强第三方支付安全意识

家住宁夏回族自治区石嘴山市惠农区的肖某是一名13岁的初中学生。由于其父母平时忙于做生意，很少关注孩子的个人行为，所以肖某便养成了用手机玩游戏的习惯。3月25日，肖某放学后，用妈妈的手机进入一个游戏平台。一开始，肖某玩的是一般等级的游戏，装备也很普通。要想使游戏等级更高，就必须有更好的装备，肖某便联系客服购买，客服回复要想等级高，可以通过购买游戏币来兑换，游戏币还可以出售赚取现金。平时肖某经常接触妈妈的手机，也知道手机绑定的支付宝密码，于是按照客服的提示，他先转账10元购买了30万游戏金币，将自己的装备提升了一个档次。但当他和几个网友一起打游戏时，还是因为装备太差遭到嫌弃。为了使自己的游戏等级提升一个新档次，肖某再次偷偷使用妈妈的手机，通过扫描客服提供的二维码购买游戏币。4月2日，其母亲才发现自己的银行账户内少了1.2万元。在母亲的再三追问下，肖某承认1.2万元都被自己买了游戏币。肖某的母亲联系客服，却始终联系不上，相应网站也很快关闭。万般无奈之下，肖某的母亲选择报警。

警方发现，肖某登录的游戏平台为一个未经审核注册的虚拟游戏平台，犯罪分子利用青少年痴迷网络游戏，并对网络电信诈骗手段知之甚少的特点，承诺购买游戏币可以提升装备、可以出售游戏币变现赚钱，一步步设下陷阱进行诈骗，到一定程度后，便关闭网站溜之大吉。

警方提示：网络游戏交易陷阱多，不可轻信。在交易时，一定要通过合法的第三方支付平台进行支付，父母也要加强手机支付密码的管理，同时要教育未成年人不要擅自向陌生人转账，以防被骗。

情境任务四　移动支付

情境引例

世博会让国人首次认识了手机支付

2010年5月1日，世博会在上海隆重召开。会议当日与世人见面的除有各个国家和地区的国家馆之外，还有很多新技术。其中，很重要的一个是手机门票；另外一个就是手机支付。

手机门票是中国移动为上海世博会推出的一项新的服务项目。在上海世博会倒计时一周年之际，中国移动向世人展示了手机门票的使用。在演示现场，观众只需要更换一张带有NFC（近距离通信）功能的SIM卡，就可以通过“空中下载”取得手机门票，或者直接购买附带门票的SIM卡。在进入世博园时，只要门口的验票器识读一下手机中的门票信息，观众就可以入园参观。

中国移动（上海）公司有关负责人介绍，世博会手机门票融合了RFID和SIM卡技术，用户无须更换手机，只需要换卡，从而省去了麻烦，是一项创新应用，全国的观众都可在本地营业厅换卡购票。这位负责人说，这项业务即将开始试商用，2011年5月正式商用，在世博会后也将继续使用。

除了手机门票，上海世博会还可以让参观者无须带钱包就能在园内自由购物。中国移动和交通银行开展全面合作，在世博园园区共同实现手机支付业务，实现通过支持非接触功能的移动终端完成现场消费的功能。这也意味着，在世博会期间，市民只要使用随身携带的手机就能在世博园园区内进行各类小额消费，体验真正的手机购物。

引例思考　在世博会中，运用手机门票和手机支付，为参观者带来了哪些好处？移动支付逐步走入人们的生活，那么什么是移动支付？

一、移动支付的概念及分类

（一）移动支付的含义

随着电子商务的蓬勃发展，网上购物已经逐步成为消费者购物的主要方式之一。随之而来的电子支付也得到了人们的广泛认可，其应用的深度和广度都大幅度增加，开始从计算机终端走向移动终端。智能手机的普及和移动互联网的迅速发展也推动了移动支付的快速发展。

所谓移动支付，是指以手机、PDA 等移动终端为工具，通过移动通信网络实现资金从客户账户向商家账户转移的方式，包括了客户、商户、账户、支付渠道和支付终端等要素。移动支付将互联网、终端设备、金融机构有效地联合起来形成了一个新型支付体系。不仅可进行货币支付，还可缴纳各种费用。

移动支付系统为每个手机用户建立了一个与其手机号码关联的支付账户，其功能相当于电子钱包，供手机交易支付和身份认证，完成银行转账、缴费和购物等。

（二）移动支付的特点

移动支付具有灵活性、便利性、安全性等特点。

① 灵活性。移动支付具有很强的灵活性，不仅可以在固定场所使用，还可以在出差、旅行、参观等移动途中方便地使用。消费者可以在任何时间、任何地点，通过各种移动通信工具完成各项支付事项。

② 便利性。移动支付给人们带来了各种生活便利，如不需要现金、没有假币的困扰、不用找零、支付速度快等，满足了人们工作生活节奏快对便捷或高效率的要求。

③ 安全性。移动支付是无现金支付，无须携带现金，从而规避了偷盗抢劫资金行为的发生，在促进消费的同时，能确保交易安全。

（三）移动支付的分类

1. 按照支付账户性质划分

按这种方式划分，移动支付可分为银行卡支付、第三方账户支付和通信代收费账户支付。

① 银行卡支付就是直接采用银行的借记卡或贷记卡账户进行支付的形式，资金通过开户行、中国银联、移动运营商和支付服务商等进行流转。此类账户的资金调动操作相对复杂，但安全性较高。

② 第三方账户支付是客户在第三方支付机构的平台上建立资金账户，用以支付交易费用。最典型的就是常用的支付宝账户。

③ 通信代收费账户支付是把账户与手机进行绑定，支付款项将从手机话费中扣除。其应用范围多局限于移动运营商销售的商品或服务，风险控制和安全管理的级别较低。

2. 按照支付的距离划分

按这种方式划分，移动支付可分为近场支付和远程支付。

① 近场支付是指消费者在购买商品或服务时，即时通过手机向商家进行支付。支付的处理

在现场线下进行——使用 NFC、红外、蓝牙等通道，实现与自动售货机、POS 机等终端设备之间的本地通信，不需要使用移动网络。支付完毕，消费者即可得到商品或服务。

在这种场景下，手机支付实际上取代了现金支付和刷卡支付，消费者只要“刷手机”即可。既然是“刷手机”，那么就需要手机具备这项功能。目前，主流的技术是 NFC 技术。手机终端需要内置 NFC 芯片，植入银行卡卡号等用户信息，这样消费者就可以像刷银行卡一样“刷手机”了。当然，这还需要商家具备兼容的读卡器，即 POS 机。近场支付的使用场合通常在商场、超市、便利店、公共交通等。

② 远程支付是指消费者用手机进行支付时，支付的处理是在远程的服务器中进行的。这种支付方式支付的信息需要通过移动网络传送到远程服务器中才可完成支付过程。远程支付是通过不同的支付方式进行的，包括在移动设备上进行的银行卡转账、第三方平台支付等。

3．按照用户的支付方式划分

按这种方式划分，移动支付可分为宏支付和微支付，也称为大面额支付和小面额支付。

二、移动支付的交易流程

手机支付是移动支付的典型代表。从手机支付工作原理来看，手机支付系统主要涉及客户、商家及无线运营商三个方面。手机支付流程的具体步骤如下：

步骤一　客户通过互联网进入客户前台系统选择商品。

步骤二　将购买指令发送到商家管理系统。

步骤三　商家管理系统将购买指令发送到无线运营商综合管理系统。

步骤四　无线运营商综合管理系统将确认购买信息指令发送到客户前台消费系统或客户手机上请求确认。如果没有得到确认信息，则拒绝交易。

步骤五　客户通过客户前台消费系统或手机将确认购买指令发送到商家管理系统。

步骤六　商家管理系统将客户确认购买指令转交给无线运营商综合管理系统，请求执行缴费操作。

步骤七　无线运营商综合管理系统缴费后，告知商家管理系统可以交付商品，并保留交易记录。

步骤八　商家管理系统向客户交付商品，并保留交易记录。

步骤九　将交易明细写入客户前台消费系统，以便客户查询。

三、移动支付的现状与发展

移动支付是近年来支付服务方式的重要创新之一，也是新兴电子支付的主要表现形式。移动支付业务最早出现于 20 世纪 90 年代初的美国，随后在韩国和日本出现并迅速发展。中国的移动支付最早出现在 1999 年，由中国移动与工商银行、招商银行等金融部门合作，在广东等一些省市开始进行移动支付业务试点。目前，中国的移动支付市场初具规模，无论是从业机构、市场占有情况，还是用户数量、业务规模，都取得了较好的发展。

中国银联发布的《2020 移动支付安全大调查报告》显示，有 98%的受访者将移动支付视为最常用的支付方式，平均每人每天使用移动支付三次，其中二维码支付最受欢迎。Worldplay 发布的《2021 全球支付报告》数据显示，中国国内所有的支付方式中，移动支付的占比达到 50%，成为中国消费者选择最多的支付方式。

CNNIC 发布的第 49 次《中国互联网络发展状况统计报告》显示，截至 2021 年 12 月，我国手机网络支付用户规模达到 10.29 亿人。中国人民银行发布的数据显示，截至 2021 年年底，我国移动支付业务 1 512.28 亿笔，交易金额达 526.98 万亿元，同比分别增长 21.94%和 22.73%。由于第三方支付 App 平台的活跃，使得人们逐渐习惯于使用第三方移动支付进行支付，并成为移动支付中市场规模最大的一环。

根据艾瑞咨询分析，2020 年，在中国第三方移动支付参与者（见图 6.8）中，第一梯队的支付宝、财付通以较大领先优势占据市场头部地位。第二梯队的支付企业在各自的细分领域发力。其中，壹钱包位居第三，依托场景、技术、资源等优势，提升 C 端服务体验，推进 B 端合作赋能；联动优势位居第四，推出面向行业的支付+供应链金融综合服务，促进交易规模平稳发展；快钱位居第五，向保险、航空领域持续提供金融科技能力输出服务，实现商户综合解决方案定制化；银联商务位居第六，围绕商户营销拓客、账务管理、终端运维、资金服务等方面的需求，为合作伙伴创造价值；易宝支付位居第七，连接航空、铁路、租车全交通生态，并涉及旅游、酒店到景区的全旅游服务，实现这一生态下的完全布局；苏宁支付位居第八，积极助力城市绿色出行，深耕场景服务，重点挖掘出行领域，打通线上线下多渠道，提高用户参与度。艾瑞咨询分析认为，尽管移动支付市场的格局趋于稳定，但从更广阔的角度来看，目前移动支付业务主要服务于 C 端用户及与 C 端消费场景直接关联的近 C 端行业内企业，仍有大量的远 C 端企业需要通过创新的支付体验及完整的行业解决方案来提升自身的效率。因此，对于众多的支付机构而言，另一个角度的第三方支付竞争才刚刚开始。

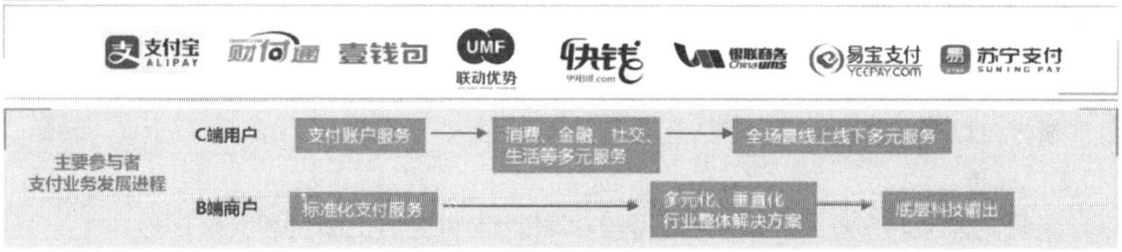

图 6.8　中国第三方移动支付参与者（来源：艾瑞研究院）

随着中国电信移动网络不断升级，中国电信基础设施建设的力度加大，中国电子商务技术的不断发展和普及，移动支付逐渐渗透到电子商务领域，并成为电子商务的一种主要支付方式。伴随着中国消费者的消费观念和行为的改变，未来中国移动支付市场规模还会进一步扩大，预计 2026 年移动支付的交易规模有望超过 1 200 万亿元。

移动支付

情境案例

微信支付

微信支付是腾讯集团旗下中国领先的第三方支付平台，以“微信支付，不止支付”为核心理念，为个人用户创造了多种便民服务和应用场景。微信支付自 2013 年 8 月正式上线，经过七年的快速发展，已经成为 2020 年中国用户最常使用的移动支付产品。

2014 年春节期间，微信支付推出微信红包，数百万用户为了抢红包绑定了微信和银行卡。

2014年1月，微信支付与滴滴合作引爆打车市场；8月，微信支付智慧生活解决方案发布。

2015年除夕夜，微信春晚“摇一摇”互动总量达110亿次，微信红包收发总量达10.1亿次；5月，微信零钱用户突破3亿人。

2016年1月，微信支付接入线下门店超30万家；8月，微信支付打造全球首个移动支付节日“88智慧生活日”，倡导低碳、高效的生活方式；9月，“微信买单”功能上线，零门槛接入，帮助中小商户甩掉技术包袱；12月，腾讯移动支付月活跃账户及日均支付交易笔数均超过6亿人笔。

2017年7月，微信支付上线全新微信支付境外开放平台，降低境外商户接入门槛。

2018年10月1日起，微信香港钱包正式为香港用户提供内地移动支付服务。

2019年12月，微信支付打造的刷脸智能终端设备“微信青蛙Pro”正式发售。

2020年，中国支付清算协会发布的2020年移动支付用户问卷调查报告显示，用户使用微信支付的比例从2019年的87.3%增至92.7%；支付宝比例从2019年的90.7%增至91%；云闪付比例从2019年的78.9%降至74.9%。微信支付成为中国用户最常使用的移动支付产品。

2021年，微信支付正式推出品牌视频号，提供支付后跳转视频、支付后直播预约、品牌红包、支付后小程序跳转视频号、品牌发券等功能；11月，微信支付小程序支持银联云闪付功能上线；12月，微信支付正式上线“防骗客服提醒”功能。

2022年1月，微众银行（微信支付）数字人民币钱包上线。实名开通微众银行（微信支付）数字人民币钱包后，可以使用数字人民币App或微信进行支付。

技能训练

1．登录工商银行网站，了解其提供的功能或服务。

2．根据自己持有的银行卡，申请开通个人网上银行、手机银行，练习账户查询、转账、网上缴费和支付业务。

3．登录支付宝，查看其提供了哪些服务，练习支付宝网上缴费和支付过程。

4．中国铁路订票网为购票客户提供了哪些支付形式？练习网上购票与网上支付过程。作为消费者，你愿意采用哪种方式支付？为什么？

5．登录京东商城，安装电子钱包，练习使用电子钱包进行支付。

6．下载“数字人民币（试点版）”App，查询其提供的支付功能。

学习情境七

电子商务物流

物有本末，事有终始。知所先后，则近道矣。——《礼记·大学》

学习目标

知识目标

了解物流的基本知识，理解物流与电子商务的关系，了解电子商务物流的特点、相关信息技术和常见模式及应用。

技能目标

通过实践掌握物流快件的发货下单、跟踪和查询操作，能够熟练进入快递网站查询快递网点、单号、物流状态，使用手机客户端跟踪快件。

素质目标

感受电子商务物流发展的艰辛，培养社会责任感、历史使命感和职业担当。

情境任务一　物流概述

情境引例

速度之于物流

菜鸟数据显示，2019年 11月 11日上午 8时 01分，天猫“双十一”第一亿个包裹发出，比 2018年天猫“双十一”提前 59分钟，再次刷新纪录。从 2013年以来，同样数量的订单发货时长已经累计缩短 40个小时。今年“双十一”前，大量预售商品已经提前下沉，这些订单近九成都可以当日或次日送达。

引例思考　物流技术的发展对电子商务有何保障作用?

物流之于电商

面对来势汹汹的新型冠状病毒肺炎疫情，许多行业均受到不同程度的影响。随着抗疫形势日益严峻，足不出户的网民将消费热情都释放到网络上，几亿人的线上消费热情空前高涨，使得物流、电商等在线网络服务商在短期内迎来了一波大的增长“机会”，不过这样的“机会”并非人人都能抓住。京东物流适时推出了“与疫情相关的”系列措施，如加班加点赶往疫区，运送急需物资和医疗器械、生活物品等。疫情“阴霾”之下，京东物流依靠其强大的运送能力和及时准确的寄送速度，赢得上下一片“喝彩”。如此大的物资运力，本身就对物流提出了高要求，更何况生鲜类食材对时效性有极高的要求。而在国内电商企业中京东是唯一具备相应配套能力的企业，因而其在疫情发生之后，能够迅速从阿里（阿里控股通达系，用自己的钱养别人的兵，毕竟不方便）、拼多多（配送能力不足）等大型电商平台中脱颖而出，成为这场疫情发生后电商企业中最鲜明的一面旗帜。

引例思考　什么是电子商务物流?

一、物流的概念和分类

（一）物流的发展

物流活动和人类历史一样久远，当社会出现了商品交换，便有了原始的物流。物流一词最早出现于美国。1915 年阿奇·萧在《市场流通中的若干问题》一书中就提到“物流”一词，并指出“物流是与创造需求不同的一个问题”。20 世纪初，西方一些国家已出现生产大量过剩、需求严重不足的经济危机，企业因此提出了销售和物流的问题。此时的物流指的是销售过程中的物流。

1935 年，美国销售协会阐述了实物分配（Physical Distribution，PD）的概念：“实物分配是包含于销售之中的物质资料和服务在从生产场所到消费场所的流动过程中所伴随的种种经济活动。”现代物流概念在西方国家出现只有短短的几十年，而我国是在 20 世纪 80 年代引进这一概念的。

1．国外物流的发展

国外物流的发展，大体可分为以下四个阶段。

第一阶段　萌芽阶段（20 世纪初至 50 年代）

20 世纪初，在北美和西欧一些国家，随着工业化进程的加快及大批量生产和销售商品，人们开始意识到降低物资采购及产品销售成本的重要。单元化技术的发展，为大批量配送物资提供了条件，同时也为人们认识物流提供了可能。第二次世界大战期间，美国军事部门所发展的“后勤管理”（Logistics Management）方法对军需物资的采购、运输、仓储、分发进行统筹安排和全面管理，取得了显著效果，战后又将其引入经济部门，应用于流通领域和生产经营管理全过程所有与物品获取、运送、储存、分配有关的活动。20 世纪中期以来，Logistics 逐渐取代 PD，成为物流科学的代名词。

1946 年，美国正式成立了全美输送物流协会，这是美国第一个对专业输送者进行考查和认证的组织。日本自 1956 年从美国引入物流概念以来，在对国内物流调研的基础上，将物流称为“物的流通”。与此同时，欧洲各国为降低产品成本，开始重视工厂范围内物流过程中的信息传递，对传统物料搬运进行变革，寻求物流合理化途径。这一时期可以说是物流的萌芽阶段。

第二阶段　快速发展阶段（20 世纪 60—70 年代）

20 世纪 60 年代以后，世界经济环境发生了深刻变化。科学技术的发展，尤其是管理科学的进步，生产方式、组织规模化生产的改变，大大促进了物流的发展。物流逐渐为管理学界所重视，企业界也开始注意到物流在经济发展中的作用，将改进物流管理作为激发企业活力的重要手段。这一时期是物流快速发展的重要阶段。

在美国，现代市场营销观念的形成，使企业意识到客户满意是实现企业利润的唯一手段，客户服务成为企业管理的核心要素，其中物流服务起到重要作用。物流，特别是配送得到了快速发展。1960 年，美国的 Raytheon 公司建立了最早的配送中心；1963 年，美国成立了国家实物配送管理委员会。

20 世纪 60 年代中期到 20 世纪 70 年代初，是日本经济高速增长、商品大量生产和大量销售的年代。随着这一时期生产技术向机械化、自动化方向发展及销售体制的不断改善，物流已成为企业发展的制约因素。于是日本政府加强了物流基础设施建设，如在全国范围内进行高速公路网、港口设施、流通聚集地等建设。日本社会各界对落后的物流制约经济发展有了共识。

这一时期也是欧洲经济快速发展的阶段，商品生产和销售进一步扩大，企业集团和大公司的出现、运输技术的广泛采用、物流需求的增多，都大大促进了物流的快速发展。

第三阶段 合理化阶段（20 世纪 70—80 年代）

这一阶段物流管理的内容由企业内部延伸到企业外部，物流管理的重点已经转移到物流战略的研究上。企业开始超越现有的组织机构界限而注重外部关系，将供货商、分销商及用户等纳入管理范围，利用物流管理建立和发展与供货厂商及用户稳定、良好、双赢、互助合作伙伴式的关系，形成了一种联合影响力量，以赢得竞争的优势。物流管理已经意味着企业应用先进的技术，站在更高的层次上管理这些关系。电子数据交换、准时制生产、配送计划和其他物流技术的不断涌现及应用与发展，为物流管理提供了强有力的技术支持和保障。

这一阶段，日本经济发展迅速，并进入了以消费为主导的时代。虽然物流量大大增加，但成本的增加使企业利润并没有得到预期的提高，因此降低经营成本，特别是降低物流成本成为经营战略中的重要特征。随着经济和流通领域的发展，欧洲各国许多不同类型的企业（厂商、批发业者、零售业者）也在进行物流革新，建立相应的物流系统。这时欧洲的制造业已采用准时（JIT）生产模式，客户的物流服务需求已发展到可一天供货或服务。

第四阶段 现代物流阶段（20 世纪 90 年代至今）

20 世纪 90 年代以来，随着新经济和现代信息技术的迅速发展，现代物流的内容仍在不断丰富和发展。信息技术的进步，使人们更加认识到物流体系的重要性，现代物流的发展也被提到了日程。信息技术，特别是网络技术的发展，为物流发展提供了强有力的支撑，使物流向信息化、网络化、智能化方向发展。这不仅使物流企业和工商企业建立了更为密切的联系，也为客户提供了更高质量的物流服务。

日本政府在 1990 年制定的《综合物流施策大纲》提出了日本物流发展的基本目标和具体保障措施，其中特别强调物流系统要实现信息化、标准化。1999 年，美国物流电子商务的营业额达到 80 亿美元以上，电子商务使物流向信息化并进一步向网络化发展。

2．我国物流的发展

我国物流的发展与我国的经济发展水平、经济结构、技术发展状况有关，与我国的经济体制变革有关。自中华人民共和国成立以来，我国的物流发展大体可分为以下四个阶段。

第一阶段 初期发展阶段（1949—1965 年）

这一时期，我国国民经济尚处在恢复与发展时期，工农业生产水平较低，经济基础薄弱，并且出现了重生产、轻流通的倾向，物流处于起步阶段。其表现为：在生产和流通部门建立了为数不多的储运公司和功能单一的仓库；运输业处于恢复和初步发展时期；搬运和仓储环节比较落后。

第二阶段 停滞阶段（1966—1977 年）

1966 年开始的“文革”，给国家经济、政治及其他方面造成了严重损失，物流发展也遇到了同样的情况，物流理论研究和物流实践基本处于停滞状态。

第三阶段 较快发展阶段（1978—1990 年）

党的十一届三中全会以来，随着改革开放步伐的加快，我国开始从计划经济向市场经济过渡，国民经济特别是物流业得到了较快发展——运输业、仓储业、包装业发展较快，新建了大量的铁路、公路、港口、码头、仓库、机场等；有关物流学术团体相继成立，并积极有效地组织开展国内、国际物流学术交流活动，了解和学习国外物流管理的先进经验。中国物资流通学会于1989年5月在北京成功地承办了第八届国际物流会议，对我国的物流发展起到了促进作用。一些物流学的专著和译著出版发行，人们在观念上逐步改变了孤立地对待包装、装卸、运输、保管、信息等功能的态度，开始以系统的观点研究其作用。

第四阶段　高速发展阶段（1991年至今）

1991年以后，我国国民经济进入高速发展时期，科学技术的迅速发展和信息技术的普及应用，消费需求个性化趋势的加强，竞争机制的建立，使得我国工商企业，特别是中外合资企业，为了提高竞争力，不断提出了新的物流需求，我国经济界开始把发展物流业提到重要议事日程。在此期间，我国加快了物流系统建设，促使其向标准化、国际化方向发展。

（二）物流的概念

1．美国、欧洲、日本对物流的解释

美国物流管理协会对物流的定义是：物流是对货物、服务及相关信息从供应地到消费地的有效率、有效益的流动和储存进行计划、执行和控制，以满足客户需求的过程。

欧洲物流协会对物流的定义是：物流是在一个系统内对人员和商品的运输、安排及与此相关的支持活动的计划、执行和控制，以达到特定的目的。

日本日通综合研究所对物流的定义是：物流是物质资料从供给者向需求者的物理性移动，是创造时间性、场所性价值的经济活动。

2．我国对物流的解释

我国2021年颁布的国家标准《物流术语》中对物流的定义是：根据实际需要，将运输、储存、装卸、搬运、包装、流通加工、配送、信息处理等基本功能实施有机结合，使物品从供应地向接收地进行实体流动的过程。

3．物流的内涵

物流的内涵体现在以下五个方面：

① 物流是物品物质实体的流动。任何一种物品都具有二重性：一是自然属性，即有一个物质实体；二是社会属性，即具有一定的社会价值，包括稀缺性、所有权性质等。物品物质实体的流动是物流；物品社会实体的流动是商流。商流是通过交易实现物品所有权的转移，而物流是通过运输、储存等实现物品物质实体的转移。

② 物流是物品从供应地向接收地的实体流动，是一种满足社会需求的活动，是一种经济活动。不属于经济活动的物质实体流动不属于物流的范畴。

③ 物流包括运输、储存、装卸、搬运、包装、流通加工、配送、信息管理等基本功能活动。

④ 物流包括空间位置的移动、时间位置的移动及形状性质的变动，因而通过物流活动，可以创造物品的空间效用、时间效用和形质效用。

⑤ 物流最基本的特征之一，就是普遍性。社会经济中商业物品的物质实体，无论处在运动状态（运输、搬运）还是静止状态（储存、保管），都毫无例外地是处在物流状态。

（三）物流的分类

1．按物流业务活动性质分类

按物流业务活动性质分类，物流可分为采购物流、企业内物流、销售物流和逆向物流。

① 采购物流（purchasing logistics）也称为原材料采购物流，包括原材料等一切生产物资的采购、运输、储存、库存管理、用料管理和供应管理，是生产物流系统中相对独立性较强的子系统，

并且与生产系统、财务系统等生产企业各部门及企业外部的资源市场、运输部门有密切的联系。

② 企业内物流（internal logistics）是指企业内部的物品实体流动，从企业角度研究与之有关的物流活动，是具体的、微观的物流活动的典型领域。

③ 销售物流（distribution logistics）是指生产企业、流通企业出售商品时，物品在供方和需方之间的实体流动。

④ 逆向物流（reverse logistics）与传统供应链方向相反，是为了价值恢复或处置合理而对原材料、中间库存、最终产品及相关信息从消费地到起始点的有效实际流动所进行的计划、管理和控制过程。

2. 按实施物流的主体不同分类

按实施物流的主体不同分类，物流可分为自主物流、第三方物流和第四方物流。

① 自主物流（Autonomic Logistics）是由企业自身按照其运营要求，将原材料、零部件、产成品等物资从供给地向需要地转移的物流运作模式。

② 第三方物流（Third Party Logistics，3PL）中的第三方指的是提供各种专业物流服务，将物品从供方转移到需方的物流企业。第三方物流服务商分别专注于某项或某几项物流服务，包括运输业务、储存业务和配送业务。

第三方物流服务将企业对各种物流活动的需求由企业内部自行满足转变为通过企业外部合作来解决。这种专业服务，一方面提高了各项物流活动的运作效率；另一方面也减少了企业的物流成本负担，使企业在一定程度上摆脱了物流的束缚，可以将精力集中于核心业务。

③ 第四方物流（Fourth Party Logistics，4PL）是在第三方物流的基础上发展而来的，是优化了整个供应链的物流系统。其主要目标是整合供应链，向供应链内的企业提供完整的物流解决方案。与第三方物流能提供的低成本的专业服务相比，第四方物流可能在物流成本上高于第三方物流，但第四方物流能控制和管理整个物流过程，并渗透采购、生产的具体环节，对整个供应链流程提出筹划方案，以实现整个供应链的快速、高效、低成本的物流服务。

二、物流的作用

（一）从企业的微观角度看

从企业的微观角度看，物流有以下作用。

1. 物流是企业连续生产的前提条件

一个企业的生产要连续地、不间断地进行，一方面必须根据生产需要，满足企业对原材料、能源和工具等的需求。同时，在生产过程中，各种材料也要在各个工序之间互相传递，使它们经过一步步的加工，成为价值更高、使用价值更大的产品。另一方面，企业又需要及时将产品销售出去。在现代企业生产经营中，物流贯穿于采购、生产、销售整个循环过程，企业生产经营的全部职能都要通过物流得以实现。不论是采购物流、生产物流，还是销售物流，如果出现阻塞，那么企业的整个生产经营系统的运行必然受到影响。因此，物流是企业生产连续进行的必要条件。

2. 物流是商品实现其价值和使用价值的物质基础

如果物品不能流动，则无法成为商品，从而不能实现其使用价值，对生产者和消费者来说也就没有了价值。例如，永远存放在仓库内的苹果手机是不能给生产者或消费者创造价值的，只有将其销售出去，苹果公司和制造商才能获得利润，消费者也才能获得手机的使用价值。

3．物流信息是企业经营决策的重要依据

现在社会的生产力水平提高很快，生产规模急剧扩大，商品的更新换代速度加快，生产结构和消费结构越来越复杂，导致商品市场竞争异常激烈。在这种情况下，企业需要及时、准确、迅速地掌握市场信息和物流信息。近几十年来，物流信息在整个经济信息系统中的地位越来越重要，许多生产企业和流通企业都建立了设备先进的物流信息中心，以便及时掌握企业内部和外部的物流信息，作为企业生产经营决策的重要依据。

（二）从社会经济的宏观角度看

从社会经济的宏观角度看，物流有以下作用。

1．物流费用是企业运作过程中的一项重要支出，与其他经济活动相互影响

物流成本占 GDP 的比例过高会导致商品的高价格或企业的低利润，或者二者兼有，其结果是生活水平下降或税收减少。因此，通过改善物流运作效率，会对整个经济发展做出重要贡献。2020 年，全年社会物流总额 300.1 万亿元，同比增长约 3.5%；物流业总收入超过 10 万亿元，同比增长约 2.2%；全社会物流总费用与 GDP 比率为 14.7%。

2．物流的发展对商品生产的规模、产业结构的变化及经济发展的速度具有制约作用

一方面，流通规模必须与生产发展的规模相适应，这是市场经济运行的客观要求。而流通规模的大小在很大程度上取决于物流效能的大小，包括运输、包装、装卸、搬运、储存等。例如，只有在铁路运输、水路运输和汽车运输有了一定发展的情况下，煤炭、水泥等量大、质重的产品才有可能成为大量生产、大量消费的商品，这些商品的生产规模才有可能扩大。又如，很多火力发电厂、水泥厂修建在河流旁边，通过廉价的水路运输，可以降低物流成本。

另一方面，物流技术的发展，能够改变商品的生产和消费条件，从而为经济发展创造重要的前提条件。例如，肉、奶、蔬菜、水果等农产品，在没有储存、保管、运输、包装等物流技术作为保证时，往往只能保存几天到十几天，超过这个期限就会丧失使用价值。但是，在运输技术有了充分发展后，这类商品就能在较短的时间内进入更为广阔的市场和消费领域。同时，储存技术的发展使得这些商品可以在较长时间内保留其使用价值，并可以在较长时间里提供消费。此外，随着物流技术的迅速发展，物资流转速度大大加快，从而能够加速经济发展。例如，现在北方可以吃到热带的水果、内陆可以吃到新鲜的海产品、香港可以吃到新鲜的大闸蟹，生产者和消费者都从现代物流的发展中受益。

三、物流活动要素

物流活动要素是指物流系统所具有的基本要素，一般包括运输、储存、包装、装卸、搬运、流通加工、配送、信息管理，如图 7.1 所示。这些要素有效地组合、结合在一起，形成密切相关的一个系统，从而合理有效地实现了物流系统的目的。

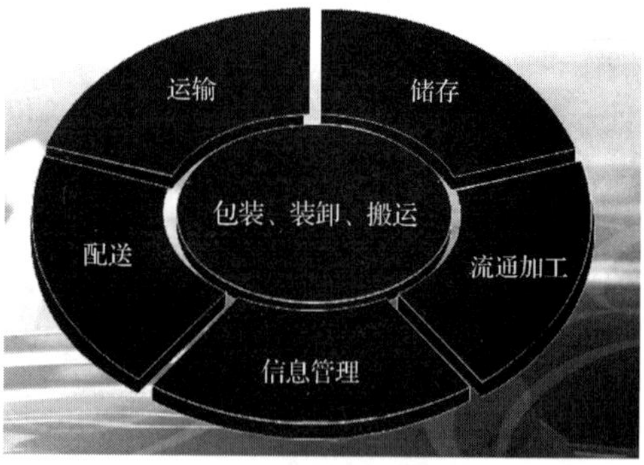

图 7.1　物流活动要素

（一）运输

1．运输的概念

运输是使物品发生场所、空间移动的物流活

动。运输既是物流系统功能要素的核心，也是实现物流合理化的关键。

2．运输方式

运输方式主要有公路运输、铁路运输、水路运输、航空运输、管道运输、联合运输等，如图 7.2 所示。

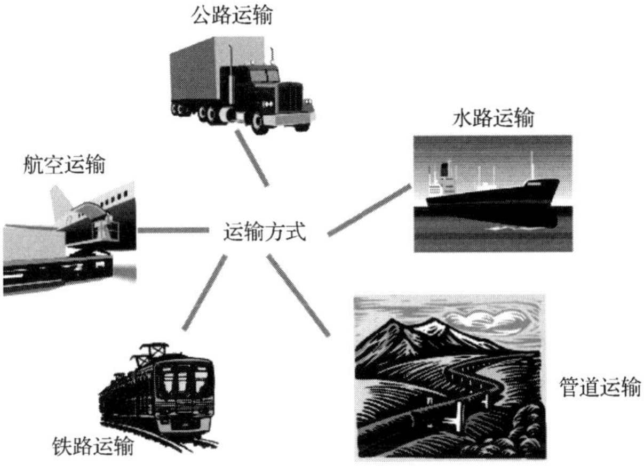

图 7.2　运输方式

3．六种运输方式优缺点比较

六种运输方式的优缺点对比如表 7.1 所示。

表 7.1　六种运输方式的优缺点对比

运输方式	优　点	缺　点
铁路运输	运量大，速度快，成本低，全天候，准时	基建投资大，运输范围受铁路线限制
公路运输	机动灵活，可实现“门到门”运输，不需要转运或反复搬运，是其他运输方式完成集疏运的手段	成本较高，容易受气候和道路条件的制约，准时性差，货物安全性较低，对环境污染较大
水路运输	运量大，运距长，成本低，对环境污染小	速度慢，受港口、气候等因素影响大
航空运输	速度极快，运输范围广，不受地形限制，货物比较安全	运量小，成本极高，站点密度小，需要公路运输方式配合，易受气候因素影响
管道运输	运量大，运费低，能耗少，较安全可靠，一般易受气候环境影响，劳动生产率高，货物零损耗，不污染环境	只适用于输送原油、天然气、煤浆等货物，通用性差
联合运输	综合使用各种运输方式，提高运输效率，减少运输费用，利于应用集装箱单元化运输	管理负责方不明确，不同运输方式易增加货物损坏、丢失的风险

4．运输合理化的意义

由于运输是物流中较重要的功能要素之一，因此物流合理化在很大程度上依赖于运输合理化。

运输合理化是指从物流系统的总体目标出发，按照货物流通规律，运用系统理论和系统工程原理及方法，合理利用各种运输方式，选择合理的运输路线和运输工具，以最短的路径、最少的环节、最快的速度和最少的劳动消耗，组织好货物的运输与配送，以获取最大的经济效益。

目前存在的不合理运输形式有单程空驶、对流运输、迂回运输、重复运输、倒流运输、过远运输和运输方式选择不当等。

（二）储存

储存又称仓储，在物流系统中起着缓冲、调节和平衡的作用，是物流的另一个中心环节。储存是通过仓库实现对货物的保管，即保存货物、管理控制货物的数量与质量的活动。

储存与运输是物流的两个主要功能要素，"运输"改变了货物的空间状态，而储存改变了货物的时间状态。储存使货物安全放置一段时间，从而实现了货物在"供应链"中上下环节的衔接。同时，还能调节上下环节流量的差异，从而保证了生产与流通的正常进行，使社会再生产不断发展。储存的这两个作用称为"蓄水池"与"调节阀"。储存也存在一定的副作用：储存必然增加仓库建设、管理及工作人员工资福利等费用、储备资金占用及利息支出、保存期货物损坏变质与保险费支出等。

传统物流中特别是各单位自备物流活动的储存往往是为了满足自己单位的需要，避免"停工待料"，而预先放置各种货物——往往积压大量的资金，并背负仓库建设、管理等庞大而琐碎繁杂的工作包袱。但是，现代物流管理往往是由专业物流企业承担这项功能。专业物流企业并非是为了自己的需要而储存，而是接受客户的委托，为客户储存保管属于客户的货物。这样一来，各单位可以免去自己的储存业务，从而实现"零库存"。这种"零库存"方式的优势在于：受委托方（专业物流企业）利用自己的专业优势，可以实现较高水平和较低费用的库存管理，而客户支付了有关物流费用后不再承担其他储存费用与风险。物流形式从少品种、大批量转为多品种、小批量或多批次、小批量，这样才能满足客户用料的需求。对于专业物流企业来说，仓库这种物流服务据点的功能在原来重视保管效率的基础上，还要增加大量为客户备足各种材料并及时发送到需用地点的业务。也就是说，仓库不仅具有保管储存等传统功能，而且还要发展包括挑选、配货、检验、分类等业务在内的多品种、小批量或多批次、小批量的配送功能，以及附加标签、重新包装等流通加工功能。

（三）包装

1．包装的概念

国家标准《包装通用术语》（GB4122—83）对包装的定义是：为了在流通过程中保护商品，方便储运，促进销售，按一定技术方法而采用的容器、材料及辅助物等的总体名称，也是指为了达到上述目的而在采用容器、材料和辅助物的过程中施加一定技术方法等的操作活动。

包装在物流中的作用有：保护货物、提高搬运运输效率，以及传递货物识别、分选和跟踪等信息。

2．包装的合理化

包装的合理化是指包装过程中使用适当的材料和技术，在满足包装基本作用的基础上最大限度地降低包装成本，减少过度包装。例如，使用可回收包装材料、可降解包装材料等。

（四）装卸和搬运

1. 装卸和搬运的概念

装卸和搬运就是将不同形态的散装、包装或整体的原料、半成品或成品，在平面或垂直方向进行提起、放下或移动，或者是运送、重新摆置物料，而使货品能适时、适量移至适当的位置或场地存放。

随着快递业的高速发展，邮件包裹较多，为片面追求速度、效率，暴力分拣、野蛮搬运时有发生。快递人员在邮件分拣搬运时，不按操作规范工作，乱扔乱放，甚至使用高空抛扔、随便踩踏，对邮件包裹造成损坏，这是严重的不负责任行为，必须改正。

2. 装卸和搬运的作用

装卸和搬运在物流过程中起着很重要的作用，但装卸和搬运是一种高劳动密集型的工作，导致企业整体生产率低下。同时，装卸和搬运的特性使得它从信息技术中获益的能力有限，加上装卸和搬运没有改变其产品的价值，所以至今很多物流人员容易轻视装卸和搬运工作，没有把它与其他物流活动作为一个整体来管理，造成现在搬运过程的低效率与高损耗。

（五）流通加工

1. 流通加工的概念和特点

流通加工是指商品从生产领域向消费领域流动的过程中，为了促进销售、提高物流效率对商品进行的加工。其特点有：第一，加工的对象是进入流通过程的商品；第二，流通加工大多是简单加工；第三，流通加工使商品完善，其使用价值在不做大改变的情况下得以提高；第四，流通加工由商业流通企业完成。

2. 流通加工的作用

① 流通加工可以提高物流效率，方便物流运行。这也是物流过程中的重要利润来源。

② 合理的流通加工可以促进销售，并使周期性供货的商品延长销售时间，如农产品。

③ 多样化的流通加工可以衔接不同的运输方式，使物流过程更加合理化。

④ 流通加工可以对商品起到保护作用，提高商品销售的经济效益。

3. 流通加工的类型

流通加工的类型有以下三种：

① 分选加工，如果品、蔬菜的分选。

② 精制加工，如茶砖的制作。

③ 分装加工，如饮料、牛奶的分装。

（六）配送

1. 配送的概念

配送是送货形式在现代经济社会中的发展、延伸和创新。配送不同于送货，配送是现代社会的产物，在买方市场的前提下，“送货”是买方的要求，卖方只有通过送货才能提高服务水平，取得竞争优势，因此可以说送货这种方式是在竞争环境下发展的产物。受利润、占领市场和企业战略发展动力的驱使，企业想方设法提高送货的服务水平，降低送货成本，这就必须使送货行为优化，实践中又出现了货物的合理配备、车辆的合理调配、路线的合理规划这些新的内涵，与送货有机结合在一起，便形成了现代社会中的配送。

我国 2021 年颁布的国家标准《物流术语》中关于配送的定义是：根据客户要求，对物品进行分类、拣选、集货、包装、组配等作业，并按时送达指定地点的物流活动。一般来说，配送一定是根据客户的要求，在物流据点内进行分拣、配货等工作。它将商流和物流紧密结合起来，既包含了商流活动，也包含了物流活动中若干功能要素。

2. 配送的作用

① 完善了输送环节及整个物流系统。配送环节处于支线运输，灵活性、适应性、服务性都较强，能将支线运输与小搬运统一起来，以优化和完善运输过程。

② 提高了末端物流的经济效益。采取配送方式，通过增大经济批量来达到经济进货的目的。又通过将各种商品、用户集中起来一次发货，代替分别向多个不同用户小批量发货，以提高末端物流的经济效益。

③ 通过集中库存，可使企业实现低库存或零库存。实现了高水平配送之后，尤其是采取准时制配送方式之后，生产企业可以完全依靠配送中心的准时制配送而不需要保持自己的库存，或者生产企业只需要保持少量保险储备而不必留有经常性储备。这就可以实现生产企业多年追求的“零库存”，将企业从库存的包袱中解脱出来，同时解放出大量储备资金，从而改善企业的财务状况。实行集中库存，库存的总量远低于不实行集中库存时各企业分散库存的总量。同时，这也增加了调节能力，提高了社会经济效益。此外，采用集中库存可利用规模经济的优势，使单位存货成本下降。

④ 简化手续、方便用户。采取配送方式，用户只需要向一处订购，或者与一个进货单位联系就能达到需要去多处采购的目的。只需要组织对一个配送单位的接货便可代替现有的高频率接货，因而大大减轻了用户的工作量和负担，也节省了订货、接货等一系列费用开支。

⑤ 提高了供应保证程度。生产企业如果自己保持库存，维持生产，那么供应保证程度很难提高（受库存费用的制约）。采取配送方式，配送中心可以比任何企业的储备量更大，因而对每个企业而言，中断供应、影响生产的风险便相对缩小，使用户免去短缺之忧。

（七）信息管理

物流信息是反映物流各种活动内容的知识、资料、图像、数据、文件的总称。

现代物流与传统物流最主要的区别就是是否存在物流信息的有效交换，而物流信息有效交换的前提是得到必要而精确的消息。在物流的各个环节中会产生大量的信息，如车辆选择、路线选择、库存决策、订单管理等，而这些物流信息通常采用物流信息系统管理。

物流信息系统是指由人员、设备和程序组成的，为物流管理者执行计划、实施、控制等职能提供信息的交互系统。图 7.3 直观地表示了物流信息系统在物流管理中的管理过程和作用。其中，信息中心搜集客户需求信息，整理后将客户需求转化为购买信息发往厂家；然后，全场监督和管理货物的购买、入库、物流流程直至交付给客户；最后，从客户处收回货款。

物流信息系统是建立在物流信息的基础上的，只有具备了大量的物流信息，物流信息系统才能发挥作用。在企业的整个生产经营活动中，物流信息系统与各种物流作业活动密切相关，具有有效管理物流作业系统的职能。它有两个主要作用：一是随时把握商品流动所带来的商品量的变化；二是提高各种有关物流业务的作业效率。它与物流过程中的订货、收货、库存管理、发货、配送及回收等职能有机地联系在一起，使整个物流活动顺利进行。

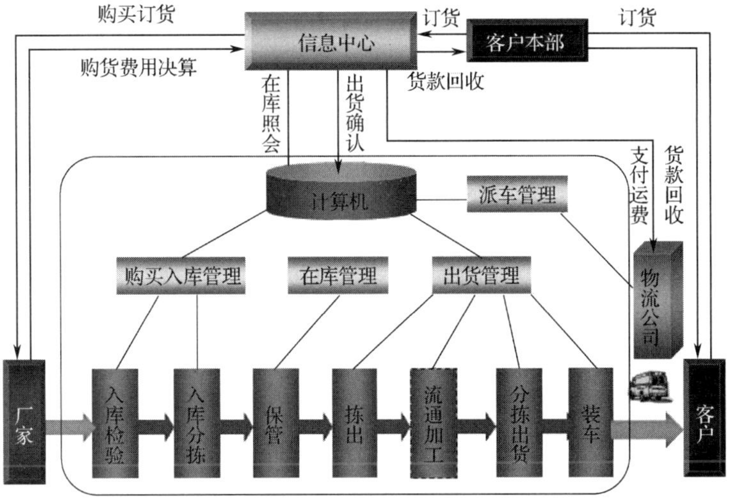

图 7.3　物流信息系统

情境任务二　电子商务物流

情境引例

京东首架重型无人机起飞

2018年11月，由京东自主研发的首款原生支线无人货运飞机在陕西正式完成首飞。根据设计规划，这款名为“京东京鸿”的无人机起飞重量超过吨级，可装载京东标准化货箱，承载干线与末端无人机网络的转接，在未来能够与京东物流仓储设施实现无缝对接。据京东透露，这架无人机翼展超过10米，具有全天候全自主飞行能力，巡航高度3 000米，巡航速度超过200千米/小时，可连续飞行1 000千米以上，起飞重量840千克，能够携带5个标准立方的航空箱。截至2018年11月，京东无人机已累计申请500余项专利，实现智能、结构、导航、飞控、视觉等多项核心技术突破。这款无人机如果能够运用到物流货运上，无疑会推动物流业的巨大变革。刘强东表示：京东无人机重在解决农村偏远地区物流问题，很多偏远的山村，一件货物需要一个物流人员专程进行奔波；未来，京东将在四川、陕西建设100多个无人机机场，省内物流成本将会因此降低70%。

引例思考　你认为电子商务和物流之间存在什么关系?

一、电子商务与物流的关系

随着电子商务领域的蓬勃发展，物流行业正逐渐走进大众视野。在电子商务的影响下，人们对物流行业的需求逐渐增加。位于供应销售链上游的电子商务蓬勃发展无疑带来了巨大的物流需求，而位于供应销售链下游的物流作为电子商务业发展的重要保障，其健康有序发展是推动电子商务繁荣的重要推动力。

1．物流对电子商务的影响

随着物流产业的飞速发展，物流在电子商务中的作用日渐凸显，逐渐成为电子商务的必需产业，为电子商务活动起了支撑作用。

① 物流是实施电子商务的关键。电子商务具有生产、营销、服务的广泛性，不受地域限制，但是大多数产品仍要依靠物理方式配送，因此对产品跨地域流通有迫切需求，物流作为连接整个运营环节的关键纽带，在电子商务的实施中起到了关键的作用。

② 物流信息化是电子商务发展的基础。电子商务的飞速发展对物流提出了越来越高的要求。从原材料的采购、产品的生产、销售到售后服务，都需要高效的物流系统作为支撑。物流的信息化表现为物流信息商品化、信息传递标准化、信息流通实时化、信息存储数字化等，这些特点能够更好地协调生产、销售、储存、运输等环节，对电子商务的发展具有十分重要的意义。

③ 物流是保证电子商务客户服务的重要途径。电子商务的出现满足了消费者足不出户购买商品的需求，而物流正是连接企业与最终消费者的重要环节，缺少了物流服务这一环节，将给消费者网络购物带来不便，而且安全、高效的物流也是消费者信任电子商务的重要保证。由此可见，物流是实现“以客户为中心”的经营理念的根本方式之一。

2．电子商务对物流的影响

电子商务的产生和发展，对物流产生了新的需求，这些需求促使物流管理者从更适合电子商务的角度考虑物流过程。电子商务在一定程度上促进了物流的发展。电子商务对物流的影响体现在从物流理念、系统环节、客户服务等方面推动了现代物流的电子化和信息化。

（1）电子商务对物流理念的影响

① 物流中的信息变成了整个供应链的环境基础。网络是平台，供应链是主体，电子商务是手段。信息环境对供应链的一体化起着控制和主导作用。

② 企业的市场竞争将更多地表现为以外联网为代表的企业联盟的竞争。在电子商务环境下，网上竞争的参与者逐步减少，更多的企业将以其商品或服务的专业化优势参加到分工协作的物流体系中，在更大范围内建成一体化供应链，形成供应链体系纵向和横向无限扩张的可能。

③ 企业市场竞争将以物流系统为依托。在电子商务环境下，企业的竞争优势将不再是企业拥有的物质资源，而在于它能调动、协调、整合多少社会资源来增强市场竞争力。因此，企业的竞争将是以物流系统为依托的信息联盟和知识联盟的竞争。

④ 物流系统追求客户满意度最大化。物流系统面临的基本技术经济问题是在追求物流总成本最低的同时为客户提供个性化服务，即如何在供应链成员企业之间有效地分配信息资源，使得全系统的客户服务水平最高。

⑤ 物流系统由供给推动变为需求拉动。物流系统内的所有方面都得到了网络技术的支持，物流系统各个功能环节的成本大大降低，客户对产品的可得性也将提高。

（2）电子商务对物流系统环节的影响

① 传统物流渠道中介逐步淡出。由于在网络环境下，客户可以直接面对制造商并可以获得个性化服务，所以传统物流渠道中的批发商和零售商等中介将逐步淡出。但是区域销售代理将受制造商委托逐步加强在市场中的地位，作为制造商产品营销和服务功能的延伸。

② 物流系统中的配送中心、设施布局等面临较大的调整。由于网上时空零距离特点与现实

反差增大，客户对产品可得性的心理预期加大，交货速度的压力也变大，因此企业在保留若干地区的仓库后将改造更多的配送中心，扩大配送范围。

③ 物料采购成本降低。供应商积极地与制造商建立稳定的业务关系，同时制造商也会从物流理念出发寻求与合格的供应商建立一体化供应链。电子商务使得两者在更大范围内和更深层次上实现信息资源共享，降低了物料采购成本。

④ 增加了物流系统环节反应的灵敏度。在电子商务环境下，通过网络上的信息传递，可有效地实现对物流的控制，实现物流合理化。供应链各环节共用数据库、共享库存信息，增加了物流系统各环节对市场变化反应的灵敏度，可以减少库存，节约成本。

（3）电子商务对客户服务的影响

① 保证企业与客户间的即时互动。在客户咨询服务的界面上，网站主页的设计不仅要宣传和介绍产品，还要求能够在产品设计、包装、售后服务方面与客户进行一对一的交流，要求在物流系统中的每一个环节都得到即时的信息支持。

② 客户服务的个性化。在电子商务环境下，要求企业网站的主页设计个性化、企业经营的产品或服务个性化、企业对客户的追踪服务个性化。只有当企业对客户的需求做出响应，实现了某种程度的个性化特色时，企业才能获得更多的商机。

电子商务与物流的关系

二、电子商务物流

（一）电子商务物流的概念

电子商务物流是在传统物流的基础上，利用电子化的手段，尤其是利用互联网技术来完成物流全过程的协调、控制和管理，实现从网络前端到最终客户端的所有中间过程的服务，实现产品在物流环节的增值。其最显著的特点就是各种软件与物流服务的融合应用。

1. 电子商务物流源于传统物流

传统物流是电子商务物流的基础，电子商务物流是电子商务技术对传统物流的重塑，其目的、功能、活动并没有发生改变。因此，电子商务物流是基于传统物流而发展起来的新兴物流形式。

2. 电子商务物流基于电子商务技术

电子商务技术在传统物流中的应用是电子商务物流最突出的特点。正是由于电子商务技术的应用，传统物流才达到了一个更高的发展层次，实现了传统物流无法实现的目标。

3. 电子商务物流不是电子商务技术在传统物流中的简单应用

电子商务物流是通过电子商务技术的应用，改变传统物流原有的理念、流程，实现传统物流各环节、资源、信息的优化配置和有效重组，进而从整体的高度对传统物流进行从内到外的更新和革命。

4. 电子商务物流的目的在于实现产品在物流环节的价值增值

电子商务物流通过电子商务技术达到高效率、高准确度、低库存、低成本的“两高两低”的目的，进而使企业能够在物流环节实现产品的价值增值。这对于提高企业在行业中的竞争力具有重要作用。

（二）电子商务物流的特点

电子商务的出现为全球物流带来了新的发展，赋予了物流新的特点，使物流能够在电子商务领域发挥更大的作用。

1. 信息化

信息技术的发展促进了物流行业向信息化转变。条码技术、数据库技术、电子订货系统、电子数据交换、快速响应和有效客户反应、企业资源规划等技术和理念在物流中的普遍应用，使物流信息商品化、信息搜集数据库化和代码化、信息处理电子化和计算机化、信息传递标准化和实时化。可以说，信息技术的应用改变了物流信息处理的全过程，进而改变了物流的整体面貌。

2. 自动化

电子商务物流的自动化是指物流的基本活动由机器设备完成，其核心是机电一体化，外在表现是无人化。自动化的电子商务物流不但在很大程度上节省了人力资源成本，而且为物流虚拟化的远程控制和自动信息网上传输提供了发展的空间。

3. 网络化

电子商务物流的网络化特点表现在两个方面：一方面，物流系统物理上的网络化，主要表现为物流活动的各节点——上游供应商、生产企业、仓库、配送中心、销售点等形成一个互相交织的物流网络；另一方面，物流信息的网络化，主要表现为物流信息通过计算机网络，在物流的各个节点上实时传递，充分共享。

4. 智能化

电子商务物流的智能化是指在物流活动的进行中，通过对决策支持系统、专家系统、机器人等相关技术的应用，智能化地解决高层次的运筹与决策问题，并对物流活动过程中出现的问题进行合理的解决。

5. 柔性化

柔性化是指电子商务物流能够根据生产、销售、客户需求等因素，随时调整其物流各环节的活动，从而发展成一种适应品种多、批量小、批次多、周期短的产品生产，具有灵活性和弹性的物流，更好地实现“以客户为中心”的理念。

（三）电子商务物流信息管理

电子商务物流是从原材料的采购，到生产流通，再到出货，直至将货物送到最终客户手中的整个流程。其中，物流信息管理是贯穿整个流程的重要环节。

1. 采购管理

对于生产企业来说，采购管理是对生产所需的原材料进行购买的各项物流活动的管理；对于销售企业来说，采购管理主要是对上一级生产企业的产品采购所涉及的物流活动的管理。

2. 生产管理

生产管理并不是电子商务物流活动的必要流程，对于生产企业来说，生产管理所涉及的物流活动主要包括原材料的分拣、存放、装卸、搬运及产品在各生产环节之间的流转等；对于销售企业来说，生产管理环节是不需要的。

3. 出货管理

出货管理是对产成品进行包装、分类、装卸、搬运及配送到不同需求的客户手中的活动。出货管理是电子商务物流和客户接触的重要环节。

4. 客户管理

客户管理包括订单处理和商品信息管理，主要作用是接受客户订单并处理，以及对客户所需商品的信息进行管理，方便客户通过网络查询。

5. 物流信息管理

物流信息管理是贯穿整个电商物流流程的重要活动，通过对物流标的物在流通各环节的状态信息进行搜集、分析，进而对整个流程进行管理。

三、电子商务物流运作模式

电子商务物流运作模式主要是以电子商务的特有市场为导向，以满足客户要求为宗旨，获取系统总效益最优化、适应现代社会经济发展的模式。

从现阶段的发展看，电子商务的物流运作一般有四种模式，即自营物流、第三方物流、物流联盟和第四方物流。

（一）自营物流

企业自身经营物流称为自营物流。自营物流意味着电子商务企业自行组建物流配送系统，经营管理企业的整个物流运作过程。在这种模式下，企业也会向仓储企业购买仓储服务、向运输企业购买运输服务，但是这些服务都只限于一次或一系列分散的物流功能，而且是临时性的纯市场交易的服务，物流公司并不按照企业独特的业务流程提供独特的服务。

如果企业有很高的客户服务需求标准，物流成本占总成本的比重较大，而企业自身的物流管理能力较强，则企业一般会采用自营物流。目前，在我国采用自营物流的电子商务企业主要有两类：第一类是资金实力雄厚且业务规模较大的电子商务公司，如京东的自建物流；第二类是传统的大型制造企业或批发企业经营的电子商务网站，由于其自身在长期的传统商务中已经建立起初具规模的营销网络和物流配送体系，所以在开展电子商务时只需将其加以改进、完善，就可满足电子商务条件下对物流配送的要求，如苏宁易购采用的自营物流。

选用自营物流可以使企业对物流环节有较强的控制能力，易于与其他环节密切配合，全力、专门地服务于本企业的运营管理，使企业的供应链更好地保持协调、简洁与稳定。此外，自营物流能够保证供货的准确和及时，保证客户服务的质量，从而维护企业和客户之间的长期关系。但自营物流所需投入非常大，建成后对规模的要求很高，规模足够大才能降低成本，否则将会长期处于不盈利的境地。而且其投资时间较长，对于企业柔性有不利影响。另外，自建庞大的物流体系，需要占用大量的流动资金。最重要的是，自营物流建成之后需要工作人员具有专业化的物流管理能力。

（二）第三方物流

第三方物流企业通过与第一方或第二方的合作来提供专业化的物流服务。它不拥有商品，不参与商品买卖，而是为客户提供以合同约束，以结盟为基础的系列化、个性化、信息化的物流代理服务。其服务内容包括设计物流系统、电子数据交换、报表管理、货物集运、选择承运人或货运代理、海关代理、信息管理、储存、咨询、运费支付和谈判等。

第三方物流企业一般都是具有一定规模的物流设施设备（库房、站台、车辆等）及专业经验、技能的批发、储运或其他物流业务的经营企业。第三方物流是物流专业化的重要形式，它的发展程度体现了一个国家物流产业发展的整体水平。

电子商务采用第三方物流对于提高电子商务企业经营效率具有重要作用。

首先，电子商务企业将自己的非核心业务外包给从事该业务的专业公司去做，可以将精力集中到自身的核心业务上，以求节约和高效。这在电子商务企业发展的初期，规模比较小的时候尤为重要。

其次，第三方物流企业作为专门从事物流工作的企业，有丰富的专门从事物流运作的专家，有利于确保电子商务企业的专业化生产，降低费用，提高企业的物流水平。

（三）物流联盟

物流联盟是指企业在物流方面通过签署合同形成优势互补、要素双向或多向流动、相互信任、共担风险、共享收益的物流伙伴关系。一般来说，组成物流联盟的企业之间具有很强的依赖性，物流联盟的各个组成企业明确自身在整个物流联盟中的优势及担当的角色，内部的对抗和冲突减少，分工明确，使物流商把注意力集中在提供客户指定的服务上，最终提高了企业的竞争力和效率，满足了企业跨地区、全方位物流服务的要求。

大企业通过物流联盟能迅速开拓全球市场，而且长期供应链关系发展成为联盟形式，有助于降低企业风险。而中小企业，通过与物流服务提供商结成联盟，能有效地降低物流成本（通过联盟整合，可节约成本 10%～25%），提高企业竞争力。此外，物流联盟有助于物流合作伙伴之间在交易过程中减少相关交易成本。物流合作伙伴之间经常沟通与合作、互通信息、相互信任和承诺，可以减少履约风险。即使在服务过程中产生冲突，也可通过协商解决，从而避免无休止地讨价还价，甚至提起法律诉讼而产生费用等。

由于市场经济条件下竞争日趋激烈，所以为了占据市场的领导地位，供应链应成为一个动态的网络结构，以适应市场变化、柔性、速度、革新、知识的需要。不能适应供应链需求的企业将被淘汰，而外部优秀的企业也有机会进入供应链，从而成为一个能快速重构的动态组织，实现供应链的动态联盟。但这种联盟方式缺乏稳定性，尤其是以项目为中心的联盟是由各个物流企业合作形成的联盟，其合作范围只限于一个具体的项目，因此联盟成员之间合作的范围不广泛，优势也不太明显。

（四）第四方物流

第四方物流是建立在电子信息技术和第三方物流基础上的新型物流服务，理论上可以由独立于现有物流系统各个环节之外的、与原物流系统无直接利益关系的“第四方”提供。它一般并不参与物流的直接运行，而是通过提供信息技术、管理人员，并提供关键的运作管理和流程再造的先进经验，将一个或数个物流供应商组织起来，形成可以为一个甚至几个供应链高效服务的物流系统。

第四方物流公司可以应物流公司的要求为其提供物流系统的分析和诊断，或者提供物流系统优化和设计方案等。因此，第四方物流公司以其知识、智力、信息和经验为资本，为物流客户提供一整套的物流系统咨询服务。从事物流咨询服务必须具备良好的物流行业背景和相关经验，但并不需要从事具体的物流活动，更不用建设物流基础设施，而只是对于整个供应链提供整合方案。第四方物流的关键在于为客户提供最佳的增值服务，即迅速、高效、低成本和个性化服务等。

与第三方物流能提供的低成本专业服务相比，第四方物流可能在物流成本上要高于第三方物流，但第四方物流能控制和管理整个物流过程，并渗透采购、生产的具体环节，对整个供应链流程提出筹划方案，以实现整个供应链的快速、高效、低成本的物流服务。第四方物流是为弥补第三方物流在整合供应链物流方面的不足而出现的，并不是对第三方物流的取代。相反，第四方物流的运作离不开第三方物流的支持。第四方物流正是通过对各个第三方物流服务商的服务能力的最佳配置来为企业服务的。第三方物流是第四方物流发展的基础，第四方物流是对第三方物流的优化。

情境案例

亚马逊的配送方式

亚马逊创立于1995年，目前已成为全球商品品种最多的网上零售商和全球第二大互联网公司。

亚马逊是典型的网上电子商务企业，所采用的是B2C的以外包方式为主、自营方式为辅的电子商务模式。亚马逊将其国内的配送业务委托给美国邮政和UPS，将国际物流委托给国际海运公司等专业物流公司，自己则集中精力去发展主营和核心业务。这样既可以减少投资，降低经营风险，又能充分利用专业物流公司的优势，节约物流成本。

亚马逊的配送中心按商品类别设立，不同的商品由不同的配送中心进行配送。这样做有利于提高配送中心的专业化作业程度，使作业组织简单化、规范化，既能提高配送中心的作业效率，又可降低配送中心的管理和运转费用。采取“组合包装”技术，可以扩大运输批量。当客户在亚马逊的网站上确认订单后，就可以立即看到亚马逊销售系统根据客户所订商品发出的是否有现货，以及选择的发运方式、估计的发货日期和送货日期等信息。如前所述，亚马逊根据商品类别建立不同的配送中心，所以客户订购的不同商品是从位于美国不同地点的不同的配送中心发出的。由于亚马逊的配送中心只保持少量的库存，所以在接到客户订货后，亚马逊需要查询配送中心的库存，如果配送中心没有现货，就要向供应商订货。因此，会造成同一张订单上的商品有的可以立即发货，有的则需要等待的情况。为了节省客户等待的时间，亚马逊建议客户在订货时不要将需要等待的商品和有现货的商品放在同一张订单中。这样在发运时，承运人就可以将来自不同客户、相同类别，而且配送中心也有现货的商品配装在同一货车内发运，从而既缩短了客户订货后的等待时间，也扩大了运输批量，提高了运输效率，降低了运输成本。

亚马逊的发货条款非常完善，在其网站上，客户可以得到以下信息：拍卖商品的发运、送货时间的估算，免费的超级节约发运，店内拣货，需要特殊装卸和搬运的商品，包装物的回收，发运的特殊要求，发运费率，发运限制，订货跟踪等。亚马逊为客户提供了多种送货方式和送货期限。在送货方式上，有以陆运和海运为基本运输方式的“标准送货”，也有空运方式；在送货期限上，根据目的地是国内还是国外的不同，以及所订的商品是否有现货而采用标准送货、二日送货和一日送货等。根据送货方式和送货期限及商品品类的不同，采取不同的收费标准，有按固定费率收取的批次费，也有按件数收取的件数费，还有按质量收取的费用。

情境任务三　电子商务下的物流信息技术

情境引例

京东商城的物流信息技术应用

一、条码的应用

京东商城的每个库房都分三大部分：最前面是收货区；中间是仓储区；后面是出库区。在收货区，厂家送来的货进行质量抽查后，每个商品都要贴上条码作为识别这个商品的“身份证”。然后，商品全部在仓储区上架入库。在货架上，每个架位都有编号。在上架时，理货员会扫描货物的商品条码与货位进行关联，并上传系统。这样，在订单产生时，取货员只要根据系统记录的货位去相应货架上取货，不用核对商品名称。

二、可视的包裹运输——GIS 系统的应用

京东与一家提供地图服务的公司合作，将后台系统与地图公司的 GPS 系统进行关联。在包裹出库时，每个包裹都有一个条码，运货的车辆也有相应的条码，出库时每个包裹都被扫描，同一辆车上包裹的条码与这辆车的条码关联起来。当这辆车在路上运行时，车载 GPS 与地图就形成了实时的位置信息传递，与车载 GPS 系统是一个道理。当车辆到了分拨站点分配给配送员时，每个配送员都有台手持 PDA，用这台手持 PDA 扫描每件包裹的条码。这些包裹又与地图系统关联，而这个实时位置信息与京东商城的后台系统打通之后开放给前台用户，用户就能实时在页面上看到自己的订单从出库到送货的运行轨迹。“提升用户体验的同时，GIS 也提供了物流队伍的实时监控及原始的数据，以提升整体的物流管理水平。”GIS 系统使物流管理者在后台可以实时看到物流运行情况。同时，车辆位置信息、车辆的停留时间、包裹的分拨时间、配送员与客户的交接时间等都会形成原始数据。这些数据经过分析之后，可以给管理者提供更多、更有价值的参考。例如，怎么合理使用人员，怎么划分配送服务人员的服务区域，怎么缩短每单票的配送时间等。然后通过大量的数据分析，来优化整个配送流程。另外，通过对一个区域的发散分析，可以看到客户的区域构成、客户密度、订单密度等，根据这些数据进行资源上的匹配。

引例思考　物流信息技术如何促进电子商务发展？

电子商务物流信息技术是指在电子商务物流活动各环节中应用的，为实现物流目标的所有技术的总称。电子商务物流信息技术的出现，使得电子商务物流各环节的功能能够最大限度地实现。在此主要介绍条码技术、EDI 技术、GIS 技术、GPS 技术及射频识别技术。

一、条码技术

条码技术

条码或称条形码（bar code），是指将宽度不等的多个黑条和空白，按照一定的编码规则排列，用于表达一组信息的图形标志符，如图 7.4 所示。常见的条码是由反射率相差很大的黑条（简称条）和白条（简称空）排成的平行线图案。条码可以标出物品的生产国、制造厂家、商品名称、生产日期、图书分类号、邮件收发地址、类别、日期等信息，因而在商品流通、图书管理、邮政管理、银行系统等许多领域都得到了广泛应用。

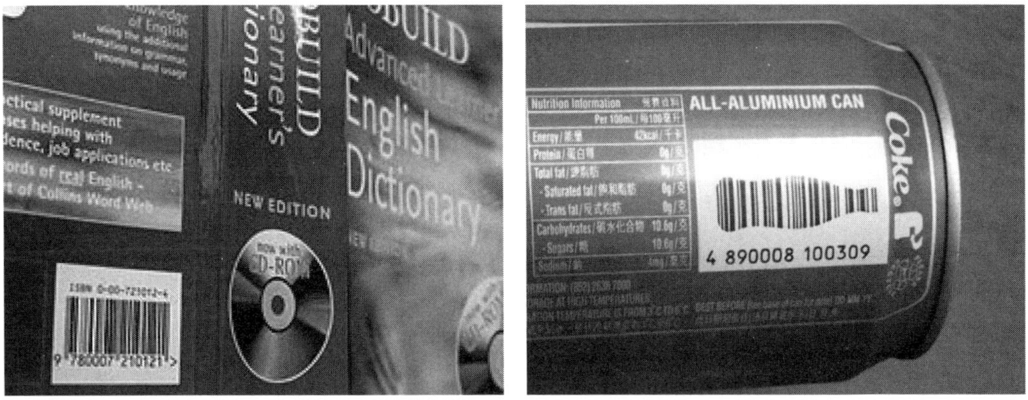

图 7.4　各种条码

1. 条码的识别原理

当条码扫描器光源发出的光在条码上反射后，反射光照射到条码扫描器内部的光电转换器上，光电转换器根据强弱不同的反射光信号，转换成相应的电信号。白条、黑条的宽度不同，相应的电信号持续时间的长短也不同。然后，译码器通过测量脉冲数字电信号 0、1 的数目来判别条和空的数目，通过测量 0、1 信号持续的时间来判别条和空的宽度，再根据对应的编码规则（如 EAN-8 码）将条形符号换成相应的数字、字符信息。最后，由计算机系统进行数据处理和管理，物品的详细信息便被识别了。

2. 条码的优越性

① 可靠性强。条码的读取准确率远远超过人工记录，平均每 15 000 个字符才会出现一个错误。

② 效率高。条码的读取速度很快，相当于每秒 40 个字符。

③ 成本低。与其他自动化识别技术相比较，条码技术仅仅需要一小张贴纸和相对构造简单的光学扫描仪，成本相当低廉。

④ 易于制作。条码的编写很简单，制作也仅仅需要印刷即可，故被称为“可印刷的计算机语言”。

⑤ 易于操作。条码识别设备的构造简单，使用方便。

⑥ 灵活实用。条码符号既可用键盘输入，也可与有关设备组成识别系统实现自动化识别，还可与其他控制设备联系起来实现整个系统的自动化管理。

3. 二维码技术

二维码技术是在条码技术的基础上发展起来的。二维码又称二维条码，二维码比传统的条码能存储更多的信息，还能表示更多的数据类型。

二维码是用按一定规律在平面（二维方向）上分布的黑白相间的几何图形来记录数据符号信息的，具有条码技术的一些共性：每种码制有其特定的字符集；每个字符占有一定的宽度；具有一定的校验功能，等等。同时，还具有对不同行的信息自动识别功能及处理图形旋转变化点功能。二维码和扫描枪如图 7.5 和图 7.6 所示。

图 7.5　二维码

图 7.6　扫描枪

4．条码和二维码在现代物流中的应用

随着商业零售业的发展，越来越多的地方需要用到条码。在全球范围内，每天需要用到条码扫描的有上亿次，其应用范围也涉及各个领域和行业。例如，在物流业中，货物分类、库位分配、库位查询、进出库信息、进出库盘点、产品查询等都要用到条码。如果用人力去做这些事，则不仅浪费时间、物力、财力，而且出错率很高。而条码技术效率高、方便准确，操作方便简单，维护也不用费心，仓库的管理员经过简单的培训就能快速上岗操作：不需要再耗费很多的人力去翻查种类繁多的进出货单据，只要在计算机上轻轻一扫，所需的货物型号、经销商、进出货日期、经办人等详细资料即可显示，并且可以打印出来及进行数据备份。

二维码起源于日本，却在中国普及开来，而在日本或美国，却很少看到二维码的身影。二维码在中国因为微信的流行而流行起来。随着 O2O、B2C 在中国的大发展，二维码的应用也越来越广泛。因为二维码承载的信息量远大于条码，所以在需要更多信息的地方，二维码得到了广泛的应用。在物流业中，通过二维码可以非常方便地实现产品的可追溯性。如图 7.7 所示，为汽车零部件加上二维码，可以方便地追溯汽车零部件的生产日期和批次，以便进行质量问题分析。

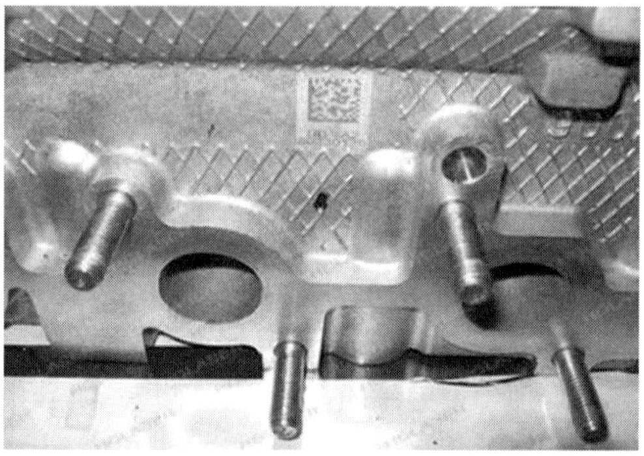

图 7.7　汽车零部件上使用激光打标的二维码

二、EDI技术

1．EDI的概念

EDI 是由国际标准化组织推出使用的国际标准，是指一种通过电子信息化的手段，在贸易伙伴之间传播标准化的商务贸易元素的方法和标准。例如，国际贸易中的采购订单、装箱单、提货单等数据的交换。

2. EDI 的特点

① EDI 使用电子方法传递信息和处理数据。一方面，EDI 用电子传输的方式取代了以往纸质单证的邮寄和递送，从而提高了传输效率；另一方面，EDI 通过计算机处理数据取代人工处理数据，从而减少了差错和延误。

② EDI 采用统一标准编制数据信息。这是 EDI 与电传、传真等其他传递方式的重要区别，电传、传真等并没有统一的格式标准，而 EDI 必须有统一的标准方能运作。

③ EDI 是计算机应用程序之间的连接。一般的电子通信手段是人和人之间的信息传递，传输的内容即使不完整，传输的格式即使不规范，也能被人所理解。这些通信手段仅仅是人和人之间的信息传递工具，不能处理和返回信息。EDI 实现的是计算机应用程序和计算机应用程序之间的信息传递与交换，由于计算机只能按照给定的程序识别和接收信息，所以电子单证必须符合标准格式且内容完整、准确。在电子单证符合标准且内容完整的情况下，EDI 系统不但能识别、接收、存储信息，还能对单证数据信息进行处理，自动制作新的电子单据并传输到有关部门。在有关部门对自己发出的电子单证进行查询时，计算机还可以反馈有关信息的处理结果和进展情况。在收到一些重要的电子邮件时，计算机还可以按程序自动产生电子收据并传回给对方。

④ EDI 采用加密防伪手段。EDI 有相应的保密措施，其传输信息通常采用密码系统来保密。用户掌握自己的密码，可打开自己的“邮箱”取出信息，外人却不能打开这个“邮箱”，有关部门和企业发给自己的电子信息均自动进入自己的“邮箱”。一些重要信息在传递时还要加密，即把信息转换成他人无法识别的代码，接收方计算机按特定程序译码后还原成可识别信息。为防止有些信息在传递过程中被篡改，或者防止有人传递假信息，还可以使用证实手段，即将普通信息和转变成代码的信息同时传递给接收方，接收方把代码翻译成普通信息进行比较，如果二者完全一致，则可知信息未被篡改，也未被伪造。

3. EDI 的优点

① 节省成本。各项研究均显示，EDI 的成本只有纸质文件模式的 1/3。

② 速度快，准确率高。通过纸质文件模式要花 5 天时间交易，通过 EDI 只要不到 1 小时；通过纸质文件模式处理发票，数据出错率可高达 5%。提高数据准确度，可相应提高整个供应链的效率。有分析估计，EDI 将交付时间加快了 30%。

③ 提升运营效率。将纸质文件工作自动化，可让员工有更多的时间处理更有价值的工作，并提高他们的工作效率。研究显示，使用 EDI 可节省多达 50%的人力成本；快速、准确地处理商业文档，可减少重做订单、缺货及订单取消等问题的发生。

④ 提高整个供应链的决策能力和执行力。采用 EDI，可以提高信息交换效率，进而缩短改良产品或推出新产品的周期；标准化的通信格式，便于快速导入全球各地业务伙伴的数据，以拓展新领域或市场；便于交换更高层次的管理信息，以提升管理供应链及业务伙伴的表现。最终，把商业模式由供应主导转化为由需求主导，从而有效提高整个供应链的决策能力和执行力。

三、GIS技术

GIS（Geographic Information System，地理信息系统）是一门综合性学科，结合地理学和地图学，已经广泛应用在不同的领域，是用于输入、存储、查询、分析和显示地理数据的计算机系统。GIS 与 GPS、遥感系统合称为 3S。

GIS 是一种具有信息系统空间专业形式的数据管理系统。从严格的意义上说，这是一个具有集中、存储、操作和显示地理参考信息的计算机系统。例如，根据在数据库中的位置对数据进行识别。地理信息系统技术能够应用于科学调查、资源管理、财产管理、发展规划、绘图和路线规划、物流跟踪。

现代物流中的 GIS 技术主要应用在运输路线的选择、仓库位置的选择、仓库的容量设置、合理装卸策略、运输车辆的调度和投递路线的选择上。其原理是：GIS 软件从地理数据库上采集物流运作中的相关信息，然后进行编辑、存储、管理、空间分析、查询等逻辑分析与运作，最终在合适的位置设置合适的物流设备设施。其具体功能包括数据的采集、存储与管理、处理与变换、空间分析与查询、输出与显示。国外公司已开发出利用 GIS 为物流提供专门分析的工具软件，完整的 GIS 物流分析软件集成了如下三种模型：

一是车辆路线模型，用于解决在一个起点、多个终点的货物运输中如何降低物流作业费用，并保证服务质量的问题，包括决定使用多少辆车、每辆车的路线等。

二是网络物流模型，用于解决寻求最有效地分配货物路径等问题，即物流网点布局问题。

三是设施定位模型，用于确定一个或多个设施的位置，即结合经济效益等原则并根据供求的实际需要，确定在既定区域内设立多少个仓库，以及在什么位置设立仓库、每个仓库的规模等。

四、GPS技术

GPS（Global Positioning System，全球定位系统）是美国国防部研制和维护的中距离圆形轨道卫星导航系统，可以为地球表面绝大部分地区（98%）提供准确的定位、测速和高精度的时间标准。GPS 可满足位于全球任何地方或近地空间的用户连续精确地确定三维位置、三维运动和时间的需要。该系统包括太空中的 24 颗 GPS 卫星，如图 7.8 所示；地面上 1 个主控站、3 个数据注入站和 5 个监测站及作为用户端的 GPS 接收机，如图 7.9 所示。只需要其中 3 颗卫星，就能迅速确定用户端在地球上所处的位置及海拔高度。所能连接到的卫星数越多，解码出来的位置就越精确。

图 7.8　GPS 卫星

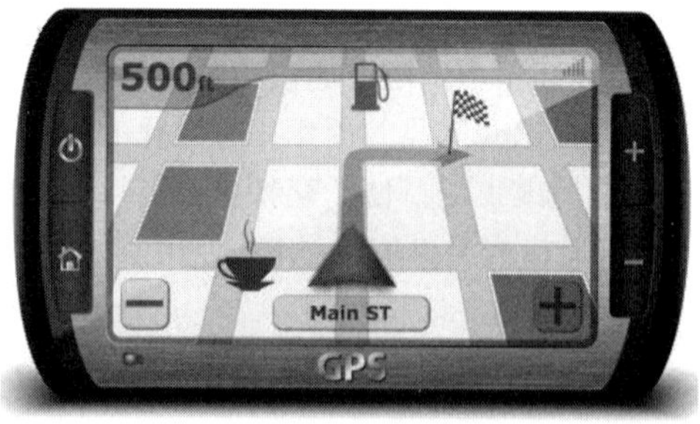

图 7.9　GPS 终端

对于物流的运行，GPS 全天候、全球覆盖、快速精确的定位能力可以起到巨大的作用。

1. 用于物流车辆的导航

① 车辆导航：车辆调度、监控系统。

② 船舶导航：远洋导航、港口/内河引水。

③ 飞机导航：航线导航、进场着陆控制。

④ 个人导航：物流人员手持终端的导航。

2. 用于物流货物的定位

提供位置数据，用于跟踪车辆、人员、货物的位置。

五、射频识别技术

射频识别（Radio Frequency IDentification，RFID）是一种无线通信技术，可以通过无线电信号识别特定目标并读写相关数据，而无须在识别系统和特定目标之间建立机械或光学接触。

许多行业都运用了射频识别技术。例如，将标签附在一辆正在生产中的汽车上，厂方便可以追踪此车在生产线上的进度；标签也可以附于牲畜与宠物上，方便对牲畜与宠物的积极识别（积极识别的意思是防止数只牲畜使用同一个身份）；射频识别的身份识别卡可以使员工得以进入建筑锁住的部分；汽车上的射频应答器可以用来征收收费路段与停车场的费用。

图 7.10 所示为贴片式识别卡和手持式读取机。

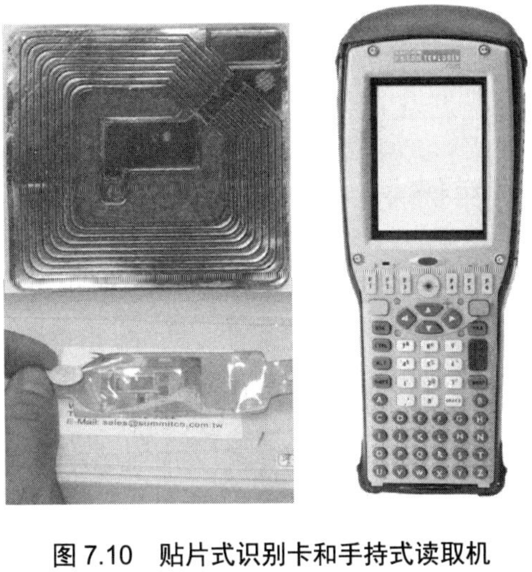

图 7.10　贴片式识别卡和手持式读取机

射频识别技术在物流行业有两方面的应用：

① 可以实现从商品设计、原材料采购到半成品和制成品的生产、运输、仓储、配送、销售，甚至退货处理的售后服务等所有供应链环节的实时监控，准确掌握产品信息，如生产商、生产时间、地点、颜色、尺寸、数量、到达地、接收者等。

② 可以用于物品的分拣。香港国际机场、荷兰阿姆斯特丹国际机场等都部署了基于被动式无源标签的射频识别行李分拣解决方案。与基于条码的行李分拣解决方案相比，基于被动式无源标签的射频识别行李分拣解决方案可从不同角度识别行李标签的 ID，识读速度更快，结果更准确，标签上的信息存储量也比条码多。

情境案例

沃尔玛的物流配送

沃尔玛百货有限公司（以下简称沃尔玛）于1962年在美国阿肯色州成立。经过40多年的发展，它开设了7 266家商场，员工总数达190多万，每周光临的顾客近14 000万人次。2007年，沃尔玛全球的销售额达到3 511.39亿美元。沃尔玛发展得如此迅速，物流配送在其中起到了关键作用。

沃尔玛有80 000多种商品，为满足全球7 000多家连锁店的配送需要，沃尔玛每年的运输总量超过780 000万箱，总行程达65 000万千米。其商品多种多样，既有被称为“干货”的普通货物，也有运输易损坏的货物，还有不易变质的食品饮料，以及易变质的生鲜食品。这些都需要有专门的冷藏仓储和运输设施，直接送货到店。同时，沃尔玛的山姆会员店批零结合，线上线下都可以下单。它使用独立的配送中心，须配送商品至客户指定地点，甚至退货都需要单独的退货配送中心——退货的一部分退给供应商，一部分送往折扣商店，一部分就地处理。

情境任务四　电子商务物流模式应用

随着电子商务行业竞争的白热化，物流已经成为电子商务巨头决心打造的新核心竞争力，甚至一度有人喊出“得物流者得天下”的口号，电子商务物流出现了多种不同的模式，包括自营物流、第三方物流、联盟物流、第四方物流等配送模式。

下面介绍最典型的物流模式——京东物流的自营物流模式和菜鸟的第四方物流模式。

一、自营物流——京东物流

与大部分的电子商务企业不同，京东集团将其运营模式总结为“亚马逊+UPS快递”模式，即电子商务+物流仓配。也就是说，京东集团是一家“重资产运营”公司，物流既是其投资重头戏，又是其核心竞争力。

（一）简介

京东物流隶属于京东集团，是京东集团在2007年自建的物流服务机构。2017年，京东物流宣布独立经营，面向社会全面开放。2017年4月25日，京东集团宣布，为了更好地向全社会输出京东物流的专业能力，帮助产业链上下游的合作伙伴降低供应链成本，提升流通效率，共同打造极致的客户体验，京东集团将正式组建京东物流子集团。京东物流子集团将拥有更加独立的经营权和决策权，并致力于与商家和社会化物流企业协同发展，以科技创新打造智慧供应链的价值网络，并最终成为中国商业较重要的基础设施之一。

京东物流宣称，以打造客户体验最优的物流履约平台为使命，通过开放、智能的战略举措，促进消费方式转变和社会供应链效率的提升，将物流、商流、资金流和信息流有机结合，实现与客户的互信共赢。京东物流通过布局全国的自建仓配物流网络，为商家提供一体化的物流解决方案，实现库存共享及订单集成处理，可提供仓配一体、快递、冷链、大件、物流云等多种服务。

（二）案例分析

① 自建物流，自营仓储。京东物流属于自建物流，但仓储优势明显。从京东物流创建开始，就顶着市场的巨大压力建立实体仓储，为京东发展在全国物流布局做好准备，在各大城市建造仓库，设立华北（北京）、华东（上海）、华南（广州）、西南（成都）、华中（武汉）、东北（沈阳）、西北（西安）七大京东物流仓储中心，并且围绕这些仓储中心在周边城市建立配送站，与自提点相互配合，呈辐射式遍布全国。同时，京东物流还斥巨资建造以“亚洲一号”命名的现代化仓库设施，2017 年 10 月，京东物流首个全流程无人仓正式亮相。截至 2018 年 12 月 31 日，京东在全国运营超过 550 个大型仓库，总面积约 1 200 万平方米，共有超过 21 万个签约商家，超过 17.8 万名正式员工，带动间接就业超过千万人。京东物流持续提升其在中国电子商务领域的物流网络仓储优势，客户收到包裹的时间越来越快、配送的品类越来越多。

② 配送方式，灵活多样。京东物流虽为自建物流，但物流配送体系除了自营配送，还与第三方物流合作作为补充。在全国一、二线城市主要以京东物流的自营配送为主，至于三、四线城市，因为订单密度低、自建物流中心的成本相对比较高，故采用与第三方合作的经营策略，让第三方物流负责这些地区的物件配送，解决物流辐射由点到面的问题，这样物流服务网就能遍布全国各地。

作为独立经营的物流与大型电子商务的结合体，京东物流还开发了比一般物流公司更丰富的配送服务方式。例如，京东“夜间配”是在 19:00—22:00 送达，可以在客户下班后配送；京东“极速达”服务，是在 3 小时之内送达；还有京东 211 限时“当日达”“次日达”服务，当日上午 11:00 前提交的现货订单可当日送达，当日 23:00 前提交的现货订单可次日 15:00 前送达。除此之外，京东物流推出的以预约精准时段至 30 分钟的“京准达”、专为高端配送需求的客户推出的“京尊达”、可以预约 40 天内送货上门的“长约达”等多样化的配送服务，深受广大客户好评。

③ 体验为本，效率制胜。2019 年 1 月 19 日，京东物流举行的 2018 年评优颁奖会暨 2019 年展望大会上，京东物流 CEO 王振辉明确京东物流未来的核心战略：体验为本，效率制胜。2019 年京东物流制定了对内要从运营、财务和组织三方面全方位打造效率至上的竞争体系；对外要用产品和服务全面提升客户体验，基于效率驱动为 B 端和 C 端创造价值最大化。

④ 生态平台，科技引领。京东物流自建立以来，结合云计算、大数据、物联网和人工智能等多项技术优势，逐步搭建“物流+互联网+大数据”相融合的一体化产业生态平台。随着无界零售时代的到来，京东物流作为无界物流的引领者和实践者，以降低社会物流成本为使命，致力于成为全球供应链基础设施服务商。通过智能化布局的仓配物流网络，京东物流为客户提供全方位的物流产品和服务，以及物流云、物流科技、物流数据、云仓等物流科技产品。截至 2019 年年初，京东物流“亚洲一号”仓储设备已投入使用超过 20 座，投用了全国规模最大的机器人仓群，无人机在全国九省份实现常态化运营，配送机器人则落地全国二十多个城市。智能物流技术输出海外，如无人机实现在印度尼西亚首次飞行，联手日本乐天开展无人配送合作等。

在运用高科技搭建的京东物流生态平台中，京东物流一直以市场和客户需求为导向优化物流服务，通过不断创新以适应市场、商家用户及客户的需求变化，深受客户信任。前京东首席执行官刘强东在 2018 年“双十一”结束后接受采访时表示：“京东在国内最大的优势就是客户的信任。”

二、第四方物流——淘宝物流

2010年，对于电子商务企业来说，物流恐怕是它们成长最大的烦恼。尤其是国庆节之后，各大电子商务网站都在做促销，短期内大量的交易产生的订单使得物流公司应接不暇，国内知名快递公司纷纷“爆仓”。物流的供应不足，使得网购消费体验急剧变差。

但物流公司也有自己的无奈，电子商务的爆发式增长给物流企业带来了巨大的压力。以淘宝2010年11月11日大促销为例，李宁公司在促销之前每天订单量大致在6 000～7 000单，促销当日，一天接了9万个订单，对于下游的物流端供应商来说，之前配备的人力、物力根本就不能满足这种爆发式增长的需要。

2011年，淘宝悄然进入物流行业。为了进一步降低淘宝网上开店的物流费用，淘宝开始组建自己的物流渠道，物流宝应运而生。淘宝通过整合、优化社会物流资源，与合作伙伴强强联合，共同搭建电子商务供应链，在北京、上海、广州、成都等核心区域建立主要配送中心，与周边城市配送中心通过统一物流平台协调管理，形成了全国物流配送服务网络。

物流宝由淘宝合作的物流公司帮商家管货发货。商家把货放到淘宝合作仓库，有客户下单时订单会自动转到仓库，由专业物流公司拣货、包装和发货。

物流宝有以下明显好处。

1．省时省力，帮卖家管货发货

淘宝物流加入物流宝后，即刻拥有全国仓储配送一体化网络，物流整体外包，从此专注于产品和销售，轻松开展电子商务。

① 仓储。卖家将货物运到配送中心仓库集中管理，大大减少了原本卖家自己运作所需要的投入成本（场地、人力、设备、系统、耗材等各种仓储作业及营运成本），卖家只需要支付很少一部分理货费和包装材料费，就可以完成原本需要投入更多成本完成的工作。尤其是对那些经营季节性需求差异较大的商品的卖家，它们原本需要预估销量情况，根据销售额的峰值和谷值调配人员，往往需要支付大量外包人员费用，但现在只需要把货物集中运送到配送中心，所有的烦恼就轻松解决了。这不仅大大降低了这些中小卖家的日常运营成本，也极大地降低了卖家的经营风险，可谓一举多得。

② 配送。配送中心还与EMS、E邮宝、申通等物流快递公司合作，向入驻卖家提供最优惠的快递价格。中小卖家往往因为订单量少且不集中，所以对物流公司没有议价能力，物流公司则因为取件区域过于分散、取件成本过高而不愿意去接受这类订单的配送业务。淘宝合作配送中心将卖家的商品集中管理、集中发货，很好地解决了这两方面的难题。小卖家入驻淘宝合作配送中心后，只要用鼠标一点，仓储、拣货、包装、发货、配送就全部解决了，从而有效地将前期的成本中心直接转化为利润中心。

2．按需付费，帮卖家降低成本

在物流宝平台上可自由选择各种物流服务，省去自建仓储的场地、硬件、软件、人力和管理等固定成本，按需付费。

3．安全赔付，帮卖家降低风险

商品入仓即获保险，充分保证安全。物流服务出现的丢货、漏货、损货等问题均可获得快速赔付，享受诚信安全的电子商务专业物流服务。

4．增值服务，帮卖家提升销量

限时达、促销组合、第三方质量认证等物流宝特殊服务，让卖家的商品脱颖而出，更有仓储频道推广专区，入仓即可提升销量。

技能训练

1．安装顺丰速运 App 或微信关注顺丰速运公众号，熟悉网上寄件下单、快件跟踪、快递收送范围查询等操作。

2．登录顺丰速运网站，熟悉如何计算快件运费。

3．登录淘宝，熟悉查询快件的物流信息操作。

4．安装淘宝手机客户端，熟悉在手机上查询快件的物流信息操作。

5．安装京东手机客户端，熟悉在手机上查询快件的物流信息操作。

学习情境八

电子商务应用

博学之，审问之，慎思之，明辨之，笃行之。——《礼记·中庸》

学习目标

知识目标

了解电子商务在新零售、餐饮、工业及农村中的应用，了解电子商务在金融、旅游及教育行业中的应用，了解电子商务在国际贸易中的应用，从而深化对电子商务的理解。

技能目标

能够在工作、学习和生活中充分使用电子商务提供的服务，提高效率，降低成本。

素质目标

培养市场意识、创新意识，拓展国际视野，用发展的眼光看问题。

情境任务一　电子商务在实体产品中的应用

情境引例

直播助力新零售

2018年11月11日，李佳琦与马云在直播平台展开了一次“史无前例”的口红直播销售PK赛。在相同的时间内，网红主播李佳琦卖出了1 000只口红，而马云却只卖出了10只，两者的最终数据竟然差了100倍。2019年可以称得上是真正的电子商务直播大流行元年，这一年，淘宝直播用户总量已逾4亿人，全年成交总额（GMV）迈进2 000亿元大关。如果说2019年是以李佳琦等网红为首引流直播带货热潮，那么2020年的直播风尚便是新冠肺炎疫情与脱贫攻坚战收官共同造就的。一方面，突如其来的新冠肺炎疫情阻挡了人们外出购物的欲望，此时，既能满足居民生活所需又能降低人员聚集风险的网购越来越受欢迎，直播能够抵消消费者不能亲看、亲选、亲试的遗憾及担忧；另一方面，直播带货打破疫情对打赢脱贫攻坚战的困局，从而解决了各类产品的滞销问题。电子商务直播带货超越了传统的供需关系，它不仅能够将流量快速变现，打造高价值品牌，还能助力打赢脱贫攻坚战，由此带来更多的社会效益。在疫情期间，李佳琦多次开通扶贫专场、湖北专场等公益性直播，同时，他与央视新闻主播朱广权组成“小朱配琦”为湖北农副产品带货。如今，李佳琦已不仅仅是顶流网络直播红人，更发展为主流认可的有热度、有能力、有作为的主播界标杆，从月收入仅3 000元的销售柜哥到年收入上亿元的网红带货主播，他还入选了美国

《时代》周刊发布的全球“下一代百大影响力人物榜”。

引例思考　李佳琦是如何洞察出电子商务直播的发展前景的？他又是如何在一片直播“汪洋”中冲出，成为顶级主播的？

电子商务发展与应用的主角和主力是企业。电子商务使传统企业的工作流程发生了很大变化，原先需要人在现实世界里完成的工作，现在可以借助网络在虚拟世界中完成，从而形成了企业的全新运作模式。在实体产品中，电子商务主要应用在以下行业。

一、新零售

我国零售业发展经历了单一百货商店、多种零售实体扩张、电子商务崛起三个阶段。在云计算、大数据等数字技术支撑下，传统零售方式实现改进和创新，开启了“新零售”第四阶段。无论是以门店为依托的百货商场、超级市场、购物中心等实体形式，还是以互联网为基础的各类电商平台，均与新零售业态有着根本区别。新零售业态兴起，与传统实体零售发展之间不仅仅是替代关系，电商和各类网络平台对传统实体零售业形成了强有力的冲击。可以说，新零售是传统实体零售困局的催化剂，但在新技术驱动下，新零售更是现今传统实体零售陷入发展困境后的破局对策。

（一）新零售概述

1. 新零售的定义

新零售是相对传统零售的概念表达，是一种以消费者体验为中心的新型销售理念，以顾客需求为本，将线上线下和物流融合到一起，用数字化、高新科技优化和调整传统零售模式，打破传统销售模式边界，更加深入、精准、智能地为消费者提供全方位的零售模式。

2. 新零售的特征

新零售有四个特征。

① 新零售强调生态体系的构建。新零售作为一种更高级的商业生态，需要为消费者提供多元化的服务种类，包括线上线下一体化购物体验、便利性支付、高品质产品供应、个性化场景设计、快捷物流配送等，同时为更好地满足消费者的需求，将大数据等新兴技术应用在日常运营管理中，包括分析消费者需求、辅助精准营销、管理商品库存等。

② 新零售要素全渠道布局。未来新零售的关键要素将打破时间与空间的局限，在虚实结合的无界场景中重新组合与再造。由消费者体验主导，线上零售资源布局完全覆盖消费者的使用习惯，购物入口更加便捷、多样、灵活、可变；线下实体店面能够精确匹配线上购物流程，辅以高效物流系统，形成全渠道购物的完整闭环。

③ 新兴技术是新零售商业模式存在的基础。当下大数据、物联网、云计算、人工智能等新兴技术日趋成熟，不断融入新零售的商业模式，创造性地满足了消费者对购物过程个性化、便利性、互动性、碎片化、精准化的追求。此外，新兴技术也为商业体系运作管理决策提供了精准的数据辅助，在门店选址、店面布局、产品组合、客户识别、供应链整合等方面不断地进行动态优化，而无人零售、智能助理、虚拟现实购物、远程触控等场景也不断地向新零售植入“智慧基因”。

④ 提升消费者体验是新零售商业模式的核心。新零售业态的市场格局已经从满足买方需求逐渐过渡到买方创造需求的阶段，消费者对购物的要求不再只是买到物美价廉的商品，而是更加享受购物过程所带来的附加价值，即消费观念从价格消费向价值消费转变。创新购物体验越发成为决定零售业态成败的关键，线上虚拟购物模式虽然可以部分满足消费者认知商品、比较商品、评价商品的需求，但零距离体验才是撬动消费者行为的关键杠杆。这也是线上购物不能完全替代线下零售的原因。新零售通过改造线下门店，将商品嵌入各种物理场景，创造个性化的参与体验，体验与知识相关联，增进消费者对商品的认知，提升新零售品牌价值，推动新型商业生态的良性发展。

（二）新零售的应用

1．社区新零售

目前我国社区新零售仍处于初步探索阶段，同时面临机遇与挑战。在新零售持续发展、新零售模式升级的驱动下，随着传统社区零售业作为线上线下融合的契合点，越来越多的企业正逐渐向社区新零售布局，以阿里巴巴、京东等为代表，均在社区零售场所建立了自身的零售小店，开启线上线下融合的零售新途径。

京东致力于开发社区 O2O 市场，提供的服务以满足居住人群生活的需求为主，服务形式包括上门服务，行业包括社区零售店、洗衣服务、美容美发等休闲服务，京东作为智慧社区的领跑者，依托现有资源，服务周边五千米范围的城市社区消费者，提供家政保洁、快递收发、手机维修等社区高品质服务。

天猫小店则用数据颠覆社区零售，天猫超市依托阿里巴巴资源，通过打通供应链端，让小店在平台上一键订货，天猫物流直接配送，服务到店。通过淘宝、天猫的线上平台数据打通，为社区周围的人群建立用户画像，可以知道社区周围人群喜欢买什么品牌、种类的商品，甚至可以具体到规格，从而推荐店主订货，使商品管理与营销实现高效率的零售商品转换。

2．智能导购

零售业有一个很大的痛点：导购问题。虽然百货服装业有导购，大卖场有促销员，但它们都会面临导购员服务水平不一的问题从而影响销售。智能导购是交互式的，可以对话，例如 App 里的机器人导购+人工导购，机器人导购比大部分人工服务水准高，再用人工导购加以补充从而可以达到优秀水准。

3．电子价签

零售门店使用电子价签，解决了线上线下同步的问题，实现价格同步、库存同步。“云里物里”研发的 MTag 电子价签有 4.2 寸、2.9 寸、2.13 寸、1.54 寸等多种规格，可满足卖场、家居、生鲜、日配、零食、酒水等不同零售场景的使用需求。

4．无人收银

无人收银一般采用两类方式：一种是自助收银机；另一种是手机扫码付款。对消费者而言，减少了排队时间；对零售企业而言，大幅减少了收银员；对新零售服务商而言，增加了数字化基础，使其必须使用无人收银。

5．刷脸支付

刷脸支付不再依赖手机等硬件设备，帮顾客省去了记密码、输密码的麻烦，真正实现了人与钱包或银行卡的“合二为一”，消费者自身便是行走的活体钱包或银行卡。刷脸支付并不仅仅在支付层面上，刷脸支付的“人脸识别”这一技术还可以对入店人群进行包括客流量、性别、年龄、表情、偏好等特征在内的精准分析，让用户画像更加清晰明确，从而优化商品配置，提高转化率，哪怕门店遇到商品失窃的突发事件，通过对所获数据的分析，也可以将不良客户拉入“黑名单”或降低其信用水平。此外，“人脸识别”获得的用户偏好还能反哺线上，将所得数据通过线上反馈给厂商，助力厂商更全面地了解消费者需求，进而精准地研发产品，设计营销策略。

6. 无人售货

24 小时无人售货终端是纯无人零售，大致有三类应用：其一是智能无人货架，它适用于办公场景，占地几平方米；其二是智能售货机，它适用于很多场景，占地几平方米到几十平方米；其三是无人便利盒子，它最适用于小区场景，占地至少十几平方米。

（三）新零售的发展趋势

1. 新零售优胜劣汰，促使市场竞争格局不断调整

新零售因技术革新突破了原有的技术边界线，只有通过不断扩大消费者的规模，才能获得高于平均水平的收益，逐步赢得市场的竞争优势。2016—2017 年涌现出 20 多家无人便利店企业，如缤果盒子、EasyGo 未来便利店、爱士多零售店等，但是经过几年的发展，无人便利店出现了关店潮，如爱士多在广州的门店数量从最多时的 9 家减少到 2019 年 3 月底的 3 家。因此，新零售企业应坚持技术革新的发展理念，抓住新商业变革的实质，以新技术应用推动自身信息管理、供应链管理、成本管理，优化消费者购物体验，形成优势，推动“技术边界线”右移，才能赢得市场竞争。

2. 新零售示范引领，促进传统零售转型升级

在新零售的创新引领作用下，传统实体零售和网上零售也将积极跟随，促进新技术推广应用和快速扩散，从而推动零售市场整体升级。目前电子支付已在实体零售得到广泛应用，沃尔玛、永辉等线下实体零售企业已广泛应用二维码标签技术实现自助扫码结算，开通微信小程序实现线上线下渠道销售。

3. 新技术推广应用日益成熟，将加速推动零售创新发展

新技术是推动零售变革的根本动力。新技术的广泛应用有助于顺应消费者的需求变化，有利于降低运营成本、抢占市场从而获得竞争优势。随着互联网、大数据、云计算、虚拟现实、物联网、区块链、无线射频识别、人工智能、5G 等新技术逐步推广和应用，出现了新技术推动移动终端、电子支付、智能货架、无人店、虚拟店等商业创新。无人机、无人车、无人仓、智慧机器人等新技术被应用于物流配送环节，优化供应链，从而可预防库存过剩、提高物流速度、降低物流成本等。随着技术革新的步伐加快，零售商竞争将更加激烈，商业革新也将加速推动。

4. 零售竞争格局将发生变化，城市商业空间格局将进行调整

新零售作为消费的新供给端，其引领消费的示范作用日益凸显，新零售的发展已经成为城市商业转型升级的新动力，并满足和创造新的消费，它将可能重塑城市间商业发展地位及经济增长格局。不同地区在经济规模、人口规模及结构、商业发展环境、物流发展基础、零售市场竞争状况、政策支持环境、零售商创新能力等诸多因素上存在差异，使得不同区域新零售的产

生和发展存在空间差异，全国城市的商业空间格局也将发生调整。

情境案例

新零售盒马鲜生案例分析

阿里巴巴“新零售”战略布局

在网络支付的飞速发展期间，移动支付市场被支付宝率先占领，这与阿里巴巴2016年10月提出的“新零售”息息相关，为阿里巴巴的“新零售”战略布局奠定了基础。在此之后，阿里巴巴还和一些物流快递公司合作，建立了菜鸟驿站，以此来达到布局物流网络的目的。整体来看，阿里巴巴的“新零售”战略布局围绕“线上+线下+物流”展开，并用大数据等技术赋能。

阿里巴巴“新零售”的战略布局，可以归纳为八个方面：一是品牌数字升级，以天猫为代表；二是家电数码行业，以苏宁为代表；三是线下百货零售，以银泰商业、百联集团为代表；四是快消商超，以盒马鲜生和大润发为代表；五是家居家装业，以居然之家为代表；六是本地生活服务平台，如口碑和饿了么的合并；七是城市乡村双通路——农村淘宝；八是社区小店，如天猫小店和零售通等。经过三年多的努力耕耘，阿里巴巴的新零售战略所覆盖的范围大到已经形成了一个巨大的商业生态系统。

二、农村电子商务

（一）农村电子商务概述

1．农村电子商务的定义

农村电子商务是相对于城市电子商务而言的，即与“三农”相关联的电子商务。农村电子商务主要是通过互联网平台对各类农村服务资源进行整合，配合密集的乡村连锁网点，再运用信息化与数字化的手段，对农村商业网点展开市场化运作、集中化管理与跨区域合作，构筑紧凑而有序的商业联合体，使之形成“农业、农村、农民”的信息服务站。

2．农村电子商务的特点

农村电子商务的特点有：农村电子商务增长速度快、增长潜力大；农民占主体地位；以信息化为主导带动产业发展；个体网店经营者“小、散、弱”等。

（二）农村电子商务的应用

1．农产品购物网站

农产品购物网站的运作模式主要有B2B、B2C和C2B三种。B2B的运作模式即农户将自己的农产品挂到网上售卖，网站将农户的产品售卖至消费者手中，这是最为简便的方式。B2C模式的涉农网站人员深入农户产地洽谈价格，将农户产品信息放到网上进行农产品交易，若有消费者购买，则产品从农户处发货，由农户承担物流等成本。C2B供销模式用于B2C网站发展后期，当网站初具规模时，可以对小型零售商提供以销定产的模式。对于消费者，可以针对上层消费者提供区域性特色作物的订购，以拓展网站的盈利空间。

2．农产品网络直播

将直播带货应用于农产品销售中，可拉近消费者与卖家之间的距离，使双方的互动性更强，交流也更便捷。由于没有经销商的中间渠道，能够实现农产品与消费者的直接对接，所以价格相对较低，这有助于提升农产品的销量。将直播带货应用于农产品销售中具有较强的可行性和现实意义，对于促进农村经济发展起到了重要作用。直播带货营销模式的特征主要有便捷性、直观性、互动性和经济性。越来越多的农村店家利用直播或视频的拍摄，让更多的人了解自己，将手艺制品和农产品卖给消费者。

（三）农村电子商务的发展趋势

农村电子商务的发展趋势有以下四方面。

1. 标准化

随着农村电子商务的发展，人们对农副产品的标准化要求越来越高。现阶段，农村电子商务销售的农副产品标准化程度较低，农民均以传统方式进行生产，产品质量不固定，无法满足电子商务的采购需要，影响了电子商务的发展。农副产品标准化对于推动农业发展有着积极的作用，它可以促进农业科技成果的形成及转化，采用优质、高产、高效的农业发展模式，对于农副产品品牌的建立也有巨大作用。

2. 规模化

农业的规模化经营有助于实现农产品生产的科技化和精细化，使得农产品的生产过程更加标准化，促使农产品的质量控制、生产销售管理精细化。规模化还可体现在配套基础设施建设和物流配送上，有助于农产品降低成本，提高效率，提升农产品网络零售销售量和利润额。规模化经营举措主要包括引导龙头企业、专业合作社、农业种植大户流转土地经营权，集中力量扶持他们运用先进的农业生产技术进行生产，鼓励农特产品基地建设和规模化发展。

3. 特色化

未来农村电子商务会充分挖掘和生产地方特色的农副产品，通过特色化、品牌化、专业化建设，使得各个地区拥有发展水平高、特色突出的特色品牌，进而带动其他农副产品销售，即“一县一品”“一村一品”模式。这种模式有助于打造特色品牌，扩大地区知名度和影响力，通过特色农业产品产业链带动区域经济发展。

4. 智能化

以信息化、智能化为驱动，以科学技术为支撑，在传统农村电子商务的基础上，以产品、服务、生活方式体验等为交易对象，将农村的优势资源互联网化，从而实现农民增收，扩大农村商业领域，改变农村生活方式，推动农村进一步的开发与发展。智能化的提升可以促进农业的生产自动化、管理高效化、服务网络化，打造智慧农业，对于农村电子商务发展有着重要的推动作用。

情境案例

霍邱县农村电商

为响应创建“国家级农村电子商务示范县”的号召，霍邱县构建了电子商务产业发展平台，使得农村物流网络变得畅通，与此同时也完善了农村的电子商务生态体系，这在一定程度上促进了电子商务产业的发展。在2020年，霍邱县的电子商务交易额高达32.8亿元，同比增长7.2%。霍邱县还十分用心地构建了三个电子商务产业发展平台，分别是线上线下深度融合平台、电子商务分区平台和电子商务孵化平台。这些平台构建了更稳定、更坚固的农村电子商务利益联结机制，因为它们会引导县内外一些大型超市深入贫困村、贫困户开展产销对接。霍邱县依托当地邮政部门，积极进行了“政府+龙头企业+基地+农户”的农业标准化建设，将无公害农产品和农产品地理标志等的引领作用发挥得淋漓尽致，并且将农产品生产的全过程都纳入标准化轨道，不仅如此，还制定了农特产品从采摘到销售的各环节的全套标准，建立本地农产品追溯和质量认证体系。此外，霍邱县由邮政部门领头，积极探索“统仓共配”的发展模式，整合“四通一达”等知名快递企业，建立了包含30个镇级配送中心、398个行政村电子商务服务网点的县、乡、村三级物流网络。霍邱县还进行了线上直播带货活动，带货的产品有虾田米、鹅肥肝等，其在线上的年销售额超过了1 000万元。霍邱县开展各类专题直播活动40多场，主题有龙虾美食节和金秋菊花节等，其借助的电子商务企业有邮政、百食轩和富民等。到目前为止，在霍邱县的众多企业中，有12个企业的线上年销售额超过了1 000万元。值得注意的是，线上年销售额超过1万元的电子商务服务网点的比例超过了30%。值得一提的是，有三款产品被认定为“中国优质农产品消费扶贫产品”，分别是“鹅肝酱”“猕猴桃”“中华鳖”。

三、餐饮业电子商务

（一）餐饮业电子商务概述

民以食为天，餐饮业被称为中国的黄金产业，拥有巨大的消费市场。随着生活水平的提高，以及生活方式的转变，人们对餐饮的需求也随时代而不断变化，并且变化越来越快。但餐饮经营者依然只是简单地依靠自己的主观意识来判断消费者的需求，无法适应消费者口味和消费习惯的快速变化。而消费者也只能在餐馆所提供的饭菜的基础上去选择，双方缺乏必要的沟通。电子商务在餐饮业的应用，对于拓宽传统的餐饮业经营模式和管理模式、提高企业的竞争力具有重大意义。

所谓餐饮业电子商务，是指以网络为载体，以餐饮信息库、网络银行为基础，利用先进的电子手段运作餐饮业及其分销系统。

餐饮业电子商务具有营运成本低、用户范围广、无时空限制及能同客户直接交流等特点，提供了更加个性化、人性化的服务。

（二）餐饮业电子商务应用

1．餐饮企业自建网站

餐饮企业自建网站分有店铺形式和无店铺形式。餐饮企业自建网站在企业宣传等方面起到了一定的作用，但有些网络只是以提供信息为主，不提供网上交易。也有些餐饮企业的网站已经真正开展B2C业务，并且取得了很好的效果。例如，丽华快餐开创了国内无店铺经营模式，专营快餐外送。知名连锁餐饮企业的网站已经建立了较为完善的电子商务功能，这些企业大多是洋品牌，如麦当劳、肯德基、必胜客、星巴克等。

2．第三方餐饮网站

第三方餐饮网站是指由第三方建立实现网上订位、订餐的电子商务网站。这种类型的网站主要让客户通过网络实现对餐馆及菜单进行查询和预订，企业对网上预订的客户给予相应折扣，如大众点评网、口碑网、美团网等。其中，饭统网是中国第一家免费预订餐厅、免费提供优惠折扣的专业权威餐饮网站，目前已经成为全球最大的中文综合性餐饮门户网站。

（三）功能

餐饮企业运用电子商务最主要的形式就是网上订位、订餐。网上订餐优势明显，服务直观、低成本、互动性强、方便快捷，省时省力省钱，有利于培养客户的忠诚度和客户关系管理。电子商务在传统的餐饮业中的应用，对餐饮企业具有变革性的作用：可以大大降低餐饮企业的采购成本；可以为餐饮企业提供广阔的客户渠道；可以为餐饮企业拓展销售规模。

情境案例

中国网络“送餐”开始进入标准化时代

中国电子商务研究中心的监测数据显示，2017年上半年中国在线餐饮外卖市场交易规模约906亿元，相比2016年下半年的1 021亿元减少了11.26%。2017年上半年中国在线餐饮外卖市场交易规模虽然较上半年有所下降，但2017年整体交易规模仍呈上升趋势。

要说在线外卖行业这半年多来发生的最重大的事件，莫过于“饿了么”收购百度外卖了。2017年8月24日，“饿了么”正式宣布合并百度外卖。合并完成后，百度外卖成为“饿了么”的全资子公司。目前公开报道百度外卖以5亿美元出售。此外，百度打包了一些流量入口资源给“饿了么”，作价3亿美元，包括手机百度、百度糯米、百度地图，年限为5年，百度搜索年限为2年。这8亿美元中，2亿美元为现金，“饿了么”增发股份3亿美元，交易完成后百度占“饿了么”5%股份，剩余3亿美元锁定期为5年。至此，外卖行业走向两强争霸局面。

随着美团、百度外卖、“饿了么”等众多在线外卖平台经过市场洗刷，中国在线餐饮外卖市场逐渐成熟，用户规模和市场规模的增速均呈放缓趋势，外卖市场格局进一步稳定。2017年9月1日，由中国贸促会商业行业分会等单位发布的《外卖配送服务规范》团体标准正式实施，意味着网络“送餐”开始进入标准化时代。

四、工业电子商务

（一）工业电子商务的概述

1. 工业电子商务的定义

2017年发布的《工业电子商务发展三年行动计划》（工信部信软〔2017〕227号）将工业电子商务定义为：电子商务在工业流通、生产、服务全流程的深化应用，是工业领域基于网络交易的新型经济活动。2019年7月正式发布的《工业电子商务发展白皮书》中认为，工业电子商务以服务于工业企业的供应链管理为核心，既包括工业企业、供应链上下游企业及用户等主体间基于互联网等信息网络进行的各类经济活动，也包括工业企业内不同部门间基于数据横向传递、交换或共享开展的各类经济活动。

2. 工业电子商务的价值链

工业电子商务的价值链涉及的主体、对象、环节和场景分别如下：

① 活动主体：以工业企业为中心，涉及产品供应链中“供应商的供应商—供应商—制造商—经销商—用户”等各类主体，以及服务供应链中“功能型服务提供商—服务集成商用户”等各类主体。

② 活动对象：从信息、产品和服务向制造能力等全品类交易（交换）的对象拓展。

③ 活动环节：覆盖研发、设计、采购、生产、销售、服务和回收等产品的全生命周期环节。

④ 活动场景：从工业企业角度看，包括面向上游产品、服务和能力供应商的电子商务，面向下游经销商和用户的电子商务及面向企业内部各部门间的电子商务。工业电子商务平台作为工业互联网平台衍生的新业态，能够完善工业互联网平台功能，以供应链协同为核心，辅以信息资讯、仓储物流、供应链金融等工业服务。在供应商、制造商、经销商、用户等主体的参与下，聚合服务的工业电子商务有效整合信息流、资金流、物流和商流，形成全产业链、全价值链的数据闭环。

（二）工业电子商务的应用

根据活动对象及活动范围的不同，工业行业电子商务主要依托直接物料、间接物料、制造能力、综合四类电子商务平台。我们将分四类介绍工业电子商务的应用：直接物料电子商务平台、间接物料电子商务平台、制造能力电子商务平台和综合电子商务平台。

1．直接物料电子商务平台

直接物料电子商务平台是围绕特定行业工业企业及其合作伙伴对直接物料的交易需求，提供多元化、精细化服务的电子商务平台，主要交易钢铁、煤炭、石油化工、建筑材料等生产制造原材料，以及电子元件、汽车配件等直接构成工业产品的零部件，通常交易规模较大。

2．间接物料电子商务平台

间接物料电子商务平台主要是围绕工业企业碎片化、动态化和多样化的间接物料采购需求，提供标准化、超市化服务的电子商务平台，交易机电设备、气动元件、办公用品等，不直接构成产品，只用于维护、维修、运行设备的物料和服务，交易商品较为模块化、标准化。

3．制造能力电子商务平台

制造能力电子商务平台是围绕制造资源和制造能力的均衡配置，提供制造能力在线化、网络化、协同化服务的电子商务平台。它以智能数控设备为基础，以高端工业服务为途径，整合广泛社会资源，实现研发设计、检验检测等多元化能力在线对接，主要交易生产加工能力、产品检测能力、仓储能力等工业及生产性服务业资源，是“共享经济”的主要实施手段之一，能够有效配置闲置工业资源，代表企业有航天云网、智能云科、淘工厂等。

4．综合电子商务平台

综合电子商务平台是围绕不同的行业、工业、企业及其用户和合作伙伴对不同物料和制造能力的交易需求，提供一体化、协作化服务的电子商务平台。它交易各类工业商品，大多是从传统电子商务平台的消费品交易向工业产品交易延伸拓展，主要的服务模式有面向大企业在线采购需求的服务模式，通过“1+N”模式，在一个主平台基础上培育和打造 N 个定制化采购平台，对接企业内部信息系统，整合内外部供应商资源，代表企业有阿里巴巴 1688、慧聪网等。

（三）工业电子商务的发展趋势

随着新一代信息技术的突破和应用，工业电子商务已从 1.0 时代发展到 2.0 时代，未来将开启 3.0 时代，即“工业电子商务+工业服务”，工业电子商务更加看重数据流，打通价值链端到端的数据，为平台用户提供更全面的服务。

1．工业电子商务+信息资讯

工业电子商务平台提供的信息资讯服务主要包括产品信息、供需双方信息、产品检索、价格指数、库存信息、行业资讯、评价互动、专业问答、培训课程、技术指导等。

2. 工业电子商务+产品集成

工业电子商务平台接收产品解决方案需求，利用信息化手段，将平台上的供应商产品集成。工业电子商务平台的产品集成，有助于带动中小企业信息化水平提升，优化供应链管理和协同管理。

3. 工业电子商务+仓储服务

工业电子商务主要通过自营仓库和第三方仓库储存商品，其中，自营仓库具有易管理、效率高等优点，是目前的主流仓储模式，包括客户工厂、区域服务中心、线下门店等形式。客户工厂主要指智能储存柜，通过对接客户的ERP、MES等系统，在工厂车间部署智能储存柜，以人脸识别、指纹识别等方式验证身份，存取工业品，实现工厂生产与零部件供应商的数据连通。区域服务中心以大、中型城市为依托，为周边区域服务。工业电子商务平台接收订单后，将订单分配给订单来源地区所属区域的服务中心，由仓储物流管理系统实时反馈各服务中心的库存，以便及时补货、调货。“线下门店+电子商务平台”的运营模式能够让客户更加直观地感受产品品质，是快速获得用户信任的有效方式之一。

4. 工业电子商务+物流服务

在工业领域，大宗商品运输量较大、距离较远、时效性要求较高；工业品种类较多，批量较小，管理较为复杂，都对物流管理有极高的要求。目前部分主流工业电子商务平台提供全程物流跟踪服务，保证商品快速、安全地运送到客户手中，从物流服务入手提高竞争力。

5. 工业电子商务+供应链金融

工业电子商务平台凭借其整合商流、信息流、物流等方面的能力优势，平台作为担保人（资金来源主要是商业银行）或通过自有资金帮助供应商解决资金融通的问题，并从中获取收益。

6. 工业电子商务+后服务

后服务主要包括售出或租赁后的设备维修、延保等售后服务。工业电子商务平台售出设备后为用户提供售后服务，设备出现故障或需定期维修时在平台发起服务需求，平台及时派遣维修保养人员或其他服务机构响应。

情境案例

创维集团电子商务站点建设

创维集团是一家总部设在香港，拥有雄厚的高科技实力和庞大的生产设施，从事彩色电视机、激光视盘机、家庭影院、卫星数字接收机的开发、生产和销售的大型现代化跨国企业。它在全球85个国家和地区建立了稳定、可靠、多层次的销售网络。创维集团以深圳、东莞为生产、销售两大基地，40%以上的产品远销欧洲、美洲及东南亚等国家和地区，产品出口连续六年居全国同行业首位。

创维集团在1999年6月23日率先与润迅互联网服务有限公司（以下简称润迅）合作建立了国内第一家网上电视机直销服务网站，新闻发布会在北京钓鱼台大酒店隆重举行。

作为综合性、技术性强的网络营销网站，通过与润迅合作，创维集团突破了企业建设网络营销网站的技术障碍，并减少了建设网站的风险。通过网站，客户能了解到企业尽可能多的信息，包括企业简介、产品、促销、售后服务、行业动态等。客户在网上通过简单操作，就可以选购到满意的产品。

创维集团还与招商银行合作，利用招商银行的网上支付工具方便客户网上支付。同时，它利用公司的服务销售网络首先在深圳开通送货上门服务，等时机成熟再推向全国。因此，建设一个具有网络营销功能的网站必须进行系统规划，寻求强有力的合作伙伴，采用系统化的方法进行设计、开发和建设。

情境任务二　电子商务在数字产品中的应用

情境引例

在线旅游王者：携程

20世纪末的中国，互联网创业热潮风起云涌。当今中国的四大门户网站搜狐、新浪、网易、腾讯，中国著名的电子商务企业阿里巴巴、京东均成立于这段时期。携程创始团队认为旅游电子商务属于服务电子商务，不同于货物电子商务，没有库存与物流等问题，支付清算也相对容易。因此，携程决定在中国切入旅游电子商务这一细分市场。从2000年开始，携程从单纯提供信息转变为提供产品为主、信息为辅。携程确定的第一个产品是订房，通过对旅行社模式、酒店运营模式、用户消费习惯的研究发现，再小的旅行社也能赚钱，再大的酒店也需要导流，因此将传统商旅服务与互联网相结合，与酒店合作建立实时控房系统，打造一种“鼠标+水泥”的差异化商业模式。同时，组建线下千人“地推大军”，用蓝色卡片“占领”全国各地的机场、火车站和汽车站。一手掌控海量房源，一手拥有用户流量，此时的携程实现了酒店与用户的完美结合，在用户心中留下“订房上携程”的印象，在酒店业注入“只要把房源提供给携程，就可以减少空置率风险”的认知。此举为携程日后在在线旅游领域快速发展奠定了坚实的基础。2002年3月，携程收购北京海岸机票业务，并于10月建成中国最大的机票预订中心。作为互联网寒潮劫后余生的互联网公司，携程并没有坐等“网上购物时代”的来临，而是着手扩建呼叫中心。这个为业界不解的决定是团队经过深思熟虑做出的。从那时起，标准化服务的呼叫中心被作为携程的核心竞争力来打造，携程认为，“中国人的传统还是相信直接沟通”。

2003年12月，携程在美国纳斯达克股票交易所正式挂牌交易，开盘当日涨幅高达88.6%，创当时纳斯达克市场3年来最高纪录。去哪儿推出移动端产品，取得在线旅游移动互联网时代的领先地位，对携程构成了真正的威胁。此后，携程与去哪儿开启了价格战，结果在2014—2015年双方都陷入巨额亏损状态。2015年10月26日，携程与百度进行股权置换，获得去哪儿45%的股份，正式将去哪儿纳入携程系版图，成为中国OTA行业无可争议的“王者”。

如今，携程参股或控股的企业已超过20家。在产业链延伸方面，投资快捷酒店管家、如家快捷酒店、汉庭快捷酒店等；在横向产业布局方面，投资同程旅行、途牛旅游，控股华远国旅，战略控股艺龙旅行；在多元化布局方面，投资众安保险、一嗨租车、易到租车、天海邮轮等。2018年携程总交易用户数达到1.35亿，全年成交总额（不包括天巡网）增速约为30%，达到了7 250亿元（约合1 050亿美元）。

引例思考　携程如何突破传统旅游模式，成为旅游行业的“王者”？

数字产品是可经过数字化并通过数字网络传输的产品，由于其无形性，更适用于电子商务，随着互联网带来的人们的生活方式的转变，越来越多的人通过电子商务进行数字产品的买卖，以下介绍电子商务在常见的数字产品中的应用。

一、旅游电子商务

（一）旅游电子商务概述

旅游电子商务是旅游业与电子商务的融合，是以旅游资源为基础，以互联网发展为依托，以信息技术为支撑的旅游产品或服务。旅游电子商务提供各环节的电子化、信息化活动，包括旅游产品或服务的信息发布和咨询、营销推广、交易及售后环节等。按照参与主体不同，旅游电子商务可以划分为景区电子商务、旅行社电子商务、酒店电子商务、旅游服务企业电子商务等。旅游电子商务的特点是：时空无界性、整合性、交互性、高效性。

（二）旅游电子商务的应用

1. C2B 旅游电子商务

C2B 交易模式由旅游者提出需求，然后由企业通过竞争满足旅游者的需求，或者由旅游者通过网络组成群体与旅游企业讨价还价。旅游 C2B 电子商务主要通过电子中间商（专业旅游网站、门户网站旅游频道）进行。这类电子中间商提供一个虚拟开放的网上中介市场，提供一个信息交互平台。网上旅游者可以直接发布需求信息，旅游企业查询到后，双方通过交流自愿达成交易。

2. OTA

携程、同城网、艺龙网等，就是所谓的 OTA（Online Travel Agency，在线旅游代理商）。这些网站以产品的集中代理销售为主要盈利模式，旅游产品集中销售，赚取差价。这样的平台在市场上占多数。相较于较为传统的 OTA，市场上还出现了新型 OTA。在细分市场上，一些 OTA，如木鸟名宿、差旅随行、小猪短租等，通过细分市场定位，得到了市场的青睐。国内知名在线旅游网站的特色如表 8.1 所示。

表 8.1　国内知名在线旅游网站的特色

应　用	口　号	特　性	优　势
携程	携程在手，说走就走	中高端商旅出行预订、企业差旅平台、汽车票预订等	拥有全国 60 万余家会员酒店可供预订等
去哪儿	总有你要的低价	实时搜索比价、当地人、骆驼书等	移动端用户活跃百分比在同类产品中最大，具有人性化且先进的搜索技术，支持 12 500 条航线预订等
艺龙旅行	订酒店，用艺龙	各类酒店预订	覆盖全球 32 万家酒店预订
同程旅游	快乐每一程	景点门票预订、农家乐、1 元景点、10 元度周末等	中国一流的旅游 B2B 交易平台和 B2C 双平台网站，8 000 余家景区门票预订等
途牛旅游	让旅游更简单	牛人专线、公司游、小包团等	从旅行社提供的众多旅游产品中，精选出性价比高的优质路线，组成丰富的产品线
阿里旅行・去啊	爱梦想・去旅行	每日特惠、“未来酒店”计划、信用住、分期购等	阿里巴巴大数据优势、技术优势、支付保障等

3．传统旅游企业自建电子商务平台

原本在市场占有一席之地的传统旅游企业，通过电子商务平台，也快速地将旅游业务搬上了电子商务这个大舞台，如春秋旅游网，原本在传统的旅游行业就已经做得风生水起，然后依托自己的线下优势，开设旅游电子商务平台，赢得好评一片。另外，旅游电子商务上游的企业也开始了自己的网络直销，并且逐步增加旅游代理产品分销，如瑞航易行、海南航空等。

4．移动旅游电子商务

移动旅游电子商务是游客利用移动终端设备，采用某种支付手段与移动旅游服务提供者进行交易的活动。移动旅游电子商务也在追求个性化服务，其服务提供商根据游客的年龄、身份和职业等个人特点及需求，为游客提供针对性的旅游服务。

（三）旅游电子商务的发展趋势

1．发展呈逐年递增态势

电子商务与旅游融合发展的趋势十分明显，随着民众运用互联网消费习惯的养成，旅游电子商务系统趋于成熟，游客更加趋于应用电子商务进行旅游消费：一方面，旅游电子商务市场份额进一步扩大，将带来更多的机会；另一方面，旅游电子商务企业之间的竞争更加激烈，对产品营销、售前售后服务、个性化旅游、产品定制等方面，都将提出更高的要求。

2．移动端访问远高于个人电脑端

移动端旅游电子商务的发展比个人电脑端更具有潜力，随着移动终端的发展及网络速度的提升，这一特点将更加明显，发展移动端旅游电子商务是旅游从业者应该重点关注的领域。移动端旅游电子商务可以通过为游客提供手机充电、无线网络覆盖等服务，提升旅游电子商务平台应用的便捷性，在进入旅游目的地运营商信号区域后，可向游客推送当地旅游信息、合理线路设计、旅游预订、智能导航、门票及优惠券获取等旅游服务信息。

3．在线度假市场发展迅速

在旅游电子商务领域，在线度假市场交易活动趋势明显。2016 年中国在线旅游度假市场交易规模为 962.9 亿元，较 2015 年增长 39.8%。根据国际经验，当人均 GDP 超过 5 000 美元时，旅游将进入追求放松和享受休闲的高级形式——度假旅游时代，2017 年中国全年人均 GDP 为 8 836 美元，远远超过了 5 000 美元这一数值。随着人们生活水平的提升，人们已经不再仅满足于观光旅游形式，度假旅游时代已经来临，如何为游客提供高品质、多样化、便捷舒适的度假旅游电子商务服务，是接下来旅游电子商务发展中需要关注的一个重点领域。

4．旅游电子商务平台建设应协同发展

中国在线旅游的绝大部分空间被各家寡头企业占据，作为旅游企业，在开展旅游电子商务业务的过程中，应注重与寡头合作，借助大型电子商务企业在品牌、营销、资金等方面的竞争优势，开拓市场，提升品牌知名度。与此同时，旅游企业还应加强挖掘自身特色，加强自有电商平台建设步伐，弥补市场空白，进一步提升市场拓展能力，实现知名电商、自有电商两个平台建设协同发展。

情境案例

上海春秋旅行社

春秋旅游网利用春秋旅行社在多个主要旅游城市均有分社的优势，形成了以主要旅游城市为中心的网络服务系统，在官网主页上设立在线服务城市，发布这些城市的产品内容和服务范围，以所在城市的地方分社为基点，其服务辐射全国。这种网上预订服务触角的延伸能够使游客感受到春秋旅游网是实实在在的服务网络。与此同时，春秋旅游网的服务品质受到企业规模化运作和互联网跨地区经营相互利用、相互促进的保障催化作用，并且能够在整合企业优势中发挥出独特的合力作用。旅游网站只有保持其内容可靠、信息宽泛、品质优良的服务才能得到游客的认可和信赖。春秋旅游网拥有春秋旅行社批发商各方面的支持，加上各分社运作的紧密结合，在资源的应用上更能统筹兼顾，也更适合在“互联”上大展拳脚。顾客可以选择网上支付，也可以选择网上浏览、电话确定、离线交易的办法购买春秋旅游网提供的产品，还可以到春秋旅行社的各分社购买。为了加快推进网上销售进程，春秋旅游网与多家银行合作，从而方便顾客进行人民币和外币交易。

二、互联网金融

（一）互联网金融概述

1．互联网金融的定义

互联网金融是互联网与金融的结合，是借助互联网和移动通信技术实现资金融通、支付和信息中介功能的新兴金融模式。从广义上来讲，互联网金融是把金融业务通过互联网技术，以互联网为载体开展金融业务。从狭义上来讲，互联网金融是企业在互联网平台上注册成立并开展交易活动，就是把现有的线下金融产品及服务搬到线上实现。

2．互联网金融的特点

① 普惠性。普惠性是互联网金融的最大特点，“开放、平等、合作和共享”是它的核心精神，没有设定或降低传统金融服务的门槛。它的主要服务群体是那些不在传统银行服务覆盖范围之内或不受传统银行重视的客户群体。互联网金融充分发挥了传统金融机构忽视的普惠金融集聚效应，从而满足客户的金融需求。

② 高效性。高效性是互联网金融的优势。互联网金融可以通过互联网这个平台让传统金融机构实现网络数据流转及处理，这大大降低了网点的铺设及劳动力成本，提高了办理金融业务的效率。此外，互联网金融“搜索+比价”金融产品的服务能够增加客户选择的余地，相比较定时定点在传统银行机构购买金融产品、填写一系列线下单据，客户更喜欢在这种 24 小时不间断一对一服务的互联网上一键下单。相比较而言，互联网金融这种简单便捷的服务体验更能贴合客户的需求。

③ 低成本化。低成本化是互联网金融的显著特点。互联网金融可以利用互联网技术，形成一个金融信息生态系统，降低交易的成本。例如，银行信用卡依靠互联网技术，结合中国人民银行后台个人信用数据，实现客户数据信息流转，一秒放贷，既降低了成本，也实现了高效率。

④ 大数据。大数据一直是信息时代的显著特征。互联网金融通过挖掘、分析和利用大数据实现高智能运行。大多数互联网企业发展互联网金融是基于对自己平台的数据分析。与传统银行机构相比，互联网金融可以让充斥在互联网上的客户数据信息集中分类汇总，对每个客户的信用、行为及需求等整理归纳，形成属于每个客户的小数据库，定时推送符合客户需求的金融产品，实现精准营销和高效交易。

（二）互联网金融的应用

1．网络银行

网络银行是商业银行在互联网技术高速发展的基础上，通过成立自己的门户网站，为广大客户提供金融服务。

2．第三方支付

第三方支付是借助先进的互联网金融技术，资金实力雄厚、信用度高的非金融机构同商业银行签订合同，为银行端支付提供中介服务的一种交易模式。买家在交易过程中将费用支付给中介平台，中介平台收到货款后再联系卖家发货，等到买家收到货物，中介平台再根据之前的约定将货款打入卖家账户。

3．网上贷款

依托互联网技术，贷款人可以通过网上银行、手机银行等网络途径完成贷款申请、审批、还款等操作。网上贷款具有手续简单、方便快捷等优点，使客户拥有更好的业务办理体验。目前网上贷款主要有B2C和P2P两种模式。

① B2C模式表示企业对个人的一种网上贷款形式。其借助互联网金融由银行或资金供应者向个人发放贷款。例如，中国农业银行在其门户网站推出的“网捷贷”就是一款典型的B2C模式网上贷款产品。借款人通过中国农业银行的手机银行App进行在线申请，银行后台系统利用大数据对借款人资产情况、信用状况及还款能力进行评估，审批通过后借款人可以在网上银行、手机银行中实时获得该笔贷款，同时也可以通过手机银行、网上银行等终端完成还款。

② P2P模式表示以金融机构为中介，个人对个人的一种网上贷款形式。有资金需求的个人和有闲置资金愿意提供资金供给的个人，将自己的信息提供给网络贷款平台，由平台作为中介机构，资金供需双方依情况决定是否达成交易，平台从中收取交易费用。

4．众筹融资

众筹翻译自国外crowd funding一词，即大众筹资或群众筹资，由发起人、跟投人、平台构成。众筹融资指向群众募资，以支持发起的个人或组织的行为，具有低门槛、多样性、依靠大众力量、注重创意的特征。一般而言，众筹融资是通过网络上的平台联结起赞助者与提案者。

5．网络理财

网络理财作为一种新兴的理财形式，一经问世便受到人们的广泛关注。网络理财产品提高了人们的投资效率和盈利水平，打破了传统金融机构对理财的垄断，对商业银行的存款业务造成了巨大影响。以余额宝、支付宝、微信等为主要代表的第三方平台纷纷推出自己的网络理财产品。各机构发售的网络理财产品流动性更高，投资者可以随用随取，同时收益率高于银行的活期存款利率。

（三）互联网金融的发展趋势

① 移动化。随着移动通信技术和互联网技术的飞速发展、5G技术的深度应用，互联网金融将演变为移动终端更为广泛的金融产品和服务，深刻地改变着金融服务的方式。

② 平台化。大型互联网公司从事互联网金融业务的根本原因在于庞大的用户基础和平台。阿里巴巴以电子商务平台“淘宝”为基础，创建了支付平台“支付宝”。以支付宝作为载体，它创造了互联网货币基金“余额宝”。平台在开发互联网金融服务中具有先天优势。

③ 场景化。连接客户生活场景，打通支付环节，移动支付在互联网金融生态中形成闭环，

依托庞大的用户基础，快速拓展了互联网金融可以应用的实际生活场景的范围。

④ 智能化。人工智能迅猛发展的同时，也将进一步推动互联网金融智能化的进程。互联网金融既能契合用户因金融需求出现的各类需求，也能引导用户的需求方向。通过云计算、大数据、人工智能等先进技术，对用户肖像进行研判，提供满足用户行为和风险偏好的最佳选择，使用户能够获得最佳体验。

情境案例

蚂蚁金服

蚂蚁金服推出的旺农贷是首款专门面向农村市场的金融服务产品。旺农贷的互联网小额贷款针对农村不同的经营场景，及时为贫困群体提供信用贷款。旺农贷的申请也十分简单，有贷款需求的农户只需提供身份信息及房屋、土地、门店等资产证明，就可以零抵押、无担保地通过农村淘宝合伙人的申请贷款。蚂蚁金服背靠阿里集团拥有信息技术优势，能够处理、分析大数据，掌握农户的信用状况，加强风险防范，完善信用体系，让其业务实施工作更方便快捷地在贫困地区开展，让农村金融体系更好地服务于农民和贫困群体。

以新零售渠道易果生鲜为例，它与阿里合作布局全渠道，从农户那里采购农产品，经筛选、加工和包装，然后在天猫超市的生鲜区售卖。蚂蚁金服旗下的网商银行，能够提供给合作社生产经营所需的旺农贷低息贷款。除此之外，为了达到易果生鲜对农产品的质量要求，蚂蚁金服会将合作社的采购信息线上发送给易果生鲜平台并定向支付，将贷款专门用于购买指定的农资农具，进而实现对农产品质量的把控。同时，蚂蚁金服保险事业部购买了保险，以确保产品质量合格，与保险公司合作为农药、农资和农具的网上购买提供品质保证，解除了农户担心的农业生产资料的资金保障和农产品销售的困扰，农户只要做好生产环节，就能获得稳定的收入。在这个农产品线上供应生态链中，从农业生产资料的购买开始，到农业生产经营的资金、人力的投入，再到最后农产品的宣传推广和销售盈利，体现了“电商扶贫+互联网金融”模式的应用。2018年举办的小微金融峰会上，网商银行称其在最近三年中，已经与近150家金融机构合作，为1 000多万个小微企业的商户提供贷款。在合作过的众多金融机构中，以桂林银行为例，它将线上线下融会贯通，仅月余网商小贷授信额度已超过4亿元。开放旺农贷的近三个月的时间里，它的放贷金额已逾3.5亿元，为2万多个农户提供了所需服务。

三、在线教育电子商务

（一）在线教育电子商务概述

1. 在线教育电子商务的定义

在线教育电子商务平台是利用互联网技术与信息科技手段传播知识的平台。在线教育电子商务平台又称为学习管理系统或网络学习平台，具有教学、学习、管理等功能，可用于发布学习资源和任务，实现师生之间的协作交流。

2. 国内在线教育电子商务的发展特点

国内在线教育电子商务的发展特点如下：

① 细分市场精细化。目前，从业务领域来看，国内在线教育课程市场可划分为综合平台类（如腾讯课堂）、语言学习类（如考虫网）、幼儿教育类（如少年说道）等。互联网知识用户需求

的多元化，促使在线教育市场更加细分、产业规模不断增长，在许多细分领域发展前景广阔。

② 产品形态呈现多样性。学生、学生家长和教师是主要用户，针对他们的不同需求，在线教育相关人士已经摸索出五种产品形态：社区型、管理型、平台型、工具型与内容型。内容型产品目前最为主流，而且也产生了更加成熟的商业模式（B2C）。工具型产品容易成为爆款，虽然能够积累大量客户，但是在盈利转化方面还存在不足。

③ 轻量化、碎片化、结构化、移动化趋势明显。随着我国科学技术水平的发展，出现了大量新技术，而且移动端能够便捷地满足结构化、碎片化、轻量化的学习需求。语言学习和学前启蒙由于知识呈现轻量化、碎片化，在结构化方面更加容易实现，并且具有移动的先天优势，所以引起了许多企业的注意。但总的来说，由于人类大脑在掌握学习节奏与知识结构化方面较为困难，所以现阶段移动产品在系统、复杂的学习内容应用上还有待提升。

④ 从野蛮生长到规范发展。近年来，在线教育持续火热，呈现出“野蛮生长”态势。尤其是2020年年初，席卷全球的新冠肺炎疫情暴发，教育部要求学校利用网络平台开展“停课不停学”，在线教育随之迎来新机遇。雨后春笋般出现的教育App成为“互联网+教育”的重要载体和学生学习的有益帮手，但同时也亟待加强统筹指导和监管。一些网站平台无视社会责任，屡屡用网课推广网游、交友信息，甚至散布色情、暴力、诈骗信息，危害广大学生特别是未成年人的身心健康。此外，诸多校外培训机构存在教师资质难以保证、经营不规范、培训质量良莠不齐、培训效果不佳等问题，因此侵犯消费者利益，危及行业健康发展，对当前教育生态造成较大影响。针对在线教育乱象，教育部等部门先后下发了相关政策法规，对在线教育实施监管和规范。文件的出台有望给野蛮生长的校外线上培训“降温”，使其回归正常轨道。一系列重磅政策（如《关于进一步减轻义务教育阶段学生作业负担和校外培训负担的意见》）的密集出台，为在线教育发展带来了新机遇，打开了广阔的新天地，使在线教育在规范中健康发展，从而结束其“野蛮生长”态势。

（二）在线教育电子商务的应用

在线教育电子商务分为异步型和同步型在线教育两种，异步型在线教育是通过互联网发送教材的形式，有时也被称为按需型，支持学习者在方便的时间、地点学习，如各大网站教学视频。而同步型在线教育则是将教师的授课通过卫星通信或视频会议系统，实时传送到课堂之外地区的形式，如在线直播教学。

在线教育电子商务的应用如下。

1. 在线直播教学

这种教学方式利用直播教学工具构建虚拟教室，实施一对多的同步在线教育。因网络教学方式涉及的学生人数比线下教学多很多，此前已有多个辅导机构采取此方式进行线上直播教学，如考研辅导机构（如考虫App）、职业考试辅导机构（如中公教育）等。

2. 网站视频教学

这种方式下指导老师和学生不仅在空间上分离，在时间上也是分离的。以慕课为例，慕课教学允许学生自行支配学习时间，可以根据个人学习特点灵活调整学习步调，自我控制学习进度，比较适合自主学习能力强的学生。常见的工具软件包括中国大学MOOC、学堂在线等。

3. 翻转课堂

翻转课堂是在线直播教学与网站视频教学的结合，学生可以在课前线上自主学习课程内容，线上直播课堂中，在教师指导下进行应用练习和参与讨论。直播过程中，教师的主要任务是澄清相关概念、解答学生问题、启发在线讨论、引导学生自由在线交流等，同时可以通过线上设定好的应用练习或测试来进一步强调、巩固、加深或延伸相关知识。常见工具软件有智慧树平台翻转课堂、腾讯课堂等。

4. 其他应用

一些电子音频、电子书和电子期刊等也属于在线教育电子商务的应用，从投稿、编辑、出版、发行、订购、收听、阅读到读者意见反馈的全过程都可以在网络中进行。

（三）在线教育电子商务的发展趋势

纵观在线教育平台的演变历程，在线教育平台正在朝着个性化、多场景、多终端、注重学习体验、通用化、集群化、多样化等方向发展。随着5G技术在教育场景中的应用，用户体验将进一步得到改善。未来的在线教育电子商务大致呈现以下发展趋势。

1. 在线教育平台功能完备化

人工智能等新兴技术为教育创新带来新的机遇，精准推送学习内容，及时反馈学习成果，有利于促进个性化教学，推动在线教育平台功能不断丰富、完善，以促进学习者对知识的深度理解，保障学习者的学习体验，实现多场景、多终端应用。

2. 在线教育平台定位精准化

随着在线教育资源的不断增多，资源的组织与排列已成为教学资源效力发挥的制约因素。为充分利用在线教育资源，调动社会力量发挥其优势，应将内容设定在某专业领域，在遵守技术等共同标准的基础上，集中做好相对应的平台功能开发，满足各专业学习者的学习需求，促进在线教育平台的多样化。在线教育针对目标消费群体提供专业化的服务，更好地满足用户需求，提升用户体验。在线教育企业的差异化发展，需要企业精准定位，凸显优势，为目标市场提供优质教学服务。

3. 在线教育活动管理集成化

在线教育是围绕教学大纲所开展的一系列在线教育活动的过程。基于在线教育活动流程的集成化管理思想，通过遵守共同标准，使众多在线教育平台聚合成一个可以进行相互操作的平台集群。该集群以学习者为主体，以达到在线教育目标为主线，按照在线教育活动来梳理业务流程，实现平台功能，以此缓解学习者因多平台切换、跳转而产生的迷失感与孤独感，实现学习者在平台中的无障碍学习。

4. 在线教育质量管理全面化

在线教育不断发展所构建起的教育新生态，对在线学习者的影响已不仅仅体现在学习成绩上，还体现在自我约束力、学习效能感、认知负荷等方面。教育大数据，包括教育相关用户，如教育管理者、教研员、教师、学生等的行为数据，利用数据挖掘与知识图谱等人工智能的关键技术，对其数据进行深入分析，确立在线教育的架构体系，建立起教育、教学行为和学习行为之间的联系，有助于诊断教学问题，检验教学效果，科学评价教学质量，改进教学过程，促进学习者的在线学习与个人发展。在线教育平台将关注教育过程中各环节及各用户的数据存储与分析，加强在线教育的质量管理，提高教育管理的科学性。

情境案例

中国大学 MOOC（慕课）

我国自2003年起建设国家精品课程，于2011年着手建设国家精品开放课程，2013年开启国家精品资源共享课项目，但真正意义上的慕课是从受到国外影响、加入国外平台开始发展的。2013年，北京大学、清华大学、香港大学、复旦大学等多所知名院校纷纷加入 Edx、Coursera，同年10月，清华大学建立了我国第一个自主研发的慕课平台——学堂在线。2013年，高等教育出版社承担教育部的“国家精品资源共享课”工程，具体负责研发、应用和管理，“爱课程”网应运而生。2014年，“爱课程”网与网易一起推出“中国大学 MOOC”，供全国高校开发应用慕课，到现在已经发展成国内参与高校最多、提供课程最多、总选课人数最多的慕课平台。2015年4月，教育部出台《教育部关于加强高等学校在线开放课程建设应用与管理的意见》，支持大规模在线开放课程和在线开放课程公共服务平台的建设，同年启动国家级在线开放课程和虚拟仿真实验项目；其后《加快推进教育现代化实施方案（2018—2022年）》《教育部关于加强高等学校在线开放课程建设应用与管理的意见》等文件都进一步推动了慕课的发展。

四、电子政务

（一）电子政务概述

1. 电子政务的定义

电子政务，实质上就是政府机构应用现代信息和通信技术，将管理和服务通过网络技术进行集成，在网络上实现政府组织结构和工作流程的优化重组，超越时间、空间与部门分隔的限制，全方位地向公众与企业提供便捷、高效、优质、规范、透明、符合国际水准的公共服务行政管理模式。

2. 电子政务的特点

电子政务有如下特点：

① 政务边际成本递减。实行电子政务，把各种证明或文件电子化，建立统一的信息资源库，各部门信息共享，可以节省大量的时间和精力，提高办事效率。从长期来看，随着公共管理增多，管理范围扩大，实行电子政务能够简化行政环节和程序，提高行政效率，降低行政成本，实现政务边际成本递减。

② 提高行政透明度。实行电子政务将使更多的政府信息向社会公众公开，政府在制定政策、做出重大决策的过程中，可以通过网络听取公众意见和建议。公众也可以通过信息网络，了解政府工作进程和工作业绩，监督政府行政，增加政府工作的透明度，促进廉政建设。

③ 实现集散管理模式。电子政务将打破原有的政府行政管理方式，使传统金字塔式的组织结构变成扁平化的网络结构，消除了信息源与决策层之间的人为阻隔，使信息传递迅速、及时，避免多环节传递引起的信息失真，使决策者可以直接看到各个层次的人士传来的信息，实现统一高效的指挥和管理。

④ 整合政务信息资源。由于政府公开信息的渠道和方式尚未完善，所以许多信息未能充分发挥作用，电子政务的实行可以使这些数据和资料充分共享，降低信息的搜集和传播成本，充分发挥其巨大的社会效益和经济效益，为社会经济发展服务。

3．电子政务系统组成

典型的电子政务系统架构由内网、外网和专网三部分组成。电子政务系统可规划为一个四层的安全控制域，网络安全以各域的工作特点为依据进行设计。

① 核心层（核心数据存储与处理）。这是政府信息集中存储与处理的域，该域必须具有极其严格的安全控制策略，信息必须通过中间处理层才能获得。

② 办公业务层（日常办公与事务处理）。这是政府内部的电子办公环境，该区城内的信息只能在内部流动。

③ 信息交换层（友邻、上下级部门间）。一部分需要各部门交换的信息可以通过专网域进行交换，该域负责将信息从一个内网传送到另一个内网，它不与外网域有任何信息交换。

④ 公众服务层（电子窗口与信息服务）。这是政府部门公共信息的发布场所，实现政府与公众的互动操作。该域与内网和专网物理隔离。

4．电子政务面临的安全问题

目前电子政务系统已经被越来越多的政府部门应用，电子政务系统会涉及很多机密文件，有的文件甚至关系到我们国家的安全和稳定，由于政府部门工作的特殊性，所以我们必须把电子信息安全作为电子政务系统发展的基础。电子政务面临的安全问题主要有以下五个方面：

① 外部威胁。互联网技术的发展和进步在给我们的生活和工作带来便利的同时也会带来外部威胁，如网络攻击、计算机病毒等。这也威胁电子政务的信息安全。

② 内部威胁。虽然计算机技术和互联网技术已经在我国普及，但是很多人对于一些高级软件的操作并不熟悉，由于错误操作可能会对电子政务系统造成严重的损害，这些损害在政府内部发生，因此被称为内部威胁。内部威胁还可能由一些不可预知也不可避免的自然灾害造成，因此我们需要利用网络的信息安全技术保证信息的安全性，必要情况下还要做好数据抢救准备。

③ 信息内容威胁。信息内容威胁主要是一些不知名的网站利用淫秽信息或赌博信息的广告或邮件吸引用户点开，进而窥探这些用户信息并牟利。虽然这种威胁一般不会出现在电子政务系统界面中，但我们还是要对这种信息内容威胁有足够的重视。

④ 网络自身的威胁。网络自身十分脆弱，因此在我们使用网络的过程中也很有可能被有心之人利用网络窥探我们的信息。在使用操作系统或通信协议的过程中，我们输入或传输的信息很有可能被窃取或伪造。这类威胁是电子政务安全需要重点注意的，这类威胁带来的后果往往也更加严重。

⑤ 其他方面的威胁。除了上述几种威胁，我们也需要对其他威胁引起注意，如电子信息存储器出现问题而导致信息丢失等。

（二）电子政务的应用

1．G2G电子政务

G2G（Government to Government，政府对政府）电子政务建设应用最能够体现电子政务的实质特征，它是以社会的需求为中心，以消除由于部门职能信息“割据”而造成的低质量社会服务和管理为目标，使上下级政府之间、不同政府部门之间能够在信息资源按需共享的条件下，实现跨组织的、高效率的电子政务协同。G2G电子政务应用的典型代表有电子公文系统、视频会议系统、绩效考核系统等。

2．G2B电子政务

G2B（Government to Business，政府对企业）电子政务主要是利用互联网建立起有效的行政办公和企业管理体系，政府通过电子政务系统进行电子采购与招标，精简管理业务流程，快速响应企业需求，为企业提供各种信息服务，以提高政府的工作效率。G2B电子政务旨在打破各政府部门界限，在业务相关部门资源共享的基础上，简化审批手续，减轻企业负担，为企业的生存和发展提供良好的环境。G2B电子政务的应用主要有电子化报税、电子证照办理与审批、相关政策发布、电子采购与招标、咨询服务等。

3．G2C电子政务

G2C（Government to Citizen，政府对公众）电子政务是信息技术推动下，政府向公众提供公共服务的理想模式，是政府着眼于公共利益，利用信息技术，基于互联网平台，向公众提供各种服务和信息查询，以满足社会公众的客观需求，保障政府与公众互动交流的一种电子政务形式。G2C电子政务可以增强公众对政府的忠诚度，建立公众与政府的良性互动平台，开辟公众参政、议政的渠道。同时作为政府部门，G2C电子政务可以为公众提供高质量、方便、快捷的服务，其主要应用包括电子税务、公共信息服务、电子就业服务、电子教育培训服务、电子交通管理、电子医疗服务、电子社会保障服务、电子身份认证等，涉及我们生活的方方面面。

4．移动政务

作为电子政务的延伸或补充，移动政务（Mobile Government或M-Government）是指政府通过移动设备和无线网络技术等为政府雇员、公民、企业和其他组织提供信息与服务。移动政务与电子政务并非两个完全独立的概念，电子政务是政府公共管理部门，利用互联网技术来提高管理效率和服务水平，而移动政务是对电子政务的拓展或补充，是在电子政务的基础上，充分利用无线网络和设备，在任何时间和地点给组织和个人提供信息和服务，是为了满足政府通过多种渠道，为公民提供信息和服务的需要而诞生的。它们的共同点在于：都是政府为改善自身管理能力和提高服务水平而采用的技术手段，因而它们在事务类型上存在一致性。与传统的电子政务相比，移动政务突破了时间和空间的限制，因此被看成电子政务发展的高级阶段，并具有一些特征，如移动性（mobility）、便携性（portability）、位置性（location）和个性化（personalization）等。

（三）电子政务的发展趋势

1．更加重视企业架构设计

国内众多学者认为顶层设计十分重要。目前，学者对顶层设计的概念及其重要性都有了共识，但对于电子政务的顶层设计的规划和实施，至今仍没有达成共识。电子政务的顶层设计不是人们原来理解的一个系统级设计，而是一个企业级设计。系统级设计强调在确定目标后自上而下地分解目标，而企业级设计强调在没有确定目标时企业各层级资源和能力动态匹配。信息化是一个没有终极目标的过程，业务和技术都在快速变化，在该背景下，顶层设计的重点应是资源和能力的动态匹配机制设计，国际上把这种设计叫EA（Enterprise Architecture，企业架构）设计。美国、澳大利亚、韩国及很多欧洲国家的实践表明：EA设计内容是信息化和电子政务领域的重要顶层设计内容，EA框架与方法可以作为顶层设计的重要方法。

2．更加重视新一代信息技术的应用

云计算、大数据、物联网和移动互联网等新一代信息技术的出现，使信息技术生产、交付和使用的结构及运作模式发生了深刻变化。例如，云计算通过虚拟化大大提高了资源利用率；

通过物联网，越来越多的未知信息可以被感知、被利用，使每个人都拥有一台超级计算机，可以随时随地处理日常事务。新一代信息技术具有一定网络规模、面向网络架构，具有快速迭代和移动化的特征，这些新技术的应用会改变原有的电子政务的开发和使用模式。

3. 更加注重公共服务

电子政务发展最初的目的是提高政府的工作效率，使政府政务的监管和执行更加精准、科学。在电子政务的后期发展阶段，大部分的系统工程都致力于提高政府的监督、管理、效率，在公共服务方面涉及较少。而现今的电子政务发展，无论是在政府管理还是公共服务方面，其建设能力都有了较大提升，为今后提供完善的公共基础服务打下了坚实的基础。随着人们对电子政务的需求逐步增加，提高电子政务的服务质量已经成为未来的发展趋势。因此，未来电子政务发展的重心放在公共服务发展方面。

4. 大力发展移动政务

移动互联网最大的优势在于，它在很大程度上解决了过去上网必须依赖固定位置或场所的问题，过去是人随网走，而移动互联网时代是网随人走，用户可以随时随地上网获取信息和服务，越来越多的人选择通过移动终端，特别是智能手机上网。发展移动政务既是移动互联网发展的大势所趋，也是电子政务发展的必然要求。

情境案例

国家一体化在线政务服务平台

政务平台办事系统繁杂、事项标准不一、数据共享不畅、业务协同不足等问题较为普遍，建设一体化在线政务平台刻不容缓。国家一体化在线政务服务平台包含国家政务服务平台、国务院部门政务服务平台和省级政务服务平台。国家政务服务平台主要实现各地区各部门政务服务汇聚，跨地区跨部门数据交换，跨地区统一认证，共性基础服务支撑，整合资源，优化流程，强化协同，全面推进“一网通办”；汇集和整合各地区、各部门、各类政务服务资源，协同共建，整体联动，充分发挥国家政务服务平台的公共入口、公共通道、公共支撑作用。国务院部门政务服务平台实现部门相关政务服务的办理，并与国家政务服务平台互联互通。省级政务服务平台利用现有电子政务网络资源，提供省级部门政务服务事项受理、办理和反馈，从完善统筹协调工作机制、深化网上政务服务建设、强化数据资源开发利用、健全考核评估制度方面，持续推进政府政务服务能力建设。建立省（区、市）政务服务数据共享平台，实现政务数据汇聚共享和业务协同。一些地方和部门依托平台创新政务服务模式，“只进一扇门”“最多跑一次”“不见面审批”等改革措施不断涌现，政务服务平台已成为提升政务服务水平的重要支撑。

情境任务三　电子商务在国际贸易中的应用

情境引例

首届世界海关跨境电商大会达成基本共识——跨境电商将成世界贸易主角

首届世界海关跨境电商大会于2018年2月9日在北京召开，本次大会由世界海关组织与中国海关共同举办，会议主题为“创新、包容、审慎、协同，推动跨境电商可持续发展”。大会讨论了跨境电商带来的各种机遇和挑战，并提出了包容、创新的解决方案。有统计显示，20年前中国全年的包裹数量不过1亿多个，2017年中国的包裹数量达到300多亿个，平均每天约1亿个。据估算，再过8到10年，中国每天就可能产生包裹10亿个，其中15%以上来自跨境贸易。中国的跨境电商虽起步较晚，但发展迅速，尤其是零售进口业务B2C、C2C的大幅增长，让中国跨境电商迅速成为国际贸易中的一支新力量，据海关总署统计，2017年通过海关跨境电商管理平台的零售进出口总额达902.4亿元，同比增长80.6%。中国海关坚持“创新、包容、审慎、协同”理念，会同相关部门和业界不断探索实践，逐步建立起一套适应跨境电商发展的监管新模式，近三年来，中国海关跨境电商进出口额年均增长50%以上。”海关总署署长于广洲说。曾经遥不可及的美洲干果、欧洲化妆品、非洲工艺品、澳大利亚奶粉等，如今已便捷地走进中国的“寻常百姓家”，足不出户“买全球，卖全球”已变成现实，中国是如何做到的呢？“跨境电子商务是创新的产物，要用创新的思路来监管，改革创新是助推跨境电子商务的内在动力。”海关总署监管司副处长白晓东表示，中国海关始终用发展的眼光看待跨境电商问题，本着在发展中规范、在规范中更科学发展的原则，在政策上支持，管理上谨慎，手段上适应，努力为新生事物发展创造更大的空间。

据悉，跨境电商自2012年启动试点以来，我国先后在郑州等10个城市开展了相关试点工作，积极推动杭州等13个跨境电商综合试验区建设，创造性地提出了“直购进口、网购保税进口、一般出口、特殊区域出口”四种新型监管模式，契合了新业态特征，基本满足了跨境电商发展的需求。

作为互联网时代发展最为迅速的贸易方式，跨境电商为更多国家、企业和群体带来了新的机遇。中国在推动跨境电商发展的探索中，闯出了一条具有中国特色的跨境电商发展之路。不仅如此，中国还积极参与贸易规则的制定，搭建交流平台，分享发展经验，以开放的姿态赢得了世界的认可与赏识。

引例思考 跨境电商的发展对传统国际贸易有何影响?

随着互联网和电子商务在国际贸易中的迅速发展，传统的国际贸易方式受到了极大的挑战，而新的国际贸易方式——跨境电子商务（简称跨境电商），在国家的“一带一路”“互联网+”倡议的带动下一直保持高速度和高利润的迅猛发展态势。当前，跨境电商已经成为国内企业开拓海外市场、提升品牌国际形象和增强国际竞争力的利器。跨境电商不仅改变了传统外贸的经营模式，也改变了中国对外贸易的产业链布局，形成了新的业态模式。当前，无论从市场规模、市场前景，还是从国际影响力来看，中国的跨境电商行业已经处于全球领先的地位。

一、跨境电商的概念

从狭义上看，跨境电商实际上等同于跨境零售。跨境零售是指分属不同关境的交易主体，借助计算机网络达成交易、进行支付结算，并采用快件、小包等行邮的方式通过跨境物流将商品送达消费者手中的交易过程。从严格意义上说，随着跨境电商的发展，跨境零售消费者中也会含有一部分碎片化小额买卖的B类商家（简称小B商家），但现实中这类小B商家和C类个人消费者很难区分，也很难严格界定小B商家和C类个人消费者，所以，从总体上讲，这部分针对小B商家的销售也归属于跨境零售。

从广义上看，跨境电商基本等同于外贸电商，是指分属不同关境的交易主体，通过电子商务手段将传统进出口贸易中的展示、洽谈和成交环节电子化，并通过跨境物流送达商品，完成交易的一种国际商业活动。

从更广意义上看，跨境电商是指电子商务在进出口贸易中的应用，是传统国际贸易商务流程的电子化、数字化和网络化。它涉及许多方面的活动，包括货物的电子贸易、在线数据传递、电子资金划拨，电子货运单证等内容。从这个意义上看，在国际贸易环节中只要涉及电子商务应用都可以纳入这个统计范畴。

本书的跨境电商是指广义的跨境电商，即主要指跨境电商中商品交易部分（不含跨境电商服务部分）——不仅包含跨境电商交易中的跨境零售，还包括跨境电商 B2B 部分；不仅包括跨境电商 B2B 中通过跨境交易平台实现线上成交的部分，还包括跨境电商 B2B 中通过互联网渠道撮合线下实现成交的部分。

按交互类型划分，跨境电商的主要模式可分为 B2B、B2C、C2C 等若干种，其中 B2C、C2C 都是面向最终消费者的，因此又可统称为跨境零售；从经营主体划分，跨境电商可分为平台型、自营型、混合型。

跨境电商的概念

二、跨境电商的特征

1. 多边化

多边化是指与跨境电商贸易过程相关的信息流、商流、物流、资金流已由传统的双边逐步向多边的方向演进，呈网状结构。跨境电商可以通过 A 国的交易平台、B 国的支付结算平台、C 国的物流平台，实现多个国家的直接贸易。

2. 直接化

直接化是指跨境电商可以通过电子商务交易与服务平台，实现多国企业之间、企业与最终消费者之间的直接交易。与传统国际贸易相比，其进出口环节少、时间短、成本低、效率高。

3. 小批量

小批量是指跨境电商相对于传统贸易而言，单笔订单大多是小批量的，甚至是单件的。这是由于跨境电商实现了单个企业之间或单个企业与单个消费者之间的交易。

4. 高频度

高频度是指跨境电商实现了单个企业或消费者即时按需采购、销售或消费，因此相对于传统贸易而言，双方的交易频率大幅提高。

5. 数字化

数字化是指随着信息网络技术的深化应用，数字化产品（软件、影视作品、游戏等）的品类和贸易量快速增长，且通过跨境电商销售或消费的趋势更加明显。与之相比，传统的国际贸易主要交易实物产品或服务。

6. 快速演进

互联网是一个新生事物，它尚处在幼年时期，网络设施和相应的软件协议的发展具有很大的不确定性。就像其他的新生事物一样，它必将以前所未有的速度和无法预知的方式不断演进。

三、跨境电商的发展趋势

（一）跨境电商的产业链

1. 中国跨境电商流程

从跨境电商出口的流程看，生产商或制造商将生产的商品在跨境电商平台上展示，在商品被选购下单并完成支付后，跨境电商平台将商品交付给物流企业投递，经过两次（出口国和进口国）海关通关商检后，最终送达消费者或企业手中；也有的跨境电商企业直接与第三方综合服务平台合作，让第三方综合服务平台代办物流、通关商检等一系列环节，从而完成整个跨境电商交易的过程。跨境电商进口的流程除与出口流程的方向相反外，其他内容基本相同。

2. 中国跨境电商产业链

中国跨境电商产业链包含跨境电商 B2B、B2C，第三方服务（信息、商务、支付、物流等）。

（二）跨境电商行业规模与发展

1. 中国跨境电商的发展

从 1998 年开始，以阿里巴巴、中国制造网等为代表的一批跨境电商 B2B 网站诞生，这批网站主要提供信息发布和撮合交易服务，搭建买卖双方之间的桥梁。这种简单的信息撮合平台存在一些问题：①对各个行业的服务不够专业、深入，物流和支付的问题没有解决；②平台服务基本为交易信息撮合服务，缺乏更具深度、广度的专业服务；③询盘后企业转为线下沟通与交易。随着行业的发展，以敦煌网为代表的 B2B 企业诞生，这批 B2B 企业开始向交易平台的方向转变，并以收取交易佣金作为主要的盈利模式。2013 年开始，B2B 企业所提供的服务开始向交易中和交易后拓展，开始提供物流仓储、融资等多方面的服务，逐渐成为企业在线资源整合的平台。与此同时，从 2006 年开始，以 DX（DealeXtreme）、兰亭集势、大龙网为代表的跨境 B2C 企业先后成立，这批企业大大缩减了产业链的中间环节，从产品进销差价中赚取了丰厚利润，获得了快速发展。

2. 中国跨境电商行业规模及发展现状

中国电子商务研究中心（100ec.cn）监测数据显示，2017 年中国跨境电商整体交易规模（包括 B2B 和零售）达 7.6 万亿元，2018 年中国跨境电商整体交易规模达 9.0 万亿元，2019 年 10.5 万亿元，2020 年 12.5 万亿元，2021 年上半年 6.05 万亿元，预计 2021 年达 14.6 万亿元，2022 年达 15.7 万亿元。

① 政策利好不断，行业地位提升。2015 年后，国家不仅给予跨境电商行业政策上的指引，更是逐步在行业涉及的各个环节给出了具体措施和政策调整。随着跨境电商领域政策的逐步明晰及规范，行业会向更深、更广的方向发展。

②“互联网+”将助产业发展一臂之力。随着 2015 年“互联网+”时代的来临，跨境电商已经站到资本市场的风口上，在国家政策的支持下，跨境电商的融资环境将迎来史无前例的发展机遇。跨境电商是培育经济增长全新引擎的又一着力点。

③ 跨境电商有望成为对冲出口贸易增速下降的利器。近年来，随着国际贸易条件的恶化，以及欧洲、日本的需求持续疲弱，中国出口贸易增速出现了较大减缓。而以跨境电商为代表的新型贸易近年来的发展脚步正在逐渐加快，并有望成为中国贸易乃至整个经济的全新增长引擎。

④ 跨境电商主题受到资本市场追捧。跨境电商经过漫长的探索，在 2015 年终于迎来了爆发。例如，洋码头获 1 亿美元 B 轮融资，街蜜、小红书等相继完成数百万美元与数千万美元的融资，百度领投蜜芽 1.5 亿美元 D 轮融资等，资本对跨境电商的看好与目前行业的良好走势有关。

2016 年，中国跨境电商的交易模式中，B2B 交易占 86.8%，B2C 交易占 13.2%，B2B 交易占据绝对优势。

① 从商业模式上看，跨境电商 B2B 模式将长期占据主流，并且已经处于成熟阶段，未来行业发展格局趋于稳定。跨境电商 B2C 模式受降低交易成本、满足消费者个性化需求的驱动，

以及互联网技术、物流支付环节的支持，近年来迎来较大成长空间。

② 中国跨境电商重点将从 B2C 转向 B2B，电子商务的 B2B 具有更大的发展潜力。特别是通过推动制造型企业上线，促进外贸综合服务企业和现代物流企业转型，从生产、销售端共同发力，成为跨境电商发展的主要力量。

③ 相比跨境 B2B 模式，跨境电商 B2C 模式存在较大缺陷，如基础物流服务跟不上、本地化的售前售后服务难以满足、国际法务摩擦日益加大等。由于地区和距离的因素，加上海关通关、检验检疫，可能导致小包裹物流不稳定，而在法务问题上，B2C 模式要解决的困难更多，做跨境 B2C 就是要跟世界各国的法务系统打交道，要熟悉各个国家的规章制度，所以不借助本地商家将困难重重。

四、跨境电商应用

目前，跨境电商第三方平台主要有阿里巴巴国际站、全球速卖通（AliExpress）、Wish、敦煌网（DHgate）、eBay 和亚马逊等。

（一）跨境电商出口平台

1. 跨境大宗贸易 B2B 平台

跨境大宗贸易 B2B 平台为境内外会员商户提供网络营销平台，传递供应商或采购商等合作伙伴的商品或服务信息，并最终帮助双方完成交易，收取会员费和营销推广费。目前，大宗 B2B 交易属于最传统的交易平台，占据强势主体地位，在整个跨境电商中的份额占 95%以上。这类模式的代表性平台有阿里巴巴国际站、环球资源外贸网、中国制造网等。

（1）阿里巴巴国际站

阿里巴巴国际站是帮助中小企业拓展国际贸易的出口营销推广服务平台，它基于全球领先的 B2B 电子商务网站，通过向海外买家展示、推广供应商及其产品，进而帮助供应商获得贸易商机和订单，是出口企业拓展国际贸易的首选网络平台。阿里巴巴国际站提供一站式的店铺装修、产品展示、营销推广、生意洽谈及店铺管理等全系列线上服务和工具，帮助企业降低成本，高效率地开拓国际贸易大市场。

（2）环球资源外贸网

环球资源外贸网是一家多渠道 B2B 媒体公司，致力于促进大中华地区的对外贸易。公司的核心业务是通过一系列英文媒介，包括环球资源外贸网、印刷品及电子杂志、采购资讯报告、买家专场采购会、贸易展览会等，促进亚洲各国的出口贸易。超过 100 万名国际买家，其中包括 95 家全球百强零售商，使用环球资源外贸网提供的服务，了解供应商及其产品信息，从而在复杂的供应市场高效采购。另外，供应商还可借助环球资源外贸网提供的整合出口推广服务，提升公司形象，查询销售情况，赢得来自逾 240 个国家及地区的买家订单。

（3）中国制造网

中国制造网是一个中国产品信息荟萃的网上世界，其面向全球提供中国产品的电子商务服务，旨在利用互联网将中国制造的产品介绍给全球采购商。中国制造网创建于 1998 年，是由焦点科技开发和运营的，是国内较著名的 B2B 电子商务网站之一，在 2003—2006 年连续四年被《互联网周刊》评为中国最具商业价值百强网站，2013 年获得“中国 B2B 行业网站影响力大奖”。中国制造网汇集中国企业产品，面向全球采购商，是高效可靠的信息交流与贸易服务平台，为中国企业与全球采购商创造了无限商机，是国内中小企业通过互联网开展国际贸易的首选 B2B 网站之一，也是国际上有影响力的电子商务平台。

2. 独立第三方跨境小额批发零售平台（B2小B、B2C、C2C）

独立第三方跨境小额批发零售平台的特点：门槛低、周期短、支付方式灵活、利润较高。盈利模式：以收取佣金为主，以收取会员费、广告费等为辅。运营模式：包括 B2 小 B、B2C、C2C 三种，其中 B2 小 B 模式指从“海外进口商”至“海外批发商”（“海外批发商”也即“小 B”），通过小额外贸批发业务促进产业链中整体利润的提升。这类平台是现阶段跨境电商的热门方向，其典型代表有全球速卖通、敦煌网、亚马逊、eBay、Wish 等。

（1）全球速卖通

全球速卖通正式上线于 2010 年 4 月，其为阿里巴巴旗下唯一面向全球市场打造的跨境电商平台，被广大卖家称为“国际版淘宝”。全球速卖通面向海外买家，通过支付宝国际账户进行担保交易，并使用国际快递发货，是全球第三大英文在线购物网站。全球速卖通是阿里巴巴帮助中小企业接触终端批发零售商，小批量多批次快速销售，拓展利润空间而全力打造的融订单、支付、物流于一体的外贸在线交易平台。全球速卖通具有以下特点：市场大，为中国最大 B2C 交易平台，覆盖 220 多个国家和地区，日近 5 000 万人次海外流量；低佣金，发布产品可免费开店，订单完成后收取 5%交易佣金，远低于同类外贸电商网站；发展快，速卖通发展迅速，在排名不断上升的同时，订单数以成倍速度增长。

（2）敦煌网

敦煌网 B2B 在线交易平台于 2005 年正式上线，是国内首个为中小企业提供 B2B 网上交易的网站，是全球领先的在线外贸交易平台，其致力于帮助中国中小企业通过跨境电商平台走向全球市场，开辟一条全新的国际贸易通道，让在线交易变得更加简单、安全、高效。敦煌网采取佣金制，免注册费，只在买卖双方交易成功后收取费用。PayPal 交易平台数据显示，敦煌网是在线外贸交易额中亚太排名第一、全球排名第六的电子商务网站。作为中小企业 B2B 海外电子商务的创新者，敦煌网采用 EDM（电子邮件营销）模式，低成本、高效率地拓展海外市场。其自建的 DHgate 平台，为海外用户提供了高质量的商品信息，用户可以自由订阅英文 EDM 商品信息，第一时间了解市场最新供应情况。敦煌网“为成功付费”的经营模式打破了传统电子商务“会员收费”的经营模式，既减小了企业风险，又节省了企业不必要的开支，同时避开了与 B2B 阿里巴巴、中国制造网、环球资源外贸网等的竞争。

在敦煌网上，买家可以根据卖家提供的信息来生成订单，可以选择直接批量采购，也可以选择先少量购买样品，再大量采购。这种线上小额批发一般使用快递，快递公司会在一定金额范围内代理报关。举例来说，敦煌网与 DHL、联邦快递等国际物流巨头保持密切合作，以网络庞大的业务量为基础，其同等物流成本至少可下降 50%。一般情况下，这类订单的数量不会太大，有些可以省去报关手续。以普通的数码产品为例，买家一次的订单量在十几个到几十个不等。这种小额交易比较频繁，不像传统的外贸订单那样可能是半年下一次订单，一个订单几乎就是卖家一年的“口粮”。“用淘宝的方式卖阿里巴巴 B2B 上的货物”，是对敦煌网交易模式的一个有趣概括。

（3）Wish

Wish 于 2011 年在美国旧金山成立，是一款基于移动 App 的商业平台。起初，Wish 只是向用户推送信息，并不涉及商品交易；2013 年开始升级为购物平台，移动 App 于同年 6 月推出，当年经营收益即超过 1 亿美元。Wish 最大的特点就是专注于移动端购物。在 Wish 平台上，98%的流量和 95%的订单都来自移动端。这个数据足以让亚马逊、eBay、全球速卖通等跨境电商“颤抖”。Wish 系统通过对买家行为等数据的计算，判断买家感兴趣的产品信息，并且选择相应的产品推送给买家。与多数电商平台不同，在 Wish 上的买家不太会通过关键词搜索来浏览商品，更倾向于无目的浏览。这种浏览方式是欧美人群比较容易接受的，所以 Wish 平台 90%的用户来自欧洲和美国。

（4）亚马逊

亚马逊是美国最大的一家网络电子商务企业，总部位于华盛顿州的西雅图，是网络上较早开始经营电子商务的企业之一。亚马逊成立于 1995 年，一开始只经营图书销售业务，目前则扩及其他产品，范围相当广，已成为全球商品品种最多的网上零售商和全球第二大互联网企业，在其名下包括 Alexa Internet 等子公司。

亚马逊及其他销售商为客户提供数百万种独特的全新、翻新及二手商品，如图书、影视、音乐和游戏、数码下载、电子产品、家居园艺用品、玩具、婴幼儿用品、食品、服饰、鞋类、珠宝、健康和个人护理用品、体育及户外用品、玩具、汽车及工业产品等。

2004 年 8 月，亚马逊全资收购卓越网，使亚马逊全球领先的网上零售专长与卓越网深厚的中国市场经验相结合，进一步提升了客户体验，并促进了中国电子商务的发展。亚马逊目前主要有三块主营业务：Media、FBA（出租网店+卖流量+分仓租赁+代包装/代发货+代收款）、Web 服务。亚马逊的一大特色服务是 FBA（Fulfillment by Amazon，亚马逊仓储物流），其为商户提供物流和仓储配套服务，并收取一定的费用。

（5）eBay

eBay（电子湾、亿贝、易贝）是一个可让全球民众上网买卖物品的线上拍卖及购物网站。eBay 于 1995 年 9 月 4 日由 Pierre Omidyar 以 Auctionweb 的名称在加利福尼亚州圣荷西创立。与全球速卖通相比，eBay 对卖家的要求更加严格，对产品质量要求较高，但同样要求价格具有优势，即产品质量要过得去，价格也要有优势。除了有和其他平台类似的常规产品出售，二手货的交易也是 eBay 业务的重要组成部分。在 eBay，交易方式分为拍卖和一口价两种。eBay 对每笔拍卖向卖家收取 0.25～800 美元的刊登费，在交易成功后再收取一笔 7%～13%的成交费。在合并了 PayPal 后，eBay 的支付方式默认为 PayPal，商户在注册开店时必须绑定有效的 PayPal 账户。

3．综合自营式跨境小额批发零售平台（B2C 独立商城）

综合自营式跨境小额批发零售平台通常自主创建 B2C 商城，自建物流、支付及客服体系，主要利润来源是销售收入，通过不断巩固细分领域的发展优势，以差异化的竞争手段获取海外生存空间，类似于国内的京东商城、当当网等自营式电子商务企业。这类模式的代表性平台有兰亭集势、易宝、环球易购等。

（二）跨境电商进口平台

1．海淘网

海淘网是国内首个免费的海淘代购服务平台，致力于帮助网购人群更方便、快捷、经济地去国外网购，其创立于 2013 年。海淘网与国外 B2C 电子商务网站合作，用户享受零代购费，海外直接发货，全部正品直邮，国内外一个价格。同时，“海淘网”是海淘官方域名，打破了中国消费群体使用电子商务的局限，向消费者推荐来自全球各地的著名网络商店和国际品牌，并翻译展示商品信息给消费者，让消费者从此可以在全球范围内自由浏览、选购商品，所有商品由海外直邮，并且全部支持人民币付款。

海淘网在创立之初就秉承了免费的概念，通过链接国内外商家与中国用户，用平台的概念整合海淘购物流程，并形成标准。未来海淘网将着重解决用户在物流、时间、价格等方面的问题。

2．洋码头

洋码头成立于2009年，是中国海外购物平台，满足了中国消费者不出国门就能购买到全球商品的需求。洋码头移动端App内拥有首创的“扫货直播”频道。其另一特色频道“聚洋货”则汇集了全球各地知名品牌供应商，提供团购项目，认证商家一站式购物，保证海外商品现货库存，全球物流护航直邮。为保证海外商品能安全、快速地运送到中国消费者手上，洋码头自建立以来就打造了跨境物流体系——贝海国际。目前，洋码头全球化布局已经完成，在海外建成了十大国际物流仓储中心（纽约、旧金山、洛杉矶、芝加哥、墨尔本、法兰克福、东京、伦敦、悉尼、巴黎），并且与多家国际航空公司合作实行国际航班包机运输，每周40多架全球班次航线入境，大大缩短了国内用户收到国际包裹的时间。

典型跨境电子商务平台

情境案例

沃尔玛

沃尔玛是全球零售业巨头，迄今为止，已经将业务拓展到10个国家——美国、墨西哥、巴西、阿根廷、德国、波多黎各、英国、韩国、加拿大、中国，员工人数超过130万人。但沃尔玛在全球网上零售业中的排名曾一度沦落到第43位，远远低于在网络泡沫经济中迅速发展起来的eBay和BUY.COM等。当美国亚马逊网上书店迎来第100万个用户时，沃尔玛的网站却只有几万人光顾。在网站经营不振的时期，沃尔玛的在线销售额只占实际总销售额的3%，沃尔玛因此被有些人称为电子商务领域的“侏儒”。但沃尔玛没有被公司网站几年来的萧条经营所吓倒，而是开始仔细研究网络竞争者的特性，制订了一系列有针对性的计划，尤其是计划建立一个从牙刷到电器等无所不包的销售网站，来与其实力雄厚的配送系统相匹配；新网站大大增加了贵重商品，如DVD播放器和数字摄像机等，在线图书的书目也将从500万册增加到700万册。实践证明，这项措施使沃尔玛相当于新建了25个商场，同时也使消费者网上购物的选择范围扩大了将近两倍。沃尔玛这个传统的零售业巨头拥有众多的分支机构、完善的配送系统、低廉的价格优势、忠心耿耿的客户群体，以及强大的技术力量，这一整套的坚实后盾令积极拓宽网上零售的沃尔玛如虎添翼。这个成就可以说有很大一部分来源于沃尔玛适时地与新经济接轨，从而获得了更新、更强的竞争力。

技能训练

1．登录一些知名生产企业的网站，分析这些企业是如何应用电子商务的。

2．登录中华英才网、中国旅游资讯网、人人网、大众点评网，分析这些网站各提供什么服务。

3. 登录平安保险网站，了解平安保险主营业务有哪些，哪些业务是可以直接在网上办理的，并尝试申请航空平安险。

4．选择几家旅游网站，购买北京——上海的机票，在上海预订一家酒店，比较一下哪个网站更方便。

学习情境九

电子商务安全

居安思危，思则有备，有备无患。——左丘明《左传·襄公十一年》

学习目标

知识目标

认识电子商务安全环境；了解电子商务面临的各种安全问题；掌握电子商务安全架构及体系结构，理解防火墙、加密技术、数字签名、数字证书及SSL协议和SET协议的原理及应用，了解电子商务安全政策法规。

技能目标

能够针对电子商务安全的实际问题进行综合分析，对于不同的安全问题能够选用不同的措施加以防范；能够熟练使用数字签名、加密、数字证书、防火墙等技术。

素质目标

培养信息安全意识和文明上网意识，注重个人隐私保护。

情境任务一　认知电子商务安全

情境引例

淘宝“错价门”敲响电子商务安全警钟

2011年9月1日，丁先生去淘宝网购物，发现部分网店和淘宝商城许多商品以1元秒杀包邮价出售，也有很多原价数百元的商品标价几元或几十元。丁先生认为，互联网上这样的1元秒杀活动或超低价商品甩卖促销是司空见惯的，可为网店带来大量信誉、流量和人气。所以，丁先生没有多想，花了几个小时按照正常程序买了许多商品，均付款成功并生成订单，但是之后订单被淘宝网取消。

9月2日下午，淘宝发布公告称，经初步排查，确认此事为淘宝网第三方软件服务商——北京智能淘网络技术有限公司开发的软件工具“团购宝”程序异常所致。淘宝网本身并未遭受攻击或发现安全漏洞。在该处理结果中，淘宝排除了自身的责任，10元钱的赔偿也是由涉及的软件开发公司负责。

截至9月5日，商务部电子商务中心BCP信用投诉中心连续收到100多人的投诉，投诉者均反映：9月1日，淘宝网开展1元秒杀活动，次日却发布公告称，由于第三方软件错误，取消所有秒杀订单，并赔偿10元淘宝券。对这种处理方式，许多消费者表示异议，认为淘宝网应履行承诺，尽快发货。然而，出售这些商品的商户表示：超低价商品并非商家搞促销活动，而是商品价格被莫名其妙地更改，这给商户经营带来了很大的麻烦。多数商户与网民之间的交易已经被强制关闭，少数商户虽然没有关闭交易，但是拒绝发货。

金山网络安全工程师李铁军分析认为，此次淘宝网大批商户的价格数据被恶意篡改，并不能完全排除黑客利用第三方软件的漏洞进行攻击的可能性。电子商务企业后台系统一旦被黑客入侵，数据库就会被肆意篡改，不仅仅是商品的价格，还包括接收货物的客户个人信息等，这种非法入侵往往会给企业造成很大的混乱，带来很严重的后果，相关企业甚至会因此破产。

此次“错价门”事件涉及众多商户和消费者，扰乱了正常的网络商品交易秩序，从某种程度上看，已经形成一个被广泛关注的公共网络安全事件，同时，这一事件暴露出我国电子商务安全问题不容小觑。

引例思考 淘宝网“错价门”事件凸显出电子商务的哪些安全问题？电子商务安全问题对电子商务的发展有何影响？

一、电子商务安全环境

电子商务通过信息技术将企业、供应商、客户及其他商贸活动涉及的相关机构结合起来，是完成信息流、物流和资金流转移的一种非常有效的方法。随着电子商务相关技术的快速发展，电子商务不断渗透到人们工作、生活的很多方面。由于互联网具有开放性、自由性、虚拟化等特性，因此，以互联网为运营基础的电子商务在给人们带来便利的同时，也带来了很多安全风险，例如，电子交易信息在处理、存储和传输过程中可能被泄露、窃取、篡改，还可能被计算机病毒感染。2018 年 4 月，习近平总书记在全国网络安全和信息化工作会议上指出：“没有网络安全就没有国家安全，就没有经济社会稳定运行，广大人民群众利益也难以得到保障。要树立正确的网络安全观，加强信息基础设施网络安全防护，加强网络安全信息统筹机制、手段、平台建设，加强网络安全事件应急指挥能力建设，积极发展网络安全产业，做到关口前移，防患于未然。”电子商务安全是电子商务发展的重要问题，建立一个安全、可靠的电子商务环境，有助于电子商务健康、快速地发展。

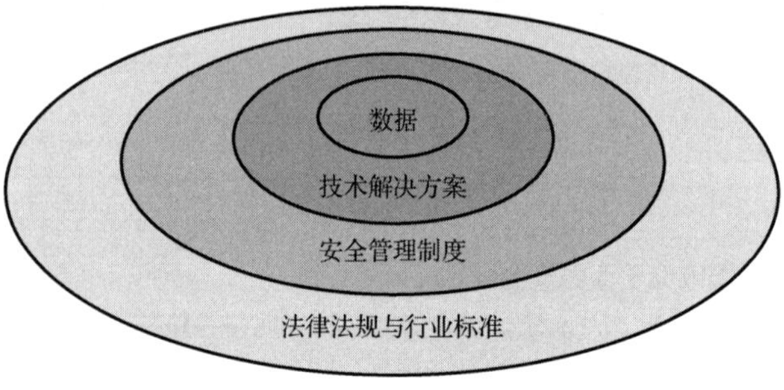

图 9.1 电子商务安全环境

减少电子商务的安全风险是一个复杂的过程，既涉及安全技术应用，也涉及组织管理、法律法规和产业标准。图 9.1 展示了电子商务安全环境的基本形态。营造良好的电子商务安全环境，不仅需要采用周全的安全技术解决方案，还需要完善的安全管理制度，以及配套的法律法规和行业标准来保障安全技术应用和支付机制的实施。

二、电子商务安全需求

由于参与网上交易的人不可能都互相认识，为了确保电子商务交易的顺利进行，必须在通信网络中建立并维持一种值得人们信任的环境和机制。针对计算机网络存在的安全问题和电子商务所面临的威胁，为了保障交易各方的合法权益，保证电子商务活动能够在安全的前提下开展工作，必须满足以下五个基本要求。

1. 信息的保密性

保密性是指确保交易信息仅对授权人可见可知，不被他人泄露和窃取。电子商务是建立在一个较为开放的网络环境上的，维护商业机密是电子商务全面推广应用的重要保障。因此，要预防非法存取信息和非法窃取信息，这均需要保密。例如，如果信用卡的卡号和密码被他人知悉，就可能被他人盗用；如果订货信息被竞争对手获悉，就可能失去商机。因此，在电子商务信息的传输过程中，一般都要求对信息进行加密。

保密性一般通过加密技术对传输的信息进行加密处理来实现。加密技术解决了传送信息的保密问题，可分为对称加密和非对称加密。对称加密是一种传统的信息认证方法，通过信息交换的双方共同约定一个口令或一组密码，建立一个通信双方共享的密钥来实现；非对称加密又称公开密钥加密，使用一把公开发布的公用密钥和一把只能由生成密钥对的一方掌握的私用密钥来分别完成加密和解密操作。加密技术对用户的密码、数字证书等重要信息加密，防止被盗取，而不需要对卖家的产品，买家的留言、评论等信息加密。这样，从交易环节就开始确保双方安全。

2. 信息的完整性

完整性是指确保信息的发布、存储、传输和接收的过程中不会被未授权方以任何形式篡改或破坏。电子商务简化了商务过程，减少了人为干预，同时也带来了维护各方商业信息的完整、统一的问题。意外差错或欺诈行为可能导致交易双方信息的差异。此外，数据传输过程中信息的丢失、信息重复或信息传送的次序差异也会导致各方信息的不同。信息的完整性将影响各方的交易和经营策略，所以保持各方信息的完整性是电子商务应用的基础。因此，要预防对信息的随意生成、修改和删除，同时要防止数据传输过程中信息的丢失和重复并保证信息传送次序的统一。完整性一般可通过提取信息的数据摘要方式来获得。

3. 交易的不可否认性

不可否认性是指确保电子商务参与者无法抵赖其在线行为。例如，利用匿名的免费电子邮件账号，用户能够在网上发布评论或发送信息后轻易否认自己的行为。即使他们使用真实的姓名和电子邮件账号在网上下订单，之后仍可以否认自己的购买行为。在传统的纸面贸易合同中，贸易双方一般通过在交易合同等书面文件上经手写签名或盖章来预防否认行为。但在无纸化的电子商务方式下，通常需要用数字签名技术来保证交易信息的真实可靠，不可否认。

4. 系统的可用性

可用性是确保电子商务系统具有可靠的防御性和可访问性。任何一个电子商务系统在运作过程中都会受到网络故障、操作失误、应用程序错误、软硬件故障、计算机病毒，甚至自然灾害、意外事故所造成的潜在威胁，如何采取有效的预防、检测、评估等应急措施，防止破坏交易信息，决定了电子商务系统的可用性。

5. 交易者身份的确定性

由于电子商务交易系统的特殊性，交易通常都是在虚拟的网络环境中进行的，因此对交易主体进行身份确认成了电子商务中十分重要的一环。对交易主体的身份进行鉴别，为身份的真实性提供保证，即交易双方能够在相互不见面的情况下确认对方身份——类似于现实世界中的身份证或工商营业执照。鉴别服务将提供一种网络方式来验证其身份的真实性——一般通过证书机构 CA 和数字证书来实现。因此，方便而可靠地确认对方身份是交易的前提。

情境任务二　电子商务安全问题

情境引例

Apache Log4j2 漏洞威胁全球网络安全

Apache Log4j2 是世界知名开源社区 Apache 开源的项目，是一款优秀的 Java 日志框架，用来记录日志信息，在各类 Java 项目中应用十分广泛，目前已被全世界企业和组织机构广泛应用于各种业务系统开发。

2021 年 12 月 9 日晚，Apache log4j2 被曝出远程代码执行漏洞。由于 Apache Log4j2 某些功能存在递归解析功能，攻击者可直接构造恶意请求，触发远程代码执行漏洞。攻击者通过 jndi（Java 命名和目录接口）注入攻击的形式可以轻松远程执行任何代码，从而远程控制受害者服务器。Apache 开源社区在确认这是一个安全漏洞后，紧急推出了 2.15.0 和 2.15.0-rc1 新版本修复，依然未能完全解决问题，版本目前已经更新到 2.16.0。该漏洞被命名为 Log4Shell，编号 CVE-2021-44228。

Apache Log4j2 远程代码执行漏洞（CVE-2021-44228）可以说是 2021 年安全行业的重大事件，引起各国高度重视，一时间全球近一半企业与之相关的业务均受到该漏洞的影响。根据知名网络安全公司奇安信的安域云防护的监测数据，截至 2021 年 12 月 10 日中午 12 点，已发现近 1 万次利用该漏洞的攻击行为。奇安信应急响应中心已接到十余起重要单位的漏洞应急响应需求。12 月 20 日，出现了比利时国防部被不法分子利用 Log4j 漏洞进行攻击的网络报道。与此同时，已有勒索团伙将 Log4j2 漏洞武器化，并拥有完整的攻击链，严重威胁各国关键信息基础单位的安全与利益。保障关键信息基础设施安全，强化应急响应能力，这是 Apache Log4j 漏洞攻击事件给我们带来的启示。

引例思考　网络安全给电子商务的发展带来哪些影响？电子商务中又存在哪些安全问题？

一、计算机网络安全问题

计算机网络系统由硬件系统和软件系统构成，因此它的安全问题也是由硬件和软件共同决定的。

（一）黑客的恶意攻击

“黑客”（hacker）原意为热衷于计算机程序设计的人，他们具有操作系统和编程语言方面的高级知识，知道系统的漏洞及其原因所在，他们只是不断追求更深的知识，并没有破坏数据的企图。

现在，“黑客”特指计算机系统的非法入侵者。虽然并非所有的黑客行为都是恶意的，例如，“白帽黑客”一般受雇于公司，对产品进行模拟黑客攻击，以检测产品的可靠性；“灰帽黑客”往往将黑客行为作为一种业余爱好或义务，希望通过他们的黑客行为来警告一些网站弱点或系统漏洞，但并不会破坏网站或从中获利。但大部分媒体报道的黑客通常是“黑帽黑客”，他们恶意地破坏网站，攻击系统漏洞，或者窃取信息用于获利。

黑客攻击是指未授权的人利用操作系统和网络或安全管理的漏洞，通过一定的手段从网络的外部非法入侵系统内部，获取普通用户没有的权力，篡改、窃取和非法使用用户信息。黑客攻击目前已成为计算机网络所面临的最大威胁。黑客攻击对正常开展电子商务，对国家信息安全等都构成严重威胁。

黑客攻击计算机系统的手段大致可以归纳为以下四种：

① 中断。攻击系统的可用性，如破坏系统中的BIOS、硬盘、文件系统等，使系统不能正常工作。

② 窃听。攻击系统的机密性，如通过搭线与电磁泄漏等手段造成泄密，或者对业务流量进行分析，获取有用数据等。

③ 篡改。攻击系统的完整性，如篡改系统中的数据内容，修正消息次序、时间等。

④ 伪造。攻击系统的真实性，如将伪造的假消息注入系统、假冒合法人员进入系统、重放截获的合法消息实现非法目的、否认消息的接收和发送等。

（二）软件缺陷

电子商务的应用基础是开放式的互联网，而互联网依赖于各种硬件设施和软件设备的支撑，因此，软件缺陷是威胁电子商务安全的主要问题之一。由于技术和人为的原因，各种软件不可避免地存在缺陷和漏洞。

漏洞是指在硬件、软件、协议的具体实现或系统安全策略上存在缺陷，使攻击者能够在未授权的情况下访问或破坏系统。例如，在NFS协议中认证方式上的弱点、在UNIX系统管理员设置匿名FTP服务时配置不当的问题等都可能被攻击者利用，威胁系统的安全，因而这些都可以认为是系统中存在的安全漏洞。漏洞会大范围地影响软硬件设备，包括操作系统本身及其支撑软件、网络客户和服务器软件、网络路由器和安全防火墙等。换言之，在这些不同的软硬件设备中都可能存在不同的安全漏洞问题——在不同种类的软硬件设备，同种设备的不同版本之间，由不同设备构成的不同系统之间，以及同种系统在不同的设置条件下，都会存在各自不同的安全漏洞问题。

漏洞很容易遭到黑客的入侵和病毒的驻留，导致数据丢失或被篡改、隐私泄露乃至金钱上的损失。例如，网站因漏洞被入侵，其用户数据可能会泄露，网站功能可能遭到破坏而中止，乃至服务器本身被入侵者控制。目前，数码产品的发展使漏洞从过去以计算机为载体延伸至数码平台，如手机二维码漏洞、安卓应用程序漏洞等。

CVE-2017-0147 Windows SMB 协议漏洞（MS17-010 永恒之蓝漏洞）在2017年爆发，至今已经过去五年多时间，然而它仍是目前被病毒利用较多的安全漏洞之一。该漏洞之所以有较高的利用率，是因为在大多数企业内网环境中依然存在大量的终端设备尚未修复该漏洞，进入内网环境的病毒程序仍可透过该漏洞轻松地在内网环境中传播。

（三）恶意代码

恶意代码（malicious code）又称恶意软件（malicious software，Malware），是能够在计算机系统中进行非授权操作，以实施破坏或窃取信息的代码。最常见的恶意代码有计算机病毒、特洛伊木马、蠕虫、后门、逻辑炸弹等。

1. 计算机病毒

计算机病毒（computer virus）在《中华人民共和国计算机信息系统安全保护条例》中有明确定义，是指“编制者在计算机程序中插入的破坏计算机功能或破坏数据，影响计算机使用并且能够自我复制的一组计算机指令或程序代码”。计算机病毒具有危害性、寄生性、传染性、潜伏性和隐蔽性等特征。它能通过某种途径潜伏在计算机的存储介质（或程序）里，当达到某种条件时即被激活，通过修改其他程序的方法将自己的精确副本或可能演化的形式放入其他程序中，从而感染其他程序，对计算机资源进行破坏。

计算机病毒具有极大的危害，病毒激发会直接破坏计算机。计算机感染病毒后的“症状”如表 9.1 所示。

表 9.1　计算机感染病毒后的“症状”

症　状	具体现象
显示异常	屏幕上出现不应有的特殊字符或图像、字符无规则变化或脱落、静止或滚动的雪花、跳动的小球或亮点、莫名其妙的信息提示等
扬声器异常	发出尖叫、蜂鸣音或非正常奏乐等
系统异常	经常无故死机、随机地发生重新启动或无法正常启动、运行速度明显下降、内存空间变小、磁盘驱动器及其他设备无缘无故地变成无效设备等
存储异常	磁盘标号被自动改写，出现异常文件，出现固定的坏扇区，可用磁盘空间变小，文件无故变大、失踪或被改乱，可执行文件变得无法运行等
打印异常	打印速度明显降低、不能打印、不能打印汉字与图形或打印时出现乱字符等
与互联网连接异常	收到来历不明的电子邮件、自动链接到陌生的网站、自动发送电子邮件等

当系统出现表 9.1 所示的“症状”时，首先应意识到可能感染了计算机病毒。但是，并非每种异常都是由计算机病毒造成的，也可能是由于程序设计错误、使用某些软件时产生冲突等原因造成的，还需要进一步“确诊”。

2．特洛伊木马

特洛伊木马（Trojan horse）是指隐藏在正常程序中的一段具有特殊功能的恶意代码，是具备破坏和删除文件、发送密码、记录键盘等特殊功能的后门程序。“特洛伊木马”一词源自荷马史诗《伊利亚特》，是指希腊人在与特洛伊人的战争中，佯装撤退后留下的一只巨大木马。特洛伊人将其当作战利品带回城内。夜深人静之际，木马腹中躲藏的希腊士兵打开城门，放进早已埋伏在城外的希腊军队，攻克了特洛伊城。而特洛伊木马程序是隐藏在计算机里的一种非授权的远程控制程序，它伪装成合法程序，能够在计算机管理员未发觉的情况下对用户的计算机系统产生破坏或窃取数据，特别是用户的各种账号及密码等重要且需要保密的信息，甚至控制用户的计算机系统。

完整的木马一般由两部分组成：一个是服务器端，一个是控制器端。“中了木马”就是指被安装了木马的服务器端程序。若你的电脑被安装了木马的服务器端程序，则拥有相应客户端的人就可以通过网络控制你的电脑。这时你电脑上的各种文件、程序，以及在你电脑上使用的账号、密码就无安全可言了。

随着互联网的发展，木马逐渐入侵电子商务领域。例如，在一些网络购物广告中挂上木马，当用户点击时，木马很容易入侵用户系统，中了木马的用户在使用网上银行时，很容易被窃取身份信息和银行账户密码，从而造成巨大损失。据瑞星公司统计，2021 年瑞星“云安全”系统共截获的木马数量为 8 050 万个，占病毒样本总量的 67.49%。

计算机系统中存在特洛伊木马的症状一般表现为以下九种：①文件或文件夹无故消失；②运行应用程序无反应；③电脑含有可疑的启动项；④电脑运行极度缓慢；⑤杀毒软件失效；⑥电脑无故蓝屏、运行程序异常；⑦系统语言被更改为其他语言；⑧浏览器主页被篡改；⑨应用程序图标被篡改。

3. 蠕虫

从病毒的广义定义来说，蠕虫（worm）也是一种病毒，但它和狭义病毒主要的不同点在于：病毒的自我复制过程需要人为干预，它需要通过感染文件或通过人为移动病毒文件传播；而蠕虫是一种可以自我复制的代码，无须人为干预，它通过网络传播。蠕虫病毒入侵并完全控制一台计算机之后，就会把这台机器作为宿主，进而扫描并感染其他计算机。当这些新的被蠕虫入侵的计算机被控制之后，蠕虫会以这些计算机为宿主继续扫描并感染其他计算机，这种行为会一直延续下去。蠕虫使用这种递归的方法，按照指数增长的规律分布传播，进而控制越来越多的计算机。据瑞星公司统计，2021 年瑞星“云安全”系统共截获的蠕虫数量为 1 652 万个，占病毒样本总量的 13.85%。

蠕虫的主要传播途径有：

① 利用漏洞。这种方式是蠕虫最主要的破坏方式。蠕虫会先探测目标计算机的信息，找到可利用的漏洞或弱点，然后针对漏洞或缺陷，采取相应的技术实施攻击，直到获得计算机的管理员权限。最后，它利用获得的权限在主机上安装后门、跳板、控制端、监视器等，清除日志。

② 依赖电子邮件传播。以电子邮件附件的形式传播是蠕虫采用的主要传播方式，蠕虫编写者向用户发送电子邮件，用户在点击电子邮件附件时，蠕虫就会感染此计算机。

③ 依赖网络共享。网络共享是蠕虫传播的重要途径之一，它可以利用共享网络资源传播。

④ 弱密码攻击。若用户的密码很容易猜测，蠕虫就会在破解了用户密码后，进入计算机并获得其控制权。因此用户应该设置复杂的密码，增加破解难度。

4. 其他恶意代码

（1）后门

后门（backdoor）是指那些绕过计算机安全认证系统，为攻击者提供获取计算机系统或程序的秘密访问权的恶意代码。攻击者可以通过使用后门程序对目标计算机进行完全控制。

后门与木马的主要区别在于：后门是为入侵者提供一个秘密访问系统的通道，而木马是伪装的恶意程序，主要实现控制功能。现在木马经常包含一个后门。

后门给电子商务带来的安全威胁主要是攻击者可以通过后门远程控制用户计算机来实施网络犯罪。例如，攻击者通过后门程序可以远程控制用户计算机，对受害者计算机进行实时监控，从而窃取银行账号、炒股账号、网游账号等有价值的信息，给受害者带来经济损失，更有甚者，窃取受害者的隐私信息，实施敲诈勒索等网络犯罪行为。

（2）逻辑炸弹

逻辑炸弹（logic bomb）是包含在正常应用程序中的一段恶意代码，当某种条件出现，如到达某个特定日期、增加或删除某个特定文件等，将激发并执行这一段恶意代码，导致非常严重的后果，如删除系统中的重要文件和数据、使系统崩溃等。

与病毒不同，逻辑炸弹不会自我复制或传播到其上的其他系统，因此，逻辑炸弹可以针对特定的受害者，而不会对其他人构成任何威胁。逻辑炸弹不会复制，这也使得逻辑炸弹比其他恶意软件更容易编写。有些逻辑炸弹被编程为在某个日期执行某个功能，这种逻辑炸弹通常被称为定时炸弹。病毒、蠕虫和特洛伊木马等恶意软件有时会被逻辑炸弹编程为在某个日期攻击主机，使它们在激活前不被察觉地传播到整个计算机系统。

（3）僵尸网络

僵尸网络（botnet）由 robot（机器人）和 network（网络）两个英文单词组合而成。网络犯罪分子使用特殊的木马病毒破坏多台用户计算机的安全，控制每一台计算机，然后将所有被感染的计算机组成一个能够让犯罪分子远程控制的僵尸网络。

感染僵尸程序的计算机会被外部攻击者控制，用来发起恶意行动。通常，网络犯罪分子会寻求感染和控制成千上万，甚至数百万台计算机，使自己成为一个大型僵尸网络的主人，进而能够发起分布式拒绝服务（Distributed Denial of Service，DDoS）攻击、大规模垃圾邮件活动或其他类型的网络攻击，或是将僵尸网络的访问权限以出租或直接出售的形式卖给其他犯罪分子。

（四）拒绝服务攻击

在拒绝服务（Denial of Service，DoS）攻击中，黑客向网站发送大量无用的 ping 命令或页面请求来淹没网站或使网站的 Web 服务器瘫痪。越来越多的拒绝服务攻击利用僵尸网络来远程控制成千上万台计算机施展分布式拒绝服务攻击。拒绝服务攻击会导致网站关闭，使用户无法访问网站。对于繁忙的电子商务网站而言，这些攻击会带来巨大损失，因为一旦网站关闭，消费者就无法在网上购物。网站关闭的时间越长，对网站声誉的打击就越大。虽然这种攻击并不会破坏信息或访问服务器的限制区域，但它可以摧毁企业的在线业务。拒绝服务攻击通常伴随着敲诈勒索，攻击者可能会要求网站所有者支付巨额赎金来停止攻击。

2021 年 11 月 25 日，暴雪娱乐公司在推特上宣布其旗下战网服务遭到分布式拒绝服务攻击，此次攻击会导致玩家遇到高延迟或断线，并表示正在尽全力缓解问题。在宣布遭受攻击后 1 小时，官方发推文称分布式拒绝服务攻击已经结束，玩家可以再次正常登录战网。在服务器检测网站 DownDetector 上，暴雪娱乐公司的许多服务和产品都出现了服务器断线报告，有数千人报告战网掉线，同时也有数百人表示部分暴雪游戏服务断线。

（五）网络钓鱼

网络钓鱼（phishing）一词是 phreak（偷接电话线的人）和 fishing（钓鱼）两个单词的组合。网络钓鱼攻击是电子商务犯罪的常见形式，主要以计算机作为犯罪工具，利用伪造的电子邮件与网站作为“诱饵”，目的就是窃取消费者或公司的认证数据或资料。网络钓鱼攻击通常不使用恶意代码，只采取直接的诱导和欺诈，主要是让受害者自己送出个人资料，轻则导致个人资料外泄，侵犯个人信息的隐私权，重则侵害财务。最常见的伎俩有以下两种：

① 利用伪造的电子邮件与网站作为“诱饵”。诈骗者大多会冒充电商网站、第三方支付平台或银行的客服人员，对收件人进行账户验证。只要点击了电子邮件中的链接，收件人就会进入被诈骗者控制的虚假网站，并被提醒输入银行卡号、身份证号等重要个人信息。有时，收件人点击的链接会导致计算机被植入病毒或恶意代码，造成系统损毁或重要信息被窃。

② 修改网页程序，更改浏览器网址栏所显示的网址。当用户正在访问真实网站时，即使在浏览器的网址栏中输入正确的网址，也会被移花接木般地转接到伪造网站上，因此很难被用户察觉。

2021 年 5 月 11 日，瑞星威胁情报平台捕获到一起 APT（Advanced Persistent Threat，高级持续性威胁）组织的网络钓鱼攻击事件。攻击者使用的诱饵文档内容主要是关于创建员工奖金和激励计划。攻击者利用钓鱼邮件等方式向目标投递 New Bonus Announcemnet.zip 压缩包，在压缩包内有两个文件：New Bonus Announcemnet.docx 和 Password.txt.lnk。因为文档 New Bonus

Announcemnet.docx 被攻击者加密，所以需要目标用户点击 Password.txt.lnk 获取密码进行解密操作，而 Password.txt.lnk 的快捷方式文件则指向一段恶意代码，所以目标用户在获取密码的同时也会被该代码所释放的恶意程序远程控制。

（六）云安全问题

随着越来越多的网络服务进入云服务时代，电子商务也面临许多新的安全问题，主要体现在以下六个方面：

① 硬件安全问题。使用云计算服务的电子商务平台的所有数据都存储在“云”中，如果有自然灾害或意外事故导致硬件设施损坏或出现故障，云计算的提供商是否有相应的措施来保障电子商务平台的正常运行就显得格外重要。

② 数据存储风险。由于云服务中的存储设备、身份信息与数据之间的联系越来越密切，所以其中的风险也越来越突出。由于云计算采用虚拟化技术，所以电子商务企业使用云计算服务时，根本不清楚自己的数据存储在哪里，甚至都不知道数据位于哪个国家。因为云计算环境和数据由多个用户共享，所以，电子商务企业往往担心自己的数据是否会被加密处理，是否会和其他用户的数据混淆，或被恶意使用。

③ 相关法律法规不完善。有关云计算和电子商务相关的法律还不完善。云计算服务供应商在服务协议中尽可能地规避大部分风险问题，不承诺对任何数据泄密事件及数据破坏行为承担法律责任或义务。而在广大云计算用户看来，云计算供应商应当承担所有的安全责任。所以一旦出现安全问题，就很容易引起双方的纠纷。

④ 病毒和黑客的攻击更加隐秘。黑客可以利用虚拟化等新兴技术，编写出以虚拟机形式传播的恶意软件，使用户更加难以察觉和被移除。同时，利用租用的虚拟机来隐藏自己的真实身份，使之难以被追踪。

⑤ 持久服务的风险。一旦发生云计算服务供应商终止服务或被其他公司收购等情况，用户就需要考虑自己的业务和商业数据是否会受到影响，如何拿回自己的数据，现在的系统是否与原先的系统兼容等一系列问题。

⑥ 未知的风险。未知的安全漏洞、软件版本、代码更改等都可能给云计算带来安全威胁。

二、电子商务交易安全问题

（一）信息安全问题

1. 信息泄露

信息在网上传递时，要经过多个环节和渠道。由于计算机技术发展迅速，因此原有的病毒防范技术、加密技术、防火墙技术等始终存在被新技术攻击的可能性。计算机病毒侵袭、“黑客”非法入侵、线路窃听等很容易使重要数据在传递过程中被泄露，从而威胁电子商务交易的安全。丢失交易信息，可能有三种情况：一是因为线路问题而丢失信息；二是因为安全措施不当而丢失信息；三是在不同的操作平台上转换操作不当而丢失信息。

2. 信息篡改

这是指攻击者未经授权进入网络交易系统，使用非法手段删除、修改、重发某些重要信息，破坏数据的完整性，损害他人的经济利益，或者干扰对方的正确决策，造成网上交易的信息传送风险。攻击者可能更改信息的内容或改变信息的次序，或者在信息中插入一些内容或删除部分内容，致使接收者收到错误信息。

3. 信息仿造

这是指仿冒者借仿冒用户身份来破坏交易，如仿冒他人合法身份欺骗合法用户，冒充他人消费，冒充网络控制程序来套取和修改使用权限、密钥等信息，伪造用户和电子邮件，虚开网站及商店来窃取商家信息或信用等。

（二）安全管理问题

网上交易管理风险是指由于交易流程管理、人员管理、交易技术管理的不完善所带来的风险。

首先，是交易流程管理的风险。在网络商品中介交易的过程中，客户进入交易中心，买卖双方签订合同，交易中心不仅要监督买方按时付款，还要监督卖方按时提供符合合同要求的货物。在这些环节上，都存在大量的管理问题，如果管理不善势必引发巨大的潜在风险。

其次，是人员管理的风险。人员管理常常是网上交易安全管理上最薄弱的环节。近年来我国计算机犯罪大都呈现内部犯罪的趋势，其原因主要是工作人员职业道德修养不高，安全教育和管理松懈。一些竞争对手还利用企业招募新人的方式潜入该企业，或者利用不正当的方式收买企业网络的交易管理人员，窃取企业的用户识别码、密码、传递方式及相关的机密文件资料。

最后，是交易技术管理的不完善所带来的风险。

三、移动电子商务安全问题

（一）移动终端安全威胁

在我们日常生活中使用的移动终端主要有笔记本电脑、手机、平板电脑三大类，移动终端自身的安全和遵循安全流程进行操作是保障移动电子商务安全的重要前提。一旦我们的移动终端丢失、被借用或被超权限使用，系统资源受到非法访问，攻击者就可以修改或删除移动终端上的应用软件和其他资料，破坏系统完整性。近年来网络技术越来越成熟，甚至可以通过复制手机卡来监听正常卡使用者的信息，或者伪装成真实用户进行权限操作。在移动终端方面，手机病毒带来的危害是第一位的，也是最大的。手机通过蓝牙、安装未知来源的 App 和手机缺陷等方式传播病毒。每年全球手机病毒的数量不断增加，其主要以“病毒短信”方式攻击手机本身系统，通过信息传播感染其他手机，破坏手机主机；其攻击和控制“网关”，向手机发送垃圾信息，致使网络运行瘫痪。有的手机病毒可能会自动拨打电话、盗取联系人名单或删除手机上的资料，并致使用户产生金额庞大的电话账单，损失巨大。

总的来说，移动终端的安全硬伤大致有五个方面：设备自身的物理安全；数据信息被破坏；电子标签被解密；SIM 卡被复制；在线终端易受攻击。

（二）移动网络服务系统安全威胁

网络服务系统的安全威胁有以下四种：

① 非授权数据访问。这是指系统入侵者没有访问权限，非法访问、窃听系统数据信息或伪造身份冒充合法用户进行系统网络接入，对系统进行访问。

② 完整性威胁。这是指系统入侵者通过相关手段修改或删除系统数据信息，破坏对系统的

完整性。

③ 拒绝服务。这是指通过向服务器发送大量垃圾信息或干扰信息，导致服务器无法向正常用户提供服务。

④ 抵赖否认。这是指用户可否认业务费用和数据来源，网络单元否认发出信令或否认接收到了其他数据信息。

（三）移动数据安全问题

移动电子商务交易大多是通过无线数据通信技术进行的，而无线通信网络相对于有线网络，具有开放性、发散性、移动性、不稳定性、易受攻击性等特征。从这个层面上讲，无线用户在享受其随时随地、灵活快速等优质服务的同时也必将面临个人信息安全问题的威胁。例如，现在很多商场酒店都有公共 Wi-Fi，但是目前的公共 Wi-Fi 大多缺少安全防护措施，有的根本就没有设置密码，即便设置了，到网上下载一个“万能 Wi-Fi 钥匙”App 就能轻松破解，准入门槛等同于零，极易被攻击者截取网络中传输的数据信息。在移动电子商务交易过程中传输的支付账号密码、商品支付信息、个人位置信息等易于被攻击者窃听、假冒、重放，保密性备受质疑。

情境拓展

瑞星公司发布《2021 年中国网络安全报告》

2022年1月，北京瑞星网安技术股份有限公司（以下简称瑞星公司）发布了《2021年中国网络安全报告》。该报告综合瑞星“云安全”系统、瑞星安全研究院、瑞星威胁情报平台、瑞星客户服务中心等部门的数据与资料，针对恶意软件、恶意网址、移动安全、企业安全等领域做出详尽分析，并对未来网络安全趋势提出建设性观点。

报告指出，2021年瑞星“云安全”系统共截获病毒样本总量1.19亿个，病毒感染次数2.59亿次，病毒总体数量比2020年同期下降了19.66%；截获勒索软件样本32.22万个，感染次数62.4万次；截获挖矿病毒样本总体数量485.62万个，感染次数184.11万次。

2021年瑞星“云安全”系统共截获恶意网址（URL）总量6 279万个，其中，挂马类网站4 366万个，钓鱼类网站1 913万个；截获手机病毒样本275.6万个，病毒类型以信息窃取、资费消耗、远程控制、流氓行为等类型为主，其中，信息窃取类病毒占比43.72%，位居第一，其次是资费消耗类病毒，占比25.53%，第三名是远程控制类病毒，占比10.01%。

2021年重大企业安全事件包括：incaseformat蠕虫病毒爆发，致使多数用户磁盘数据被删除；加拿大无线通信设备制造商Sierra Wireless遭勒索攻击，工厂中断生产；伊朗核设施遭遇网络攻击；美国最大成品油管道运营商遭勒索软件攻击；Apache Log4j2惊现高危漏洞等。

2021年从瑞星公司搜集到的病毒样本分析来看，利用最多的漏洞依然是微软Office漏洞。CVE-2017-11882、CVE-2018-0802、CVE-2017-0199由于漏洞稳定性、易用性和用户群体广泛性一直是钓鱼邮件攻击者首选的利用漏洞。

2021年全球APT攻击也愈发猛烈，报告显示，威胁组织Darkside在短时间内先后对成品油管道运营商Colonial Pipeline、东芝公司、化学品分销集团Brenntag等企业进行了网络攻击，窃取了大量文件并进行勒索；同时报告对瑞星威胁情报平台所捕获的威胁组织Patchwork、威胁组织Lazarus Group、威胁组织Transparent Tribe、威胁组织Side Winder和威胁组织APT-C-23也都进行了详细的介绍。

2021年勒索软件依然猖獗，仍主要针对政府及企业用户，越来越多的威胁组织在勒索同时，采取文件窃取的方式来“绑架”企业的隐私文件，以历史攻击事件梳理来看这确实“卓有成效”，大大提高了勒索软件敲诈赎金的成功率。越来越多的攻击组织或不法分子选择运用勒索软件即服务（RaaS）这一模式进行攻击，这一模式让不具备专业技术知识的犯罪分子可以轻而易举地发起网络敲诈活动。瑞星公司根据感染量、威胁性筛选出影响较大的年度Top 3勒索软件，分别是Sodinkibi、Darkside和BlackCat。

该报告对未来的网络安全趋势也给出了一定的参考意见。报告指出国家级APT攻击活动愈加频繁，且勒索软件依然活跃，尤其是关键基础设施和重要行业领域的企业均遭受了勒索软件攻击，因此，建立网络安全综合治理体系、搭建多层防御系统是重中之重，通过捍卫网络安全来保护国家安全，任重而道远。同时，成功率极高的漏洞依然受到攻击者的青睐，大量没有更新的老旧软件会成为攻击者的首选利用目标，而Apache Log4j2漏洞的出现则反映出，引用开源项目时需要谨慎，建立事前源代码安全性审查、事后规范化的应急响应将成为软件开发企业必不可少的基础性安全工作。

情境案例

蠕虫病毒的危害

2021年1月13日晚，深信服、360等安全公司发布了紧急预警，称监测到一种名为incaseformat的计算机蠕虫病毒在国内大范围爆发，同时已经发现多个区域不同行业用户遭到感染，病毒传播范围暂未见明显的针对性。

incaseformat蠕虫病毒从被发现至今已有十多年历史，一般通过U盘进行传播。它与常见的蠕虫病毒不同，除具有伪装文件夹图标、隐藏原始文件夹的危害以外，还设置了定时删除文件的逻辑。一旦满足设定的时间，病毒进程就会遍历除系统盘外的所有磁盘文件进行删除，从而给用户造成不可挽回的损失。

由于病毒代码中设置变量值的错误，导致计算当前系统时间出错，因此直到2021年1月13日才被触发。

在incaseformat蠕虫病毒大范围爆发后，多家网络安全机构已紧急发布病毒扫描版本，支持检测计算机病毒，并有专家给出防范该病毒的安全建议：

① 不随意下载、安装未知软件，不随便打开共享文件，尽量在官方渠道下载软件。

② 尽量关闭不必要的共享，或设置共享目录为只读模式，打开电脑的防火墙，并且在自己的电脑上安装电脑防护软件。

③ 严格规范U盘等移动介质的使用，使用前先进行查杀。

④ 保持系统及软件的及时更新，定期排查内部系统漏洞、弱口令等。

⑤ 如发现已感染主机，先断开网络，使用安全产品进行全盘扫描查杀再尝试使用数据恢复类软件。

情境任务三　电子商务安全防范

情境引例

“九板斧”守护数据安全

自2004年以来，国家互联网应急中心已连续举办十七届中国网络安全年会。中国网络安全年会已成为国内网络安全界交流技术和业务的重要桥梁和纽带。2021年7月20日，以“携手应对数据安全威胁挑战”为主题的2021年中国网络安全年会在北京成功召开。在年会上，奇安信董事长齐向东表示，“数字经济发展，需要数据安全流动，而数据泄露是数据非法流动”。

美国分析机构Canalys的最新报告显示，2020年数据泄露呈爆炸式增长，12个月内泄露的记录比过去15年的总和还多，与2019年相比增长了60%。今年以来，全球范围内也发生多起严重数据泄露事件。齐向东表示，数据要素隐私安全与数据要素价值挖掘存在矛盾，并指出当前数据泄露的主要原因。

一是内部人员造成数据泄露远比想象中严重。美国通信巨头威瑞森公司发布的《2021年数据泄露调查报告》显示，85%的违规行为涉及人为因素。无论是“内鬼”有意泄露，还是无心之失被“钓鱼”，内部造成的网络安全危害程度远超遭黑客攻击和病毒感染造成的损失。

二是逐年增加的安全漏洞，也成为数据泄露的重要“出口”。有关数据显示，1999年—2020年，微软Windows平台提交漏洞总计7 272个，平均每年330个。而在2020年，Windows平台提交漏洞数量暴增至1 220个。今年，苹果AirDrop的一个安全漏洞就威胁了15亿用户的个人数据。

三是包含开发、交付、运行三大环节的供应链攻击，延长了数据泄露可能发生的链路。奇安信统计发现，平均每个采用开源软件的项目里有66个漏洞；在自主开发的程序里，平均每1 000行代码中有10.11个缺陷。这些漏洞一旦被利用，就可能将安全风险引入供应链下游环节。今年4月，软件测试统计工具Codecover被攻陷，包括宝洁、谷歌在内的上万家企业数据遭连环泄露。

四是日益猖獗的勒索攻击也成为数据泄露的重要原因之一。据统计，2021年全年发生了约2 000多起勒索攻击事件，成为影响力最大的恶意软件类型。勒索攻击的赎金也在逐年增长，拿到赎金的黑客则会快速实施下一次勒索，形成恶性循环，给数据安全带来了严重威胁。

在数字化时代，海量数据需要通过流动交易来产生价值，但在数据交易的动态过程中，面临许多安全问题，一个单点失陷就可能导致重要数据泄露，带来严峻威胁。

为了保护数据安全流动，齐向东介绍了奇安信的“九板斧”：态势感知、零信任、云锁、特权账号安全管理、资配漏补的系统安全、邮件威胁检测系统、审查供应链、内生安全框架、隐私计算沙箱。

齐向东表示，通过“九板斧”，可从制度、人员管理、系统防护、供应链上下游、数据交易等方面，对数据流动形成完整的安全防护体系，在保障安全的前提下，对数据价值进行充分挖掘利用，推进数字经济安全稳步发展。

引例思考　数据是电子商务发展的基石，在当今数字化时代，我们需要采取哪些防范措施来应对数据安全威胁的挑战?

一、电子商务安全体系

（一）电子商务安全架构

为了电子商务的健康持续发展，需要一套完整的电子商务安全架构，以保障电子商务交易各环节的安全稳定。该架构应该是一个涵盖技术环节、管理等因素在内的综合体系，可概括为一个中心、四个基本点。

1. 一个中心

电子商务安全架构的中心点是安全管理。它通过一些管理手段来达到保护电子商务安全的目的。安全管理包含的内容主要有：安全管理制度的制定、实施和监督，安全策略的制定、实施、评估和修改，以及对人员的安全意识的培训教育等。

2．四个基本点

① 保护。采用一些网络安全产品，工具、技术保护网络系统、数据和用户。这是一种静态保护，通常是指一些基本防护，不具有实时性。

② 监控与审计。实时监控系统的安全状态，并通过记录网络的所有数据包，然后分析这些数据包，来查找可疑的攻击行为，从而达到保护网络的目的。监控与审计是实时保护的一种策略，主要满足系统对动态安全的需求。

③ 响应。当攻击正在发生时，能够做出及时的响应，如向管理员报告或自动阻断连接等，防止攻击进一步发生，将安全事件的影响降到最小范围。响应是整个安全架构中最重要的组成部分。

④ 恢复。恢复是最终措施。当系统因为攻击或入侵造成一定的破坏时，必须有一套机制来及时恢复系统正常工作。

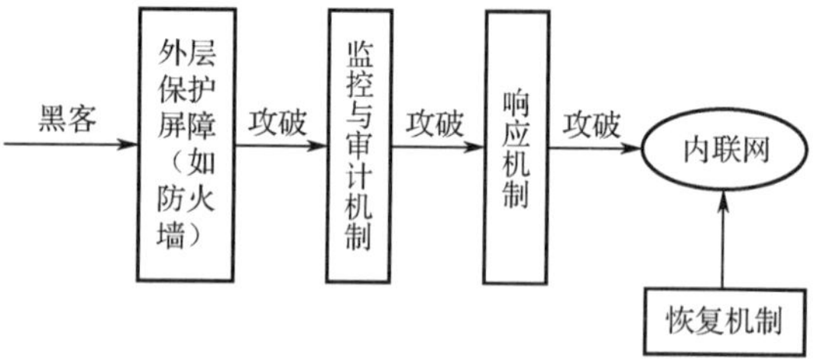

图 9.2　黑客攻击内联网过程

假设一个黑客要攻击一个企业内联网，该内联网安全架构如前所述，攻击过程如图 9.2 所示。该架构如何工作可以抵制黑客的攻击？

① 当黑客开始向内联网发起攻击时，在内联网的最外面有一个保护屏障。如果保护屏障可以制止黑客进入内联网，那么内联网就不可能受到黑客破坏，别的机制就不起作用了，这时网络安全就可以保证。

② 黑客通过继续努力，可能获得进入内联网的权力，即他可能欺骗了保护机制而进入内联网，这时监控与审计机制开始起作用了。监控与审计机制能够在线看到网络上的任何事情，能够识别这种攻击，响应机制根据监控与审计结果来采取一些措施，如立即断开这条连接、取消服务，查找黑客通过何种手段进入网络等，来达到保护网络的目的。

③ 黑客通过种种努力，终于进入内联网，如果黑客对系统进行破坏，这时及时恢复系统可用是最主要的事情，这样恢复机制就是必需的。当系统恢复后，新一轮的安全保护开始了。

（二）电子商务安全体系结构

电子商务的安全体系结构是保证电子商务中数据安全的一个完整的逻辑结构。电子商务安全体系结构由网络服务层、加密技术层、安全认证层、安全协议层、系统应用层及安全管理层组成，如图 9.3 所示。

电子商务系统是依赖网络实现的商务系统，需要利用互联网基础设施和标准，所以构成电子商务安全体系结构的底层是网络服务层，它提供信息传送的载体和用户接入的手段，是各种电子商务应用系统的基础，为电子商务系统提供了基本、灵活的网络服务。

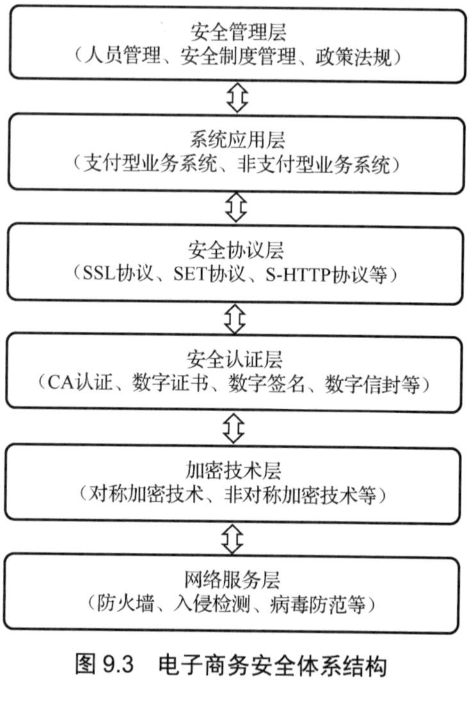

图 9.3　电子商务安全体系结构

为确保电子商务系统全面安全，必须建立完善的加密技术和认证机制，在电子商务安全体系结构中，加密技术层、安全认证层、安全协议层均为电子交易数据的安全而构筑。其中，安全协议层是加密技术层和安全认证层的安全控制技术的综合运用和完善。系统应用层主要面向电子商务交易的用户，有了下层的保障和支持，消费者才可以放心地使用电子商务的交易系统。另外，一个健康良好的电子商务系统，离不开企业的管理，尤其是电子商务系统安全尤为重要，“三分靠技术，七分靠管理”。因此，电子商务安全管理不容忽视。

二、电子商务安全技术

电子商务的核心是通过网络技术来传递商业信息并开展交易，所以解决电子商务系统的硬件安全、软件安全和运行安全等实体安全问题就成了电子商务安全的基础。

由于电子商务活动所涉及的大量机密信息都必须通过网络传播，并且以电子数据的形式存储，因此要求有完善的安全技术来保证电子商务交易的安全。目前，在实施电子商务的过程中主要采用的安全技术有网络安全技术、数据加密技术和认证技术。

（一）网络安全技术

1．防火墙

（1）防火墙的定义

防火墙是一个由软件和硬件设备组合而成，在内联网和外联网之间、专用网和公共网之间的界面上构造的保护屏障。它是一系列部件的组合，是不同网络或网络安全域之间信息的唯一出入口。

防火墙是一种形象的说法，在逻辑上不仅是一个过滤器、限制器，而且还是一个智能分析器。它在安全策略的指导和保证网络畅通的前提下，从逻辑上有效地隔离了内联网和外联网之间的活动，尽可能保证内联网的安全。防火墙的逻辑位置如图 9.4 所示。

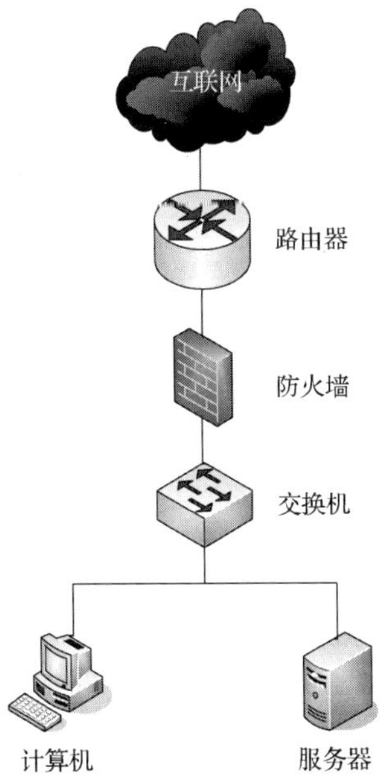

图 9.4　防火墙的逻辑位置

（2）防火墙的功能

① 保护易受攻击的服务。防火墙作为检查点，所有进出的信息都必须通过它。防火墙为网络安全起到了把关作用，只允许授权的通信通过。防火墙能过滤那些不安全的服务，只有预先被允许的服务才能通过防火墙；防火墙强化了身份识别体系，防止用户非法访问和非法用户访问，从而降低非法攻击的风险，大大增加了企业内联网的安全性。

② 可以强化网络安全策略。通过以防火墙为中心的安全方案配置，能将所有安全软件（如密码、加密、身份认证、审计等）配置在防火墙上。与将网络安全问题分散到各个主机上相比，防火墙的集中安全管理更经济。

③ 防止内部信息的外泄。通过利用防火墙划分内联网，可实现内联网重点网段的隔离，从而限制了局部重点或敏感网络安全问题对全局网络造成的影响。

④ 对网络存取和访问进行监控审计。如果所有的访问都经过防火墙，那么防火墙就能记录

下这些访问日志，同时也能提供网络使用情况的统计数据。当发生可疑动作时，防火墙能报警，并提供网络是否受到监测和攻击的详细信息。

（3）防火墙的类型

① 包过滤防火墙。包过滤防火墙是防火墙的初级产品，主要依赖于网络中数据包的分发传输技术。在网络模型的七层协议中，网络层的数据都是以“包”的形式传输的，即数据被分割成一定大小的数据包，每个数据包中都会包含特定的信息，如数据的源地址、目标地址、TCP/UDP 源端口和目标端口等。防火墙通过读取数据包中的地址信息来判断这些“包”是否来自可信任的安全站点，一旦发现来自危险站点的数据包，防火墙就会将其阻止。系统管理员可以根据实际情况灵活制定判断规则。

② 应用网关防火墙。应用网关防火墙能够实现比包过滤防火墙更严格的安全策略。应用网关不依赖包过滤来管理互联网服务在防火墙系统中的进出，而是在网络应用层上建立协议过滤和转发功能。它针对特定的网络应用服务协议使用指定的数据过滤逻辑，并在过滤的同时对数据包进行必要的分析、登记和统计，形成报告。

③ 屏蔽主机防火墙。屏蔽主机防火墙也叫主机过滤防火墙，由堡垒主机和包过滤路由器组成，所有的外部主机与一个堡垒主机相连接而不让它们与内部主机直接相连。通常在路由器上设立过滤规则，并使这个堡垒主机成为唯一可以从外联网直接到达的主机，符合规则的数据包被传送到堡垒主机。堡垒主机的代理服务软件将允许通过的信息传输到受保护的内联网，这就确保了内联网不受未被授权的外部用户的攻击。

④ 屏蔽子网防火墙。屏蔽子网防火墙是在主机过滤结构中又增加一个额外的安全层次构成的。在内联网和外联网之间建立一个被隔离的子网，用两台过滤路由器将这一子网分别与内联网和外联网分开。增加的安全层次包括一台堡垒主机和一套路由器。两台路由器之间是一个被称为周边网络或参数网络的安全子网，也叫 DMZ（隔离区或非军事区），使得内联网和外联网之间有了两层隔断。

2．入侵检测技术

入侵检测是指通过对行为、安全日志或审计数据、其他网络上可以获得的信息进行操作，检测对系统的闯入或闯入的企图。进行入侵检测的软件与硬件的组合称为入侵检测系统（Intrusion Detection System，IDS）。入侵检测被认为是防火墙之后的第二道安全闸门，在不影响网络性能的情况下能对网络进行检测。

（1）入侵检测系统的功能

入侵检测系统从计算机网络系统中的若干关键点搜集信息，并分析这些信息，检查网络中是否有违反安全策略的行为和遭到袭击的迹象。一旦发现入侵行为，它就及时做出响应，如切断网络连接、记录事件和报警等。具体功能如下：

① 监视、分析用户及系统活动。

② 检测系统配置的正确性和安全漏洞，并提示管理员修补漏洞。

③ 识别已知进攻的活动模式，并向网关人员报警。

④ 异常行为模式的统计分析，发现入侵行为的规律。

⑤ 评估重要系统和数据文件的完整性。

⑥ 操作系统的审计跟踪管理，并识别用户违反安全策略的行为。

（2）入侵检测系统的分类

① 基于主机的入侵检测系统。一般主要使用操作系统的审计、跟踪日志作为数据源，某些数据也会主动与主机系统进行交互，以获得不存在于系统日志中的信息以检测入侵。

该类型检测系统的优点有：检测率高；适用于被加密的及交换的环境；近于实时的检测和响应；不要求额外的硬件设备；能够检查到基于网络的入侵检测系统检查不出的攻击；监视特定的系统活动。缺点有：占用主机资源，依赖主机的可靠性，所能检测的攻击类型受限，不能检测网络攻击。

② 基于网络的入侵检测系统。基于网络的入侵检测系统使用原始网络包作为数据源。

该类型检测系统的优点有：成本较低；检测基于主机的入侵检测系统漏掉的攻击；检测未成功的攻击和不良意图；操作系统无关性；占用资源少。缺点有：只能监视经过本网段的活动，无法得到主机系统的实时状态，精确度较差。

以上两类入侵检测系统各有优势，一般的网络安全解决方案会同时采用。

（3）入侵检测技术

① 特征检测。这一检测技术是假设入侵者活动可以用一种模式来表示，系统的目标是检测主体活动是否符合这些模式。它可以将已有的入侵方法检查出来，但对新的入侵方法很难发现。其难点在于如何设计模式表达“入侵”现象，而且不能检测到从未出现过的黑客攻击手段。

② 异常检测。这种检测技术是假设入侵者活动异于正常主体的活动，根据这一理念建立主体正常活动的“活动简档”，将当前主体的活动状况与“活动简档”相比较，当违反其统计规律时，认为该活动可能是“入侵”行为。

3. 防病毒技术

计算机病毒的防治技术分为预防、检测、清除和免疫四个方面。

（1）病毒的预防技术

病毒的预防技术是指通过一定的技术手段防止病毒对系统进行传染和破坏。它通过自身常驻系统内存优先获得系统的控制权，监视和判断系统中是否有病毒存在，进而进入系统内存阻止计算机病毒对磁盘的操作，以达到保护系统的目的。计算机病毒的预防技术包括磁盘引导区保护、加密可执行程序、读写控制技术和系统监控技术等。

（2）病毒的检测技术

在与病毒的对抗中，及早发现病毒很重要，早发现、早处置可以减少损失。检测病毒的方法有特征代码法、校验和法、行为监测法等。

① 特征代码法。它通过采集已知病毒样本来实现病毒检测。病毒如果既感染 COM 文件，也感染 EXE 文件，对这种病毒就要同时采集 COM 型病毒样本和 EXE 型病毒样本。打开被检测文件，在文件中搜索，检查文件中是否含有病毒数据库中的病毒特征代码。如果发现病毒特征代码，由于特征代码与病毒一一对应，便可以断定被查文件中染有何种病毒。

② 校验和法。将正常文件的内容，计算其校验和，将该校验和写入文件中或写入别的文件中保存。在文件使用过程中，定期地或在每次使用文件前，检查由文件现在内容算出的校验和与原来保存的校验和是否一致，即可发现文件是否被感染病毒。这种方法称为校验和法。它既可发现已知病毒，又可发现未知病毒。

③ 行为监测法。利用病毒的特有行为特征来监测病毒的方法称为行为监测法。通过对病毒

多年的观察、研究，有些行为是病毒的共同行为，而且比较特殊。在正常程序中，这些行为比较罕见。当程序运行时，监视其行为，如果发现了病毒行为，立即报警。

（3）病毒的清除技术

计算机病毒的清除是计算机病毒检测的延伸，是指在检测发现特定病毒的基础上，根据具体病毒的清除方法，在感染的程序中除去计算机病毒代码并恢复文件的原有结构信息的技术。

（4）病毒的免疫技术

免疫是机体识别和排除抗原性异物的一种保护性功能。计算机病毒免疫是使计算机系统具有对计算机病毒的抵抗力而免遭其害的技术。其方法包括物理免疫和逻辑免疫：物理免疫是指从硬件上采取措施，使计算机病毒无法感染，以保证信息安全；逻辑免疫是针对计算机病毒的作用机理，从计算机软件着手来抵抗病毒侵犯的方法。

（二）数据加密技术

数据加密技术是一种主动的信息安全防范措施，其原理是利用一定的加密算法，将明文转换成无意义的密文，阻止非法用户理解原始数据，从而确保数据的保密性。

1. 数据加密技术的基本概念

① 加密。用某种方法伪装数据以隐藏其原貌的过程称为加密。

② 解密。将密文转换成明文的过程。

③ 明文。未被加密的消息。也叫原文。

④ 密文。根据一定算法对明文加密后形成的消息。

⑤ 密钥。密钥是一种参数，是在明文转换为密文或将密文转换为明文的算法中输入的数据。密钥一般有加密密钥和解密密钥两种，分别用来完成加密和解密操作。

2. 对称加密技术

对称加密算法是一种隐藏数据含义的数据变换机制。该算法提供两个函数：数据加密和数据解密。之所以称其为对称，是因为消息发送方和接收方必须使用相同的密钥来加密与解密数据。对称加密依赖于强大的加密算法，即使对方知道部分明文，也很难破译，即加密算法能够抵抗已知明文类型的破译。对称密钥加密算法主要包括 DES、3DES、IDEA 等。对称加密过程如图 9.5 所示。

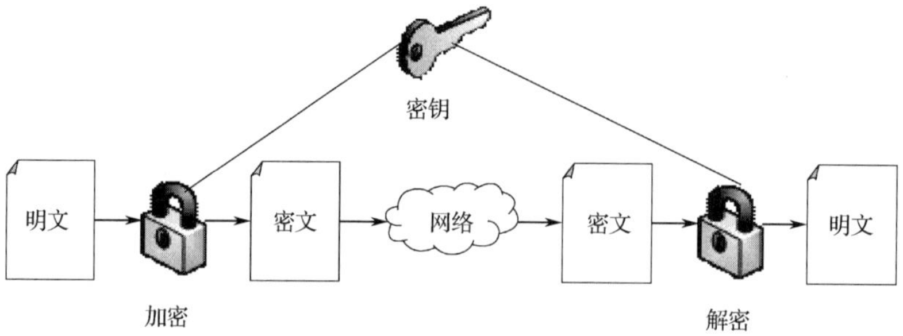

图 9.5　对称加密过程

对称加密算法的主要优点是加密和解密速度快，加密强度高，且算法公开；最大的缺点是实现密钥的秘密分发困难，在有大量用户的情况下密钥管理复杂，而且无法完成身份认证等功能，不便应用在网络开放的环境中。

3. 非对称加密技术

非对称加密也叫公开加密，用作加密的密钥不同于用作解密的密钥，而且解密密钥不能根据加密密钥计算出来（至少在合理假定的长时间内）。之所以叫作公开密钥算法，是因为加密密钥能够公开，即陌生人可以用加密密钥加密信息，但只有用相应的解密密钥才能解密信息。

非对称加密算法需要两个密钥：公开密钥（public key）和私有密钥（private key）。公开密钥（公钥）是对外公开的，任何符合条件的人都可以使用；私有密钥（私钥）是保密的，只有持有者才有。公钥与私钥是一对，如果用公钥对数据进行加密，只有用对应的私钥才能解密；如果用私钥对数据进行加密，那么只有用对应的公钥才能解密。非对称加密过程如图 9.6 所示。

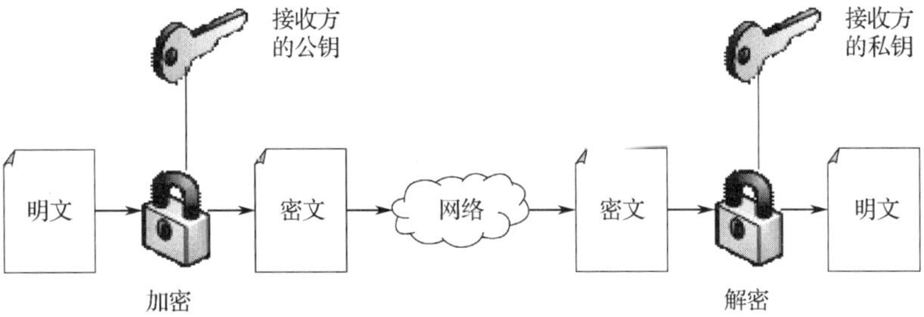

图 9.6　非对称加密过程

非对称加密算法的优点是能适应网络的开放性要求，密钥管理简单，并且可方便地实现数字签名和身份认证等功能，是目前电子商务等技术的核心基础；缺点是算法复杂，加密数据的速度和效率较低。

在实际应用中，通常将对称加密算法和非对称加密算法结合使用，利用 DES 或 IDEA 等对称加密算法来进行大容量数据加密，而采用 RSA 等非对称加密算法来传递对称加密算法所使用的密钥。通过这种方法可以有效地提高加密的效率并能简化对密钥的管理。

4. 数字签名

（1）数字签名的概念

数字签名（又称电子签名）是指一种类似写在纸上的普通的物理签名，但是采用公钥加密技术实现，用于鉴别数字信息的方法。它一般采用 Hash（散列）函数进行运算，只有信息的发送者才能产生别人无法伪造的一段数字串。这段数字串同时也是对信息的发送者发送信息真实性的一个有效证明。一套数字签名通常定义两种互补的运算：一个用于签名，另一个用于验证。

数字签名技术采用数字签名来模拟手写签名，可以保证接收者能够核实发送者对电子文件的签名，发送者事后不能抵赖文件的签名，接收者不能伪造电子文件的签名，从而识别交易双方的真实身份，保证交易的安全性、真实性及不可否认性，起到与手写签名或盖章的同等作用，解决了电子商务中不可否认的安全需求。

（2）数字签名的过程

数字签名的过程如图 9.7 所示。

步骤一　发送方使用 SHA（安全散列算法）（如 MD5 算法等）对要发送的信息进行运算，形成摘要。

步骤二　发送方使用自己的私钥对生成的摘要进行加密，加密的结果即自己的数字签名。

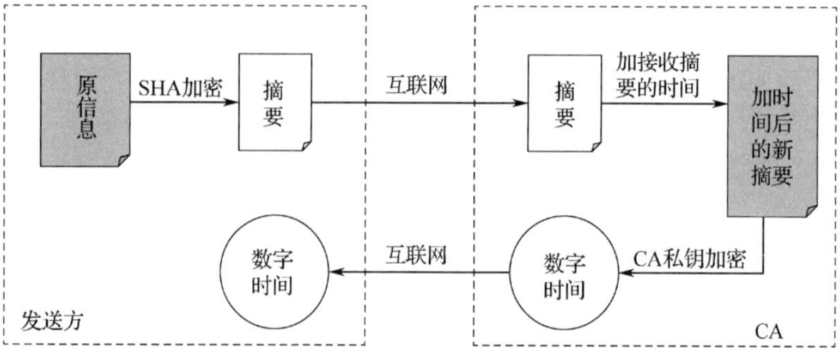

图 9.7　数字签名的过程

步骤三　发送方把原文和经过签名的摘要发送给对方。

步骤四　接收方用与发送方相同的 SHA 对收到的原文进行相同的操作，重新生成摘要。然后接收方使用发送方的公钥，利用相同的公钥算法解密收到的摘要。

步骤五　接收方比较新生成的摘要和解密得到的摘要。如果二者相同，说明信息未被篡改过，而且这个信息一定来自发送方；如果二者不同，说明接收到的信息是不完整的，很可能被他人篡改过。

（三）认证技术

1. CA认证

CA（Certificate Authority）是认证机构的国际通称，是对数字证书的申请者发放、管理、取消数字证书的机构。CA 的作用是检查证书持有者身份的合法性，并签发证书，以防证书被伪造或篡改。认证机构相当于一个权威可信的中间人，职责是核实交易各方的身份，负责电子证书的发放和管理。理想化的状态是，上网的每家企业或个人都有一个自己的网络身份证作为唯一的标志。这些网络身份证的发放、管理和认证就是所谓的 CA 认证。

2. 数字证书

数字证书也叫数字标志（Digital ID），是一种应用广泛的信息安全技术，一般由权威公正的第三方机构，即 CA 签发，主要用于网上安全交易的身份认证。通俗地讲，数字证书就是个人或单位在网络上的身份证。数字证书以密码学为基础，采用数字签名、数字信封、时间戳等技术，在互联网上建立安全有效的信任机制。

数字证书主要包含的信息有：证书颁发者及使用者的信息、证书的序列号、证书的有效期、公开密钥、签名算法等。查看自己计算机中的数字证书可以通过以下方式进行：首先按下电脑键盘上的“Windows 键”，打开“开始”菜单，然后点击“运行”。打开“运行”对话框后，在“打开”文本框中输入“certmgr.msc”，按回车键运行。这时就能够打开本机计算机的证书管理器，要查看哪个证书，则双击打开该文件夹。找到相关证书后，在“详细信息”选项卡中即可查看该证书的主要内容。

3. 身份认证技术

身份认证即鉴别认证，是指在揭示敏感信息或进行事务处理之前先确定对方身份。互联网上身份认证的方法有很多，如口令认证、智能卡认证、短信密码认证、动态口令牌认证、USB Key 认证及生物特征识别认证等。

电子商务身份认证技术

（四）安全服务协议

1. SSL协议

（1）SSL 协议概述

SSL（Secure Socket Layer，安全套接层）协议是网景（Netscape）公司推出的在网络传输层上提供的一种基于 RSA 与加密密钥的用于浏览器和 Web 服务器之间的安全连接技术。它是国际上最早应用于电子商务的一种由消费者和商家双方参加的信用卡/借记卡支付协议。

（2）SSL 协议的安全服务

① 认证用户和服务器。支持 SSL 协议的客户端软件能使用公钥密码技术检查服务器证书、公用 ID 是否有效和是否由在客户信任的 CA 列表内的 CA 发放，确保数据发送到正确的客户端和服务器上。

② 加密数据。一个加密的 SSL 连接要求所有在客户端和服务器之间发送的信息由发送方软件加密并由接收方软件解密。这样提供了高度机密性，可以防止数据中途被窃取。

③ 维护数据的完整性。Hash 函数（如 SHA、MD5 等）被用来生成摘要，所传输的信息均包含数字签名，以保证信息的完整性。这保证连接是可靠的，确保数据在传输过程中不被改变。

（3）SSL 协议的工作流程

SSL 协议的工作流程如图 9.8 所示。

图 9.8　SSL 协议的工作流程

步骤一　服务器认证阶段。客户端向服务器发送一个开始信息“Hello”，以便开始一个新的会话连接；服务器根据客户端的信息确定是否需要生成新的主密钥，如果需要则服务器在响应客户端的“Hello”信息时将包含生成主密钥所需的信息；客户端根据收到的服务器响应信息产生一个主密钥，并用服务器的公钥加密后传给服务器；服务器恢复该主密钥，并返回给客户端一个用主密钥认证的信息，以此让客户端认证服务器。

步骤二　客户端认证阶段。在此之前，已经通过了服务器的认证，这一阶段主要完成客户端的认证。经认证的服务器发送一个提问给客户端，客户端则返回数字签名后的提问和其公钥，从而向服务器提供认证。

从 SSL 协议所提供的服务及其工作流程可以看出，SSL 协议运行的基础是商家对消费者信息保密的承诺，这样就有利于商家而不利于消费者。在电子商务初级阶段，由于运作电子商务的企业大多是信誉较高的大公司，因此该问题还没有充分暴露出来。但随着电子商务的发展，中小型公司也参与进来，这样在电子支付过程中的单一认证问题就越来越突出了。虽然在

SSL 3.0 中通过数字签名和数字证书可实现浏览器和 Web 服务器双方的身份验证，但是 SSL 协议仍存在一些问题。例如，SSL 协议只能提供交易中客户端和服务器之间的双方认证，在涉及多方的电子交易中并不能协调各方之间的安全传输和信任关系。在这种情况下，Visa 和 MasterCard 两大信用卡组织制定了 SET 协议，为网上信用卡支付提供了全球性标准。

2. SET协议

（1）SET协议概述

SET（Secure Electronic Transaction，安全电子交易）协议是美国 Visa 和 MasterCard 两大信用卡组织于 1997 年 5 月 31 日联合推出的用于电子商务的行业规范。其实质是一种应用在互联网上，以信用卡为基础的电子付款系统规范，目的是保证网络交易的安全。SET 协议妥善地解决了信用卡在电子商务交易中的交易协议、信息保密、资料完整及身份认证等问题。SET 协议已获得 IETF 标准的认可，是电子商务的发展方向。

SET 支付系统主要由客户、商家、发卡行、收单行、支付网关、CA 六部分组成。与此相对应，基于 SET 协议的网上购物系统至少包括电子钱包软件、商家软件、支付网关软件和签发证书软件。

（2）SET协议提供的服务

SET 协议为电子交易提供了许多保证安全的措施。它能保证电子交易的保密性、数据完整性、交易的不可否认性和身份的合法性。SET 协议可以在以下三个方面对客户提供安全保障。

① 保证交易信息的保密性和完整性。SET 协议采用了双重签名技术对交易过程中客户的支付信息和订单信息分别签名，使得商家看不到支付信息，只能接收客户的订单信息，而金融机构看不到交易内容，只能接收客户支付信息和账户信息，从而充分保证了客户账户和订单信息的安全性。

② 确保交易的不可否认性。SET 协议的重点就是确保商家和客户的身份认证及交易行为的不可否认性，其理论基础就是不可否认机制，采用了数字证书、数字签名、摘要等技术。

③ 确保商家和客户的合法性。SET 协议使用数字证书对交易各方的合法性进行验证。通过数字证书的验证，可以确保交易中的商家和客户都是合法的，可信赖的。

（3）SET协议的工作流程

在 SET 协议介入之前，客户通过互联网进行选货、下订单并与商家联系，最终确定订单的相关情况、付款方式和签发付款指令。此时，SET 协议开始介入，进行操作，如图 9.9 所示。

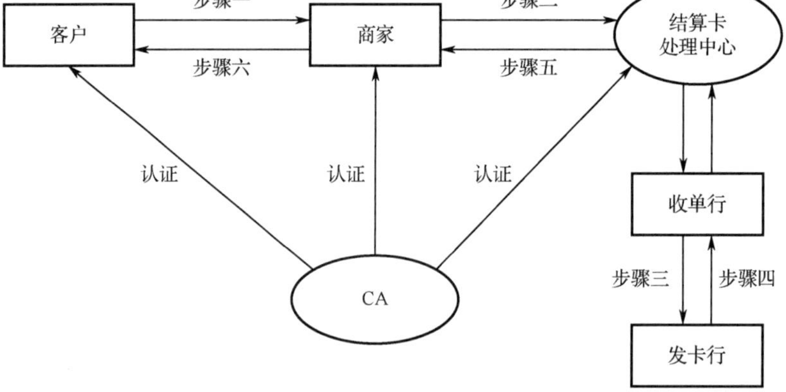

图 9.9　SET 协议的工作流程

步骤一　客户选择付款方式，确认订单，签发付款指令。

步骤二　支付初始化请求和响应阶段。当客户决定要购买商家的商品并使用电子钱包支付时，商家服务器上的 POS 软件发报文给客户的浏览器电子钱包，电子钱包要求客户输入口令后与商家服务器交换“握手”信息，使客户和商家相互确认，即客户确认商家被授权可以接受信用卡，同时商家也确认客户是一位合法的持卡人。

步骤三　支付请求阶段。客户发出一个报文，包括订单和支付命令。在订单和支付命令中必须有客户的数字签名，同时利用双重签名技术保证商家看不到客户的账号信息。而位于商家开户行的被称为支付网关的另外一个服务器可以处理支付命令中的信息。

步骤四　授权请求阶段。商家收到订单后，POS 软件将包含客户支付命令的授权请求报文发送给支付网关。支付网关是一个互联网服务器，是连接互联网和银行内联网的接口。授权请求报文通过支付网关到达收单行后，收单行再到发卡行确认。

步骤五　授权响应阶段。收单行得到发卡行的批准后，通过支付网关发给商家授权响应报文。

步骤六　支付响应阶段。商家发送购买响应报文给客户，记录客户交易日志，以备查询。之后进行发货或提供服务，并通知收单行将钱从客户的账号转移到商家账号，或者通知发卡行进行支付。

3．SSL协议与SET协议对比

SSL 协议与 SET 协议的比较如表 9.2 所示。

表 9.2　SSL 协议与 SET 协议的比较

项　目	SSL 协议	SET 协议
参与方	商家、客户、网上银行	商家、客户、网上银行、CA、支付网关
处理速度	SSL 协议很简单，处理速度较快	SET 协议非常复杂、庞大，处理速度慢
软件安装	SSL 协议已被浏览器和 Web 服务器内置，无须安装专门软件	SET 协议中客户端需安装专门的电子钱包软件，在商家服务器和银行网络上也需安装相应的软件
认证方面	只有商家的服务器需要认证，客户端认证则是有选择的	所有参与 SET 交易的成员（持卡人、商家、发卡行、收单行和支付网关）都必须申请数字证书进行身份识别
安全性	只对持卡人与商店端的信息交换进行加密保护，可以看作用于传输的那部分的技术规范	规范了整个商务活动的流程，对从客户到商家，到支付网关，到 CA 及结算卡处理中心之间的信息流走向和必须采用的加密、认证都制定了严格的标准
网络层协议位置	基于传输层的通用安全协议	位于应用层，对网络的其他各层也有涉及

（五）区块链技术

1．区块链技术的概念

区块链是一种分布式账本。在这个分类账上，所有发生在区块链上的事务都被记录并存储在一个数据块中。一旦一个事务被存储在分类账上，就永远不会被删除，因此每个事务的区块链都会变得更长。

区块链之所以如此安全，是因为它的分布式特性。网络中的每个节点都有完全相同的分类，并且整个网络都在不断地检查分类账。当网络中的一个节点与网络的其余部分有不同的分类时，网络将被通知，而发散的节点将被告知并从网络中删除。

2. 区块链技术在电子商务安全中的应用

（1）区块链技术能保证交易者身份认证可靠

电子商务交易中往往涉及诸多实体，包括物流、资金流、信息流等，这些实体之间存在大量复杂的协作和沟通。在传统模式下，不同实体各自保存自己的交易信息，严重缺乏透明度，产生了较高的时间成本和金钱成本，而且一旦出现问题（冒领、货物假冒等）就难以追查和处理。

通过区块链技术，各方可以获得一个透明可靠的统一信息平台，实时查看状态，降低物流成本，追溯物品的生产和运送整个过程，从而提高交易管理效率。当发生纠纷时，举证和追查也会变得更加清晰与容易。

（2）区块链技术能保证交易信息安全

区块链上的每个节点都可以验证账本的完整程度和真实、可靠性，确保所有交易信息是没有被篡改的、真实有效的；区块链上每个节点都保存着所有交易信息的副本，当区块链上的数据和参与者数量非常庞大时，修改信息的成本将会非常高，至少需要掌握超过全网51%以上的运算能力才有可能，修改成本可能远超预期收益；当部分节点的信息被恶意篡改，区块链上的其他节点会在短时间内发现这些未形成“共识”的信息并进行维护和更新。区块链数据的真实可靠和不可篡改等特点，能够保证信息的真实性，同时可以进一步保障客户权益，提升客户满意度。此外，区块链技术分布式记账的特点，使订单不仅存在“中心”机构（或中介）的服务器，还在全网所有的节点存有交易副本，即使“中心”机构（或中介）的存储系统受到黑客攻击或因操作失误等因素造成数据丢失，客户的订单依然可以通过区块链上其他节点的交易副本查询，从而提升了订单的可查询性。

（3）区块链技术有利于保证数据安全

进行电子商务交易最重要的就是数据，目前存储数据的一个主要缺陷是：数据存储在中心位置，并由中央控制，而网络犯罪分子渴望窃取这些庞大的数据库。因此，大数据时代的到来，如何保护数据的安全对大小公司来说都是一大困扰。

因为区块链是分散的，所以数据也被分散存储。网络罪犯可以攻击个人，但他们只会窃取他们破解的个人信息，对整个区块链进行攻击几乎是不可能的。在电子商务中实施区块链技术可以节省投资和避免让人头疼的风险。

（4）区块链技术有利于加强对客户信息的保护

区块链技术能保障参与者信息不被他人窃取，虽然全网每个节点都保存着每笔交易信息数据，但通过公钥和私钥的设置，在每个节点进行信息查询时，只能查询到交易数据。而参与者个人信息则是保密的，既可使参与者个人信息免遭泄露，也能够使参与者在完成交易的同时不受其他信息干扰。区块链技术利用分布式智能身份认证系统，可以在确保客户身份信息真实可靠的基础上防止信息泄露。客户将在区块链上注册的用户名与个人其他有效身份信息相互验证并形成“共识”，实现个人信息的数字化管理，个人信息丢失、被人为篡改的风险也就大大降低了。借助加密技术，隐匿客户真实身份信息，其他节点查询也仅限于交易信息，只有客户本人通过私钥才能获得身份信息，从而能够对个人信息形成有效保护。

（六）移动商务安全技术

1. 防火墙技术

防火墙技术在无线网络服务层中起着至关重要的作用。与“一直在线”网络相连接的设备需要更高的安全性来防止非法接入。这可以在通过 GPRS 与互联网一直连接的计算机上安装个人防火墙来实现，以保护本地计算机保存的企业数据和个人数据。但这项技术目前尚不能用于电话或 PDA 等低功率设备。

2. WPKI 技术

WPKI（Wireless PKI）是有线 PKI 的一种扩展，它将互联网电子商务中 PKI 的安全机制引入移动电子商务中。WPKI 采用公钥基础设施、证书管理策略、软件和硬件等技术，有效地建立了安全和值得信赖的无线网络通信环境。WPKI 以 WAP 的安全机制为基础，通过管理实体间关系、密钥和证书来增强电子商务安全。可信的 WPKI 不仅能够安全鉴别用户、保护数据在传输中的完整性和保密性，而且能够帮助企业实施非复制功能，使得交易参与各方无法抵赖。

3. 生物特征识别认证技术

生物特征识别认证是利用人体生物特征（如指纹、掌纹、虹膜、面部等）进行身份认证的技术。生物识别系统对生物特征进行取样，提取其唯一的特征进行数字化处理，转换成数字代码，并将这些代码组成特征模板存放在数据库中。人们在与生物识别系统交互进行身份认证时，生物识别系统获取其特征并与数据库中的特征模板进行对比和匹配，从而对身份进行认证。

这种技术使得身份认证更加安全、便捷和可靠，在移动电子商务安全领域具有巨大的经济效益。例如，智能手机需要频繁的个人身份认证，于是很多手机制造商成功地将指纹识别技术应用于智能手机的解锁问题，提高了系统的安全性和便捷性；阿里巴巴公司将语音识别、人脸识别技术应用于支付宝的声波支付、人脸识别支付，不仅方便快捷，而且可以解决兑换外币的麻烦，达到了事半功倍的效果。

三、管理制度与政策法规

电子商务的安全管理需要一个完整的综合保障体系。除了安全技术保障，还要有完善的管理制度和政策法规保障。

（一）管理制度

1. 网络系统的日常维护制度

（1）硬件的日常管理维护

① 网络设备维护。网络设备防盗、防毁、防电磁干扰。

② 服务器及客户机维护。记录服务器及客户机的内存、硬盘容量、型号、操作系统、数据库等信息，并进行人工检测。

③ 通信线路维护。对通信线路尽量采用稳定、安全、可靠的结构化布线。

④ 建立完善的有关资料（如设备型号、生产厂家、配置参数、安装时间、地点、IP 地址等）的登记制度，并配有专兼职人员和专柜来保管有关的资料。

（2）软件的日常管理和维护

及时更新系统软件和应用软件的版本。

（3）数据备份

在系统开始运行时做好网络系统的备份与恢复的技术规划、实施和操作，并做好详细记录。

2．病毒防范制度

给计算机安装防病毒软件，认真执行病毒定期检测、清理制度，控制权限，高度警惕木马等恶意代码。

3．人员管理制度

（1）安全人事管理的原则

① 多人负责。每项与安全有关的活动，都必须至少有两人在场。

② 任期有限。任何人最好不要长期担任与安全有关的职务，应不定期地循环任职，并对工作人员进行轮流培训。

③ 职责明确。系统工作人员不要打听、参与自己工作职责以外的任何与安全有关的事情。处理工作时应尽可能分开完成，如系统管理与计算机编程、机密资料的接收和发送、访问证件的管理与其他工作、计算机操作与信息处理系统使用媒介的保管等。

（2）安全人事管理的实现

根据管理原则和电子商务系统管理数据的保密性，制定相应的管理制度和采取相应的规范。对安全等级要求高的系统，要实行分区控制，限制工作人员出入与己无关的区域。出入管理可采用证件识别，利用磁卡、身份卡等手段对人员进行识别、登记和管理。

（3）制定严格的操作规程

根据职责明确和多人负责的原则，各负其责，不要超出自己的管辖范围；对有工作调动的人员要及时调整相应的权限。

4．保密制度

根据工作的重要程度，确定系统的安全等级，如绝密级、机密级、秘密级等。

5．审计制度

对于系统访问日志进行常规检查，每个月要生成一份报告，用来反映系统的常规和非常规访问，并识别非正常的活动。

6．密码管理制度

具有密码功能的计算机、网络设备必须使用密码对用户的身份进行验证和确认。对于电子商务安全系统，要有专职和兼职系统保密员，负责日常的密码管理工作。

（二）政策法规

在数字化、信息化高速发展的时代，各国政府和各个行业都高度重视网络安全工作。自2017年6月1日起施行的《中华人民共和国网络安全法》（以下简称《网络安全法》）是我国第一部全面规范网络空间安全管理方面的基础性法律，是我国网络空间法治建设的重要里程碑，是依法治网、化解网络风险的法律重器，是让互联网在法治轨道上健康运行的重要保障，对我国电子商务安全管理具有重要的指导意义。它确立了《网络安全法》的基本原则；提出制定网络安全战略，明确网络空间治理目标，提高了我国网络安全政策的透明度；进一步明确了政府各部门的职责权限，完善了网络安全监管体制；强化了网络运行安全，重点保护关键信息基础设施；完善了网络安全义务和责任，加大了违法惩处力度；将监测预警与应急处置措施制度化、法治化。

2021年是网络安全行业高歌猛进的一年。国家从立法层面持续提升全社会对网络安全的关注与重视程度，密集颁布多项网络安全相关法律法规和政策文件，有效促进了网络安全领域的技术创新和应用落地，为筑牢国家网络安全屏障提供了有力支撑。表 9.3 列举了 2021 年我国重大网络安全政策法规。

表 9.3　我国重大网络安全政策法规

政策法规名称	安全要点
《中华人民共和国数据安全法》（以下简称《数据安全法》）	聚焦数据安全领域的突出问题，确立了数据分类分级管理，建立了数据安全风险评估、监测预警、应急处置、数据安全审查等基本制度，并明确了相关主体的数据安全保护义务，是我国首部数据安全领域的基础性立法
《中华人民共和国个人信息保护法》（以下简称《个人信息保护法》）	与《数据安全法》《网络安全法》《密码法》共同构建了我国的数据治理立法框架 鉴于重要互联网平台掌握了海量用户数据，一旦发生信息泄露或滥用，可能导致严重后果，《个人信息保护法》要求重要互联网平台履行“守门人”角色，并承担更多责任，主要包括： ① 按照国家规定建立健全个人信息保护合规制度体系，成立主要由外部成员组成的独立机构对个人信息保护情况进行监督 ② 遵循公开、公平、公正的原则，制定平台规则，明确平台内产品或服务提供者处理个人信息的规范和保护个人信息的义务 ③ 对严重违反法律、行政法规处理个人信息的平台内的产品或服务提供者，停止提供服务 ④ 定期发布个人信息保护社会责任报告，接受社会监督
《网络数据安全管理条例（征求意见稿）》	这是《网络安全法》《数据安全法》《个人信息保护法》三大数据法规在执行层面的重要的配套法规，其中《网络安全法》聚焦网络空间安全整体治理和数据保护，《数据安全法》针对数据处理活动的安全与开发利用，《个人信息保护法》负责网络环境下的信息或隐私，三者并行，成为网络治理和数据保护的“三驾马车”。而征求意见稿以规范网络数据处理活动，保障数据安全，保护个人、组织在网络空间的合法权益，维护国家安全、公共利益方面为目的，是对“三驾马车”的执行、细化和补充
《关键信息基础设施安全保护条例》	在《网络安全法》框架下，聚焦关键信息基础设施安全，建立专门保护制度，明确关键信息基础设施的认定原则和程序，压实关键信息基础设施运营者的义务和责任，对关键信息基础设施的网络安全提出明确的监管要求
《网络产品安全漏洞管理规定》	规范了漏洞发现、报告、修补和发布等行为，明确网络产品提供者、网络运营者及从事网络产品安全漏洞发现、搜集、发布等活动的组织或个人的责任与义务，将推动网络产品安全漏洞管理工作的制度化、规范化、法治化，提高相关主体漏洞管理水平，引导建设规范有序、充满活力的漏洞搜集和发布渠道，防范网络安全重大风险，保障国家网络安全
《网络安全审查办法》	将网络平台运营者开展数据处理活动影响或可能影响国家安全等情形纳入网络安全审查，并明确掌握超过 100 万用户个人信息的网络平台运营者赴国外上市必须向网络安全审查办公室申报网络安全审查。根据审查实际需要，增加证监会作为网络安全审查工作机制成员单位，同时完善了国家安全风险评估因素等内容

（续表）

政策法规名称	安全要点
《网络安全产业高质量发展三年行动计划（2021—2023 年）（征求意见稿）》	到 2023 年，网络安全产业规模将超过 2 500 亿元，年复合增长率超过 15%，一批网络安全关键核心技术实现突破，达到先进水平。新兴技术与网络安全融合创新明显加快，网络安全产品、服务创新能力进一步增强
《IPv6 流量提升三年专项行动计划（2021—2023 年）》	以 IPv6 流量提升为主要目标，促进 IPv6 各关键环节整体提质升级。在加强 IPv6 网络安全管理方面，要求各相关企业进一步完善针对 IPv6 的网络安全定级备案、风险评估、通报预警、灾难备份及恢复等工作。基础电信企业，重点 IDC、CDN 运营企业，云服务商和 DNS 服务商要做好僵尸、木马、蠕虫、移动互联网恶意程序等监测处置系统的 IPv6 配套改造工作，加强工业互联网 IPv6 应用安全保障，强化 IPv6 环境下漏洞监测发现与处置等
《关于加强互联网信息服务算法综合治理的指导意见》	坚持正确导向，强化科技伦理意识、安全意识和底线思维，充分发挥算法服务正能量传播作用，营造风清气正的网络空间；坚持依法治理，加强法律法规建设，创新技术监管模式，打击违法违规行为，建立健全多方参与的算法安全治理机制；坚持风险防控，推进算法分级分类安全管理，有效识别高风险类算法，实施精准治理；坚持权益保障，引导算法应用公平公正、透明可释，充分保障网民合法权益；坚持技术创新，大力推进我国算法创新研究工作，保护算法知识产权，强化自研算法的部署和推广，提升我国算法的核心竞争力

情境拓展

树立风险意识，谨防电信诈骗

关于网络安全 这些防范知识要牢记

2020 年 9 月 20 日，河南省公安厅发布网络安全防范提醒，提醒公众提高警惕，加强自己的财产安全保护。

现在恶意手机 App 程序仍然不少，警方建议，手机用户从正规渠道下载 App，安装时要注意“应用权限”与产品功能是否直接相关，使用防病毒软件为手机安全加上防护网。

不法分子将手机病毒伪装成微信红包诱导消费者领取。警方建议，遇到“红包病毒”袭击，要在第一时间修改网银、支付宝等密码，关闭手机网络，然后通过正规途径删除病毒。

家庭摄像头已成黑客攻击对象，很可能导致个人隐私泄露等。警方建议，不要使用预设密码，重置密码越复杂越好，并定期更换密码。摄像头不要对着私密空间，如浴室、床等位置。

不法分子通过伪基站、短信嗅探器，在一定距离内，盗取受害者手机号、短信验证码，之后，再利用各大银行、网站、移动支付 App存在的漏洞和缺陷，窃取信息进而实施诈骗。警方提醒，当发现手机网络突然变差，出现停止服务、4G 变 2G 网络等情况，应尽量避免手机转账等操作。如果收到银行发来的验证码，除了关闭手机，还要尽快申请冻结银行卡。

大学生群体极易遭受以网上兼职、校园贷等名义实施的诈骗，请谨记防骗口诀：“天上不会掉馅饼，迅速致富全是坑，入室推销不可信，销售代理多骗人，生人搭讪要警惕，中介求职要小心，账户密码不外泄。”

河南省公安厅有关负责人建议公众不随意下载来源不明的软件、不随意连接公用网络、不扫描没有安全保障的二维码、不浏览违法网站、不泄露个人信息，牢记“五不两核实”防骗指南，即“不轻信、不回拨、不点击、不透露、不转账，核实转账请求、核实可疑信息”。

情境案例

让云端数据更安全

随着5G和IPv6技术全面的普及应用，更加快速的互联互通也促发网络安全问题越发增多与复杂。作为京东集团旗下的全平台云计算综合服务提供商，京东云根据当前数据保护面临的新威胁、云端数据安全新需求，在第七届中国网络安全大会（NSC 2019）会议现场进行云安全技术领域实践的互动分享，探索如何在满足用户业务需求的基础上，为用户构建全生命周期安全保护体系，保障用户云端数据更安全可靠。

当全球已进入大数据时代，物联网安全、数据技术基础设施安全、人工智能安全成为网络安全的新主题。京东云依托京东集团在云计算、大数据、物联网和移动互联网应用等方面的长期业务实践和技术积淀，正逐步成长为社会化的云服务平台。在网络安全方面，面对大流量攻击，京东云JDStack专有云平台抗分布式拒绝服务防护可迅速扩展安全防护能力，轻松解决用户面临大流量攻击本地防护能力不足问题，并结合可扩展的Web应用防火墙，多维度保护业务安全；在数据安全方面，通过京东云自研对象存储产品，支持超大规模存储量，同时存储数据三副本备份；在对外服务方面，京东云安全团队建立了京东云安全攻防研究中心、安全运营中心、JSRC安全应急响应中心和SAC安全能力中心，7天×24小时不间断监控响应，为每年的京东“6·18”“双十一”大型促销活动提供安全保障，包括：抗拒绝服务攻击防护、Web应用攻击防护、挂马与钓鱼监测、系统渗透测试、漏洞与配置基线检测、事件应急响应，输出安全保障全程分析报告等。

作为京东集团技术赋能的窗口，京东云坚持将安全技术能力对外输出，同时也不断探索与实践。在2018年8月的可信云大会上，京东云凭借“容器虚拟化技术”“数据库技术”荣获容器类、存储类两项技术创新奖。同时，依托自身“政务云解决方案”，助力宿迁市电子政务办公室荣获“可信云十大用户奖”。京东云凭借研发的领先性，引领了云行业的技术创新。

京东云表示：“网络安全是用户业务的生命线，京东云希望通过建设主动安全防护体系，并通过云端技术能力，针对云计算应用场景和云上用户应用系统，全力做好网络安全服务，为用户云端网络安全保驾护航。”

技能训练

1．梳理电子商务面临的安全问题有哪些，并绘制思维导图。
2．打开Windows系统中的安全审核策略，开启各项安全审核功能。
3．登录铁路服务中心网站，熟悉并练习数字证书的添加。
4．申请支付宝账号，登录支付宝，熟悉并练习支付宝数字证书的使用。
5．登录支付宝和普通新闻网站，对比它们的安全防范措施。
6．对Windows系统进行安全设置。

学习情境十 电子商务法律法规

法立于上则俗成于下。——苏辙

学习目标

知识目标

了解电子商务带来了哪些新的法律问题；理解电子商务法律法规的特点；明确电子商务法律主体及权利义务关系；掌握电子商务对《中华人民共和国民法典》、知识产权保护、隐私权、消费者权益、税收等带来的影响和相应的规定。

技能目标

能够分辨哪些是网络违法犯罪行为；能够合法从事电子商务活动；对网络侵权行为能够运用法律武器维护自身的合法权益。

素质目标

增强法律意识和法律素养，坚定中国特色社会主义法治信念，积极维护电子商务活动安全。

情境任务一　电子商务对传统法律规范的挑战

情境引例

电子商务引发的问题

① 网络游戏“红月”玩家李某，辛苦获得的装备在一夜之间消失，为此他将“红月”经营者北极冰科技公司告上法庭，成为我国首例游戏虚拟财产纠纷案。随着网络游戏的发展，网络游戏中虚拟财产被盗的事件已发生多起。

② 广东某制衣厂把科龙集团的英文商标 KELON 作为 kelon.com.cn 域名注册。科龙集团向北京市海淀区人民法院提出诉讼，请求法院确认该制衣厂的抢注行为属于恶意侵权行为，令其承担相应的法律责任。

③ 刘某 1995 年翻译出版了西班牙著名作家塞万提斯的名著《堂吉诃德》。2000 年 10 月，原告通过搜狐网站提供的搜索引擎搜索相关内容时偶然发现，通过搜狐网站与其他三个网站的链接，任何用户都可以全文浏览或下载三个版式的译著，而原告从未授权或许可包括搜狐在内的任何网站刊载《堂吉诃德》一书。原告认为被告的行为严重侵犯了其著作权，因此向北京市第二中级人民法院提起民事诉讼。

④ 一个刚上小学二年级的男童，在某购物网站用他父亲李某的身份证号码注册了客户信息，并且订购了一台价值 1 000 元的小型打印机。但是当该网站将货物送到李某家中时，李某却以“其子未满 10 周岁，

是无民事行为能力人”为由，拒绝接收打印机并拒付货款。由此交易双方产生了纠纷。

⑤ 梁女士在网上花了99元购买了3块香皂。几天后的下午3点，梁女士接到陌生女子打来的电话，声称他们快递公司不小心将她的包裹弄丢了，要照价全额退款给梁女士，还准确地说出了梁女士的网购信息。梁女士信以为真就加了对方的微信，接着对方发了一个网站链接给梁女士，让她进入该网站办理退款手续。梁女士进入网站后，按照提示输入了个人身份信息和银行卡信息。不一会儿，梁女士手机就收到一条验证码，对方让她在网站上输入该验证码，尚有警觉的梁女士留了一个心眼，没有按对方的要求输入手机验证码。之后，对方又在微信上发了一个二维码让梁女士扫描，梁女士扫了二维码后不久，手机就收到了银行卡被消费了2 999元的短信提示。不是说好是退款的吗？怎么变成扣款了？对方告诉梁女士说这是退款手续所需的步骤。之后，对方又相继发了两个二维码让梁女士扫，梁女士的银行卡就又被消费了1.5万多元。最后，发现银行卡上的钱都被扣完了，恍然大悟的梁女士才意识到自己遇到诈骗了，赶紧到派出所报案。

引例思考　电子商务带来了哪些新的法律问题？

一、电子商务亟待相应法律规范

电子商务是依托互联网兴起的一种全新商务模式，也是未来商务发展的一个必然趋势。这种在虚拟市场上构成的商务模式，与传统的商务活动存在很大的差别，其交易对象存在的虚拟性和不可感知性，物流、资金流、信息流彻底分离的交易方式给现有的商务体系带来了技术、财务、交易安全等多方面的挑战。这就给针对传统商务制定的法律法规带来了前所未有的新问题，其主要表现在以下九个方面。

（一）交易安全问题

在电子商务中普遍存在各种安全隐患，包括窃取信息、篡改信息、假冒、恶意破坏、信息保密性、交易者身份的确定及网络故障等。单纯依靠技术措施不能真正保障网络交易安全。加强安全立法，为电子商务发展提供一个安全的环境，是促进电子商务发展不可缺少的环节。

（二）在线交易主体及市场准入问题

网络是一个虚拟的商务环境，具有开放性的特点，任何人都可以在不经登记的情况下就利用网络传递信息，可以设立网站（主页）、在线商店或专卖店销售其生产或经销的商品。这样，哪些主体可以从事在线商务、如何确保网上交易主体的真实存在并具备从事相应网上交易的资质、如何规范在线商事行为等便成为电子商务法研究的问题。

（三）电子合同问题

传统商务活动中可以通过签订纸面合同，在对方失信不履约时作为证据。而在在线交易的情形下，所有当事人的意思表示均以电子化的形式传输、存储。电子合同与传统合同有很大的区别，仅就目前我国的《中华人民共和国民法典》（以下简称《民法典》）来说，虽对合同关系做了较为普遍性的规定，也明确规定了签订合同可以采用数据电文的形式，但仍不能完全解决电子合同的有效性、成立时间、地点、合同证据等方面的复杂问题。

（四）电子签名问题

签名在商务活动中具有重要的作用。在电子商务环境下，资料都以电子化形式存在，通过传统的手段无法对电子文件进行签名，此时就需要通过电子签名的方式来进行签名，确认签署者的身份。电子签名是一种电子技术，这种技术是否具有传统签名的作用，需要通过立法予以确认。

（五）虚拟财产保护问题

虚拟财产是指数字化、非物化的财产形式，包括网络游戏、电子邮件、网络寻呼等一系列信息类产品。但由于目前网络游戏盛行，所以虚拟财产在很大程度上就是指网络游戏空间存在的财物，包括游戏账号的等级、游戏货币、游戏人物拥有的各种装备等。在我国，网络上的虚拟财产并没有得到有效的保护，究其原因在于现行法律，包括《中华人民共和国宪法》和《中华人民共和国民法典》只对公民的合法收入、储蓄、房屋和其他合法财产予以认可，并没有对虚拟财产的合法性做出明确规定。在《中华人民共和国消费者权益保护法》中，网民对虚拟财产的权利也不属于现有的消费者权利中的任何一项。因此，出现了很多玩家在丢失财物后投诉无门的现象。其实网络虚拟财产已经不再完全“虚拟”，而是逐渐与现实社会的真实财产建立了对应或换算关系，已经具备现实社会中真实财产的价值，理应受到法律的保护。关于保护网络虚拟财产的法律法规也是电子商务立法需要探讨的问题。

（六）知识产权保护问题

网络中传输的数字信息，包括各种文字、影像、声音、图形和软件等都属智力成果，侵权行为人完全可以通过互联网不经著作权人许可而以任何方式对这些数字信息进行复制、出版、发行、传播，从而构成互联网著作权侵权。

从知识产权保护的角度，电子商务中行为主体的难确定性、行为地点的难确定性，以及行为的跨时空、跨国界性给确定知识产权纠纷的司法管辖出了难题。

（七）在线消费者保护问题

近年来，消费者深受网络交易虚假宣传、虚构交易、编造评价、删除差评、共享单车押金难退、平台订票默认勾选、电商随意砍单（取消订单）、网约车不安全等问题的困扰。针对上述现象如果没有制定专门的法律，消费者将很难维权。

（八）网上个人隐私保护问题

计算机和网络技术为人们获取、传递、复制信息提供了方便，加上网络的开放性、互动性，凡是进行在线消费（购物或接受信息服务），均需要将个人资料留给商家，而对这些信息的再利用就成为网络时代普遍的现象。如何规范商家的利用行为，保护消费者隐私，就成了一个新问题。

（九）网上税收问题

现有的税法和税种主要是基于传统商务模式建立的，交易双方的交易信息和账册都存放在纸质介质上，营业主体都有固定的地点和经营范围，利于税务部门核查、监控及催缴。在电子商务模式下，营业主体的地点和经营范围不固定，电子数据信息易于删除、修改、复制等，使税务部门很难获取真实的交易资料，因此税收管理十分困难。

电子商务是我国近年来发展最为迅猛的一个产业，根据国家统计局的数据，2021年全国网上零售额达13.1万亿元，同比增长14.1%，再创新高。电子商务市场的高速发展，也暴露出诸多亟待解决的问题，如假冒伪劣商品销售、消费者权益保护、知识产权保护、个人信息安全、交易平台的监管义务和法律责任等。针对这种现状，迫切需要建立和完善互联网和电子商务领域的立法，使我国的法制建设跟上信息时代的步伐。

二、我国规范电子商务领域的立法现状

电子商务的发展需要良好的政策和法律环境。为促进电子商务健康快速发展，规范电子商务活动，从1999年起，我国已颁布一系列关于电子交易方面的法律规范。

《中华人民共和国电信条例》《关于维护互联网安全的决定》等系列法律规范的颁布，使我国互联网发展迈上了新台阶。《计算机信息网络国际互联网管理暂行规定》《计算机信息网络国际互联网管理暂行规定的实施办法》《计算机信息网络国际联网安全保护管理办法》《计算机信息系统安全保护条例》《互联网网络域名注册暂行管理办法》及其实施细则，这些法律规范的颁布主要从信息网络基础设施的基础上对电子商务的安全问题进行了保护。在2004年8月，十届全国人大常委会十一次会议通过了《中华人民共和国电子签名法》（以下简称《电子签名法》），并于2005年4月1日开始实施。《电子签名法》被认为是中国首部真正意义上的电子商务法。2005年2月8日当时的信息产业部发布了《电子认证服务管理办法》；2005年中国电子商务协会组织网络交易平台服务商共同制定的《网络交易平台服务规范》被称为电子商务领域的首个行业规范。2005年8月18日，中国人民银行公布了《中国人民银行个人信用信息基础数据库管理暂行办法》，并且于2006年年初启动了我国个人征信系统建设。2005年10月26日，中国人民银行发布了《电子支付指引（第一号）》，为防范电子支付风险和保障客户资金安全发挥了积极作用。2005年12月国务院出台了《关于加快电子商务发展若干意见》，规定了加快电子商务发展的指导思想和基本原则。2006年3月30日，当时的信息产业部出台了《互联网电子邮件服务管理办法》，对垃圾邮件的定义、邮件的发送规则及发送垃圾邮件的法律责任都做了明确规定。2012年12月，通过了《关于加强网络信息保护的决定》。近年来，随着新问题的出现，不断出台一些法律、法规，如《关于跨境电子商务零售进口税收政策的通知》、《互联网广告管理暂行办法》、《互联网直播服务管理规定》、《网络安全法》、《网络购买商品七日无理由退货暂行办法》、《网络产品和服务安全审查办法（试行）》、《网络借贷信息中介机构业务活动管理暂行办法》、《互联网金融信息披露个体网络借贷》标准（T/NIFA 1—2016）、《中国互联网金融协会信息披露自律管理规范》等。

根据CNNIC发布的第49次《中国互联网络发展状况统计报告》，截至2021年12月，我国网民规模达10.32亿人，网络购物用户规模达8.42亿人，占网民整体的81.6%。如此巨大规模的网络零售用户，构建了我国数万亿级的电子商务市场。这个新兴市场的发展过程中，出现了以前的市场经济活动中没有遇到过的各种各样的问题。这些问题，使用现有的法律法规已经不能进行有效的规范管理，迫切需要制定一部综合性的电子商务法。所以，《中华人民共和国电子商务法》（以下简称《电子商务法》）就应运而生了。

三、《电子商务法》的立法

（一）《电子商务法》的立法过程及意义

《电子商务法》纳入十二届全国人大常委会五年立法规划，于2013年年底正式启动立法进

程。前后历时五年，三次公开征求意见，经四次审议之后的《电子商务法》在2018年8月31日第十三届全国人大常委会第五次会议上通过，于2019年1月1日正式实施。

在《电子商务法》起草之前，我国通过了三部相关法律，第一部法律是2000年12月，在第九届全国人大常委会第十九次会议上通过的《关于维护互联网安全的决定》；第二部法律是2004年8月，在第十届全国人大常委会第十一次会议上通过的《电子签名法》；第三部法律是2012年12月，在第十一届全国人大常委会第三十次会议上通过的《关于加强网络信息保护的决定》。这三部法律为《电子商务法》的推出做了铺垫，分别从互联网安全、电子签名的应用及网民个人信息保护三方面提供了借鉴。

《电子商务法》作为我国电子商务领域的首部综合性法律，为我国电子商务的发展奠定了基本的法律框架。对反映强烈的电子商务纳税、微商代购、信誉评价（刷好评、删差评）、商品搭售、砍单、电子支付、押金退还、快递延期、大数据杀熟等乱象都做了明文规定，将引导电商更加规范发展。

（二）《电子商务法》的立法宗旨

《电子商务法》全文共七章八十九条，主要对电子商务的经营者、合同的订立与履行、争议解决、促进和法律责任这五个部分做了规定。《电子商务法》的立法宗旨和立法目的是保障电子商务各方主体的合法权益，规范电子商务行为，维护市场秩序，促进电子商务持续健康发展。

（三）《电子商务法》的调整范围

因为电子商务具有跨时空的特点，所以我国把《电子商务法》调整范围限定在中华人民共和国境内，限定在通过互联网等信息网络销售商品或提供服务的经营活动中。对于金融类产品和服务、利用信息网络提供的新闻信息、音视频节目、出版及文化产品等内容方面的服务，不被《电子商务法》所调整，而由规范其自身的法律规定。

（四）《电子商务法》的调整对象

《电子商务法》调整的是消费者与电子商务经营者、平台内经营者之间的关系。在电子商务有关三方主体中，最弱势的是消费者，其次是电子商务经营者，最强势的是平台经营者，所以《电子商务法》在均衡地保障电子商务这三方主体合法权益的同时，适当加重了电子商务经营者，特别是第三方平台的责任义务，适当地加强了对电子商务消费者的保护力度。

《电子商务法》的概念和特点

情境拓展

《网络安全法》正式施行，网络安全进入法治化时代

十二届全国人大常委会第二十四次会议高票通过了《网络安全法》，并于2017年6月1日正式施行。历时两年三审之后，我国首次从立法层面确立了安全在整个信息系统建设中的核心和关键地位。从企业自发重视上升到法律强制推行后，网络安全相关产业市场空间有望迎来加速增长。《网络安全法》共有七章七十九条，内容上有六个方面的突出亮点：第一，明确了网络空间主权的原则；第二，明确了网络产品和服务提供者的安全义务；第三，明确了网络运营者的安全义务；第四，进一步完善了个人信息保护规则；第五，建立了关键信息基础设施安全保护制度；第六，确立了关键信息基础设施重要数据跨境传输的规则。《网络安全法》的制定出台，是贯彻落实网络强国战略的重要一环，将有力地促进并服务于“互联网+”行动和网络强国战略的进一步实施，对于完善我国网络空间的规范治理体系具有基础性意义。新法的施行标志着我国网络安全从此有法可依，网络空间治理、网络信息传播秩序规范、网络犯罪惩治等即将翻开崭新的一页，对保障我国网络安全、维护国家总体安全具有深远而重大的意义。

情境任务二　电子商务经营者的行为规范

一、电子商务经营者的界定

电子商务经营者是指通过互联网等信息网络从事销售商品或提供服务的经营活动的自然人、法人和非法人组织，包括电子商务平台经营者、平台内经营者，以及通过自建网站、其他网络服务销售商品或提供服务的电子商务经营者。

电子商务平台经营者是指在电子商务中为交易双方或多方提供网络经营场所、交易撮合、信息发布等服务，供交易双方或多方独立开展交易活动的法人或非法人组织。平台内经营者是指通过电子商务平台销售商品或提供服务的电子商务经营者。

《电子商务法》规定的“其他网络服务”将利用微信朋友圈、网络直播等方式从事商品、服务经营活动的主体也纳入电子商务经营者，有利于加强相关领域的监管，有利于更好地解决此类消费纠纷。

《电子商务法》明确了市场主体登记范围，电子商务经营者应当依法办理市场主体登记。但是，个人销售自产农副产品、家庭手工业产品，个人利用自己的技能从事依法无须取得许可的便民劳务活动和零星小额交易活动，以及依照法律、行政法规不需要进行登记的除外。

二、电子商务经营者的主要义务

（一）依法登记并公示营业信息

电子商务经营者要自我公示主体信息，履行消费者权益保护、环境保护、知识产权保护、网络安全与个人信息保护等方面的义务，承担产品和服务质量责任，出具纸质发票或电子发票等购货凭证或服务单据，接受政府和社会的监督。

（二）真实披露商品或服务信息

电子商务经营者应当全面、真实、准确、及时地披露商品或服务信息，不得以虚构交易、编造用户评价等方式进行虚假或引人误解的商业宣传，欺骗、误导消费者。

（三）依法提供搜索结果、发送广告

电子商务经营者可以向消费者提供搜索结果、发送广告，但必须依法进行，必须尊重和平等保护消费者合法权益。

（四）搭售提示义务

电子商务经营者搭售商品或服务，应当以显著方式提请消费者注意，不得将搭售商品

或服务作为默认同意的选项。

（五）依承诺或约定交付义务

电子商务经营者应当按照承诺或与消费者约定的方式、时限向消费者交付商品或服务，并承担商品运输中的风险和责任。

（六）合理退还押金义务

电子商务经营者按照约定向消费者收取押金的，应当明示押金退还的方式、程序，不得对押金退还设置不合理条件。消费者申请退还押金，符合押金退还条件的，电子商务经营者应当及时退还。

（七）信息管理义务

电子商务经营者搜集、使用其用户的个人信息，应当遵守法律、行政法规有关个人信息保护的规定。《电子商务法》第二十四条规定：电子商务经营者应当明示用户信息查询、更正、删除及用户注销的方式、程序，不得对用户信息查询、更正、删除及用户注销设置不合理条件。

情境任务三　电子商务的常见法律问题

情境引例

电子合同的启示

当外出时，面对一份公司急需自己签署的文件，怎么办？异地的两家公司为了一个小合作需要签订合同，怎么办？

2004年8月，顺天府超市通过互联网与电子签名，与联合利华公司签订了一笔促销合同，这是中国的第一份电子合同，给我们提供了一种很好地解决上述问题的方法。

引例思考　什么是电子合同？电子合同对传统合同法律制度有何冲击？

一、电子合同

1999年10月1日起施行的《中华人民共和国合同法》（以下简称《合同法》）（已于2021年1月1日废止）首次明确了电子合同的合法地位，为我国电子商务的发展奠定了法律基础。2021年1月1日起施行的《民法典》在《合同法》的基础上，更新、完善了对电子合同的有关规定。

（一）电子合同概述

合同是指平等主体的自然人、法人、其他组织之间设立、变更、终止民事权利义务的协议。电子合同是合同中的一种，又称为电子商务合同。从广义上讲，电子合同是指所有通过电子手段，如电报、电传、传真、EDI、电子邮件等缔结的合同；从狭义上讲，电子合同是指在网络空间通过电子方式（主要是数字技术）缔结的合同。

电子合同作为一种崭新的合同形式，与传统合同所包含的信息大体相同，即同样是对签订合同各方当事人的权利和义务做出明确规定的文件。但电子合同的签订过程和载体已不同于传统合同，其形式也发生了很大的变化，同时也引发了一系列的法律问题，从而使传统的法律制度，尤其是合同制度面临严峻的挑战。

电子合同具有以下特征：

① 订立合同的双方或多方大多是互不见面的。所有的买方和卖方都是在虚拟市场上运作的，其信用依靠密码辨认或CA认证。

② 电子合同是以数据电文的形式订立的，与传统合同当事人面对面签订纸质合同不同。

③ 表示合同生效的传统的签字盖章方式被数字签名所取代。

④ 传统合同的生效地点一般为合同成立的地点；电子合同的生效地点为收件人的主营业地，没有主营业地的，其经常居住地为合同成立的地点。

⑤ 电子合同所依赖的电子数据具有易消失性和易改动性。

（二）电子合同的有效性

电子合同是电子商务环境下的一种新的合同形式。它是以数据形式存在的，与传统合同相比具有易消失性和易改动性，因此需要通过法律手段承认电子合同的效力。

《民法典》第四百六十九条规定：当事人订立合同，可以采用书面形式、口头形式或其他形式。书面形式是合同书、信件、电报、电传、传真等可以有形地表现所载内容的形式。以电子数据交换、电子邮件等方式能够有形地表现所载内容，并可以随时调取查用的数据电文，视为书面形式。

这样，我国《民法典》实际上把电子合同纳入了“书面形式”。

（三）电子合同的订立

合同订立的过程是当事人使其意思表示一致的过程。《电子商务法》第四十九条规定：电子商务经营者发布的商品或服务信息符合要约条件的，用户选择该商品或服务并提交订单成功，合同成立。当事人另有约定的，从其约定。第五十条规定：电子商务经营者应当清晰、全面、明确地告知用户订立合同的步骤、注意事项、下载方法等事项，并保证用户能够便利、完整地阅览和下载。电子商务经营者应当保证用户在提交订单前可以更正输入错误。

（四）电子合同成立的时间和地点

我国《民法典》对电子合同的成立问题做了较为明确的规定，该法第四百八十三条规定：承诺生效时合同成立，但是法律另有规定或当事人另有约定的除外。第四百八十二条规定：要约以电话、传真、电子邮件等快速通信方式做出的，承诺期限自要约到达受要约人时开始计算。第四百九十一条规定：当事人采用信件、数据电文等形式订立合同要求签订确认书的，签订确认书时合同成立。当事人一方通过互联网等信息网络发布的商品或服务信息符合要约条件的，对方选择该商品或服务并提交订单成功时合同成立，但是当事人另有约定的除外。

我国《民法典》第四百九十二条规定：承诺生效的地点为合同成立的地点。采用数据电文形式订立合同的，收件人的主营业地为合同成立的地点；没有主营业地的，其住所地为合同成立的地点。当事人另有约定的，按照其约定。

（五）电子合同中的格式条款

格式条款是当事人为了重复使用而预先拟定，并在订立合同时未与对方协商的条款。完全使用格式条款订立的合同称为格式合同。

格式条款具有以下特征：由一方当事人预先拟定；重复使用；在订立合同时未与对方协商。在通过网络进行的交易中，格式合同被更加广泛地使用，在B2C的方式中几乎无一例外地采用格式合同，网上商家往往会预先订立格式合同，购买者只需点击“接受”或“拒绝”按钮就可决定该网上合同是否成立。这些格式条款是否有效还需要具体分析。

我国对格式条款的规定主要表现在《消费者权益保护法》《民法典》等法律法规中。这些法律法规对于规范电子格式合同同样也是适用的。

《民法典》第四百九十六条规定：采用格式条款订立合同的，提供格式条款的一方应当遵循公平原则确定当事人之间的权利和义务，并采取合理的方式提示对方注意免除或减轻其责任等与对方有重大利害关系的条款，按照对方的要求，对该条款予以说明。提供格式条款的一方未履行提示或说明义务，致使对方没有注意或理解与其有重大利害关系的条款的，对方可以主张该条款不成为合同的内容。第四百九十七条规定：有下列情形之一的，该格式条款无效：①具有本法第一编第六章第三节和本法第五百零六条规定的无效情形；②提供格式条款一方不合理地免除或减轻其责任、加重对方责任、限制对方主要权利；③提供格式条款一方排除对方主要权利。第四百九十八条规定：对格式条款的理解发生争议的，应当按照通常理解予以解释。对格式条款有两种以上解释的，应当做出不利于提供格式条款一方的解释。格式条款和非格式条款不一致的，应当采用非格式条款。

为规范治理网购市场，2014年7月30日，当时的国家工商总局出台了《网络交易平台合同格式条款规范指引》（以下简称《指引》），明文规定了平台经营者如修改合同应承担的提醒义务。《指引》第九条详细规定了网络交易平台经营者使用合同格式条款的前提条件是采取“显著方式”提请相关人注意，《指引》对“显著方式”进行了详细规定，同时规定“不得以技术手段对合同格式条款设置不方便链接或者隐藏格式条款内容，不得仅以提示进一步阅读的方式履行提示义务”。《指引》进一步规定“网络交易平台经营者使用的合同格式条款，属于《消费者权益保护法》第二十六条第二款和《最高人民法院关于适用<中华人民共和国合同法>若干问题的解释（二）》第十条规定情形的，其内容无效”。《指引》第十条第（三）款规定，网络交易平台经营者不得在合同格式条款中免除或减轻自己的下列责任：对平台内经营者提供商品或服务依法应当承担的连带责任，对搜集的消费者个人信息和经营者商业秘密的信息安全责任。

《电子商务法》第四十九条规定：经营者不得以格式条款等方式约定消费者支付价款后合同不成立；格式条款等含有该内容的，其内容无效。例如，卖家因设置错误，将价值数千元的电脑标价为1元，只要被拍下付款即有效。

（六）合同标的的交付时间

《民法典》第五百一十二条规定：通过互联网等信息网络订立的电子合同的标的为交付商品并采用快递物流方式交付的，收货人的签收时间为交付时间。电子合同的标的为提供服务的，生成的电子凭证或实物凭证中载明的时间为提供服务时间；前述凭证没有载明时间或载明时间与实际提供服务时间不一致的，以实际提供服务的时间为准。电子合同的标的物为采用在线传输方式交付的，合同标的物进入对方当事人指定的特定系统且能够检索识别的时间为交付时间。电子合同当事人对交付商品或提供服务的方式、时间另有约定的，按照其约定。

二、电子签名

（一）电子签名的概念

许多国家的法律规定，交易的单证必须签字予以确认才有效。根据《中华人民共和国票据法》的规定，票据上必须有出票人的亲笔签名。按照通常原则，签字时签署人应在文件上手书签写。采用电子商务进行交易，很难在电子文件或电子单证上亲自签字署名，为了克服这个障碍，各国法学家和电子专家都积极探索，于是电子签名应运而生。

电子签名包括生理签名（如指纹、声波纹、脑电波等生物特征签名）和数字签名。从广义的角度来讲，电子签名是指在电子通信中对当事人身份及当事人对信息内容进行确认的电子技术手段；狭义的电子签名仅指数字签名。电子签名的基本功能包括鉴定文件签署者的身份，表示文件签署者同意电子文件的内容及确保文件内容不被篡改。

（二）关于电子签名的立法

电子签名的法律效力在世界范围内基本上都已经得到了认同，许多国家或地区的法律规定，电子签名具有同书面签名同样的效力和执行力。例如，欧盟颁布的《关于建立欧盟共同电子签名法律框架的99/93EC指令》（简称电子签名指令）、美国的《全球及全国商业电子签名法》、马来西亚颁布的《数字签名法》和日本制定的《电子签名与认证服务法》等都对电子签名的法律地位进行了认可。

2004年8月28日，第十届全国人大常委会第十一次会议表决通过了《电子签名法》，并于2005年4月1日正式实施。《电子签名法》第二、三、十三、十四条分别对电子签名的形式、条件及法律效力做了相关规定。《电子签名法》第十三条规定：电子签名同时符合下列条件的，视为可靠的电子签名：电子签名制作数据用于电子签名时，属于电子签名人专有；签署时电子签名制作数据仅由电子签名人控制；签署后对电子签名的任何改动能够被发现；签署后对数据电文内容和形式的任何改动能够被发现；当事人也可以选择使用符合其约定的可靠条件的电子签名。同时，第十四条规定：可靠的电子签名与手写签名或盖章具有同等的法律效力。《电子签名法》是我国第一部真正意义上的电子商务法，是我国电子商务发展的里程碑，它的颁布和实施极大地改善了我国电子商务的法治环境，促进了安全可信的电子交易环境的形成，从而大力推动了我国电子商务的发展。《电子签名法》前后于2015年4月、2019年4月做了修正。

情境案例

《电子签名法》判决　手机短信成借款证据

2004年1月，杨先生结识了韩女士。同年8月27日，韩女士发短信给杨先生，向他借钱应急，短信中说自己需要5 000元，刚回北京做了眼睛手术，不能出门，让杨先生把钱汇到她卡里。杨先生随即将钱汇给了韩女士。一个多星期后，杨先生再次收到韩女士的短信，又借给韩女士6 000元。因都是短信来往，二次汇款杨先生都没有索要借据。此后，因韩女士一直没提还款的事，而且又再次向杨先生借款，杨先生产生了警惕，于是向韩女士催要。但一直索要未果，于是将韩女士起诉至北京市海淀区人民法院，要求她归还 11 000 元，并提交了银行汇款单存单两张。但韩女士却称这是杨先生归还以前的欠款。

为此，在庭审中，杨先生在向法院提交的证据中，除提供银行汇款单存单两张外，还提交了自己使用的号码为 1391166XXXX 的飞利浦移动电话一部，其中记载了部分短信息内容。例如，2004 年 8 月 27 日 15:05，“那就借点资金援助吧”；2004 年 8 月 27 日 15:13，“你怎么这么实在！我需要五千，这个数不大也不小，另外我昨天刚回北京做了个眼睛手术，现在根本出不了门口，见人都没法见，你要是资助就得汇到我卡里!”等韩女士发来的 18 条短信内容。后经法官核实，杨先生提供的发送短信的手机号码拨打后接听者是韩女士本人。而韩女士也承认，自己从去年七八月份开始使用这个手机号码。

法院经审理认为，依据《最高人民法院关于民事诉讼证据的若干规定》中关于承认的相关规定，1391173XXXX 的移动电话号码是由韩女士使用。依据 2005 年 4 月 1 日起施行的《电子签名法》中的规定，电子签名是指数据电文中以电子形式所含、所附用于识别签名人身份并表明签名人认可其中内容的数据。移动电话短信息即符合电子签名、数据电文的形式。杨先生提供的通过韩女士使用的号码发送的移动电话短信息内容中载明的款项往来金额、时间与中国工商银行个人业务凭证中体现的杨先生给韩女士汇款的金额、时间相符，且移动电话短信息内容中亦载明了韩女士偿还借款的意思表示，两份证据相互印证，可以认定韩女士向杨先生借款的事实。据此，杨先生所提供的手机短信息可以认定为真实有效的证据，证明事实真相，本院对此予以采纳，对杨先生要求韩女士偿还借款的诉讼请求予以支持。

三、知识产权保护

知识产权是指公民或法人等主体依据法律的规定，对其从事智力创作或创新活动所产生的知识产品所享有的专有权利，又称为“智力成果权”“无形财产权”。迄今为止，主要的知识产权仍然是版权、专利权和商标权。电子商务产生以后，为传统的知识产权制度带来了诸多的挑战。域名作为一种新生事物，人们已经认识到了它具有的商业价值。尽管到现在为止，人们并没有广泛承认域名是一种知识产权，但考虑到其商业价值，很多国家的司法实践也把知识产权的某些保护方法运用到了域名上。

（一）域名的保护

1. 域名的商业价值

域名是为了解决网络计算机地址问题而产生的，但域名的重要性在企业竞争中是不容忽视的。它是商业竞争和网络营销中重要的策略性资源，也是一种有限的资源，是企业无形资产的一部分。在实践中，企业往往以其商标作为域名，因为这样的域名具有商标的潜在功能。如果企业所使用的域名与自己的商标一致，客户就可以十分容易地找到域名所有者和商标权人。域名就像网络空间的商标，蕴藏着巨大的商业价值和广告效应。对于域名的法律保护，现在多是以商标制度为基础的，即域名注册人将其域名注册为商标，或者将商标注册为域名，以防他人侵权。实践中，人们也倾向于将域名与商标联系起来保护。

2. 域名保护立法

2017 年 8 月 24 日中华人民共和国工业和信息化部颁布的《互联网域名管理办法》和 2012 年 5 月 29 日起实施的《中国互联网络信息中心域名注册实施细则》是目前中国域名管理与保护的基本法律依据。

另外，为适应域名纠纷审判实践的需要，北京市高级人民法院于2000年8月出台了《关于审理因域名注册、使用而引起的知识产权民事纠纷案件的若干指导意见》；2001年6月26日，最高人民法院颁布了《关于审理涉及计算机网络域名民事纠纷案件适用法律若干问题的解释》，该解释对域名纠纷案件的案由、受理条件和管辖，域名注册、使用等行为构成侵权的条件，对行为人恶意及对案件中商标驰名事实的认定等都做了规定。

（1）行为人注册、使用域名行为构成侵权或不正当竞争的四个要件

① 原告请求保护的民事权益合法有效。

② 被告域名或其主要部分构成对原告驰名商标的复制、模仿、翻译或音译，或者与原告的注册商标、域名等相同或近似，足以造成相关公众的误认。

③ 被告无注册、使用的正当理由。

④ 被告具有恶意。

（2）域名侵权行为四种最为常见的恶意情形

① 为商业的目的将他人驰名商标注册为域名。

② 为商业目的注册、使用与原告的注册商标、域名等相同或近似的域名，故意造成与原告提供的产品、服务或原告网站的混淆，误导网络用户访问其网站或其他在线站点。

③ 曾要约高价出售、出租或以其他方式转让这个域名获取不正当利益。

④ 注册域名后自己不使用也未准备使用，而有意阻止权利人注册这个域名。

另外，对于被告举证证明在纠纷发生之前其所持有的域名已经获得一定的知名度，且能与原告的注册商标、域名等相区别，或者具有其他情形足以证明其不具有恶意的，法院可以不认定被告具有恶意。根据该解释，法院认定域名注册、使用等行为构成侵权或不正当竞争的，可以判令被告停止侵权、注销域名，或者依原告的请求判令由原告注册使用这个域名；给权利人造成实际损害的，可以判令被告赔偿损失。

情境案例

2015年4月，广州市睿驰计算机科技有限公司（以下简称睿驰公司）诉称，公司拥有第38类第11122098号“嘀嘀”和第11282313号“滴滴”商标、第35类第11122065号“滴滴”商标，而北京小桔科技有限公司（以下简称小桔公司）通过软件信息平台向社会公众提供字样为“嘀嘀打车”“滴滴打车”服务，并在提供服务的软件界面等处显著标注“嘀嘀”“滴滴”字样，该服务包含“基于网络的信息传送、全球网络用户打车服务、语音通信服务、出租车司机商业管理”等，与原告商标核定使用的服务相同或近似。睿驰公司将小桔公司诉至北京市海淀区人民法院，认为小桔公司的行为侵犯了自己所享有的上述商标权，要求其停止侵权并消除影响。

（二）版权保护

情境案例

华多公司通过YY游戏直播网站等平台，直播、录播、转播《梦幻西游2》（涉案电子游戏）游戏内容，网易公司认为涉案电子游戏属计算机软件作品，游戏运行过程中呈现的人物、场景、道具属美术作品，游

戏过程中的音乐属音乐作品，游戏的剧情设计、解读说明、活动方案属文字作品，游戏运行过程中呈现的连续画面属以类似摄制电影创作方法创作的作品，被告窃取其原创成果，损害了其合法权利。

华多公司辩称，网易公司非权利人，涉案电子游戏的直播画面是玩家游戏时即时操控所得，不是《中华人民共和国著作权法》（以下简称《著作权法》）规定的任何一种作品类型，且游戏直播是在网络环境下个人学习、研究和欣赏的方式，属于《著作权法》中的个人合理使用行为。

在由电子商务引起的法律问题中，保护知识产权问题又首当其冲。由于计算机网络上承载的是数字化形式的信息，因此在知识产权领域（专利、商标、版权和商业秘密等），版权保护的问题尤为突出。

1．版权

版权也称著作权，是指作者对其创作的文学、艺术和科学技术作品所享有的专有权利。著作权是公民、法人依法享有的一种民事权利，属于无形财产权。所称的作品，包括以下列形式创作的文学、艺术和自然科学、社会科学、工程技术等作品：文字作品；口述作品；音乐、戏剧、曲艺、舞蹈作品；美术、摄影作品；电影、电视、录像作品；工程设计、产品设计图纸及其说明；地图、示意图等图形作品；计算机软件；法律、行政法规规定的其他作品。

传统的作品附着于一定的有形媒体上，表现得实实在在。而互联网可以将任何作品通过数字转换成二进制数码进行存储和传播，如计算机软件、数据库、多媒体等。一件作品可以在极短的时间内传遍全球，为著作权的保护带来了严重威胁。目前，世界上已经将计算机软件纳入著作权，给软件提供更加及时和完善的法律保护，而对于数据库的特别权利保护我国目前尚未有一个系统完整的立法。

2．网络环境下版权侵权的类型

网络上的著作权侵权分为以下三种类型：

① 上传。上传有两种形式：一是将传统作品数字化后上传到网上；二是将本身就是数字化形式的作品直接上传到网上。

② 转载。这是指未经著作权人许可，擅自将其网络作品在网络上转载，其实就是网络复制、传输。

③ 下载。这是指未经著作权人许可，擅自将发表在网上的作品下载并发表在报刊上，或者存储在存储器上，或者打印在纸介质上。

3．版权保护相关立法

我国关于著作权保护的相关立法主要有《著作权法》《宪法》《民法典》等法律中有关著作权的法规条例。互联网已成为公众获取信息的重要途径，通过信息网络传播权利人作品的情况越来越普遍。为保护权利人的信息网络传播权，鼓励作品的创作和规范网络传播行为，2020年修订的《著作权法》的第十条第十二项规定：信息网络传播权，即以有线或无线方式向公众提供，使公众可以在其选定的时间和地点获得作品的权利。2000年最高人民法院公布了《关于审理涉及计算机网络著作权纠纷案件适用法律若干问题的解释》，2003年又对该解释进行了修改，修改后的解释将“在线盗版”的犯罪行为明确定为侵犯著作权罪。同时，在该解释中还明确了网络著作权保护的原则：一是网络转载使用作品，可以不征得作者同意，但必须依法支付转载稿费，标明出处；二是网络转载使用作品的范围，不仅限于网络作品，还可以包括报刊、期刊作品；三是确定故意提供侵害网络著作权的方法、技术的行为也属侵权行为；四是网络著作权诉讼也可申请诉前停止侵害、财产保全、证据保全。2006年7月1日，国务院颁布实施了《信息网络传播权保护条例》。这一条例的颁布，解决了网络技术发展给著作权法律关系带来的冲击与挑战，弥补了原《著作权法》缺乏专门调整网络著作权法律关系的空白。《电子商务法》明确要求电商平台经营者在知道或应当知道的情况下，或者在接到知识产权权利人的侵权通知后，及时采取删除、屏蔽、断开链接、终止交易和服务等必要措施维护权利人权利，否则应当与平台内经营者承担连带责任；并且在平台内经营者实施侵犯知识产权行为时未依法采取必要措施的承担罚款最高至200万元的行政责任。

情境案例

阿里巴巴公司未经著作权人许可，在其主办的中国雅虎网上转载了《畸形消费产业之殇》等四篇作品，作品并非是在信息网络上已经发表的关于政治、经济问题的时事性文章。为此，经济参考报社向北京市朝阳区人民法院起诉中国雅虎网的经营者北京阿里巴巴信息技术有限公司（以下简称“阿里巴巴公司”）侵害其作品信息网络传播权。

2014年8月，北京市朝阳区人民法院认为经济参考报社对《畸形消费产业之殇》等四篇涉案作品享有著作权，包括信息网络传播权，阿里巴巴公司侵权事实成立，判决其赔偿经济参考报社相应的经济损失5 000元。

四、信息安全

情境案例

2013年3月27日，有网友在微博上曝出，使用谷歌搜索输入“site:shenghuo.alipay.com 转账付款”即可看到各种转账信息，包括转账付款姓名、账户信息、付款金额、付款账户、付款说明等，数量超过2 000条。很多网友担心自己的信息和资金安全，表示“再也不通过支付宝转账了”。

27日晚，有大量媒体披露称：谷歌、360等搜索引擎中可以找出大量的支付宝交易记录，至28日零点，360等搜索引擎已经无法搜索到相关结果。

这应该是一起比较严重的个人信息泄露事件。与以往不同的是，泄露的内容直接涉及大量敏感信息，包括付款账户、收款账户、付款金额、付款说明等。这些信息的敏感和重要程度超过以往信息泄露事件中的网络服务账号信号泄露，泄露之后更容易给不法分子以可乘之机，给用户带来重大的财产安全隐患。

近年来互联网电商行业“泄密”事件频频出现，重大典型的事件包括：5173中国网络游戏服务网数次被“盗钱”“小红书”疑似信息泄露致用户被骗、“当当”多次用户账户遭盗刷、“1号店”员工内外勾结泄露客户信息、腾讯7 000多万个QQ群遭泄露、携程技术漏洞导致用户个人信息及银行卡信息等泄露、微信朋友圈小游戏窃取用户信息、快递单贩卖成“灰色产业链”、13万个12306用户信息外泄事件等。而无一例外的是，在这些“泄密”事件的背后，消费者都成了受害者。

（一）个人信息的概念

《电子商务法》明确指出，“个人信息”是指电子商务经营主体在电子商务活动中搜集的姓名、身份证号码、住址、联系方式、位置信息、银行卡信息、交易记录、支付记录、快递物流记录等能够单独或与其他信息结合识别特定用户的信息。

（二）个人信息安全状况

电子商务的崛起是一把双刃剑，在把我们带入信息时代的同时，也给我们带来了各种各样、前所未有的问题和麻烦。现在许多网站、论坛都需要用户注册账号后才能正常使用，每个网民拥有多个账号是很平常的事情。在注册时，网站一般都需要填写个人信息，如常见的账号、密码、邮箱等，像一些电子商务、婚恋、交友网站等还需要实名认证，要求填写的信息更加详细。然而个人信息的泄露问题始终困扰着我们。根据 CNNIC 第 49 次《中国互联网络发展状况统计报告》，截至 2021 年 12 月，遭遇个人信息泄露的网民比例最高，为 22.1%，2021 年我国网民遇到的网络安全问题里个人信息泄露问题在网民遭遇各类网络安全问题中的占比最高，个人信息保护已成为社会关注的焦点。

（三）个人信息保护相关立法

针对个人信息泄露问题，我国对个人信息的保护分散在几部法律法规中。全国人大常委会《关于加强网络信息保护的决定》规定：任何组织和个人不得窃取或以其他非法方式获取公民个人电子信息，不得出售或非法向他人提供公民个人电子信息。公民发现泄露个人身份、散布个人隐私等侵害其合法权益的网络信息，或者受到商业性电子信息侵扰的，有权要求网络服务提供者删除有关信息或采取其他必要措施予以制止。网络服务提供者和其他企业事业单位及其工作人员对在业务活动中搜集的公民个人电子信息必须严格保密，不得泄露、篡改、毁损，不得出售或非法向他人提供。

当时的国家工商行政管理总局出台的《网络交易管理办法》规定：网络商品经营者、有关服务经营者及其工作人员对搜集的消费者个人信息必须严格保密，不得泄露、出售或非法向他人提供；应采取技术措施和其他必要措施，确保信息安全，防止信息泄露、丢失；在发生或可能发生信息泄露、丢失的情况时，应立即采取补救措施。该法于 2014 年 3 月 15 日施行。

自 2017 年 6 月 1 日起，《网络安全法》正式施行，作为我国网络安全治理领域的基础性立法，首次在法律层面规定了个人信息保护的基本原则，在原来加强网络信息保护的基础上，将个人信息保护作为一项重要制度，做了全面系统的规定，充实完善了搜集、使用个人信息的规则，强化了个人信息搜集、使用主体的保护责任。

《电子商务法》也加大了对信息安全的保护力度，明确包括第三方电商平台、平台内经营者、支付服务提供者、快递物流服务提供者等在内的信息安全保护责任主体，提出对未履行保护义务的，最高处 50 万元罚款并吊销执照；构成犯罪的，追究刑事责任。

《电子商务法》第二十四条规定电子商务经营者应当明示用户信息查询、更正、删除及用户注销的方式、程序，不得对用户信息查询、更正、删除及用户注销设置不合理条件。

电子商务经营者收到用户信息查询或更正、删除的申请的，应当在核实身份后及时提供查询或更正、删除用户信息。用户注销的，电子商务经营者应当立即删除该用户的信息；依照法律、行政法规的规定或双方约定保存的，依照其规定。

情境案例

俞先生到北京乐友公司运营的乐友（北京）清河店购买牙膏，并使用支付宝支付。支付完成后，俞先生发现支付宝的“支付完成”页面最后一行以很小的字体显示“授权淘宝获取你线下交易信息并展示”，并在其前面设置了默认勾选。为查询个人信息是否被泄露，俞先生在尚未对支付宝客户端进行任何进一步确认操作的情况下，立即打开淘宝客户端进行登录查看，发现其刚刚在北京乐友公司发生的交易详细信息（包括商品信息、店铺信息、交易价格等）已经显示在淘宝客户端的订单中。随即俞先生又打开天猫客户端进行登录查看，发现上述交易信息也已经显示在天猫客户端的订单中。为避免之后的交易行为再次被泄露，俞先生打开支付宝客户端，在刚刚支付完成的页面上取消勾选“授权”，点击“完成”。此时，俞先生带着疑虑试图通过购买其他商品，验证取消授权是否完成。然而，在俞先生再次购买宝宝面巾纸，用支付宝客户端进行支付后，“支付完成”页面中再也找不到默认勾选的“授权淘宝获取你线下交易信息并展示”字样，致使其无法操作选择取消默认勾选，且其之后的多次交易仍然立即显示在淘宝客户端和天猫客户端的订单中。

支付宝在向俞先生提供支付服务的同时未获得俞先生明示同意的前提下搜集其商品交易的详细信息和活动，并将上述信息提供给淘宝、天猫。

五、消费者权益保护

情境案例

直播带货风口处何去何从

2020 年年初，新冠肺炎疫情的肆虐使实体消费放缓甚至停滞不前。直播带货成为快消品销售的“救命稻草”。无论是传统电商平台还是短视频平台，都竞相踏足。然而，虚假宣传、未体验就推荐、售后维权难、数据造假等问题已逐渐显现。2020 年 10 月 25 日，辛巴主播“时大漂亮”在直播中售卖即食燕窝产品。11 月 4 日，有消费者质疑该即食燕窝是糖水而非燕窝，毫无营养。随后，辛巴还拿出产品检测报告，并进行现场试验，来证实产品没问题。然而，11 月 27 日，辛巴发布微博表示，将承担起推广不当的责任，召回所售产品并采取“退一赔三”“先行赔付”的补偿措施。

直播带货是“直播+电商”的新盈利突破口，风口红利将持续很长时间。但其产品缺乏统一的准入审核、夸大且不实宣传、主播等主体的法律身份和法律责任的模糊、平台责任不明确等问题已渐渐暴露，对直播电商的规范势在必行。

消费者是指为满足生活需要而购买或使用经营者提供的商品或服务的个人或家庭。人们利用网络进行的消费越来越多，网络购物在带给人们便捷丰富的消费商品和服务信息的同时，也增加了消费者遭受损害的概率。

（一）消费者享有的权益

消费者权益是指消费者在有偿获得商品或接受服务时及在以后的一定时期内依法享有的权益。消费者权益是在一定社会经济关系下适应经济运行的客观需要赋给商品最终使用者享有的权利。我国《消费者权益保护法》里规定了消费者享有安全保障权、知悉真情权、自主选择权、公平交易权、依法求偿权、结社权、求教获知权、受尊重权、监督批评权等权利。在现代市场经济中，国家依照社会经济运行的需要和市场上消费者的主体地位，制定了明确的法律。因此，消费者权益不仅是一种公共约定和公认的规范，还是国家法律所确认和保护的。

（二）网络消费者权益保护现状

在电子商务中，由于交易方式和交易环境发生了变化，网络消费者相对于传统消费者其权益更容易受到损害。电子商务对消费者权益的影响具体体现在以下四个方面。

1．消费者的知情权受到影响

云计算、大数据的出现，让网络经营者能够对消费者的需求特点进行准确的画像，进而能够相对准确地向消费者推荐特定的商品。但这一功能也为经营者推荐自家产品（它可能并不是太好的产品）、限制消费者的选择权提供了便利（更好的产品，消费者可能反而看不到了）。

2．消费者的安全权面临威胁

交易活动中的安全问题包括两个方面：一是财产安全；二是信息安全。在电子商务中，消费者往往要通过电子支付方式完成交易，于是网上支付信息被经营者或银行搜集后无意或有意泄露给第三者，甚至冒用，不法分子盗窃或非法破解账号密码导致电子货币被盗、丢失，信用卡欺诈，支付系统被非法入侵或病毒攻击等，给消费者财产安全带来侵害。互联网技术使得个人信息的搜索、获取和整合能力快速发展，网络信息安全问题随之凸显，消费者在进行电子商务交易的过程中，大量的私人信息和数据等被网络信息服务系统搜集、存储、传输，消费者的信息安全不可避免地受到威胁。例如，网络经营者为追求利润和利益，使用甚至买卖消费者个人信息；有的经营者未经消费者同意就利用消费者的个人信息进行商业活动。

3．消费者的损害求偿权难以实现

损害求偿权是消费者利益受损时所享有的一种救济权。在网络环境中，交易主体和交易过程都是虚拟化的，消费者在网上购得商品后出现问题往往求助无门，因无法得知经营者的真实身份或经营者处于其他地区而无法或不便寻求救济。而且过高的诉讼成本、举证困难、网络交易纠纷的管辖权与法律适用的不确定，也导致消费者的损害求偿权难以实现。

4．消费者公平交易权受到侵害

与传统商务方式相比，电子商务中格式合同被广泛使用。由于电子格式合同的条款由商家事先拟定，消费者没有磋商的机会，所以只有两种选择——接受或拒绝。经营者经常利用其优越的经济地位，在合同上对危险及负担做不合理的分配。这种格式条款直接造成双方当事人地位的不平等，必然会对消费者的公平交易权造成侵犯。

电子商务对消费者权益保护提出了新的挑战。网络消费者的权益能否得到保护，是影响消费者参与电子商务活动的重要因素，因此必须通过立法的方式来保护消费者的合法权益。

（三）电子商务中消费者权益保护的相关法律

我国的《消费者权益保护法》是消费者权益保护问题可参照的基本法律，其中的法律规定为电子商务领域的消费者权益保护提供了基本的法律规则，但是不够完善，不能适应电子商务迅速发展的迫切需要。其他的法律，如《民法典》《广告法》《消费者权益保护法》《产品质量法》《计算机信息网络国际联网管理暂行规定》《计算机信息网络国际联网安全保护管理办法》等，虽然也涉及一些相关的规定，但内容一般比较简单，规定较为分散。

2019年起实施的《电子商务法》也对电子商务领域消费者权益保护问题给予了高度重视，其中有众多有利于消费者权益保护的规定。例如，将微信、网络直播销售商品、提供服务纳入法律管理范围；禁止虚构交易、编造评价，平台不得删除消费者的评论；搜索结果附非个人特征选项，制约大数据“杀熟”；搭售要显著提示，“默认勾选”被禁止；明示押金退还方式、程序，不得设置不合理条件；规制平台不正当竞争行为，行政处罚力度加大；平台经营者自营应显著标记，依法承担责任；平台经营者如果未尽自身应尽义务，应依法承担相应责任。

消费者权益

情境案例

商务部发布 2007 年第 19 号文件《关于网上交易的指导意见（暂行）》，业内人士表示，这标志着网上交易或将有规可循。

如今网上交易发展速度快，社会潜力大，但交易方在了解对方真实身份、信用情况、履约能力等方面有一定难度，存在一定的违约和欺诈风险。商务部出台此文件规范网上交易行为，维护网上交易参与方的合法权益，非常及时。

《关于网上交易的指导意见（暂行）》提醒广大消费者网络交易存在风险，在使用网上交易之前要尽可能多方面地了解对方的真实身份，并注意保存网上交易记录。文件规定："交易各方可以自行保存各类交易记录，以作为纠纷处理时的证据。大宗商品、贵重商品与重要服务的交易，可以生成必要的书面文件或采取其他合理措施留存交易记录。"这就意味着，我们的 QQ、微信聊天记录、电子邮件、文本文档传输等均可作为交易证据保存，但前提是必须先经过指定机构的认定。多位业内人士在接受采访时表示，这说明国家开始认可 QQ、微信等电子证据。

文件还对网上交易的服务提供者做了有关的行为规范，如"网上支付服务的提供者应根据网上交易的特点，采取合理措施保障交易资金的安全，保障使用人的身份信息和账号信息的安全"和"服务提供者应特别注意保存网上交易的各类记录和资料，采取相应的技术手段保证上述资料的完整性、准确性和安全性"等。这些条例实际上是给网上交易的平台服务者和辅助服务提供者念了道"紧箍咒"。

六、税收

（一）税收的概念及特点

税收是国家为实现其职能，凭借政治权力，按照法律规定，通过税收工具强制地、无偿地征收参与国民收入和社会产品的分配与再分配，取得财政收入的一种形式。税收与其他分配方式相比，具有强制性、无偿性和固定性的特征。税收的三个基本特征是统一的整体。其中，强制性是实现税收无偿征收的强有力保证；无偿性是税收本质的体现；固定性是强制性和无偿性的必然要求。

税法即税收法律制度，是调整税收关系的法律规范的总称，是国家法律的重要组成部分。它是以《宪法》为依据，调整国家与社会成员在征纳税上的权利和义务关系，维护社会经济秩序和税收秩序，保障国家利益和纳税人合法权益的一种法律规范，是国家税务机关及一切纳税单位和个人依法征税的行为规则。

（二）电子商务对税收的影响

电子商务是在虚拟环境下进行的一种新的商务活动方式，交易参与者具有流动性的特点，交易主体、交易地点等确定起来相对困难，而且交易中所涉及的相关票据都以电子形式存在。这些特点必然在一定程度上对现行税收制度带来影响。

1. 电子商务纳税主体难以确定

纳税人身份判定的问题，就是税务机关应能正确判定其管辖范围内的纳税人及交易活动。这种判定是以实际的物理存在为基础的，因此在传统商务活动中，商品是通过有固定场所的公司来经营的，所以判定纳税人身份并不困难。但是，电子商务是在没有固定场所、开放的虚拟网络环境中进行的，通过互联网进行交易的双方可以隐匿姓名、居住地等，企业可以轻而易举地改变经营地点，这样通过传统的常设机构来判定纳税主体就出现了困难。

2. 课税对象和纳税环节难以确定

互联网使很多传统的有形商品可以通过无形数字的形式提供，如传统的图书就可以通过网络直接下载获得信息。而税法对有形商品的销售、劳务的提供和无形资产的使用都有所区分，做了不同的征税规定。但是，由于电子商务将原来的有形产品转化为数字形式，如数字图书、数字音乐、电子报纸杂志等，对这种以数字形式提供的产品在对其征税的过程中，应该把交易所得视为销售所得、劳务所得，还是特许权使用费所得，现行税收法律法规没有明确，实践中税务机关难以确定课税对象和纳税环节。

3. 税收管辖权难以界定

税收管辖权的范围一般来说是指一个主权国家的政治权力所能达到的范围。目前，世界各国实行的税收管辖原则并不统一，有的实行地域税收管辖权，有的实行居民税收管辖权，也有地域税收管辖权和居民税收管辖权合并实行的。企业利用互联网开展贸易活动时，商品被谁买卖很难认定，而且很难确定活动者的国籍和登录者的准确地址，无法确定经营者所在地或经济活动的发生地，加之互联网的出现使得服务也突破了地域的限制，让商品和劳务的交易活动与特定地点的联系弱化，经营者之间的网上交易不再有任何地域界限，使得确定由哪一个国家或地区行使哪一种税收管辖权征税非常困难。

4. 国际避税更加容易

互联网的高流动性和隐蔽性特点，使电子商务交易的双方都能够轻易地隐匿住所或匿名交易。另外，企业还可以在互联网上轻易地改变站点。因此，任何一个企业只要拥有计算机和相关通信线路，就可以选择一个免税或低税国设立站点轻易避税。同时，电子商务进一步促进了跨国企业集团内部功能的一体化，母公司能更轻易、更方便地将产品开发、销售、筹资等成本费用以网上交易的形式分散到各国的子公司，更灵活地调整影响关联公司产品成本的各种费用和因素来转移关联公司的利润，掩盖价格、成本、利润间的正常关系。

5. 税收稽查难度加大

在传统贸易方式下，税务当局可以根据非居民企业会计账簿、合同、票据等资料确定企业的营业额及利润，可以从银行获取有关核实纳税人纳税申报表真实性的信息。为此，各国税法普遍规定纳税人必须如实记账并保存账簿、记账凭证及其他与纳税有关的资料，以便税务机关检查。传统上，这些记录用书面形式保存。然而，电子信息技术的运用，使得在互联网的环境下，订购、支付甚至数字化产品的交付都可通过网络进行，无纸化程度越来越高，订单、买卖双方的合同、作为销售凭证的各种票据都以电子形式存在。而电子格式的票据在修改的时候很容易，而且不会留下痕迹，这样就给税务机关税收稽查带来了难度。

针对电子商务范围的偷税漏税现象，《电子商务法》第十条、第十一条明确规定，电子商务经营者应当依法办理市场主体登记，应当依法履行纳税义务，并依法享受税收优惠。这也意味着通过电商渠道进行交易的各种方式都需要缴纳税收，从前偷税漏税的情形将得到一定程度上的控制。

过去十年，中国电子商务飞速发展，但与此同时，电子商务市场也出现了大量虚假和违法行为，扰乱了市场公平竞争秩序，损害了消费者的合法权益。如今实施的《电子商务法》为中国电子商务的发展奠定了一个基本的法律框架，涉及电子商务经营主体、经营行为、合同、快递物流、电子支付等各个层面，将让电子商务的交易活动有法可依。《电子商务法》的施行，意味着过去十年电子商务野蛮生长的时代宣告结束。

情境案例

2021年12月，浙江省杭州市税务部门经税收大数据分析发现某知名网络主播黄某涉嫌偷逃税款，在相关税务机关协作配合下，依法对其开展了全面深入的税务检查。

经查，黄某在2019年至2020年期间，通过隐匿收入、虚构业务转换收入性质等方式偷逃税款6.43亿元，其他少缴税款0.6亿元。

在税务调查过程中，黄某能够配合并主动补缴税款5亿元，同时主动报告税务机关尚未掌握的涉税违法行为。综合考虑上述情况，国家税务总局杭州市税务局稽查局依据《中华人民共和国个人所得税法》《中华人民共和国税收征收管理法》《中华人民共和国行政处罚法》等相关法律法规的规定，按照《浙江省税务行政处罚裁量基准》，对黄某追缴税款、加收滞纳金并处罚款，共计13.41亿元。其中，对隐匿收入偷税但主动补缴的5亿元和主动报告的少缴税款0.31亿元，处0.6倍罚款计3.19亿元；对隐匿收入偷税但未主动补缴的0.27亿元，处4倍罚款计1.09亿元；对虚构业务转换收入性质偷税少缴的1.16亿元，处1倍罚款计1.16亿元。日前，杭州市税务局稽查局已依法向黄某送达税务行政处理处罚决定书。

杭州市税务局有关负责人表示，税务部门将持续加强对网络直播行业从业人员的税收监管，并对协助偷逃税款的相关经纪公司及经纪人、网络平台企业、中介机构等进行联动检查，依法严肃查处涉税违法行为，切实提高税法遵从度，营造法治公平的税收环境。

技能训练

1．查询《民法典》中有关电子数据的相关规定。

2．查询我国《电子签名法》中有关电子签名的相关规定。

3．调查周围的同学和朋友，了解他们在接受网络服务或从事电子商务活动中都遇到过哪些法律问题。

4．上网查询《2013—2014年度中国电子商务法律报告》。这是国内首部针对电子商务的法律报告，报告全面囊括了B2B、网络购物、网络团购、互联网金融、物流快递、移动电子商务、O2O、海外代购等电子商务各细分领域。对出现的典型事件进行分析解读，通过阅读该报告，谈谈有哪些收获。

5．上网查询《2014—2015年度中国电子商务法律报告》《2015—2016年度中国电子商务法律报告》《2016—2017年度中国电子商务法律报告》。对出现的典型事件进行分析解读，通过阅读该报告，谈谈有哪些收获。

6．查阅《电子商务法》，指出哪些条款涉及电子商务纳税、微商代购、信誉评价（刷好评、删差评）、商品搭售、砍单、电子支付、押金退还、快递延期、大数据杀熟等问题。

参考文献

［1］刘力，范生万，汪伟. 电子商务网络技术基础［M］. 北京：中国科学技术大学出版社，2006.

［2］NIELSEN J, LORANGER H. 网站优化——通过提高 Web 可用性构建用户满意的网站［M］. 张亮，译. 北京：电子工业出版社，2007.

［3］陈雪飞. 电子商务［M］. 北京：中国财政经济出版社，2007.

［4］廉文娟. 网络操作系统［M］. 北京：北京邮电大学出版社，2008.

［5］罗超理，高云辉. 管理信息系统原理与应用［M］. 3 版. 北京：清华大学出版社，2012.

［6］陈京民. 数据仓库与数据挖掘技术［M］. 2 版. 北京：电子工业出版社，2007.

［7］特班，金，李在奎，等. 电子商务：管理视角［M］. 7 版. 时启亮，等译. 北京：机械工业出版社，2014.

［8］杨坚争，杨立钒. 电子商务基础与实务［M］. 2 版. 西安：西安电子科技大学出版社，2006.

［9］梁晓蓓，汤兵勇. 电子商务案例分析［M］. 3 版. 北京：高等教育出版社，2017.

［10］胡启亮. 电子商务与网络营销［M］. 2 版. 北京：机械工业出版社，2016.

［11］陈月波. 网络营销与案例评析［M］. 北京：中国财政经济出版社，2015.

［12］陈峥嵘. 网络营销项目化教程［M］. 北京：机械工业出版社，2015.

［13］王志瑛. 网络营销［M］. 北京：科学出版社，2008.

［14］成倞媛. 网络营销［M］. 成都：西南财经大学出版社，2010.

［15］方玲玉. 网络营销实务［M］. 北京：高等教育出版社，2018.

［16］梁春晶，高博. 网络营销［M］. 北京：机械工业出版社，2011.

［17］凌守兴，王利锋. 网络营销实务［M］. 北京：人民邮电出版社，2017.

［18］陈月波. 电子支付与网上金融［M］. 北京：中国财政经济出版社，2009.

［19］王芸，袁颖. 电子商务法规［M］. 3 版. 北京：高等教育出版社，2016.

［20］纪琳. 网上支付与结算［M］. 2 版. 北京：机械工业出版社，2017.

［21］韩晓平. 电子商务法律法规［M］. 3 版. 北京：机械工业出版社，2018.

［22］王忠诚，贾晓丹. 电子商务安全［M］. 3 版. 北京：机械工业出版社，2018.

［23］秦成德. 电子商务法律与实务［M］. 北京：人民邮电出版社，2008.

［24］李山赓. 现代物流概论［M］. 北京：北京理工大学出版社，2012.

［25］张润彤，周建勤. 电子商务物流管理［M］. 大连：东北财经大学出版社，2008.

［26］张铎，王新培. 电子商务物流管理案例评析［M］. 北京：高等教育出版社，2006.

［27］郑丽，刘宇涵. 电子商务概论［M］. 2 版. 北京：清华大学出版社，2019.

［28］赵军，吴灿铭. 电子商务必学的 16 堂课［M］. 北京：清华大学出版社，2018.

［29］张健，尹志洪. 电子商务概论［M］. 武汉：华中科技大学出版社，2019.

［30］劳顿，特拉弗. 电子商务：商务 • 技术 • 社会［M］. 11 版. 袁勤俭等，译. 北京：清华大学出版社，2018.

［31］王竞. 数字经济背景下新零售模式发展策略研究［J］. 现代营销（经营版），2021(10):190-192.

［32］张小英. 新“零售之轮”视角下新零售特征及发展路径：以广东省广州市为例［J］. 商业经济研究，2021(05):20-25.

[33] 建一杰. 新零售视角下互联网企业并购动因与风险研究 [D]. 济南：山东大学，2020.

[34] 程容督. 共享经济时代下互联网保险的创新与案例 [J]. 中国集体经济，2019(02):107-108.

[35] 石珍，祝锡永. 电子商务直播现状及营销发展研究 [J]. 经营与管理，2021(05):48-52.

[36] 赵红，宿恺. 电子商务概论 [M]. 北京：机械工业出版社，2022.

[37] 陈晓鸣，葛青龙，李温乐，等. 电子商务案例分析与创新应用 [M]. 北京：人民邮电出版社，2020.

[38] 袁红清，李绍英. 电子商务：理论与实训 [M]. 杭州：浙江大学出版社，2019.

[39] 黄仕靖，曹红梅. 跨境电商实务 [M]. 北京：北京理工大学出版社，2019.

尊敬的老师：

您好。

请您认真、完整地填写以下表格的内容(务必填写每一项)，索取相关图书的教学资源。

教学资源索取表

书　名				作者名	
姓　名		所在学校			
职　称		职　务		职　称	
联系方式	电　话		E-mail		
	QQ号		微信号		
地址（含邮编）					
贵校已购本教材的数量（本）					
所需教学资源					
系/院主任姓名					

系／院主任：________________（签字）

（系／院办公室公章）

20_____年____月____日

注意：

① 本配套教学资源仅向购买了相关教材的学校老师免费提供。

② 请任课老师认真填写以上信息，并请系／院加盖公章，然后传真到（010）80115555转 718438 索取配套教学资源。也可将加盖公章的文件扫描后，发送到fservice@126.com 索取教学资源。欢迎各位老师扫码加我们的微信号，随时与我们进行沟通和互动。

③ 个人购买的读者，请提供含有书名的购书凭证，如发票、网络交易信息，以及购书地点和本人工作单位来索取。

微信号